大学生心理健康教育管理与实践

王慧芬　主编

中国商务出版社

图书在版编目（CIP）数据

大学生心理健康教育管理与实践 / 王慧芬主编. --北京：中国商务出版社，2022.9

ISBN 978-7-5103-4425-1

Ⅰ．①大… Ⅱ．①王… Ⅲ．①大学生－心理健康－健康教育 Ⅳ．①G444

中国版本图书馆CIP数据核字(2022)第167200号

大学生心理健康教育管理与实践

DAXUESHENG XINLI JIANKANG JIAOYU GUANLI YU SHIJIAN

王慧芬 主编

出　　　版：中国商务出版社	
地　　　址：北京市东城区安外东后巷28号	邮　编：100710
责任部门：发展事业部（010-64218072）	
责任编辑：陈红雷	
直销客服：010-64515210	
总　发　行：中国商务出版社发行部（010-64208388　64515150　）	
网购零售：中国商务出版社淘宝店（010-64286917）	
网　　　址：http://www.cctpress.com	
网　　　店：https://shop595663922.taobao.com	
邮　　　箱：295402859@qq.com	
排　　　版：北京宏进时代出版策划有限公司	
印　　　刷：廊坊市广阳区九洲印刷厂	
开　　　本：787毫米×1092毫米　1/16	
印　　　张：16.75	字　数：300千字
版　　　次：2023年1月第1版	印　次：2023年1月第1次印刷
书　　　号：ISBN 978-7-5103-4425-1	
定　　　价：79.00元	

凡所购本版图书如有印装质量问题，请与本社印制部联系（电话：010-64248236）

版权所有盗版必究（盗版侵权举报可发邮件到本社邮箱：cctp@cctpress.com）

前　言

大学生作为当今社会中文化层次较高的群体，是国家未来建设的主力军，其自我发展、自我完善、自我实现的需求非常强烈。自改革开放以来，诸多社会的变迁带来了一系列复杂的问题，例如，大学生家庭经济支持力量的悬殊、多元文化的融合与冲突、家庭不稳定性和亲密关系分离的影响等。社会发展带来的问题对学生的心理素质提出了更高的要求，因此，提高大学生的心理健康教育水平是高等教育的一项重要任务。

21世纪是知识经济的时代，全球经济一体化得到快速发展，为培养出适应经济发展的建设性人才，教育任重道远。对现阶段而言，教育的意义不仅有知识文化和技能的传授，而且有健康的心理和生理知识的引导。当前，在提倡素质教育的背景下，大学生要拥有积极、乐观的人生态度，并具备适应各种环境及社会生活的能力、自我调控情绪的能力、人际交往的能力、团队合作的能力、创新探究的能力、应对挫折的能力、解决问题的能力等，这是当今社会对高素质人才提出的基本要求。大学生心理健康课程的开设主要是通过课堂教学和相关人员的教育指导，让大学生掌握基本的心理健康理论知识，了解影响其心理健康的各种因素，学会评估自己的心理健康状况，提升其对心理健康重要性的认识，提高他们及时发现并自主采取各种措施解决自身心理问题的能力，帮助学生树立正确的、科学的健康观，使其能正确认识自己、评价自己、提升自己，提高自己的心理健康水平，为将来的全面发展和美好生活奠定坚实的心理基础。因此，加强对大学生的心理健康教育和引导，已然成为摆在所有教育工作者面前的一项十分重要而紧迫的任务。

本书以大学生心理健康成长为主线，围绕大学生心理发展的特点，深入浅出地探讨大学生心理健康教育的理论与实践，系统介绍了大学生在学习和生活中容易遇到的各种心理问题、诱因形成及调试方法。全书共十一章，阐述了大学生的心理健康理论、自我意识、情绪压力管理、健全人格、人际交往、爱情与婚姻、学习心理辅导、挫折与适应、大学生职业生涯发展与心理健康规划以及心理咨询等方面的内容，旨在帮助大学生树立心理健康意识，促进其身心健康发展，让他们在积极心理的引领下拥有和谐幸福的人生。本书既可作为大学生心理健康教育的理论读物，也适合高等学校思想政治工作者、学生工作人员、辅导员以及关注大学生心理健康的读者使用。

在编写的过程中，笔者引用了有关专家和同行的相关资料，在此深表感谢！由于时间紧任务重，加之编者水平有限，本书尚存不足，敬请读者提出，编者将不断改进，以便继续为高校大学生心理健康工作的蓬勃发展贡献力量。

王慧芬

2022年4月

目 录

第一章 心理健康：美好人生 1
- 第一节 认识心理健康——从心开始 1
- 第二节 解析心理健康——放飞心灵 5
- 第三节 维护心理健康——助人自助 9

第二章 发现自我：不负韶华 18
- 第一节 自我意识——情商提高的阶梯 18
- 第二节 接纳自我——让幸福感飙升 23
- 第三节 实现自我——人生的逆袭 28

第三章 情绪管理：做情绪主人 39
- 第一节 认识情绪——体验人生百味 39
- 第二节 直面情绪——扫除心灵阴霾 42
- 第三节 管理情绪——做情绪主人 47
- 第四节 压力管理——阳光总在风雨后 56

第四章 健全人格：修身养德 70
- 第一节 认识人格——揭开人格面具 70
- 第二节 发展人格——促进健康成长 80
- 第三节 塑造人格——做最好的自己 85

第五章 人际交往：成功桥梁 92
- 第一节 认识人际交往——相逢即是缘分 92
- 第二节 人际交往困惑——架起友谊的桥梁 97
- 第三节 构建良好人际关系——君子之交淡如水 104

第六章 幸福爱情：用心经营 114
- 第一节 爱情密码——解读真爱 114
- 第二节 爱的成长——不再烦恼 121

第三节　爱是责任——让爱不受伤 ··· 129

第七章　学习心理辅导：为成才奠基 ··· 141

第一节　认识学习——知识就是力量 ··· 141

第二节　学习动机——兴趣是最好的老师 ·· 145

第三节　常见学习心理问题及调适——觉知此事要躬行 ···························· 148

第八章　挫折与适应：风雨兼程 ··· 162

第一节　认识挫折——逆境成才 ··· 162

第二节　挫折应对——提高逆商 ··· 167

第三节　适应与发展——适者成才 ··· 173

第四节　生命教育——发现生命之美 ··· 177

第五节　危机干预——续写生命华章 ··· 182

第九章　生涯发展与心理健康规划：人生赢在起点 ······························· 200

第一节　认识生涯发展——人生之路自己走 ·· 200

第二节　职业生涯规划——我的生涯我做主 ·· 206

第三节　择业心理困扰及其调适——要为成功找方法 ······························· 211

第十章　解开"心"问题：导航健康路 ··· 220

第一节　心理咨询——对自己负责 ··· 220

第二节　心理亚健康——走出人生风雨 ·· 226

第三节　精神障碍——辨识异常心理 ··· 228

第十一章　网络双刃剑：理性是关键 ··· 239

第一节　认识网络——以"网"为马 ··· 239

第二节　网络心理健康——成就心中梦想 ·· 242

第三节　常见网络心理问题及调适——理性对待不沉迷 ··························· 247

参考文献 ··· 260

第一章　心理健康：美好人生

> 世界上最宽阔的是大海，比海洋更宽阔的是天空，比天空更宽阔的是人的心灵。
>
> ——雨果

● 引言

一直以来，健康都是人类十分关注的问题，健康是每个人成长和实现幸福生活的基础，是人生最宝贵的财富之一。人们只有拥有了健康，才能迈向成功，才能最大限度地实现自己的价值。但是，健康并不仅仅意味着身体健康，更为重要的是拥有健康的心理。随着时代的不断发展和生活压力的增加，很多人或多或少会出现一些心理问题，尤其是涉世未深且面临多重压力的大学生，那么该如何解决这些问题呢？

※ 本章知识点

掌握心理健康的相关概念、标准，让大学生意识到心理健康的重要性；了解大学生的心理健康状况，分析大学生目前存在的心理问题，采取有效的方法维护大学生的心理健康，使大学生更好地成长。

第一节　认识心理健康——从心开始

健康是一个人能够活跃在社会上并为社会做出贡献的基础。自古以来，人们对健康的追求就没有停止过。时至今日，随着物质文明的高速发展，心理健康与否，也被人们纳入身体健康的重要评判标准之一。

一、心理健康的概念

戴尔·卡耐基认为，一个人事业上的成功，只有15%是因为他的学识和专业技术，而85%是因为其拥有良好的心理素质和善于处理人际关系。重视心理健康已成为当今世界的大趋势。心理健康有助于身体的健康，而健康的身体有赖于健康的心理，两者互为因果，互相影响。什么是心理健康？用什么标准来衡量一个人的心理是否健康？人的心理健康是有标准的，但却不像生理健康"让数据资料说话"那么判断精准确切，不像"以标本模型展现"那么具体直观。心理健康的概念是随时代的变迁、社会因素影响而不断变化的。对心理健康的概念有以下几种。

1946年，第三届国际心理卫生大会将心理健康定义为："所谓心理健康，是指在身体、智能以及情感上与他人的心理健康不相矛盾的范围内，将个人心境发展成最佳的状态。"这次大会提出的心理健康的标志是：①身体、智力、情绪十分协调；②适应环境，在人际关系中能彼此谦让；③有幸福感；④在工作和职业中能充分发挥自己的能力，过有效率的生活。1982年，世界卫生组织又丰富了"健康"的概念，提出了10项健康的标准。在丰富后的"健康"概念中也将一些心理方面的标准，如乐观、态度积极、乐于承担责任等包括在其中。

关于心理健康的定义问题，在当前学术界仍是一个有争议的问题。国内外学者由于各自所处的社会文化背景不同，研究问题的立场、方法和观点不同，迄今尚未有统一的意见。

综上所述，我们可以从广义和狭义两种角度来定义心理健康。从广义上讲，心理健康是指一种高效而满意的、持续的心理状态；从狭义上讲，心理健康是指人的基本心理活动的过程内容完整、协调一致，即认识、情感、意志、行为、人格完整和协调，能顺应社会，与社会保持同步。

二、心理健康的标准

当代大学生既有自己的观念、情感、追求，也有自己的苦闷和彷徨，他们渴望心理健康，期盼心理健康知识的引导和帮助。因此，把握健康及心理健康的标准，了解当代大学生的心理健康状况，掌握增进大学生心理健康的方法途径，既是当代大学生的共同心愿，也是他们成长的必要课题。

科学的健康观测观点认为，健康是指身心健全和体能充沛的一种状态，而不仅仅是没有病痛。但是长期以来，人们对健康的关注多停留在生理方面，而忽视了心理方面的健康；只注重身体锻炼，而忽视了心理素质的培养。1990年，世界卫生组织对健康下的定义包含四层含义。一是躯体健康，即生理健康。二是心理健康，即人格完整。自我感觉良好，情绪稳定，积极情绪多于消极情绪，有较好的自控力，能保持心理上的平衡，能自尊、自爱、自信，有自知之明等。三是社会适应健康，即自己的各种生理和心理活动和行为，能适应复杂的环境变化，为他人理解接受，使自己在各种环境中有充分的安全感；能保持正常的人际关系，能受到他人的欢迎和信任；对未来有明确的生活目标，能切合实际地在各种社会环境下不断进取，有理想和事业上的追求。四是道德健康，即不以损害他人的利益来满足自己的需要，有辨别真伪、善恶、美丑、荣辱、是非的能力，能按照社会公认的道德准则来约束、支配自己的言行，愿为人们的幸福做贡献。

我国心理专家马建青主编的《心理卫生学》一书提出了心理健康的七条标准为：①智力正常；②善于协调和控制情绪，心境很好；③具有较强的意志品质；④个人关系和谐；⑤能动地适应和改造现实环境；⑥保持人格的完整和健康；⑦心理行为符合年龄特征。

心理健康对大学生的成长与发展有着重要影响，健康的心理是大学生完成其学习和发展任务的基本前提和保证。作为一名当代青年大学生，具备怎样的心理水平才是健康心理的表现呢？综合国内外专家学者的观点，根据大学生这一特殊群体的年龄特征，学界一般认为，我国当代大学生心理健康水平可以从以下几方面进行评估。

（一）智力正常

智力是人的观察力、记忆力、思维力、想象力与注意力等多种能力的综合，正常的智力既是人从事学习、工作、生活等各种社会活动的必要条件，也是反映一个人心理健康的核心标准。所谓智力正常，包括两个方面：其一，组成智力的各种要素如观察力、记忆力、思维力、注意力等应该得到均衡发展；其二，一个人的智力发展水平应基本符合其年龄的特征。对大学生而言，智力正常的关键是看大学生的智力是否充分地发挥了其作用，是否有强烈的求知欲和浓厚的探索兴趣；是否乐于学习、充分体验到学习的乐趣。

（二）情绪稳定、乐观

情绪健康是大学生心理健康的一个重要指标。大学生的情绪健康应表现为：①愉快的情绪多于不愉快的情绪，乐观开朗、热情富有朝气、满怀自信，善于自得其乐和对生活充满希望；②情绪稳定性好，善于控制和调节自己的情绪，能较好地驾驭自己的情绪、情感，喜不狂、忧不绝、胜不骄、败不馁；③情绪的作用时间因客观情况变化而转移，情绪反应强度与引起这种情绪反应的情景相符合，情绪反应要适度。

（三）意志健全

意志，是指人在完成一种有目标的活动时进行选择、决定和执行的心理过程。意志健全的人在行动的自觉性、果断性、顽强性和自制力等方面都会表现出较高的水平。意志健全的大学生在学习、工作、生活等各种活动中都有明确的目的性，并能脚踏实地地去实现这些目标；能遵守社会规范，约束自己的行为；在困难和挫折面前冷静、果断，能够采取合理的方式解决所遇到的各种难题；能在行动中控制自己的情绪和言行，既不盲目行动、顽固执拗、言行冲动，也不优柔寡断、轻率鲁莽、害怕困难、意志薄弱。

（四）人格完整

人格，在心理学上是指个体比较稳定的心理特征的总和。人格完整，是指有健全统一的人格及个人的所思、所说、所做协调一致，人格构成要素的气质、能力、性格和理想、人生观等各方面应平衡发展。大学生人格完整的主要标志是：①人格结构的各要素完整统一；②有正常的自我意识，不产生自我同一性混乱；③以积极进取的人生观作为人格的核心，能把自己的需要、愿望、目标和行为统一起来。

（五）人际关系良好

人际关系状况最能体现和反映一个人的心理健康水平，和谐的人际关系既是大学生心理健康不可缺少的条件，也是大学生获得心理健康的重要途径。大学生和谐的人际关系表现为：乐于与他人交往，能认可别人存在的重要性和作用；能以尊重、信任、理解、宽容、友善的态度与人相处，宽以待人，乐于助人，积极的交往态度多于消极的交往态度；能分享、接受、给予爱和友谊，能与集体保持协调的关系，可与他人同心协力、合作共事；有稳定的人际关系，拥有可信赖的朋友。

（六）自我意识明确，并能悦纳自己

自我意识是个体对自己的认识和评价，心理健康的大学生会对自我有一个适当的了解和恰当的评价，并有愉悦的接纳态度，知己所长和所短，不苛求自己，对自己的优点感到欣慰并产生相应的自尊感，对自己的缺点也不妄自菲薄，愿意扬长避短。

（七）良好的环境适应能力

环境适应能力包括正确认识环境及处理个人与环境的关系。心理健康的大学生是环境的良好适应者，面对所处的环境能够有客观的认识和评价，使自己与社会保持良好的接触；理想不脱离现实，能面对现实改变自己的心态，使自己的思想、行为与社会环境协调一致；对学习、工作、生活中的各种困难和挑战都能妥善应对。

（八）心理行为表现符合大学生的年龄特征

在人生发展的不同阶段，均应有相应的心理行为表现。大学生是一个处于特定年龄阶段的社会群体，他们的认知、情感、言行、举止应具有与其年龄和社会角色相应的心理行为特征，如精力充沛、勤学好问、反应敏捷、喜欢探索等；具备独立的生活能力和独立的思考判断能力；其行为具有理智性和一贯性，能合理地控制自己的情绪。

事实上，心理健康的标准不像生理健康的标准那样具体、精确和绝对，心理健康与否、正常与否的界限是相对的，以上心理健康标准仅仅反映了大学生个体良好地适应社会生活所应有的心理状态的一般要求，而不是最高境界。心理健康是较长一段时间内持续的心理状态，一个人偶尔出现的一些不健康的心理行为并不意味着这个人的心理一定不健康。心理健康状态不是固定不变的，而是不断变化的，既可以从不健康转变为健康，也可以从健康转变为不健康。

三、正确理解心理健康的标准

（一）出现不健康的心理和行为不等于心理不健康

心理不健康与有不健康的心理和行为表现不能画等号。心理不健康是指一种持续的不良状态。一个人偶尔出现一些不健康的心理和行为并不等于心理不健康，更不等于其已患心理疾病。因此，不能仅从一时一事而简单地给自己或他人下一个心理不健康的结论。

（二）心理健康与不健康是一种连续状态

心理健康与不健康不是泾渭分明的对立面，而是一种连续状态。从良好的心理健康状态到严重的心理疾病之间有一个广阔的过渡带。在许多情况下，异常心理与正常心理、变态心理与常态心理之间没有绝对的界限，只是程度的差异，如图1-1所示。

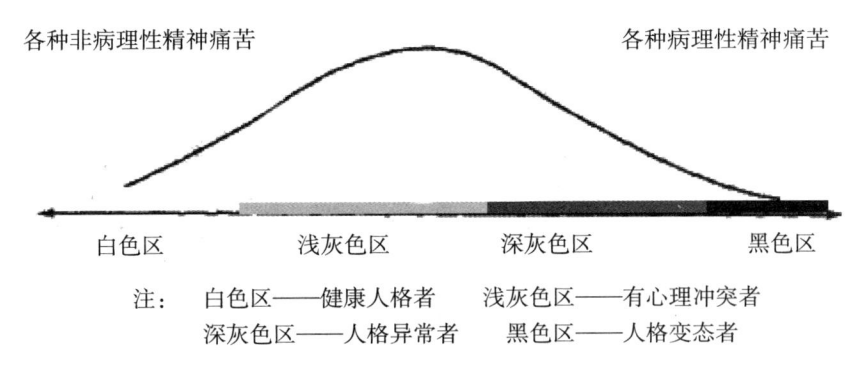

各种非病理性精神痛苦　　　　　　　　　　　各种病理性精神痛苦

白色区　　　浅灰色区　　　深灰色区　　　黑色区

注：白色区——健康人格者　　浅灰色区——有心理冲突者
　　深灰色区——人格异常者　　黑色区——人格变态者

图1-1　心理问题的程度与范围

（三）心理健康的状态是动态变化的过程

心理健康的状态不是固定不变的，而是动态变化的过程。随着人的成长、经验的积累、环境的改变，其心理的健康状况也会有所改变。

（四）心理健康的标准是一种理想尺度

心理健康的标准是一种理想尺度，它不仅提供了衡量是否健康的标准，而且为我们指明了提高心理健康水平的努力方向。每个人只要在自己现有的基础上做出不同程度的努力，就可以追求心理发展的更高层次，从而不断发挥自身的潜能。

（五）满足大学生心理健康的基本标准

大学生心理健康的基本标准是能够有效地进行工作、学习和生活。如果正常的工作、学习及生活状态都难以维持，就应该做出及时调整。

新时代大学生心理健康标准既是促进大学生心理健康发展的客观需要，也是构建具有中国特色的大学生心理健康标准理论的重要课题。心理健康标准既是一种理想的尺度，也是一种积极的、富有建设性的标准，当我们评判现实中大学生的心理健康状况时，需要坚持相对、长期、动态的原则。

第二节　解析心理健康——放飞心灵

大学生作为社会文化层次较高的群体，一向被认为是最活跃、最健康的群体之一，如果仅仅从身体和生理疾病来看，的确如此，但如果从心理健康的角度来分析，情况就可能会大不一样。

一、大学生常见的心理问题

（一）入学适应问题

大学生进入大学校园后，生活环境、生活条件、人际关系、学习方式与方法都不同了，这一系列变化，使他们原有的习惯、心理结构与思维定式被打破，他们渴望独立，自信心、自尊心增强，但心理上还存有依赖性、理想化、盲目自信等特征。他们往往留恋家庭、父母和中学环境、同学等，盲目地向往未来，容易随心所欲地把生活理想化。他们一旦遇到困难，就会引起复杂的心理矛盾，抱怨学校，抱怨同学，极度失落，甚至自我封闭。

（二）学业问题

1. 学习压力大

大学生可以认识到知识对未来人生的重要性，感到自身新知识的匮乏和创新能力的缺少，这种情况对自己未来的前景十分不利。因此，很多大学生在学习专业知识的基础上，还积极参加普通话培训、计算机过级、英语过级及各类职业资格等考试。有些同学为了保住高中时代"佼佼者"的地位，更是争分夺秒地学习。

2. 学习动力不足

有些学生因为没有考上理想的学校，对目前所学专业缺乏兴趣，认为所学专业不是自己心仪的选择，或者因其他原因而厌恶学习，主要表现为对学习缺乏热情和动力，目光短浅，胸无大志，缺乏社会责任感，求知欲不强，毅力缺乏，视学习为苦差事。

3. 学习目的不明确

有些学生由于学习目的不明确，有厌学情绪，即使跟班学习，也是敷衍应付日常学习任务，抱着"混文凭"的态度学习。

4. 学习注意力不集中

进入大学后，大学生面临的生活空间、生活节奏、生活内容、生活形式都发生了较大变化。有些同学明显感到自己的学习注意力不像中学阶段那样集中，上课时不专心听课，课后沉迷上网打游戏。有的同学抱怨没人引导，也不知自己喜欢什么、该怎样打发业余时间。

5. 学习动机功利化

当前的社会环境使经济意识深入人心，大学生也未能免俗。对于学习，大学生也表现出空前的功利意识。对还没有学的课，学生问的第一个问题是"我学习这门课有什么用"。专业课、基础课"门前冷落车马稀"，与技能类课程，如计算机、外语、股票各种各样的证书班"摩肩接踵、门庭若市"对比明显。

（三）情绪问题

1. 抑郁

抑郁主要表现为对任何事都悲观失望、消沉愁闷、郁郁寡欢、意志消沉、自卑内疚等。产生抑郁的原因有高考失意、情场失败、亲人病故、奖学金未评上、入党没被批准等。这种抑郁情绪经过一段时间后，轻度的会逐渐减弱甚至消失；严重的则往往影响到正常的学习和生活，如果得不到及时咨询及治疗，就会形成严重的心理疾病。

2. 焦虑

焦虑通常包括自信心、自尊心的丧失，失败感、罪恶感的增加等方面。这是几种情绪混合而成的情绪体验。大学生入校后，有些同学发现大学并非自己理想中的样子，现实并非像他们憧憬得那么美好，于是便感到失望，怀疑自己，担心将来。

（1）自我焦虑。青年时期的大学生非常关注自己在他人尤其是异性心目中的形象，大学生会受到很多因素的影响，如长相、胖瘦、高矮、能力、魄力、魅力等，他们会产生各种各样的焦虑情绪，有的大学生担心自己长得不够漂亮，不能获得异性的好感，甚至部分女生因没有男生追求而苦恼。

（2）考试焦虑。尽管所有的大学生都经过了"黑色六月"的严峻考验，但大学考试对学生尤其是基础较差、大学第一学期就考试失败的学生尤其害怕，他们无端担心考试失败，甚至会产生厌倦考试的心理。有的同学英语、计算机课的基础很差，也担心英语过级、计算机考证等问题。

3. 自卑

自卑的人大多性格内向，觉得自己处处不如人，感到别人瞧不起自己；做事瞻前顾后，畏首畏尾；不敢与人交往，因而抑制了自己才华的发挥和进取时机的获取。

4. 冷漠

冷漠一般表现为对外界的任何刺激都无动于衷、漠不关心，既不与人交流思想和感情，也不多管闲事，总是一副冷若冰霜的样子；对学习成绩的好坏也满不在乎，一学期考试中有三四门课不及格也不着急；对集体漠不关心，对环境卫生无动于衷。

（四）人际关系问题

1. 人际关系不适

进入大学，远离原来熟悉的生活与学习环境，面对新的人际群体，大学生多少有些不适。部分学生对大学的师生关系、同学关系、异性之间的关系显得很不适应。一方面，有的大学生从未离开过家门，在自己父母的呵护下成长，对如何关心别人、得到朋友的关心这方面想得较少；另一方面，学生又希望得到别人的认可。

2. 社交不良

校园在一定程度上相当于给大学生创造了一个小社会的环境，让其可以充分地展示自我的风采。部分大学生缺乏在公众场合表达自己思想的勇气与能力，面对各种各样的活动，充满了兴趣，想参加却又担心失败，只是羡慕而积极参与的人并不多，久而久之，这些大学生开始回避参与。

（五）恋爱与性心理问题

处于青春中后期的大学生，由于性的发展成熟以及性意识的萌发，其爱慕对象由同伴转向异性，对异性产生了极大的好感和兴趣，并渴望与异性进行交往。但是，由于大学生的恋爱观尚不成熟，其特有的激情在给爱情蒙上一层神秘色彩的同时，往往有可能酿成一杯爱的苦酒。

（六）择业中的心理问题

就业既是人生的重要转折点，也是目前学子最关心的问题。面对择业，大学生的心理是复杂而多变的，有些毕业生鉴于学习成绩不理想、年龄较大、家庭负担重，或鉴于个人条件好、自我评价高，在择业中会表现出急于求成、悲观失望、盲目攀高或消极等待等情绪。大学生在求职和择业过程中产生的矛盾、迷茫和困惑情绪干扰了他们正确的就业心态。

（七）家庭低收入导致的心理问题

大学生中有这么一个特殊群体，他们因为家庭的低收入，而陷入常人难以忍受的生存状态。这些低收入家庭的大学生是否能成长为人格健全、成绩优秀的人才，需要社会以及周围的人们给予他们更多的关注。据调查研究显示，不少大学生因为家庭低收入会产生诸多不利于其发展的心理特征，如自卑、敏感、抑郁、多疑、焦虑、孤僻等。

（八）自杀问题

近年来出现的大学生自杀人数有增加趋势，这与我国以及全球自杀率的升高是相关的。整个社会的环境使竞争压力不断升级、人与人之间隔阂加深、生活节奏加快、用于交流沟通的时间大大缩短。另外，文化的转型、价值观念的变迁、社会人口失业的增加，使得大学生在伦理道德、价值观念、行为方式、人际交往、就业等领域内的压力也增大了。这势必会使更多的青年大学生在"精神免疫力""心理免疫力"及"社会适应力"等方面受到更加严峻的考验。

二、影响大学生心理健康的因素

一个人的身体会感冒，其心理也可能会"感冒"。大学生正处在青年期，他们的心理发展水平正处于迅速走向成熟但尚未完全成熟的阶段。大学校园是多种文化相互碰撞的地方。在校园中，学生一方面受社会变革的影响，表现出积极的进取心、强烈的竞争意识；另一方面他们生活在相对单一狭小的环境中，缺乏生活阅历和经验，在学习生活中遇到挫折和难以解决的问题时会给其带来一定的心理压力。大学生常见的心理问题正如身体上的小感冒一样，是在多种因素共同作用下的结果。

（一）角色转换带来的不适应

进入大学后，大学生的生活环境、学习环境、生活方式、学习方式都发生了全新的变化。与中学教师"手把手"的教学模式和学生对教师依赖性极强的被动学习方式相比，大学开放的学习环境和较为宽松的管理模式使大学生的学习具有更多的自觉性、自立性、灵活性和探索性的特点。受中学教育与家庭教育所限，不少大学生入学后会出现独立性差、生活能力不强、缺乏独立思考和解决问题的能力、出现学习适应障碍等状况。

（二）情感困惑

大学生正处于青年中后期，生理和心理发育渐趋成熟，恋爱与性的问题就不可避免地摆在面前。现实中，因恋爱而造成的情感危机是诱发大学生出现心理问题的重要因素。在校园里有的大学生把异性之间的好感误认为爱情，有的大学生为摆脱孤独寂寞而寻找异性谈恋爱，有的大学生受周围环境的影响产生羡慕攀比的心理而急于谈恋爱，种种恋爱心理的不成熟导致大学生恋爱的成功率很低，而这也会使他们遭遇失恋的痛苦。

（三）网络成瘾

网络因其跨时空性、匿名性、互动性及便利性等特点，很快为大众所接受并迅速发展成为一种流行的沟通形式。不少大学生一方面因现实交际困难而在网络虚拟世界中寻找心理满足，另一方面也被精彩的网络深深吸引。因而，大学生对网络的迷恋、依赖越来越多，有的甚至染上网瘾，沉溺于虚拟世界。网络成瘾导致大学生学习成绩直线下降，自我封闭不愿与人实际交往，严重地导致了其心理错位、人格分裂，从而影响了大学生的健康性格和人生观的形成。

（四）就业压力

毕业生实行供需见面、双向选择、择优录用的制度，再加上社会竞争的加剧、就业市场不景气，使大学生毕业后面临着巨大的就业压力。有的大学生由于不能对社会、对自己产生正确的认识，在择业前盲目乐观，过高估计自己；在就业失败后，缺乏承受挫折的心理准备，而导致情绪低落自卑；有的大学生不能正确看待社会现实，对前途失去信心，认为毕业就意味着失业，因此，长期处于紧张、烦躁、焦虑的状态，从而影响了他们的正常学习生活和健康。

（五）心理健康教育的滞后

心理健康对人的一生都至关重要，个体从生命之初就应该接受心理健康方面的正向引导。另外，心理健康教育也要在家庭、学校、社会各个领域同时进行。但是，由于我国心理学研究应用范围狭窄，我国的心理健康教育尚存不足。当前，很多家长更多注重孩子的物质需求，而忽视他们的精神需求。在中小学阶段，学校教育又经常以其他文化课教育代替心理健康教育，过度强调学生的学习成绩，因此，很多学生在进入大学以前就存在一些没有解决的心理问题，再加上大学生的身心发展虽然趋于成熟，但还没有形成完全健康的人格，因此，高校教育在大学生人格的形成、心理素质的完善中起着重要的引导作用。

总之，心理健康问题的产生受到外部和内部多种因素共同作用，大学生应发挥个体的积极性，克服不利因素的影响。

第三节　维护心理健康——助人自助

大学生群体的心理健康状况总的来说是好的，他们不但有较高的智力水平，有强烈的求知欲望，对学习有浓厚的兴趣，而且乐学好学；他们有较稳定的情绪，乐观自信，积极向上，富有朝气和活力；他们关心国家大事，关心人民的生活，对未来满怀憧憬；他们意志比较顽强，敢说敢干，不怕困难，追求理想；他们的人格比较完整，喜欢幻想，勇于创新，努力向上，积极进取；他们有较完善的自我意识，关注自我、接纳自我，主动展示自我；他们喜欢交往，追求友谊和爱情；他们关心社会，想更多地了解社会，不断调节自我，主动适应社会。

一、坚持心理成长

（一）学习心理健康知识

大学生要积极参加学校主办的心理健康知识讲座，通过报纸、板报、海报、广播、电视、网络等途径获得心理健康知识。大学生要选修有关心理健康教育的必修课或选修课，正确认识心理健康和心理问题，掌握心理问题的鉴别方法和常用的心理调适方法。

另外，大学生还要积极参加校内外各种心理健康方面的社团及实践活动，如心理沙龙、心理健康主题班会、心理剧表演、心理知识竞赛、心理健康教育活动周（月）等，丰富生活体验，增加社会阅历，以此提高他们的心理自助及助人能力。

（二）树立奋斗目标

1. 奋斗目标的价值

每个大学生都有自己的梦想，但若只有梦想而没有目标，梦想就会成为空想、幻想。梦想是远处一道美丽的风景，确立目标则是在自己与那道风景之间修筑一条路。有目标才有可能成功，目标既是一个人努力的依据，也是对人的鞭策；目标会使人生充实而有意义，一个人若无方向、无目标，其人生就会被外界环境及压力牵着鼻子走，显得盲目不定；目标会引导大学生做出正确明智的决断，一个目标清晰的人，总是能够迅速地做出决断，他知道自己需要什么，该舍弃什么，先获得什么，后获得什么，这是一种生活的智慧；有目标才会有效率，衡量一个人成功的标准不是做了多少工作，而是看他做出多少成果。

2. 大学生的目标特性

要摆脱心理的困惑，大学生就要为自己树立一个远大的目标。周恩来在年少时就立下"为中华之崛起而读书"的宏大志向，最终他成为伟大的革命领袖。大胆地设置目标，会使你的潜能不断发挥。当然目标并非越大越好，大到你做不到，目标本身就失去了价值和意义，因此，目标既要符合个人的实际，同时也要从国家和社会的利益出发，不对自己过份苛求，把奋斗目标确定在自己能力所及的范围以内，使自己通过艰苦努力，能最终实现自己的目标，从而获得成功的体验。

3. 树立正确的人生观，世界观和价值观

树立正确的人生观、世界观和价值观有利于大学生确定积极的人生目标，提高大学生承受压力与应对挫折的能力，保持积极乐观的精神，并使大学生懂得生命存在的意义。树立正确的人生观和世界观有助于大学生客观地认识社会，对人生采取适当的态度和行为，并正确体察和分析客观事情，做到冷静而稳妥地处理各种事情。

（三）接纳心理咨询

当在生活中遇到困扰、挫折与打击，感到压抑、焦虑、绝望，又不想或不便向同学和亲人诉说时，你是否想到去找心理咨询师呢？心理咨询与心理治疗是保持和维护心理健康、预防和矫治心理异常的重要途径。特别当大学生心理压力过大、心理冲突激烈、自我调节无法奏效时，接受心理咨询和心理治疗就是其最好的选择。

1. 了解心理咨询

心理咨询主要是由被咨询者给来访者以心理健康的指导与帮助，即帮助来访者缓解心理压力，解决心理上的困扰和痛苦的问题，并鼓舞来访者树立信心，在学习、工作、生活中养成良好的行为习惯，消除异常行为。心理咨询力图使个人将不愉快的经历当作自我成长的良机，使人们积极地看待个人所经受的挫折与磨难，从危机中看到生机，从困难中看到希望。用马斯洛的话来讲："心理咨询就是要使人获得顶峰的体会。"

2. 接受心理咨询

首先，心理咨询与治疗可以帮助大学生从不同的角度看待自己和社会，用新的方式去体验和表达他们的思想和情感，并产生出全新的思维方式。对心理行为属于正常范围的大学生而言，咨询所提供的新经验可以让他们排除成长道路上的障碍，更好地发挥个人的才干；对有心理障碍的大学生而言，心理治疗可以帮助他们改变不适应社会的思维和行为方式，学会新的适应环境的方式。其次，心理咨询实践表明，高校心理咨询对大学生的道德发展具有积极影响。这不仅表现在心理咨询为解决大学生的心理思想和行为问题提供了行之有效的科学方法，而且避免和减少了不良行为和心理障碍的发生及发展。

二、保持健康的生活方式

（一）科学合理用脑

心理学研究表明，勤用脑不但不会用坏脑子，反而会越用越灵。但用脑也须合理，如连续学习时间不宜过长，不要因持续用脑而经常引起大脑疲劳，不同的学习内容宜合理安排，不要使大脑某一部分的细胞负担过重，例如，在经过一番计算、分析、记忆等学习活动后，可安排听听音乐、欣赏图画，开展一些想象活动及学习某些动作技能等，使大脑有关部位的活动得到适当调节。要适时用脑，用脑要讲究最佳用脑时间，需在人精力最充沛、大脑皮层处于高度兴奋与清醒状态时进行学习。大脑细胞在一天之内的活动是有一定节律的，这种节律既有共同的特点，又有个人的特征。就共同特征来说，早上6~7时、上午8~11时、下午14~16时是大脑皮层机能状态相对活跃的时间；而以个人特征来看，有的人在清晨状态最佳，有的人则在晚上、深夜时精神最集中，思维最活跃。所以，大学生可根据个人大脑活动的节律，建立合理的生活秩序，做到学习负担适量，生活节奏合理，并注意保护大脑。

（二）良好的生活习惯

大学生既要养成良好的生活习惯，做到不吸烟、不酗酒、不赌博，也不要长时间沉溺于游戏中。大学生要严格遵守学校的作息制度，积极参加文体活动，加强体育锻炼。英国著名诗人拜伦说："谁要想寿命和钱财两旺，请您从今天开始早睡早起。"

三、保持健康的情绪

不良的情绪容易使人产生不健康的心理状态，只有积极愉快的情绪才是心理健康的重要特征之一。

（一）树立积极的心态

当一个人快乐时，其神经处于亢奋状态，不但做什么事都会有激情，而且会把做事情当作一种享受。试问，在这种情况下事情又怎会做得不好呢。当我们以积极的心态对别人时，别人反馈我们的也将是一种积极信号；反之，我们的心情只会更加低落。我们经常听到一句话叫作："态度决定一切！"这句话值得我们每一个大学生深思。

（二）学会合理宣泄

找到充分表达自己情绪的方法，既不要压抑自己，也不要放纵自己。每个大学生都应意识到，任何一种情绪都是由一定原因引起的，正视这种原因，接受这种情绪，只有让它适当地表达出来，才会有益于健康。合理宣泄的方法有很多，如自言自语，这方面阿Q要算典型，他挨了打，骂一句"儿子打老子"，心理就平衡了，高高兴兴地去摇船和割麦；用文字发泄，当你受到某人某事的气时，不妨利用你手中的笔，以写为快；找人倾诉，当有一肚子的气感到无比压抑时，找一个亲近或理解的人，把肚子里的怨气全部"倒"出来，心情就会轻松许多；以创作发泄，这是发泄的最高境界，历史上有屈原被流放而做《离骚》，司马迁遭腐刑而著《史记》，曹雪芹贫困潦倒而写《红楼梦》。

（三）学会自娱

一个人如果能注意培训和发展自己的业余爱好，进行多方面的自我娱乐活动，就可能在其寂寞孤独、烦闷忧郁时，通过自我娱乐来缓解心情压抑，这对保持乐观的情绪、维护心理健康是极有好处的。每个大学生在大学阶段，都有必要依据自己的性格特点和条件，培养和发展一些兴趣和业余爱好，积极参与丰富多彩的活动，以扩大自己的生活领域、丰富自己的精神生活、培养自己开阔的胸怀。

（四）正视现实，适应环境

所谓正视现实，就是应以较为客观、全面、公允的态度对待周围事物，不脱离实际来谈自己的发展。大学生应该把自己放在社会的大环境中来为自己的发展定位，一旦发现自己的需要和愿望与社会规则、集体利益等发生冲突，就要重新考虑修改自己的计划，以谋求真正有效的发展。

四、建立良好的人际关系

（一）培养优秀的个性和品质是建立良好人际关系的前提和基础

不同性格类型人的优点和缺点的表现是各有其特征的，例如，外向性格的人喜欢交往、爱活动，比较乐观，但同时也容易激动，有时表现为暴躁。而内向性格的人安静、谨慎、细致，但容易产生悲观情绪。大学生要了解自己的性格特征，培养乐观、热情、诚实、宽容等良好的性格，努力克服和完善不良的性格。

（二）心理健康促进良好的人际关系

很多大学生带着良好的人际关系期望与同学来往，但往往几个回合下来便失去了耐心和宽容，高傲、自卑、孤独、无聊、无望、恐惧等心理体验频频光顾，几乎都在历数与别人交往中的缺点与不是，感到大学人际关系的复杂。实际上，良好的人际关系应是个体在与人交往的过程中用诚实、宽容和谅解的原则，树立自我的良好形象，形成集体中融洽的人际关系。建立良好而真诚的人际关系，是非常重要的心理保健途径，健康的心理需要丰富的营养，而最重要的营养就是爱。

新时期大学生的心理健康状况较为复杂，仅依靠单纯的心理健康教材和心理辅导，是远远不够的，还需要全方位、系统化地构建心理健康体系。学校、教师、学生以及父母应建立及时沟通的平台和构建大学生心理健康档案，定期开展心理健康活动，避免大学生出现心理危机和亚健康的问题。大学生要树立正确的人生观、世界观和价值观，以积极乐观的态度面对自己的大学生活，提升自身修养和加强自我认识，做一名身心健康的大学生。

【心灵体验】

头脑风暴

1. 活动目的：为了给参与者发挥其先天的创造性大开绿灯，我们可以进行头脑风暴的演练。在正常融洽和不受任何限制的气氛中以会议形式进行讨论、座谈，打破常规，积极思考，畅所欲言，充分发表看法，通过汇集不同人的观点，从中找出新的创意点，寻找创造性解决问题的机会。

2. 活动时间：20~30分钟。

3. 活动材料：黑色中性笔。

4. 活动步骤：

（1）不允许有任何批评意见。

（2）欢迎异想天开（想法越离奇越好）。

（3）我们所要求的是数量而不是质量。

（4）我们寻求各种想法的组合和改进，在有了这些基本概念后，将全体人员分成每组4~6人的若干小组。他们的任务是在5分钟内尽可能多地想出黑色中性笔的用途（也可以采用其他任何物品或题目）。每组指定一人负责记录想法的数量，而不是想法本身。在5分钟之后，请各组汇报他们所想到主意的数量，然后总结出其中"疯狂的"或"激进的"主意。

5. 活动分享：探索取长补短和改进办法。除提出自己的意见外，鼓励参加者还要对他人已经提出的设想进行补充、改进和综合，强调相互启发、相互补充和相互完善，这是智力激励法能否成功的标准。有时，一些"傻"的念头往往会被证实为很有意义的。

6. 有关讨论：当你在进行头脑风暴时还存在一些什么样的顾虑？你认为头脑风暴最适合解决哪些问题？你现在能想到的在学习、工作中哪些地方可以利用头脑风暴的地方？

【本章小结】

1. 心理健康概念从广义上讲，心理健康是指一种高效而满意的、持续的心理状态；从狭义上讲，心理健康是指人的基本心理活动的过程内容完整、协调一致，即认识、情感、意志、行为、人格完整和协调，能顺应社会，与社会保持同步。

2. 心理健康的标准：智力正常；情绪稳定、乐观；意志健全；人格完整；人际关系良好；自我意识明确，并能悦纳自己；良好的环境适应能力；心理行为表现符合大学生的年龄特征。

3. 正确理解心理健康的标准：出现不健康的心理和行为不等于心理不健康；心理健康与不健康是一种连续状态；心理健康的状态是动态变化的过程；心理健康的标准是一种理想尺度；满足大学生心理健康的基本标准。

4. 大学生常见的心理问题：入学适应问题、学业问题、情绪问题、人际关系问题、恋爱与性心理问题、择业中的心理问题、家庭贫困导致的心理和自杀问题。

5. 影响大学生心理健康的因素：角色转换带来的不适应；情感困惑；网络成瘾；就业压力；心理健康教育的滞后。

6. 维护心理健康：坚持心理成长；保持健康的生活方式；保持健康的情绪；建立良好的人际关系。

【自我小测验】

心理测验须知

1. 本测验适用对象为16岁以上人群。

2. 本测验仅用于个体心理健康的评定，不能用于心理问题的诊断。具体心理问题的诊断请遵从心理咨询师的评估。

心理健康自评量表

指导语：以下表格中列出了有些人可能有的状态或问题，请仔细阅读每一条，然后根据该句话与自己的实际情况相符合的程度（最近一个星期或现在），选择一个适当的数字填写在后面的答案框中：1—从无、2—很轻、3—中等、4—偏重、5—严重。

序号	问题	从无	很轻	中等	偏重	严重
1	头痛	1	2	3	4	5
2	神经过敏，心中不踏实	1	2	3	4	5
3	头脑中有不必要的想法或字句在盘旋	1	2	3	4	5
4	头晕或晕倒	1	2	3	4	5
5	对异性的兴趣减退	1	2	3	4	5
6	对旁人责备求全	1	2	3	4	5
7	感到别人能控制你的思想	1	2	3	4	5
8	责怪别人制造麻烦	1	2	3	4	5
9	忘性大	1	2	3	4	5
10	担心自己的衣饰整齐及仪态的端正	1	2	3	4	5
11	容易烦恼和激动	1	2	3	4	5
12	胸痛	1	2	3	4	5
13	害怕空旷的场所或街道	1	2	3	4	5
14	感到自己的精力下降、活动速度减慢	1	2	3	4	5
15	想结束自己的生命	1	2	3	4	5
16	听到旁人听不到的声音	1	2	3	4	5
17	发抖	1	2	3	4	5
18	感到大多数人都不可信任	1	2	3	4	5
19	胃口不好	1	2	3	4	5

续 表

序号	问题	从无	很轻	中等	偏重	严重
20	容易哭泣	1	2	3	4	5
21	同异性相处时感到害羞不自在	1	2	3	4	5
22	感到受骗，中了圈套或有人想抓住你	1	2	3	4	5
23	无缘无故地突然感到害怕	1	2	3	4	5
24	自己不能控制地大发脾气	1	2	3	4	5
25	怕单独出门	1	2	3	4	5
26	经常责怪自己	1	2	3	4	5
27	腰痛	1	2	3	4	5
28	感到难以完成任务	1	2	3	4	5
29	感到孤独	1	2	3	4	5
30	感到苦闷	1	2	3	4	5
31	过分担忧	1	2	3	4	5
32	对事物不感兴趣	1	2	3	4	5
33	感到害怕	1	2	3	4	5
34	感情容易受到伤害	1	2	3	4	5
35	旁人能知道你的私下想法	1	2	3	4	5
36	感到别人不理解你、不同情你	1	2	3	4	5
37	感到人们对你不友好、不喜欢你	1	2	3	4	5
38	做事必须做得很慢以保证做得正确	1	2	3	4	5
39	心跳得很厉害	1	2	3	4	5
40	恶心或胃部不舒服	1	2	3	4	5
41	感到比不上他人	1	2	3	4	5
42	肌肉酸痛	1	2	3	4	5
43	感到有人在监视你、谈论你	1	2	3	4	5
44	难以入睡	1	2	3	4	5
45	做事必须反复检查	1	2	3	4	5
46	难以做出决定	1	2	3	4	5
47	怕乘电车、公共汽车、地铁或火车	1	2	3	4	5
48	呼吸有困难	1	2	3	4	5
49	一阵阵发冷或发热	1	2	3	4	5
50	因为感到害怕而避开某些东西、场合或活动	1	2	3	4	5
51	脑子变空了	1	2	3	4	5
52	身体发麻或刺痛	1	2	3	4	5

续 表

序号	问题	从无	很轻	中等	偏重	严重
53	喉咙有堵塞感	1	2	3	4	5
54	感到前途没有希望	1	2	3	4	5
55	不能集中注意力	1	2	3	4	5
56	感到身体的某一部分软弱无力	1	2	3	4	5
57	感到紧张或容易紧张	1	2	3	4	5
58	感到手或脚发重	1	2	3	4	5
59	想到死亡的事	1	2	3	4	5
60	吃得太多	1	2	3	4	5
61	当别人看着你或谈论你时感到不自在	1	2	3	4	5
62	有一些不属于你自己的想法	1	2	3	4	5
63	有想打人或伤害他人的冲动	1	2	3	4	5
64	醒得太早	1	2	3	4	5
65	必须反复洗手、点数	1	2	3	4	5
66	睡得不稳、不深	1	2	3	4	5
67	有想摔坏或破坏东西的想法	1	2	3	4	5
68	有一些别人没有的想法	1	2	3	4	5
69	感到对别人神经过敏	1	2	3	4	5
70	在商店或电影院等人多的地方感到不自在	1	2	3	4	5
71	感到任何事情都很困难	1	2	3	4	5
72	一阵阵恐惧或惊恐	1	2	3	4	5
73	感到公共场合吃东西很不舒服	1	2	3	4	5
74	经常与人争论	1	2	3	4	5
75	单独一人时神经很紧张	1	2	3	4	5
76	别人对你的成绩没有做出恰当评价	1	2	3	4	5
77	即使和别人在一起也感到孤单	1	2	3	4	5
78	感到坐立不安、心神不定	1	2	3	4	5
79	感到自己没有什么价值	1	2	3	4	5
80	感到熟悉的东西变成陌生或不像是真的	1	2	3	4	5
81	大叫或摔东西	1	2	3	4	5
82	害怕会在公共场合晕倒	1	2	3	4	5
83	感到别人想占你的便宜	1	2	3	4	5
84	为一些有关性的想法而很苦恼	1	2	3	4	5
85	你认为应该为自己的过错而受到惩罚	1	2	3	4	5

续 表

序号	问题	从无	很轻	中等	偏重	严重
86	感到要很快把事情做完	1	2	3	4	5
87	感到自己的身体有严重问题	1	2	3	4	5
88	从未感到和其他人很亲近	1	2	3	4	5
89	感到自己有罪	1	2	3	4	5
90	感到自己的脑子有毛病	1	2	3	4	5

测验说明：90 项症状清单，又名症状自评量表，是世界上最著名的心理健康测试量表之一，是当前使用最为广泛的精神障碍和心理疾病门诊检查量表。该表于1975年编制，其作者是 L.R. 德若伽提斯（L.R.Derogatis）。该量表共有90个项目，包括较广泛的精神病症状内容，从感觉、情感、思维、意识、行为，直至生活习惯、人际关系、饮食睡眠等均有涉及，并采用 10 个因子分别反映 10 个方面的心理症状。

SCL-90 的统计指标主要为两项，即因子分和总分。因子分等于组成某一因子的各项总分除以组成某一因子的项目数。当个体在某一因子的得分大于 2 时，即超出正常均分，则个体在该方面就很有可能有心理健康方面的问题。SCL-90 的总分，即 90 个项目得分之和，如果 SCL-90 的总分超过 160 分时，就要引起关注，需要考虑进一步筛查或可求助心理咨询。

（1）躯体化：包括 1，4，12，27，40，42，48，49，52，53，56 和 58，共 12 项。该因子主要反映主观的身体不适感。

（2）强迫症状：3，9，10，28，38，45，46，51，55 和 65，共 10 项，反映临床上的强迫症状群。

（3）人际关系敏感：包括 6，21，34，36，37，41，61，69 和 73，共 9 项，主要指某些个人不自在感和自卑感，尤其是在与其他人相比较时更突出。

（4）抑郁：包括 5，14，15，20，22，26，29，30，31，32，54，71 和 79，共 13 项。反映与临床上抑郁症状群相联系的广泛的概念。

（5）焦虑：包括 2，17，23，33，39，57，72，78，80 和 86，共 10 个项目。指在临床上明显与焦虑症状群相联系的精神症状及体验。

（6）敌对：包括 11，24，63，67，74 和 81，共 6 项。主要从思维，情感及行为三方面来反映病人的敌对表现。

（7）恐怖：包括 13，25，47，50，70，75 和 82，共 7 项。与传统的恐怖状态或广场恐怖所反映的内容基本一致。

（8）偏执：包括 8，18，43，68，76 和 83，共 6 项。主要是指猜疑和关系妄想等。

（9）精神病性：包括 7，16，35，62，77，84，85，87，88 和 90，共 10 项。其中，幻听、思维播散、被洞悉感等反映精神分裂样症状项目。

（10）19，44，59，60，64，66 及 89 共 7 个项目，未能归入上述因子，其主要反映睡眠及饮食情况，在有些资料分析中，将之归为因子 10"其他"。

第二章　发现自我：不负韶华

> 一个人怎样才能认识自己呢？绝不是通过思考，而是通过实践。
>
> ——歌德

○ 引言

每个人的一生，都是不断认识自我的过程，认识自我既是人生之旅的出发点，也是实现自我价值的基础。一个人只有对自己各方面都有比较明确的了解，才能在环境的适应、个体的发展上获得较满意的结果，因此，正确的自我意识是心理健康的首要条件。人的自我意识常常会受到社会评价的影响。因此，帮助大学生形成正确的自我意识，对大学生心理健康的发展有着尤为重要的意义。

※ 本章知识点

自我意识的概念、结构及作用；认识到自我意识发展过程中的矛盾以及存在的误区；了解良好的自我意识的标准，并学会如何完善自我意识。

第一节　自我意识——情商提高的阶梯

大部分自我认识的研究发现，大学生对自我认识不清晰、不精确，自知力不强，不能正确对待自我与外部世界的关系，易导致误判自我，或自负，或自卑，从而导致出现诸多心理问题或人格障碍。所以，大学生了解有关自我意识的基本知识，有利于其进行自我分析，有利于其自我健康发展。个体具备良好心理素质最重要的标志是对自我的接受和认可，即有成熟的自我意识和健康的自我形象。

一、自我意识的概念

自我意识也称自我，是个体意识发展的高级阶段。早在古希腊时期，哲学家苏格拉底就提出了"认识你自己"的口号，这标志着人类自我意识的觉醒，人类开始将目光从对神的关注中转向自己的现实人生。人类开始对自我的真正研究始于文艺复兴时期，喊出了"我是凡人，我有凡人的要求"的人性解放之声。此后，法国哲学家笛卡尔最先使用了"自我意识"这一概念，提出"用心灵的眼睛去注意自身"的精彩论断。此后，有关"自我"的研究得到了空前的发展。

（一）自我意识的定义

自我意识不但是意识的核心成分，而且是对自我的认知，还是一个人对自己身心活动的觉察，即自己对自己的认识，具体包括认识自己的生理状况（如身高、体重、体态等）、心理特征（如兴趣、能力、气质、性格等）以及自己与他人的关系。

自我意识是一个人在社会化过程中逐步形成和发展起来的、对自我以及自己与周围环境中的人、事、物之间关系的认知、体验和调控。自我意识不但是一个复杂的、多维度的、多层次的心理系统，而且是意识的核心部分，还是意识发展的高级阶段。

（二）自我意识的心理功能

自我意识决定个体行为的持续性与合理性。人的行为受社会诸多因素决定，又在很大程度上受自我意识的影响，每个人的现实行为，不单由其所在的情境决定，更重要的是与其自我认知、自我意识有着密切的联系。自我意识积极的大学生，其学习动机、学习投入与学习成绩也明显优于那些自我意识消极的学生；当大学生对自己的认识和评价不高时，他们就会放松对自己的约束。可以说，每个人怎么看待自己，是个体行为方式的重要前提。

自我意识决定个体对经验的解释。不同的人可能会获得完全相同的经验，但是每个人对经验的解释却可能有着很大的不同，这种解释经验的方式就决定于一个人的自我意识。一个自认为能力一般，只该获得平均成绩的大学生，对其获得较好的成绩会觉得是取得了极大成功，会感到十分满足；而同样的成绩，对一个自认为自己能力很高、应当获得出众成绩的大学生来说，就是遭到了很大的失败。

自我意识影响个体的期望水平。自我意识不仅会影响个体现实的行为方式和个体对过去经验的解释，还会影响他对事情的期望。研究发现，大学生的成绩落后并不是孤立存在的，而是他的整个行为动力系统出现偏差，并在偏离的状况下形成了一个新的自相一致的系统。换言之，落后的学习成绩正是成绩差的大学生自己"期待"的结果。

（三）自我意识的结构

自我意识的结构可以从知、情、意三方面分析，是由自我认知、自我评价和自我调节（或自我控制）三个子系统构成，因此，自我意识也叫自我调节系统。从自我本身分析，则可分为生理自我、社会自我与心理自我，见表2-1所示。

表2-1 自我意识的分类

	自我认知	自我评价	自我控制
生理自我	对自己的身体、外貌、服饰、家属、所有物等的认识	自我悦纳、漂亮、英俊、有吸引力、迷人	追求身体的外表、物质的满足，维护家庭利益等
社会自我	对自己的名望、地位、角色、性别、义务、责任等的认识	自尊、自信、自爱、自卑、自恋	追求名誉地位，与他人竞争，争取得到他人好感等
心理自我	对自己的智力、性格、气质、兴趣、记忆、思维等特点的认识	有能力、聪明、敏感、迟钝、细腻	追求信仰，注意行为符合社会规范，要求智慧与能力的发展

自我意识的表现形式丰富多样，自我意识包括以下三方面的内容。

1. 个体对自身生理状态的认知、体验和调控——生理自我

这是个体对自己身高、体重、容貌、身材等方面认识和评价,以及生理病痛、温饱饥饿、劳累疲乏的感觉等。如果一个人对自己的生理自我的某些方面不能接纳,如认为自己不漂亮、身材差,那么可能就会讨厌自己,表现出自卑感,缺乏自信。

2. 个体对自己与周围环境中人、事、物之间关系的认知、体验和调控——社会自我

这是个体对自己在群体中的角色、地位、作用以及自己与其他人、事、物相互关系的认识、评价和体验。作为社会人的个体始终是群体中的个体,他的言行举止或多或少都会与周围环境中的人、事、物发生联系。如果一个人认为周围的人不喜欢自己、不接纳自己,找不到知心朋友,就会产生距离感、疏远感、排斥感和冷漠感,从而感到很孤独、寂寞,由此会感到缺乏归属感和安全感。

3. 个体对自身心理状态的认知、评价和调控——心理自我

这是个体对自己知识和经验、需要、动机、兴趣、爱好、人生观、价值观、情绪情感、性格、气质、能力等的认识、体验和评价。如果一个人认为自己知识和经验欠缺、能力差、智商不高、兴趣贫乏、情感淡漠、自制力差,就会否定自己,缺乏主动性,表现出自弃自堕、行为退缩等特征。

二、自我意识的发展阶段

埃里克森是美国著名精神病医师、新精神分析派的代表人物,他认为,人的自我意识发展持续一生。埃里克森把自我意识的发展过程划分为八个阶段,提出了人生发展八阶段理论。这八个阶段的顺序是由遗传决定的,每个阶段都是不可忽视的,而每个阶段能否顺利完成却是由环境决定的,所以这个理论又被称为心理社会阶段理论。

接下来,你可以回顾一下自己的成长历程,通过结合一些早期记忆和周围人群的自我意识发展特点来理解自我意识的发展阶段。

(一)婴儿期(0~1.5岁):基本信任与不信任

在这一阶段,儿童开始认识自己的养育者,并在其有生理或情感需要时发出信号,即父母从对儿童需要的敏感性,以及是否能及时出现并满足儿童的需要关系到儿童信任感的建立。如果该阶段儿童得到了敏感的爱的回应,儿童就会通过建立对养育者的信任感而逐渐建立对世界的基本信任感,从而建立自信的基础。否则,儿童可能比较难以形成希望和相信自己愿望可实现的信念。

(二)儿童期(1.5~3岁):怀疑与害羞

在这一阶段,儿童掌握了大量的技能,如爬、走、说话等,更重要的是他们学会了怎样坚持或放弃,也就是说儿童开始"有意志"地决定做什么或不做什么。这时候父母与子女的冲突往往较之前激烈,儿童出现了第一个自我意识的高涨期,有人称之为"可怕的两岁"(terrible two)。儿童享受着以"不"来回应他人的指令,体验着拥有自我意识的美好感受,这时真正意义上的"我"就诞生了,儿童开始使用"我"这个词来指代自己。如果父母对儿童的保护或惩罚不当,儿童就可能产生怀疑并感到害羞。

（三）学龄初期（3~5岁）：主动与内疚

在这一阶段，如果儿童表现出的主动探究行为受到鼓励，儿童就会形成主动性，这将为他成为一个有责任感、有创造力的人奠定基础。如果成人总是讥笑儿童的独创行为和想象力，那么儿童就会逐渐失去自信心，这会使他们更倾向于生活在别人为他们安排好的狭窄圈子里，而失去自己开创幸福生活的主动性。如果当儿童的主动感超过内疚感时，他们就有了"目的"的品质。

（四）学龄期（6~12岁）：勤奋与自卑

在这一阶段，大部分儿童是在学校中度过的。学校是培养儿童学习各种文化知识和就业能力并顺应其所处文化环境的场所。在大多数文化中的个体若要生存下来，就需要具备与他人合作的能力，所以，社交技巧是学校教育传授的重要课程之一。儿童在这一阶段所学的最重要的课程是体验以稳定的注意和孜孜不倦的勤奋来完成学业的乐趣，儿童可能获得一种为他在社会中满怀信心的，并与别人一起寻求为各种劳动职业做准备的勤奋感。否则，儿童可能会形成一种其对成为有用的社会成员的能力丧失信心的自卑感。

（五）青春期（12~18岁）：自我同一性与同一性混乱

这一阶段的论述是埃里克森闻名于世的重要原因，因为包含了他最著名的概念"同一性危机"，有时也被称为"自我同一性"。这既是一种熟悉自身的感觉，也是一种知道个人目标的感觉，还是一种从他信赖的人中获得所期待的认可的内在自信。

在前四个阶段中，儿童懂得了自己是谁、能干什么，也就是说他们懂得自己所能担任的各种角色。在这个阶段，儿童必须思考全部积累起来的有关他们自己及社会的知识，最后致力于某一生活策略。如果这样做，他们就获得了一种同一性，也就长大成人了，否则，儿童就可能以角色混乱或消极的自我同一性方式离开这个阶段，而角色混乱以不能选择生活角色为特征，这样就无限制延长了进入成年阶段的准备时间。

（六）成年早期（18~25岁）：亲密与孤独

埃里克森认为，只有具备牢固同一性的人才可能敢涉足爱河。具有牢固同一性的青年人具备了与他人亲密相处的能力，即具备了成为社会一员和伙伴关系成员所需承担义务的能力，以及为遵守这些义务而发展的道德力量的能力。没有形成有效工作与亲密能力的人会在离群居住中回避与别人的亲密交往，因而就形成了孤立感。

（七）成年期（25-50岁）：生育与自我专注

当一个人顺利地度过了自我同一性时期，在其以后的成长岁月中将会过上幸福充实的生活。埃里克森认为，生育感有生和育两层含义，一个人即使没生孩子，只要能关心孩子、教育指导孩子，就可以具有生育感。反之没有生育感的人，其人格贫乏和停滞，他就是一个自我关注的人，只考虑自己的需要和利益，不关心他人的需要和利益。

在这一时期，人们不仅要生育孩子，而且要承担相应的社会工作，这是一个人对下一代的关心和其创造力最旺盛的时期。

（八）成熟期（50岁以上）：自我整合与绝望悲观

由于衰老过程，老人的体力、心理和健康每况愈下，对此他们必须做出相应的调整和适应，所以，这一时期被称为自我调整与绝望感的心理冲突时期。

当老人们回顾过去时，既可能怀着充实的感情与世告别，也可能怀着绝望走向死亡。自我调整是一种接受自我、承认现实的感受，是一种超脱的智慧之感。如果一个人的自我调整大于绝望，他就会获得智慧生活的品质，埃里克森把它定义为："以超然的态度对待生活和死亡。"

需要强调的是，在所有的发展阶段，两种相对的心理冲突只是所占比例有区别，而不是绝对的有和无。例如，只有在儿童形成的信任感超过不信任感时，基本信任与不信任的危机才得到解决。

三、大学生自我意识特点

（一）明确自己的角色定位，主动关心自己的发展

处于青年期的大学生在生理、认识、情感等各方面的深刻变化，例如，性的成熟、思维能力的发展、感受力的提高，这些都使他们开始把关注的重点转向自身内部，开始去发现、体验自己的内心世界，充分认识到自己面临的生存和发展的机遇与挑战，并迫切要求形成自己独特的个性与理解方式，努力围绕个人发展、个人和社会的关系，主动积极地探索自我。

当下的大学生从高中步入大学，人生的独立生活正式开始了。大学生在生活上开始独立，他们在心理上也会渴望独立。所以，大学生开始更多地关注自己，关注自己现在与未来的发展。大学生在学习、生活中不断寻求自己未来发展的道路，然后为自己制订详细的计划。

（二）正视现实、理性思考，自我评价能力趋于客观

从年龄上看，绝大部分大学生应该自立，可以独立承担社会责任，但大学的教育教学和校园生活使他们应当承担社会责任的时间向后延续了，因此，作为社会人的大学生，可以充分利用在大学求知的宝贵时间，广泛、深入、细致地思考自我。虽然大学生的自我评价仍然有一定的片面性，但随着其知识和经验的增多、生活范围的扩大，大多数大学生的理性认知趋于成熟，他们对自我的评价逐渐会变得客观、全面。

（三）自我体验丰富而复杂，自我控制能力显著提高

大学生的自我体验是丰富多彩的，大学阶段可以说是在人的一生中或各种社会群体中"最善感"和"最敏感"的年龄阶段。从总体上讲，大多数大学生的情绪和情感是积极健康的，他们认同自己、悦纳自己、自尊、自信、自爱。同时，大学生的自我体验也是比较复杂的，敏感与迟钝、热情与冷漠、开放与闭锁、稳定性与波动性，错综复杂，都会在不同的大学阶段体现出来。

（四）自我意识的发展具有不平衡性

从个体上讲，大学生生理、心理与社会自我的发展常常会出现不协调的情况，主观自

我与客观自我往往表现出不一致性。从总体上讲，大学生的自我意识水平比较高，但不同年级的大学生在自我意识的发展方面存在明显差异。特别是大学新生，从原来的中学环境进入大学环境中，原有的自我价值体系需要借助较高的自我反思能力与自我控制能力来重新建构，其在思想独立与经济依赖、生理成熟与心理发展滞后方面存在着深刻的矛盾。

第二节　接纳自我——让幸福感飙升

经过十几年学习和生活的积累，大学生已经逐渐认识到自我意识的存在，并期望有一个独立的、明确的自我意识。但是，大学生在社会中特殊的地位与所属特殊的人群结构，使得他们普遍有着较高的自我期望值，即使在高等教育大众化的今天，也未能改变这种特点，使大学生对未来常常抱有不切实际的幻想。当大学生在认真进行自我观察、自我分析、自我评价时，不愿意看到理想自我与现实自我之间存在的较大差距，如果当这种差距不可能在短时间内能消除时，大学生就会产生自我意识的矛盾与冲突。

一、大学生自我意识的矛盾

（一）自我意识分化与发展，自我矛盾开始出现

进入大学以后，随着学习、生活方式的改变和心理意识的发展，大学生的自我意识有了明显的变化，他们对自己的生活充满信心，对未来抱有幻想，而现实往往不是他们所想象的，于是就出现了理想自我和现实自我的矛盾。这种矛盾分化，使得大学生发生自我意识的改变，经过自我体验和自我调控，而表现出激动、焦虑、喜悦与不安的情绪。当理想自我占优势时，大学生往往会将客体我隐藏到实际能力以下，从而产生较强的自卑感，形成自我怜悯或伤感的心理状态。

（二）自我意识矛盾日益突出，但调控能力相对较弱

随着自我意识的进一步发展，主体和客体，理想和现实之间的种种矛盾也越来越突出。在这种矛盾心理的作用下，大学生对自己的评价常常是矛盾的，对自己的调控也是不自觉、不果断的。大学生忽而看到自己的这一面，忽而又看到自己的另一面，时而能客观地评价自己，时而又高估或低估自己；时而感到自己很成熟，时而又感到自己很幼稚；时而对自己充满信心，时而又对自己不满。因此，大学生开始通过各种活动来重新认识自己，自觉或不自觉地在调节矛盾的过程中认识自己、完善自我。

（三）自我意识的矛盾不断激化，自我意识出现混乱

大学生自我意识的混乱通常表现为两种类型：一种是过高的自我评价，另一种则是过低的自我评价。过高或过低的自我评价往往导致大学生在其自我意识确立过程中形成过分自负或过分自卑这两大心理缺陷。这是妨碍大学生良好自我意识形成的心理障碍。处于过低的自我评价意识状态的大学生，对理想期望较高，又无法达到；对现实不满意，又无法改进。大学生在心理上的一个特征就是自我排斥，这样他们往往会产生否定自己、拒绝接

纳自我的心理倾向，压抑自我的积极性，并可能导致严重的情感损伤和内心冲突。在过高的自我评价或自我概念的支配下，个体往往扩大现实的自我，形成错误的不切实际的理想。

（四）自我意识的矛盾转化不断进行，且渐趋稳定

在自我意识由"矛盾—统一—新矛盾—新统一"转化发展的过程中，大学生自我意识不断发生重大变化，由刚进校的依赖性和盲目性，渐渐转变为想入非非，到毕业前就显得沉稳多了。正是由于这种矛盾转化，使得大学生自我意识发生了明显改变，个体之间出现了不同的差异，自我意识也逐渐趋向成熟。

由此可见，大学阶段既是大学生自我意识的转折时期，也是自我意识和自我矛盾表现最突出的阶段，对个体的人生观、价值观、世界观形成有着非常重要的意义。

二、大学生自我意识的偏差

（一）过分追求完美

尽管爱美之心，人皆有之，但过分追求完美，就容易引起自我适应障碍。

因为不真正了解自己或过分受他人期望的影响，这种人不顾自己的实际状况，期望自己完美无缺，他们不能容忍自己的不完美，总是对自己不满意，不肯接纳平凡的或有缺点的自我，其结果是对自己的认识和对现实的适应更加困难。

（二）过度自卑

大学校园是人才济济之地，人与人之间的比赛、竞争、定胜负、争荣誉的情况不但无法避免，而且没有常胜将军，每个人都会经历失败，但如果不能客观面对自己的缺点和失误，逢有挑战性的场合就逃避、退缩，在其极强的自尊心下面掩盖的往往是极度的自卑。

（三）过度自我接受

过度自我接受的表现类似自我扩张型的人。这些人总是高估自我，总是拿放大镜看自己的长处，甚至把自己的缺点也当作长处，拿显微镜看他人的短处，人际交往的模式是"我好，你不好""我行，你不行"，自以为是，盲目乐观，这样的人不但不容易处理好人际关系，而且自己会因为承担无法完成的任务而承受失败的痛苦。

（四）自我中心

大学阶段是自我意识发展最强烈的时期，大学生强烈关注自我，愿意从自我角度进行认识、评价，容易出现自我中心倾向，如果再与个人主义、自私自利思想、过度的自我接受结合，他们就会表现出过分的、扭曲的自我意识。

总之，自我意识的偏差常常会给大学生带来不安或心理痛苦。在自我意识的矛盾冲突中，大学生的自我意识也在不断调整、发展。如果自我意识调整得顺利，大学生就会找到自我意识新的支点和统一点，从而整合自我意识。

三、大学生自我意识的完善

在心理健康与心理健康标准的研究中，几乎都把自我意识的健康程度作为其重要内容之一。例如，恰当的自我关注既能充分了解自己，也能恰当地评价自己的能力；合理地自我分析与评价，积极的自我体验，生活的理想要求切合实际，善于自我接纳，有效的自我控制，独立、自主、有责任心；不断自我发展，有幸福感等。这些都说明自我意识与个体的心理健康紧密相连，如何健全与完善自我意识，是大学生重要的心理健康课题。

（一）认识自我

虽然古希腊时人们就将"人啊，认识你自己"的铭文刻在神殿上，但千百年来人类仍不断地在询问自己"我是谁？"两千多年前，孔夫子曰："于止，知其所止，可以人而不如鸟乎？"即黄雀在栖息时，都知道停的地方，难道人还不如鸟吗？一个人如果不知道自己是什么样的人，就说明他还未构建起自己完整的信念和价值体系，这样他就会生活在一种不确定的感觉中，并充满了彷徨和不安。因此，在认识别人之前，先认识我们自己；在认识世界之前，先认识我们自己，只有这样我们才能更好地把握自己的人生。那么，怎么才能正确认识自己呢？我们可以从以下几个方面来分析。

1. 通过与别人的比较来认识自己

一个人对自己价值的认识，是通过与他人的能力和条件相比较而获得的。在与他人比较的过程中，应注意比较的参照系统和立足点。其一，跟别人比较的应该是行动后的结果，而不应该是行动前的条件。其二，跟别人比要有标准，应该是相对标准而不应该是绝对标准，应该是可变的标准而不是不可变的标准。其三，比较的对象应该是与自己条件相似的人。

2. 通过与自己比较来认识自我

把现实与过去、理想进行比较。与过去比自己是进步了、成熟了，还是退步了，是否重犯以往的错误了，与理想自我比较自己还有哪些差距等。前者可以发现自己的成绩和进步，提高自尊和自信；后者可以明确自己今后努力的方向，从而进一步完善自我。但要注意理想不能是不切实际的过高要求。

3. 通过分析他人对自己的评价来认识自我

从他人的态度和情感评价中觉知自己、明确自我。一个人对自己的认识难免有偏差，因此，有必要根据他人的评价、他人对自己表现出的言行态度来认识自己。他人的评价就像一面镜子，正如古语所说："以人为鉴，可以明得失。"这里需要注意的是，就像镜子不一定能反映事物的本来面目一样，别人对你的评价，由于受多种因素的影响，不一定是完全正确的，所以不能把别人的评价和态度作为唯一的衡量标准。另外，最好能从多个不同的人、不同的时间、不同的场合去搜集评价信息，其中重复次数越多的信息可信度越大。

4. 通过内省来认识自我

通过内省来认识自我是一种个体直接认识自己的方法。人类既是心理活动的主体，又是心理活动的对象。我们通过内省就可以了解到自己的智力、情绪、意志、能力、气质、性格和身体条件等特点。另外，内省也是自我意识形成的重要途径之一。在认识自己的过程中，我们一定要注意客观、全面、辩证地看待自身，形成正确的自我意识，真正地了解自己，并以此来选择适合自己的发展道路。

5. 通过自己的活动表现和成果来认识自我

自我的各个方面都是在具体事件中得以表现和反映的。大学生可以通过对自己的学习、文学、艺术、体育、社会工作、人际交往等各方面的能力和成效加以认识，获得关于自己能力、意志、兴趣和投入等多方面的信息，进而对自己加以评价。但注意不要把成绩作为评价自己价值的唯一尺度。

（二）悦纳自我

一个人的心理健康与否，有一个重要的指标，那就是他能不能接受自我，这就叫"悦纳自我"。每个人都有优点和不足，关键在于自己如何看待。既要看到自己的优势，树立自信心，又要避免骄傲自大，还要了解自身的弱点，认识到没有人是完美的或是万能的。只有客观、全面、愉快地接受自我，才能很好地多角度认识自我，并在此基础上，明确完善自我的努力方向和途径。当你快乐地接受了自己，你的整个心胸就会舒展和开阔。同时，你会发现，你也更加容易接受他人了。

悦纳自我有以下四层含义。

其一，无条件地接受自己，接受自己的全部，无论是优点还是缺点，无论是成功还是失败。

其二，改变过分追求完美的习惯，不苛求自己。既能平静又能理智地看待自己的长处和短处，冷静对待自己的得与失。过份追求完美、过份苛求自己，无异于心理上的作茧自缚，不但会抑制人的活力，使人心情压抑、行为退缩，而且会失去许多展示自己的机会，最终损害人的自尊，导致自我封闭。正确的态度是承认自己的不完美，接受自己所有的优点和缺点，接纳真实的自我，在积极的心态中，最大限度地将自己的潜能化为现实。

其三，建立和巩固良好的自我感觉。既不能以虚幻的感觉填补内心的空虚，也不能以消极回避漠视自己的现实，更不能以怨恨、自责甚至厌恶来否定自己。把视野拓宽或换一个角度来看自己，你就会发现一个全新的自我。这样，你就能把注意力集中在自己的优点和成功上，而不是集中在自己的缺点和失败上，这样有助于建立和巩固良好的自我感觉，觉得自己是独一无二的，有高度的自尊和自信，有价值感、自豪感、愉快感和满足感。

其四，从错误和失败中吸取教训，且不被其打垮，永远给自己机会。一个人既不可能不犯错误，也不可能事事成功，可怕的不是错误和失败，而是被错误和失败打垮。人应平静而又理智地看待自己的错误和失败，从中吸取教训，不因个别的错误和失败而轻率地全盘否定自己，永远要对自己有信心。

（三）自我激励

社会像一个舞台，每个人在台上扮演着自己的角色，每个人都希望自己扮演的角色能光彩照人。但是，在每一次出场亮相之前，人们多少都会感到紧张和不安。许多人既渴望表现自己，又害怕表现自己；既不愿把角色演得平淡无奇，又担心自己缺乏足够的能力去演得精彩。因此，这些人往往会出现放弃、退缩或矫揉造作、生搬硬套的情况，结果他们既不能充分地、真实地表现自己，又失去了证明自己、让别人认可自己，以及磨炼自己的机会。长此以往，一个人即使有再多的潜力，由于潜能无法转化为现实，其自信也会动摇以致湮没，在社会的舞台上成为暗淡无光的角色。

美国心理学家詹姆斯的研究表明：一个没有受激励的人，仅仅能发挥他的能力的20%~30%，而一旦受到激励，他的能力就可以发挥80%~90%，相当于激励前的3~4倍，可见激励所起的重大作用。在现实生活中，我们每个人都比较在乎他人或社会对自己的议论和评价，都期待着别人或社会对自我的肯定、赞扬和激励。因为这些能让我们感到自己受到他人的尊重，感受到自己存在的价值，使我们更有自信，从而激发我们的潜能。其实有些话不要等着别人说，我们完全可以自我激励，自己对自己说一些积极肯定的话与别人对你说这样的话，两者最终的效果并没有本质的差别。

（四）自我控制

控制自己是人主动地去改变自己的过程，而这个过程是定向的。有效控制自己，是定向改变自己、完善自己的直接途径。大学生有效控制自己，具体可从以下两方面展开。一是自我要设定一个理想的目标。理想，即要通过定向改变并达到的一个目标。设定目标时，要根据实际情况，从自身的知识文化程度、处事能力水平、日常生活经验等角度出发，设定一个通过切实努力可以达到的目标。如果目标太高，就会因为无止境的努力而导致失去信心。相反，如果目标太低，轻而易举就能达到，则会失去人生价值。总之，只有目标的设定要合理才能真正激励自我为之不懈努力。二是努力培养自我的意志力。在每个人的人生中，不仅会有自身欲望的出现与干扰，还会时不时有外部诱惑的出现，很容易使人偏离轨道，尤其是在其意志力还没有完全成熟的时候。一旦偏离轨道，人就丧失了不懈努力的斗志，就会放弃达到目标的决心。所以，人想要成功，就要有抵挡各种诱惑的意志力，要不断约束自己的思想，把握自己的行为。

（五）自我提升

1. 建立科学、正确的理想观

大学生一般都充满幻想，希望自己成为生活的强者，并能干出一番事业。不少大学生对其理想目标设计得很完美，对理想中的自我要求很高，甚至苛刻。然而，理想与现实总是存在差距，这种落差往往使大学生在理想与现实的矛盾中走向失望和消沉。因此，在设定理想目标时，大学生要面对现实，以现实为基础，不要把目标定得太高，最多是"跳起来摘果子"的程度，还要把长远目标分成一个个具体远近及高低各异的短期目标和子目标，每一个子目标也要合理，经过努力可以达到，从而增强其自信心。列夫·托尔斯泰说："人活着要有生活目标：一辈子的目标，一段时期的目标，一个阶段的目标，一年的目标，一个月的目标，一个星期的目标，一天一小时一分钟的目标。"大学生可以把一学期定为长期目标，确立以月、周、日为单位的短期目标，制定各门功课的阶段性目标，规定完成目标和学习任务的时间安排表，将一天中的全部活动（包括学习、娱乐和休息）纳入计划中，并做出周或日计划评价。

由于时代在变化、个人在成长，昨天被作为理想去追求，今天可能已不再是理想，因此，理想也要随着时代和个人的发展不断进行调整。同时，建立科学、正确的理想，不被虚荣心所诱惑，不做力所不能及的事情，不要单纯从自己的愿望出发，要从自己面对的实际出发，再根据当时的社会环境条件，将理想和现实结合起来进行目标设计。

2. 参加实践活动锻炼自我、展示自我

在社会实践活动中，个人通过自我判断、自我选择、自我提升获得其对人生和世界的正确看法。同时，自我评价、自我激励和自我教育也需要一个实践过程。因此，大学生要多参加社会实践活动，通过参加勤工助学、志愿服务、社会调查、参观考察、教学实习等各种形式的社会实践活动，逐步提高自我认识能力和自我教育能力。目前，不少大学生，从小在父母和老师的精心呵护下长大，生活在蜜罐里，习惯我行我素、为所欲为，缺乏自我控制和调节的能力，缺少应对困难和挫折的锻炼和考验。表现在学习上，虽然学习目标明确、学习计划科学，但大学生缺乏顽强的意志和坚强的品格，目标还是完不成。对大学生来说，在社会实践中的意志、品质锻炼尤其重要。展示自我是指个人善于将自己的思想与他人交流，并同他人一起投入集体活动中去，展示自己的才华，并得到集体认同的过程。

3. 不断完善自我、追求超越自我

做一个独特的和最棒的自己，是大学生的共识和追求。大学生成为自己的过程既是自我不断更新、走向完善的过程，也是从个体"小我"不断走向社会"大我"的过程，这个过程既注重自我又不固守自我，而是根据社会要求不断改造自我；既注重自我价值的实现，又要鼓励和帮助他人实现自我价值，还要与众人共同实现社会价值。

完善自己是在认识自己、接受自己、控制自己的基础上，积极主动地通过各种方式不断改进自己的行为。这个具体的步骤是主动地制定目标、自觉地调整自我行为、积极地改造自我，以此来不断适应社会的要求。而自我教育是在完善过程中的核心步骤。自我教育，要求大学生从点滴小事出发，在任何事情的思考、处理上都有自省的步骤。

总之，完善既是一种过程，又是一种境界。坚持正确的方向，本着科学的态度，积极投身社会实践，在实践中学会学习、创造和反思，只有这样，大学生才能辩证地看待社会，分析自我，把握自我，全面认识自我，不断超越自我，逐步走向成熟和完善。

第三节 实现自我——人生的逆袭

马斯洛需求层次理论是亚伯拉罕·马斯洛于1943年提出，其基本内容是将人的需求从低到高依次分为生理需求、安全需求、社交需求、尊重需求和自我实现需求。马斯洛需求层次理论是人本主义的理论之一，这个理论不仅是动机理论，而且是一种人性论和价值论。

一、马斯洛需求层次理论

（一）理论概述

自我实现理论是心理学"第三思潮"人本主义心理学的主要理论之一。在马斯洛需求层次的金字塔上（见图2-1所示），自我实现的需求位于塔尖。马斯洛认为，自我实现是

人的机体潜能发挥的一种内驱力，是人的本性中的一种创造性倾向，也是一个人能够成为什么、他就必须成为什么，因此，他必须忠于自己的本性。同时，自我实现本质上就是个体充分发挥自身潜能，充分把握和认可自身本性，永无止境地趋向自身的统一、整合与和谐。

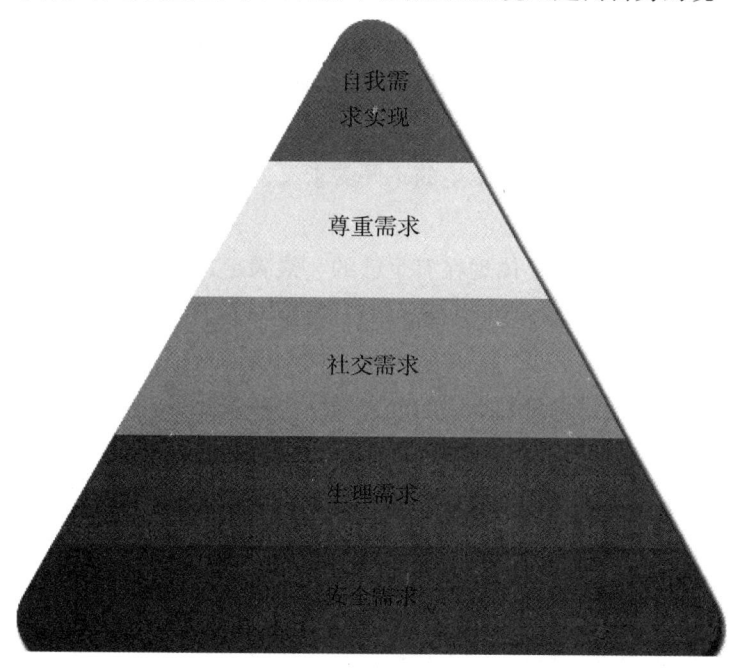

图 2-1　马斯洛的需要层次理论

马斯洛认为，人类具有一些先天需求，越是低级的需求就越基本，越与动物相似；越是高级的需求就越为人类所特有。同时，这些需求都是按照先后顺序出现的，当一个人只有满足了其较低的需求之后，才能出现较高级的需求，即需求层次。

另外，各种基本需求的出现一般是按照生理需求、安全需求、社交需求、尊重需求和自我实现需求的顺序，但并不一定全部都是按照这个顺序出现。

生理需求，也称级别最低、最具优势的需求，如食物、水、空气、性欲、健康。

安全需求，同样属于低级别的需求，其中，包括对人身安全、生活稳定以及免遭痛苦、威胁或疾病等。缺乏安全感就会感到自己及身边的事物受到威胁，觉得这世界是不公平或是危险的，认为一切事物都是危险的而变得紧张、彷徨不安，认为一切事物都是"恶"的。

社交需求，属于较高层次的需求，如对友谊、爱情以及隶属关系的需求。缺乏社交需求的特征又因为没有感受到身边人的关怀，所以认为自己没有价值活在这个世界上。

尊重需求，属于较高层次的需求，如成就、名声、地位和晋升机会等。尊重需求既包括对成就或自我价值的个人感觉，也包括他人对自己的认可与尊重。无法满足尊重需求的特征是变得很爱面子，或是很积极地用行动来让别人认同自己，也很容易被虚荣所吸引。

自我实现需求，是最高层次的需求，包括针对真善美至高人生境界获得的需求，因此，只有前面四项需求都能满足，最高层次的需求才能相继产生，这是一种衍生性需求，如自我实现、发挥潜能等。缺乏自我实现需求的特征为觉得自己的生活被空虚感推动着，要自己去做一些身为一个"人"应该做的事，需要有让他能更充实自己的事物，尤其是有让他深刻地体验到自己没有白活在这世界上的事物。

（二）大学生的需求层次

不同大学生对五个层次基本需求的满足水平是不一样的，有的同学来自家庭经济收入低的家庭，第一层次的需求仍占首要地位；有的同学由于以往生活环境的限制，可能在社会需求的满足上有待加强；有些同学家庭环境优越，性格养成良好，可能已经追求更高层次的自我实现需求。应当针对不同学生的不同需求，采取有针对性的教育引导措施，最终达到引导学生走上自我实现的目标。

基本需求在大学生身上主要体现在有足够的金钱满足其衣食住行、维持各类社交等方面。因此，家庭经济困难的大学生应当积极通过各种渠道，申请学校的助学贷款和助学资助。同时，由于人们的高级需求一旦得到满足，就会变得具有自制能力，不再受制于低级需求。因此，大学生应当树立自我实现的远大目标，培养自立、自强的精神。

大学生社会需求的满足主要是在各类学生组织中得到的，包括其所在班级、社团、宿舍等。因此，大学生应当主动在班级和社团中营造积极向上、互相关爱的氛围，建立融洽的同学关系，感受温暖的同窗之情，感受集体对自己的需要，从而产生强烈的归属感和被爱的感觉，从而使大学生的心理健康教育工作取得水到渠成的成果。

二、自我实现者的特点

马斯洛提出自我实现的过程，意味着发展真实的自我，发挥个体现有的或潜在的能力。这不是一种终结状态，而是实现目标的过程，其没有时间和质量的限制。

马斯洛从48位杰出人士身上总结出下列14条自我实现者的特点。这些特征可以为我们提供一个自我实现者的框架。其实，我们每个人身上都多多少少具备这些特点，只是程度不同而已。

1. 比普通人更能准确充分地知觉现实。马斯洛发现，这些杰出人士具有透视虚伪、表面或掩饰事物的能力，较少受到自己的需求、愿望、恐惧、焦虑、偏见的影响，因而他们能透视事情的真相。另外，这些人士不仅能忍受模棱两可、暧昧不清的情形，而且喜欢这种情形。

2. 对自己、他人及大自然表现出较大的宽容，承认任何事物都有两面性。对自己与他人不可避免的优点与缺点，这些杰出人士既能视之为理所当然而不抱怨，也能够坦然接受缺点，不因未符合文化所界定的美、地位、声誉等内容就产生莫须有的罪恶感和羞耻感。另外，这些人士尊重每个人的固有权利。

3. 具有自发性、单纯性和自然性，有流露自己真实感情的倾向。这些杰出人士的内心生活、思想、行为都比较自然、率真，敢于自我流露，不处处防卫，不惧怕他人的批评，与人交往时不矫揉造作。

4. 遇事时以问题为中心，而不以自我为中心。因此，这些杰出人士能够心平气和地处理问题。马斯洛发现，健康者的一项显著特征是热爱一种职业，他们感觉自己的工作是重要的，他们的人生有某种使命待完成，不管他是经营家庭、养育小孩，还是经营大公司。

5. 具有较高的超然于世的品质和独处的需求。许多人发现独处是一种很不愉快的体验，但马斯洛发现健康的人不但能享受孤独，而且倾向寻求独处的时刻。

6. 有较强的自主性以及独立于环境与文化的倾向性。健康的人不但较少受环境的影响，而且他们不做自己无法控制的环境变迁的牺牲者。即使面临许多挫折、打击，这些杰出人士也能保持相对平静的心态，他们知足，并依赖自己的潜能和资源来成长和发展。另外，这些人士不需要他人的好评来慰藉自己。

7. 具有永不衰退的欣赏力。对自我实现的人而言，"每一次的日落都如第一次那么壮丽，任何一朵花都具有令人屏息观赏的可爱性，即使他见过一百万次花朵。他见到的第一千个婴孩，就像他初次看到的婴孩一样，都是奥妙的杰作"。因此，没有那么多理所当然和想当然，每一次都是全新的认识、感受和体悟。即便在日常生活中，常人熟视无睹的生活细节也会使这些人士感到愉快、惊奇、心生敬畏，甚至心醉神迷。

8. 周期性的神秘和高峰体验。马斯洛把人进入自我实现状态所感受到那种发自心灵深处的欣快、满足、超然的情绪体验，那种犹如站在高山之巅的兴奋，那种短暂却尤其深刻的欢愉感觉，称为高峰体验。这是一个人自我肯定的时刻。在这样的时刻，人最接近真正的自我，达到了自己独一无二的人格或特点的顶点，其潜能得到了最大限度的发挥。当然并非只有心理健康的人才有这种体验，大多数人都会体验到自己的成长，并希望考虑高层次的问题。

9. 喜欢和所有人打成一片，但仅和为数不多的人产生深厚的友谊，虽然这些杰出人士热爱和关心的对象只有少数几个，但他们把友谊看得很重要，并且几乎对每个人都较友善、慈悲，喜爱。这些人士也会严厉地批评那些吹毛求疵、装模作样及狂妄自大的人，但这种批评是情境性的，并不会成为其人格特征之一。

10. 具有民主性。这些杰出人士为人比较谦虚，尊重差异，坦然与迥然相异的人交往和学习，这是一种不可多见的特性。另外，这些人士对任何人都存有几分敬意，就只因为对方是一个人。

11. 具有强烈的审美感，并抵制适应社会的现存文化，因为这些杰出人士受内心世界的影响。这些人士有强烈的道德观念、确定的行为原则和清晰的是与非、善与恶观念，不过他们心目中的是与非、善与恶未必和一般人的观点相同。

12. 有十分完善的、毫无恶意的幽默感。这些杰出人士能在生活中找到幽默，对自己的独特性和缺点也会自我解嘲。

13. 具有创造性。这些杰出人士永不衰退的欣赏力，使他们的心灵较像小孩子那样纯真自然。对任何事情或游戏，这些人士都会因为想出一种新奇的方法而兴奋不已。

14. 能弥合各种分裂和对立从而达到整合、协调的状态。自我实现者在这些杰出人士的行为中能够表现出对立的特性，他们既老成持重又童心未泯，既重视智慧又感情洋溢，既纯真坦率又自我克制，既态度严谨又幽默风趣。

需要强调的是，马斯洛认为，自我实现的人并不是完美的，即使受到令每个人头疼的事情和问题的困扰，他们也不会感到无聊、愤怒或者沮丧。实际上，自我实现的人和其他人是相同的，只不过他们不像一般人那样能力受到抑制而已。因此，以上特征更像是一个完美的框架，普通大众大多正行走在自我实现的路上。以上自我目标实现者的人格特点，需要大学生去学习，从而更好地实现其自我潜能的发挥。

三、自我实现的途径

（一）个体层面

在影响人自我实现的条件中，家庭因素、外部环境因素固然很重要，然而更为直接和起决定性作用的则是个人因素。尤其对在校大学生而言，因其在身体发育以及个人思想方面都已相对成熟，在趋向自我实现的过程中，其个人主观因素往往起着更为至关重要的作用。

相对个人因素中的身体方面，心理层面的因素也会起到重要的作用。正如马斯洛所言，对成熟而健康的人来说，身体上的和经济上的、教育上的、社会上的缺陷远远没有自己性格上的弱点那么重要。因此，应该充分发挥自己作为思想相对成熟的在校大学生的主观能动性，勇敢面对并且努力克服各种外部环境的限制以及自我性格上的弱点，从而努力形成自己健全的人格，并最终趋向于自我实现。

1. 忘我学习，选择成长

当代大学生肩负着为实现中华民族伟大复兴而努力学习的使命。而全身心地投入学习也是大学生最终达成目标的实现，从而使其更好地报效国家，实现中华民族伟大复兴的必由之路。

作为当代大学生，如果要使自己成为具有完美人格和富有创造性的人才，那就得自始至终全身心地投入到学习中去，充分发挥自己的潜能，并尽情体验整个学习过程以及由此而带来的快乐。

大学生最大的优势在于自己的思想相对成熟，知道自己真正的想法是什么，因此，在主客观条件允许的情况下，要敢于按照自己的真实想法去做，充分发挥自己的主观能动性的作用，忘我学习，努力挖掘自己的各方面潜力，从而满足自己对目标实现的需求。因此，作为当代大学生，在满足自我各种需求的同时，还应该充分认识到学无止境的道理，以及知道尽情地发挥、充分地体验，既是学习的动力源泉，又是学习的目标所在。因为努力学习过程本身就是目标实现的过程本身。总之，一个大学生要使自己成为自我实现的人，就必须利用大学阶段宝贵的在校学习时光，全身心地投入到学习中去，并在这一过程中充分挖掘自己的潜能，尽情体验整个学习过程及其所带来的乐趣。

2. 释放真我，随心所向

当代大学生由于自身的年龄特点以及外在环境的影响，在内心体验上往往倾向于内敛，而不善于或者无勇气展现自己的自我本真。因此，当代大学生要完成自我实现目标，除努力学习从而更好地认识自我外，还应该敢于释放真我，并随心所向。

按照马斯洛的说法，那就是"要倾听自己生命内在的冲动的呼唤"。对心智相对成熟的大学生而言，尤其需要如此，那就是要相信自己内心对自我的呼唤。因此，在日常学习和生活中，大学生要做到努力释放真我，尽可能地让自己的潜能自然而充分地得到发挥，并当有疑问时，大胆诚实地说出来；在成功时，也要尽情地体验自己的成功所带来的快乐。只有这样，才能够被称为一个自我实现者，才能够最终使自己具有创造性才能，使自己能够更好地为中华民族的伟大复兴贡献自己的力量。

3. 接受自己，消除防御

大学生最典型的心理体验特性就是比较倾向于内在性，即其敏感性和自尊心都比较强。他们既不太愿意面对自己的弱点，又不敢设想自己最好的一面。根据马斯洛所言，所有这些都是属于个体防御心理特征的范畴。

根据马斯洛自我实现理论，一个人若要趋向于自我实现，就必须学会接受自己，以及要能够识别哪些是自己的防御心理，并勇于放弃这种防御要相信自己具有尚未发挥的最大潜能，要敢于设想在最佳时刻、最佳条件下，以自己的最大勇气所能达成的那个样子。

要时刻意识到，一味地逃避面对自己的最佳能力，其实是一种自我防御的心理，因而要敢于消除这种防御。只有这样，个体才能充分发挥自己的潜能，最终实现自然、命运以及个体所交付每个个体所有的最大责任。

当面对日益复杂的现实环境和个人命运抉择时，当代大学生要敢于坦然面对有关自己及其周围世界的现实，学会接纳自己，消除所有没有必要的障碍。

（二）外部环境层面

良好的外部环境能为一个人的成长产生积极的推动作用。根据马斯洛所言，良好的"社会制度"或"外部环境"等于"协同"。外部环境从整体上讲一定是促进而不是压抑其所有社会成员健全人格的形成以及创造性发挥的。这种社会所刻意追求的唯一功能是保护其国民在对内方面互不侵犯、在对外方面不受外敌入侵。不良的社会环境或制度会扼杀所有人的创造性，即自我实现，因此，人只有在合意的环境中或工作中才有自我实现的可能性。

当代大学生，因年龄特点和对社会环境、学校环境等周边环境变化比其他年龄段学生更具敏感性和警觉性，其抗挫折能力和心理承受力脆弱，对维护其自尊心的要求极高，周边环境微小的挫折就容易对自己构成威胁，或产生不利影响，从而影响其自我潜能的发挥。

在大学环境中，大学生自己要努力创造条件，通过客观和主观两方面路径努力把自己培养成一个能够不断发挥自我潜能和实现抱负的人，从而能够通过自我的努力和实践为早日实现中华民族的伟大复兴贡献出自己的力量。

因此，大学生应当树立远大目标，制订有针对性的学业发展规划和职业生涯规划，细分学业目标和职业目标的实现步骤，在点滴中收获并体验到成长的快乐。同时，为自我实现创造多样化平台。

【心灵体验】

"20个我是谁"——自我意识团体心理训练

1. 活动目的：强化自我认识，促进自我接纳。

2. 活动时间：20分钟。
3. 活动材料：笔、纸。
4. 活动步骤：
（1）写出20句"我是怎样的人"，要求尽量选择一些能反映个人风格的语句，避免出现类似"我是一个男生"这样的句子。
（2）将陈述的20项内容做下列归类。
①身体状况（你的体貌特征，如年龄、身高、体形、是否健康等）。
编号：
②情绪状况（你常持有的情绪情感，如乐观开朗、振奋人心、烦恼沮丧等）。
编号：
③才智状况（你的智力、能力情况，如聪明、灵活、迟钝、能干等）。
编号：
④社会关系状况（与他人的关系、如何和别人应对进退、对他人常持有的态度、原则，如乐于助人、爱交朋友、坦诚、孤独等）。
编号：
⑤其他
编号：

分类是对自己各方面的关注和了解程度，某一类项目多，说明你对这方面关注和了解多；某一类项目少或没有，说明你对这方面关注和了解少，或根本就没关注、不了解。健全的自我意识应能较为全面地关注和了解自己。

（3）评估你对自己的陈述是积极的还是消极的。在你列出的每句话的后面加上正号(+)或负号(-)。正号表示"这句话表达了你对自己肯定满意的态度"，负号的意义则相反，表示"这句话表达了你对自己不满意、否定的态度"。比对你的正号与负号的数量各是多少。如果你正号的数量大于负号，说明你的自我接纳状况良好；相反，你的负号将近一半甚至超过一半，这显示你不能很好地接纳自己，你的自尊程度较低，这时你需要内省，寻找问题的根源，如是否过低地评价了自己？是什么原因使你成为这样？有没有改善的可能？

5. 活动分享：①分组交流。将团体成员分成4~6人的小组，在组内进行交流。交流对自己的认识和对活动的感受。②团体内分享。每组派一名代表在团体内进行小组情况交流或个人体会的发言，以供大家分享。

【心灵保健】

1. 每个人都是独一无二的

认识你自己，首先要肯定自己的价值。在这个世界上，没有一个人是卑微的，任何人都有存在的意义。既不要认为自己是无用的，也不要认为自己没有价值。因为每个人都是独一无二的。

认识自己，必然是慢慢去发现自我的天赋是什么，自己喜欢的是什么，社会需要什么。当对自我评估更清楚的时候，你就会慢慢知道自己是谁，自己能做什么。生活中，我们或多或少都会遇到一些怨天尤人的人总会说自己怀才不遇，要么就是非常自卑而不知道自己能做什么。

我来自哪里，我到哪里去，我的目标是什么，把"小我"深深嵌入社会与环境这个大的系统中，你就会慢慢看清环境对自己的影响与塑造，也会看到自己的选择如何带领你走向更远。

所以，首先要做的是客观地评价自己，从自我小时候到现在，看到现在的自己。我们既有自己的天性，也有很多被他人影响的过程。

我们必须学会在审视自己的时候，最好不要带有太多的个人情感，不要过分高估自己的能力，如果身边人对你的评价与自己的期待相差甚远，那你就需要认真地思考一下这是为什么，只有找到问题的根源在哪里，接下来的事情才会顺其自然。

2. 不断提升自己

在正确评估自己之后，你会对自己有了更深了解，接下来不断努力提升自己是很重要的。没有一个人生下来就注定优秀，也没有一个人一生注定平庸，所有的路都是每个人一步一步走出来的，就好像吃了多少苦，老天就会返还给你多少甘甜一样，只要你努力不断提升自己，你就会像成功者一样变得优秀。

如果一时之间你还找不到施展的空间，那么不要着急，不要害怕，生活中多的是这样的情况，时机不佳，那就请你耐心等待、厚积薄发。

同样，如果你才华横溢并且遇到机会，那么就请你大方地施展才华，让智慧的光芒展示出来，让自己变得受人瞩目。所以说，与其抱怨度过一生，不如不断提升自己，让自己变得更优秀。

3. 挖掘自己的潜质

古语云，千里马常有而伯乐不常有。现实的确是这样，有些时候我们不能总是等着别人来发现自己的闪光点，我们还要挖掘自己的潜质。机会永远把握在自己手上，一定要把握自己的人生。

了解自己并不难，为什么我们很多人都做不到呢？那么，就请你从现在开始，认真地思考你想要什么，你的目标是什么，你能做什么？只要通过一步一步开始了解自己，你就会变得越来越优秀。

4. 从失败中认识自己

如果你不爱反思、容易抱怨和指责，那就从失败中认识自己。因为我们都有自我防御机制，所以遭遇失败就可能逼迫我们深刻反思，从失败中得到领悟，从失败中得到成长。

5. 从成功中认识自己

如果你过度反思、过度自卑，就要多从成功的体验中认识自己，看到自己的不同层面。

6. 摘掉给自己贴的标签

将内向、外向、孤僻、不喜欢学习等标签全摘掉，体验一下没有这些标签，你对自己会有什么不一样的感受。

❀【本章小结】

1. 自我意识的概念：是一个人在社会化过程中逐步形成和发展起来的、对自我以及自己与周围环境中的人、事、物之间关系的认知、体验和调控。

2. 自我意识的心理功能：决定个体行为的持续性与合理性，决定个体对经验的解释，影响个体的期望水平。

3. 自我意识的结构：从知、情、意三个方面分析，自我意识由自我认知、自我体验和自我调节（或自我控制）三个子系统构成；从自我本身分析，自我意识则可分为生理自我、社会自我与心理自我。

4. 埃里克森自我意识发展的八个阶段：婴儿期（0~1.5岁）：基本信任与不信任；儿童期（1.5~3岁），害羞与怀疑；学龄初期（3~5岁）：主动与内疚；学龄期（6~12岁）：勤奋与自卑；青春期（12~18岁）：自我同一性与同一性混乱；成年早期（18~25岁）：亲密与孤独；成年期（25~50岁）：生育与自我专注；成熟期（50岁以上）：自我整合与绝望悲观。

5. 大学生自我意识特点：明确自己的角色定位，主动关心自己的发展；正视现实、理性思考，自我评价能力趋于客观；自我体验丰富而复杂，自我控制能力提高显著；大学生自我意识的发展具有不平衡性。

6. 大学生自我意识的矛盾：自我意识开始分化，并且迅速发展，自我矛盾开始出现；自我意识矛盾日益突出，调控能力相对较弱；自我意识的矛盾不断激化，并出现混乱；自我意识的矛盾转化不断进行，且渐趋稳定。

7. 大学生自我意识的误区：过分追求完美；过度自卑；过度自我接受；自我中心。

8. 大学生自我意识的完善：认识自我；悦纳自我；自我激励；控制自我；自我提升。

9. 马斯洛需求层次理论：人的需求从低到高依次分为生理需求、安全需求、社交需求、尊重需求和自我实现需求。

10. 自我实现的途径：个体层面要忘我学习，选择成长；释放真我，随心所向；接受自己，消除障碍；利用外部环境对个体成长产生积极的推动作用。

【自我小测验】

心理测验须知

1. 本测验适用对象为16岁以上人群。

2. 本测验仅用于个体自我抑郁情绪的评定，不能用于心理问题的诊断。具体心理问题的诊断请遵从心理咨询师的评估。

自我和谐量表（SCCS）

指导语：每个人都期望能对自己有更清楚的认识，每个人对自己的看法都有其独特性，下面是一些个人对自己看法的陈述，填答时，请您看清楚每句话的意思，然后选择一个与您现在对自己的看法相符合的答案，每个问题有以下几个答案可供选择：1. 完全不符合，2. 比较不符合，3. 不确定，4. 比较符合，5. 完全符合。答案是没有对错的，请如实作答。

序号	题目	完全不符合	比较不符合	不确定	比较符合	完全符合
1	我周围的人往往觉得我对自己的看法有些矛盾	1	2	3	4	5
2	有时我会对自己在某方面的表现不满意	1	2	3	4	5
3	每当遇到困难时，我总是首先分析出现困难的原因	1	2	3	4	5
4	我很难恰当表述我对别人的情感反应	1	2	3	4	5
5	虽然，我对很多事情都有自己的观点，但我并不要求别人也与我一样	1	2	3	4	5
6	我一旦形成对事物的看法，就不会再改变	1	2	3	4	5
7	我经常对自己的行为不满意	1	2	3	4	5
8	虽然有时得做一些不愿意的事，但我基本上是按自己意愿办事的	1	2	3	4	5
9	一件事好就是好，不好就是不好，没有什么可含糊的	1	2	3	4	5
10	如果我在某件事上不顺利，我就往往会怀疑自己的能力	1	2	3	4	5
11	我至少有几个知心朋友	1	2	3	4	5
12	我觉得我所做的很多事情都是不该做的	1	2	3	4	5
13	不论别人怎么说，我的观点决不改变	1	2	3	4	5
14	别人常常会误解我对他们的好意	1	2	3	4	5
15	很多情况下，我不得不对自己的能力表示怀疑	1	2	3	4	5
16	我朋友中有些是与我性格截然不同的人，这并不影响我们的关系	1	2	3	4	5
17	与朋友交往过多容易暴露自己的隐私	1	2	3	4	5
18	我很了解自己对周围人的情感	1	2	3	4	5
19	我觉得自己目前的处境与我的要求相距太远	1	2	3	4	5
20	我很少去想自己所做的事是否应该	1	2	3	4	5
21	我所遇到的很多问题都无法自己解决	1	2	3	4	5
22	我很清楚自己是什么样的人	1	2	3	4	5
23	我能很自如地表达我所要表达的意思	1	2	3	4	5
24	如果有足够的证据，我就可以改变自己的观点	1	2	3	4	5
25	我很少考虑自己是一个什么样的人	1	2	3	4	5
26	把心里话告诉别人不仅得不到帮助，还可能招致麻烦	1	2	3	4	5

续表

序号	题目	完全不符合	比较不符合	不确定	比较符合	完全符合
27	在遇到问题时，我总觉得别人都离我很远	1	2	3	4	5
28	我觉得很难发挥出自己应有的水平	1	2	3	4	5
29	我很担心自己的所作所为会引起别人的误解	1	2	3	4	5
30	如果我发现自己在某些方面表现不佳，总希望尽快弥补	1	2	3	4	5
31	每个人都在忙自己的事，很难与他们沟通	1	2	3	4	5
32	我认为能力再强的人也可能遇上难题	1	2	3	4	5
33	我经常感到自己是孤独无援的	1	2	3	4	5
34	一旦遇到麻烦，无论怎样做都无济于事	1	2	3	4	5
35	我总能清楚地了解自己的感受	1	2	3	4	5

测验说明：自我和谐量表（Self-Consistency and CongruenceScale，SCCS）由北京大学心理系王登峰等于1994年编制而成，由3个子量表组成，即自我与经验的不一致、自我灵括性和自我刻板性，共计35个项目，每个维度的项目数分别为16、12、7。该量表为5级评定量表，分量表得分为各维度下题目得分总和。自我和谐总分是三个分量表得分的累加，但是必须要对自我灵活性分量表进行反向计分。量表的得分越高，自我和谐水平就越低。在大学生中，低于74分为低分组，75~102为中间组，103以上为高分组。

各分量表的得分为其包含的项目分直接相加，三个分量表包含的题目为：

1. 自我与经验的不和谐：1，4，7，10，12，14，15，17，19，21，23，27，28，29，31，33。

2. 自我的灵活性：2，3，5，8，11，16，18，22，24，30，32，35。

3. 自我的刻板性：6，9，13，20，25，26，34。

第三章　情绪管理：做情绪主人

> 能控制好自己情绪的人，比能拿下一座城池的将军更伟大。
> ——拿破仑

◯ 引言

"人非草木，孰能无情。"生活中总会有各种情绪伴随在大学生的左右，大学生有时焦虑不安，有时开心和喜悦，有时孤独和恐惧，有时悲伤难过，有时气愤，有时憎恶，有时又羡慕甚至嫉妒。大学生正处于成年早期，情绪波动较大，情感体验复杂而丰富，更容易受情绪影响。

※ 本章知识点

旨在帮助同学认识情绪、了解情绪、合理地管理和调节自己的情绪，做情绪的主人。

第一节　认识情绪——体验人生百味

大学生的身心健康离不开良好的情绪，良好的情绪状态有助于其保持愉悦的心境、促进学业进步，增进人际交往；而不良的情绪则对学习、人际关系都有负面影响。大学生正处于成年早期，正是心理各方面趋于成熟的关键阶段，了解情绪的概念、特点和作用，有助于其更好地管理情绪，培养健康阳光、积极向上的情绪品质。

一、情绪的含义

人们在活动与认识过程中，既能表现出对事物的态度，也能表现出这样或那样的情绪或情感。现实中有些事物使人高兴、快乐；有些事物使人忧愁、悲伤；有些事物使人赞叹、喜爱；有些事物使人惊恐、厌恶。这些以特殊方式表现出来的主观感受或态度体验就是情绪。

情绪在日常体验中似乎非常明确，如每一个人都能体验到高兴和愤怒。但是，到底什么是情绪？心理学家对此提出了各种不同的观点，当前比较成熟的一种观点是，情绪是以个体的愿望和需要为中介的一种心理活动，是人对客观事物的态度体验及相应的行为反应。它由三个要素构成，即生理基础、主观体验和外部表现形式。

（一）情绪的生理基础

生理学和心理学研究表明，中枢神经系统对人的情绪起着调节和整合作用。在不同的情绪状态下，人的神经、呼吸、消化、内分泌等系统都会发生变化，如人在焦虑状态下，会呼吸急促、心跳加快；人在愤怒的时候，会出现汗腺分泌增加、面红耳赤等生理特征。这些变化往往不是人的意识所能控制的。

（二）情绪的主观体验

情绪的主观体验是指人在主观上感觉到、知觉到的情绪状态。不同的情绪都具有独特的主观体验色彩，如果当客观事物或情境符合主体的愿望和需要时，就能引起主体积极的、肯定的情绪；而当客观事物或情境不符合主体的需要和愿望时，主体就会产生消极、否定的情绪。对客观事物产生什么样的情绪，取决于主体与客体事物之间是一种什么样的关系，也取决于主体的态度。不同的人对同样的事物，或者同一个人在不同的时间、地点和条件下对同一件事的主观感受可能会不相同。例如，同样是看《激情燃烧的岁月》这一电视连续剧，中老年人经历了那个年代，他们看得津津有味，而年轻人却感觉一般。

（三）情绪的外部表现形式

情绪不仅体现在人生理上的反应和内心的体验，还投射在其表情、言语和动作中。

1. 表情

不同的情绪会产生不同的面部表情。面部表情能精细、准确地反映人的情绪，它是人类表达情绪最主要的一种表情动作。伊扎德将人们面部分为额眉—鼻根区、眼—鼻颊区、口唇—下巴区，他认为这三个区域的活动构成了不同的面部表情，并表达着相应的情绪。例如，人在愉快时，额眉—鼻根区放松，眉毛下降；眼—鼻颊区眼睛眯小，面颊上提，鼻面扩张；口唇—下巴区嘴角后收、上翘。这三个区域的肌肉运动组合起来就构成了"笑"的面部表情。在表现不同情绪的面部表情中，起主导作用的肌肉各有不同。例如，笑时，嘴角上翘；惊奇时，眼和嘴张大；悲哀时，双眉和嘴角下垂。

2. 言语

言语表情是情绪在言语的声调、节速和速度上的表现。人在高兴时音调轻快，在悲哀时音调低沉节奏缓慢，在愤怒时音量大、急促而严厉。同样一句话用不同的方式讲出来则会表达出不同的含义。例如，"你干吗"，用升调说出来时表示疑问；用降调说出来则表示不耐烦；用感叹语气强调"吗"字则表示责备。

3. 动作

除面部之外，身体其他部位的行为动作也能表达情绪。头、手和脚是表达情绪的主要身体部位。例如，人在欢乐时手舞足蹈，在悔恨时顿足捶胸，在惧怕时手足无措，在羞怯时扭扭捏捏。舞蹈和哑剧就是演员用身段表情和面部表情反映情感及思想的艺术形式。

二、情绪的基本形式和状态分类

（一）情绪的基本形式

关于情绪的类别，长期以来说法不一。我国古代有喜、怒、忧、思、悲、恐、惊七种情绪，美国心理学家普拉切克（Plutchik）提出了八种基本情绪：悲痛、恐惧、惊奇、接受、狂喜、狂怒、警惕、憎恨。还有的心理学家提出了九种类别。虽然类别很多，但一般认为有四种基本情绪，即快乐、愤怒、恐惧和悲哀。

快乐是指一个人在盼望和追求的目的达到后产生的情绪体验。由于需求得到满足，愿望得以实现，心理的急迫感和紧张感解除，快乐随之而生。快乐有强度的差异，从愉快、兴奋到狂喜，这种差异和主体所追求的目的对自身的意义以及实现的难易程度有关。

愤怒是指人在所追求的目的受到阻碍，愿望无法实现时产生的情绪体验。人在愤怒时紧张感增加，有时不能自我控制，甚至会出现攻击行为。愤怒也有程度上的区别，一般的愿望无法实现时，人只会感到不快或生气，但当遇到不合理的阻碍或恶意的破坏时，其愤怒会急剧爆发。这种情绪对人身心的伤害也是明显的。

恐惧是人在企图摆脱和逃避某种危险情景而又无力应付时产生的情绪体验。所以，恐惧的产生不仅仅是因为危险情景存在，还与个人排除危险的能力和应付危险的手段有关。一个初次出海的人遇到惊涛骇浪或者鲨鱼袭击会感到无比恐惧，而一个经验丰富的水手对此可能已经司空见惯，泰然自若。婴儿的恐惧情绪表现得较晚，可能与他对恐惧情景的认知较晚有关。

悲哀是指人在心爱的事物失去时，或理想和愿望破灭时产生的情绪体验。悲哀的程度取决于失去的事物对自己的重要性和价值。人在悲哀时带来的紧张情绪的释放，会导致其哭泣。当然，悲哀并不总是消极的，它有时能够转化为前进的动力。

（二）情绪状态的分类

依情绪发生的强度、持续性和紧张度可以把情绪状态分为心境、激情和应激情绪状态三种。

1. 心境

心境是一种微弱、平静而持续时间较长的情绪状态。心情愉快、舒畅或心情烦闷、抑郁不快等情绪可以持续相当长的时间。这种情绪状态倾向于扩散和蔓延，处在某种心境中的人，往往会以同样的情绪状态看待一切事物。心境可以由对人具有某种意义的各种情况所引起。工作的顺逆、事业的成败、与人们的关系、健康状态，甚至自然环境的影响，都可以成为引起某种心境的原因。关于引起心境的原因人们并不都能意识到，所以我们经常可以听到这样的话："不知为什么这几天这么烦闷。"心境虽然由客观事物引起，但其还受人的主观意识所调节和支配。除由当前情境产生暂时的心境外，人还可以有各自独特、稳定的心境或称主导心境。主导心境往往与一个人的人生观密切相关。心境在人的现实生活中有重要的意义。积极的、良好的、乐观的心境能使人精神振奋，能促进人的主观能动性的发挥，有益于人的健康，也有利于其接受思想政治教育；消极的不良心境使人精神萎靡、意志消沉，可以降低人的活动效率，有碍其身心的健康发展，也不利于对其开展有效的思想政治教育。

2. 激情

激情是一种强烈、短暂，具有爆发性的情绪状态。狂喜、愤怒、恐惧、绝望等都属于这种情绪状态。激情是由对人具有重大意义的强烈刺激和发生的对立意向冲突过度抑制或兴奋而引起的。在激情状态下，总是伴有激烈的内部器官活动变化和明显的表情动作。例如，愤怒时全身发抖，紧握拳头；恐惧时毛骨悚然，面如土色；狂喜时手舞足蹈，欢呼跳跃。激情的发展大致要经历三个阶段：一是初始阶段，由于意志力减弱，身体变化和表情动作越来越失去控制，高度紧张使细微的动作发生紊乱，这时人的行为会受情绪左右。二是爆发阶段，人失去意志的监督，发生了不可控制的动作和失去理智的行为。三是激情爆发后的平息阶段。这时会出现平静和疲劳现象，严重时甚至精力衰竭。在激情发生的最初阶段有意识地加以控制，能将危害性降到最低。激情有积极的和消极的两种。激情的意义是由其社会价值决定的。凡能激发人积极向上、符合社会要求的激情是积极的，这种激情通常与冷静的理智和坚强的意志相关，能够成为推动人活动的动力。凡对机体有害的、不符合社会要求的激情是消极的。

3. 应激

应激是出乎意料的紧张情况下出现的情绪状态，是人对意外的环境刺激做出的适应性反应。人们在不寻常的紧张状况下把自身各种资源（首先是内分泌资源）都动员起来，在应付紧张局面时所产生的复杂的生理和心理反应属于应激状态。应激状态对人的活动有很大的影响。有时应激引起的身心紧张有利于人全力解决紧急问题，维持一定的紧张度，保持高度警觉，有助于认知功能的发挥，使人做出平时所不能做出的大胆判断和动作。但是，有时应激所造成的高度紧张又会阻碍认知功能的正常发挥。紧张和惊恐会导致人们的感知、注意产生局限，思维迟滞，行动刻板，正常处理事件的能力反而被大大削弱。例如，新型冠状病毒感染疫情早期，有的人因为过分害怕，而出现情绪激动、盲目囤积食物、睡眠不安等应激反应。应激状态会改变机体的激活水平，特别是肌肉的紧张度、血压、腺体的分泌、心率、呼吸系统都有明显的变化。这些反应有助于个体适应急剧变化的环境刺激，维护机体功能的完整性。但是，长期处于应激状态也会引起人体生物化学保护机制的溃退，从而导致某些疾病的出现。

第二节 直面情绪——扫除心灵阴霾

大学阶段正是青年人情绪充分发展的时期，这个时期的大学生开始思考人生的意义、努力去表达自身感情、养成对待生活的态度、锻炼自己各方面的能力，因此，在这个阶段，大学生的情绪也会表现出鲜明的特点，也会产生各种情绪问题。

一、大学生情绪特点

（一）丰富性与波动性

大学生活丰富多彩，这使大学生出现了许多前所未有的情绪体验，因此，大学生的情绪内容表现出极大的丰富性。他们参加各种各样的社团活动，培养自己的各种爱好，广泛交友。随着身心的发展和学校对其开展的情感教育培养，大学生表现出很高的爱国热情，他们关心时事政治，关心国家的科学技术、经济的发展，对社会的不公正现象、贪污腐败现象深恶痛绝；他们学习专业知识，潜心研究自己感兴趣的科学知识；他们对中外文化的鉴赏能力不断提高，并通过自己的亲身实践去欣赏和赞颂祖国山河风光的美好。

但是，大学生面对复杂的社会现象易产生困惑和迷茫，价值的判断、认知的取舍、前途的选择会让大学生的心理产生许多矛盾；家庭的变故，家庭成员关系的亲疏以及学习、交友等个人生活事件都会影响大学生情绪，使大学生情绪摇摆不定、跌宕起伏，时而热情激荡，时而悲观消沉，表现出极大的波动性。这种情绪的极端形式就是情绪的两极性，从一个极端跳到另一个极端。

（二）冲动性与爆发性

大学生的情绪具有强烈的冲动性。这与他们的生理、心理发展水平是紧密相连的，他们对各方面的需求强度大，为了满足这些需求，他们倾注了旺盛的精力，投入了极大的热情。大学生情绪的爆发性是指大学生情绪变化来势迅猛，点火就着，具有突发性。当情绪激荡时，人的大脑皮层中会产生一个强烈的抑制大脑皮层其他部分的优势兴奋中心，其一方面诱导皮层下中枢的兴奋，引起身体各器官的激烈变化，另一方面会出现"意识狭窄"的现象。这种现象使意识被固定在引起情绪的那个对象上，因而降低或失去了理智控制，忘却了其他任何东西的存在。大学生情绪的冲动性和爆发性还具有短促、急促的特点，且事后多使其产生内疚和悔恨的心情。

（三）延续性与感染性

"喜者见之为喜，忧者见之为忧"在大学生情感生活中表现得非常突出。例如，有的大学生一次考试意外得到了好分数，因此引起的愉快心情往往影响到其他方面，甚至觉得天下无难事；相反，一旦遇到挫折，就会产生忧愁的心境，干什么事都提不起劲。大学生的情绪很少再像儿童时期那样，随着产生情绪的事物的消失而烟消云散，而是更多地以心境状态出现，即一种比较持久、平稳、微弱的心理状态。这时，一件事引起的情绪反应，可以久久地留在心头。虽已时过境迁，但这种深刻的情绪体验却一时很难消退。情绪的感染性常是大学生迁怒或移情的心理根源。特别是有些大学生在因为一件事产生消极情绪后，该情绪的存在过于持久甚至漫无止境地延长，这就是不成熟的表现。

（四）外显性与内隐性

大学生思维敏捷，反应灵活，对外界刺激敏感，喜怒哀乐常形于色，表现出情绪外显的特点。由于社会意识和自我意识的进一步发展，一方面学生越来越把视线转向自我。他们对自己的一切，如容貌、体型、能力、性格等都会产生肯定或否定的情感体验。这种情感内倾性固然可以反过来加强大学生的自我意识。但是，由于大学生生理的巨大变化，也往往使有些人过度关注自己，容易使一个人心胸狭隘，目光短浅，缺乏"不以物喜，不以己悲"的精神境界。另一方面，与儿童的面部表情是其内心世界的显示器不同，进入青年期的大学生，他们的外貌和内心体验常常是不一致的，表现出很大的内隐性。这是由于大学生的社会经验日益增多，各种社会行为规范使他们逐渐具备了调节和控制自己情绪的能力。因此，他们往往把自己的真实感情隐藏起来，而表露出一种与内心体验并非一致甚至截然相反的情绪状态，形成了大学生情绪上的内隐性和闭锁性，使大学生的情绪表现出外显性与内隐性共存的特点。大学生情绪的内隐性是他们自我控制能力和社会适应能力增强的结果，但也为我们了解大学生的真实思想带来了一定困难。

（五）理智性与可控性

大学生具有较高的文化修养，具备反省自身弱点和控制自己情绪变化的能力。一个有理智的大学生在面对情绪波动时，能主动地寻找引起情绪波动的原因，并不断地调节自己的情绪状态，避免情绪波动造成的不利影响。大学生的需求与中学生、成人差别较大，因而情感在表现上有其独特性。大学生在理智性和可控性上发展还不完善。

二、大学生情绪的功能和作用

（一）大学生情绪的功能

1. 情绪的适应功能

适应是达尔文进化论中的一个基本概念，生物必须适应环境才能生存和延续，被淘汰的是不能适应环境的，而保存下来的则是能够适应自然的。因此，人类的情绪从某个角度来说具有一定的适应价值，也就是说人类的情绪能够使人们更好地生存和发展，无论是悲是喜。大学生从跨入大学校园的那一刻起，就要有适应新的生活的情绪准备。大学生必须从调节自己的情绪入手，逐渐地适应大学生活。

2. 情绪的调节功能

情绪对人的行为具有调节作用，当你和一个人在一起时感到痛苦，就会远离此人。当某些事情让人愉快和兴奋，人们就会不断地接近它，因为事情本身会使人充满热情。当代大学生在校园里经常会有感情遭遇，谈恋爱已经变得很普遍了，很多大学生因恋爱的失败而感到无奈和绝望，男女双方的分离与聚合是产生消极体验或积极体验的关键。但是冷漠、焦虑、争吵、怨恨会使他们的关系越来越远。所以在大学生的生活中要学会调节自己的情绪，即使不能增加积极情绪也要试着减少消极情绪。

3. 情绪的信号功能

表情包括面部、肢体和言语表情三种，前两种表情又合称非语言表情。表情是人的情绪的外在表现，这是人们思想和情感交流的工具。在日常生活中，55%的信息是靠非语言表情传递的，只有7%的信息才是靠语言传递的。言语交流往往真假参半，而表情通常难以掩蔽真实情感，特别是肢体表情，往往自己不能察觉。但是，即使对方没有意识到另一方的表情，却能下意识地感受到其中的意义。所以，真情和假意，在相互了解的两个人之间是不容易混淆的。正常情况下，痛苦是存在问题的信号，也许一时不知道问题在哪里，但是不良的情绪反应会告诉你问题肯定存在。

（二）大学生情绪的作用

1. 大学生正向情绪的作用

过去心理学所注重的是负向情绪及其引发的心理疾病等，现在正向情绪的作用正引起人们的重视。因为人们看到当正向情绪出现时，负向情绪便被排挤出去了。正向情绪也叫乐观情绪，是身心活动和谐的象征，是心理健康的主要标志。而不良情绪和有害的心理因素，是引起身心疾病的重要原因。现代科学也进一步证明，乐观情绪可以使人体内的神经系统、内分泌系统的自主调节机能处于最佳状态，有利于促进身体健康。国内外学者科学研究表明，长寿的人最大的特点之一就是具有乐观情绪。马克思曾经说过："一种美好的心情比十剂良药更能解除生理上的疲惫和痛楚。"而大学生的乐观情绪会在日常的学习、生活中有着良好的体现。

一方面，乐观情绪对大学生的身心健康及学习活动具有直接影响。若能保持愉快的心境，开朗乐观，则人体免疫功能活跃旺盛，可以减少患病的机会，有益健康。不仅如此，良好的情绪可以使大学生对生活充满希望，对自己满怀自信，提高求知欲，使思维敏捷，富于创造力，爱好广泛，善于建立良好的人际关系，促进他们全方位地发展。对待学习，乐观的情绪有助于大学生开发潜能、提高学习效率。因为良好的情绪往往使大学生乐于行动，有学习兴趣，乐于参与学习活动，有助于开阔思路、集中注意力、富有创造性。研究发现，精神愉快、心情舒畅、紧张而轻松是思考和创造时的最佳状态，才能有效地进行智力活动。

另一方面，具有良好情绪特征的人，能将彼此间心理距离缩短，因为乐观、热情、自尊、自信是人际产生相互吸引的重要条件。同时，积极的情绪可以产生积极的行为目标。

2. 大学生负面情绪的影响

凡是不能满足人们需要的事物，都会引起否定的态度，产生消极的情绪体验。这类情绪包括愤怒、憎恨、悲愁、焦虑、恐惧、苦闷、不安、沮丧、嫉妒、耻辱、痛苦、不满等。这些都是与消极情绪状态密切相联系的。负向情绪的频繁出现，会使人体抑制肾上腺皮质激素的分泌，连带产生免疫力降低，引发头痛、失眠、气喘、胃肠溃疡等疾病。

不仅如此，根据美国《Neurology》期刊的一份报告指出，负向情绪也会提高患中风的危险性。若负向情绪长期无法缓解，还容易并发各种神经官能症，导致日常生活失序，破坏正常社会功能。心理学家提醒大学生，要留意容易导致负向情绪产生的性格，避免其影响正常的学习生活及和谐的人际关系。由于情绪具有传染性与感染性，不良的情绪会影响到身边的人，进而影响人际关系的进行。一位大学生这样形容宿舍的同学："他的情绪正如六月的天，喜怒无常，无法把握，与他相处，有些如履薄冰，我们时刻要受他情绪的支配和感染，我们认为，他没有用坏情绪影响我们好心情的权利，因而我们选择逃避，尽量少与他交往。"

所以在大学生的交往中，注重提高自身修养，学会适度调适和控制自己的情绪，做情绪的主人，才能拥有良好的人际关系。

三、情绪对大学生的影响

由于大学生的情绪具有丰富性、波动性等鲜明的特征，所以情绪对大学生的身心健康、学习、人际交往等的影响是非常明显的。

（一）情绪对大学生身心健康的影响

大学生正处在身体的最后成长阶段，情绪的变化对生理功能将产生直接的影响。当大学生的情绪处于良好状态时，他是轻松的、愉快的，身体内部各器官的功能十分协调，有益于健康；当大学生的情绪处于消极状态时，伴随出现的心理状态则是不安、愤怒、恐惧或痛苦，此时身体内部各器官功能紊乱，引起消化系统、循环系统、内分泌系统和神经系统等的不协同工作，从而使健康受到损害，甚至引起严重疾病。所以，积极而正常的情绪体验是保持心理平衡与身体健康的条件。曾有人说过，"一个小丑进城胜过一打医生"，就非常形象地说明了情绪对人身心健康的影响。据有关研究资料显示，情绪除了与免疫系统密切相关之外，还与不健康行为方式、心理适应、求医行为及社会支持等有一定的关系。而行为方式、心理适应、求医行为、社会支持等都是决定身体健康的重要因素。

（二）情绪对大学生学习的影响

忧愁、焦虑、恐惧、消沉会影响学习积极性，导致学习成绩下降；轻松、愉快、热情、振奋能促进学习进步，使学生取得良好的成绩。学习压力引起的紧张情绪对学习的效率有明显的影响。

焦虑与学习：在一般情况下，焦虑与学习效率的关系可用倒 U 形曲线表示。无动于衷或过分焦虑都不利于学习效率的提高，而适中的焦虑水平最有利于帮助大学生取得良好的学习成绩。焦虑按强度可分为高焦虑和低焦虑。研究认为，焦虑与学习效率是随其强度与能力高低而转移的。高焦虑与高能力结合最有利于提高学习效率，中等焦虑与中等能力结合有利于提高学习效率，高焦虑与低能力结合则会干扰学习。

心境与学习：心境有积极、消极之分。积极、乐观的心境能够增强人的自信心，提高学习和工作效率；而消极悲观的心境则使人丧失信心，降低学习和工作效率。此外，研究还表明，在某种心境之中学习一个材料，然后让他回忆或再认，如果此时的情绪状态与他在学习材料时的情绪状态是一致的，则其回忆或再认的成绩最好，因为编码时的情绪状态在回忆时成为信息检索的一个有效线索。这种现象称为"心境状态依赖效应"。

（三）情绪对大学生人际交往的影响

情绪在人际关系中起着传递信号、表达和感染的作用，是人际交往的重要手段。情绪智力的高低直接影响人际关系的亲疏程度、深浅程度和稳定程度。对自我情绪的认知、表达和调控，对他人情绪的觉察和把握，有助于大学生处理好人际交往问题，建立和谐的人际关系。

良好人际关系的建立和维持，离不开有效的人际沟通。在沟通过程中，人们只有清楚、准确地了解自己的情绪，才能根据外部环境的要求，有效地调整自己的情绪状态，更好地向他人表达自己的情绪，完成有效的沟通，为良好人际关系的建立、维系和发展奠定基础。

良好的人际交往既需要热情更需要理智，对自己负责，对他人尊重、宽容、忍让，力图合情合理地解决问题，这就需要很强的情绪调控能力。一个自控能力较差的人，常会不顾场合乱发脾气，很可能把"自我发泄"，引向"向他人发泄"，行为充满情境性，喜怒无常，过度情绪化，甚至耿耿于怀，这将直接挫伤人际关系。而稳定、良好的情绪有利于人际关系的建立和巩固。

人们不仅能够知觉自己的情绪，而且能觉察他人的情绪，理解他人的态度，对他人的情绪做出准确的识别和评价。这种能力有助于超越人与人之间的个体差别，具有一定的人格功能，有助于大学生敏于觉察他人、理解他人，建立起和谐、融洽的人际关系，增强自身的人际交往和社会适应能力。

（四）情绪对大学生人格塑造的影响

现代情绪理论认为：情绪不是其他心理活动的伴随现象，而是对具有正常功能的个人起作用的一个整合系统，情绪的表达以及情绪体验关系到人的功能发挥，心理学家伊扎德把这种人的功能发挥看作是最适合的或是最理想的人格功能。

大学阶段正是人格发展、重组、完善的重要时期，无数的科学研究和生活实例表明，不良情绪的存在只是人格缺陷和人格障碍的重要诱因，对情绪的有效调节和控制能使个体保持良好、积极、稳定的情绪，有助于大学生培养乐观向上、积极进取、百折不挠的良好品质。对自己和他人情绪的认知和理解则会有助于其培养真诚友好、宽厚大度、善解人意等良好性格。如果任由不良情绪泛滥，则个体人格必将出现缺陷和障碍。

第三节 管理情绪——做情绪主人

许多人在心情不愉快时，会使自己陷入一种含有敌意的沉默当中。实际上，如果能把这种不快表达出来，便会感到某种真正的轻松和愉快。由于人们不可能完全避开苦恼，所以如何把因不愉快的情绪而导致在体内积聚的能量消耗在有利的方面而不致发生危害，这对于人的躯体和精神上的健康都是很重要的，这正是我们需要学习的情绪管理。

一、大学生常见情绪问题

大学的大学生活是紧张的，社会期望高，心理压力大，学习负担重，竞争激烈，这些常常使大学生的情绪处于紧张状态。研究表明，造成学生身心不健康的原因是多方面的，但与大学生的情绪关系最为密切。一般认为，适度的、情境性的负性情绪反应，如考试中的紧张和焦虑，失意后的悲伤等情绪是正常的；但是，如果大学生不能很好地处理生活和学习中的各种问题，极易产生不同程度的情绪问题，从而影响身心的健康发展。

（一）忧郁

忧郁是大学生常见的情绪问题。学生在遇到学习成绩落后、失恋、生活受挫、家庭出现意外事件等刺激后，心理上无力承受由此带来的压力而导致忧郁的情绪。忧郁在行为上表现为丧失学习和工作的兴趣及动力，反应迟钝，无精打采，拒绝交际，回避朋友，并伴随着食欲减退、失眠等不良反应。一般来说，处于忧郁状态的人如能对其自身遭遇作恰当的分析与认识，对自身行为的控制与调节符合社会常规，并有一定的自信与自尊，虽有忧郁体验但无异常行为，即属于正常情绪反应。大多数学生都多少有过这种消极情绪，但体验的时间比较短暂，时过境迁也就消失了。但其中也有少数性格内向、孤僻、自尊心强、怀疑心重、承受挫折能力低的学生容易长期处于忧郁状态，导致抑郁性精神症的出现。如果忧郁状态使人对自身处境不能作出如实判断，并产生偏离社会常规的行为，如由于压力过大而情绪低落或绝望，失去兴趣和责任感而不能正常工作，甚至产生回避社会和企图自杀等极端意念和行为，则均属情绪异常。

引起忧郁情绪的原因有很多。首先，任何引起严重失落感的事件都可能导致忧郁情绪。失去亲人、失去已有的荣誉和尊严、失去社会承认和支持，都可能成为忧郁的原因。有忧郁情绪的人会对抛弃他的对象产生愤怒，又由于怕失去对方而压抑愤怒，或由于不敢暴露自身的愤怒与妒忌而使愤怒内化，从而归因于自己的无能，这就会加重忧郁的程度。其次，有忧郁情绪的人有歪曲的认知倾向。当以歪曲的眼光和偏见来判断自己，所形成的认知图式也会过度偏离实际情况。倾向于自我低估和自我责备，对前途倾向于产生无能为力的预感，从而导致意愿麻痹和愿望丧失。再次，忧郁由积极强化的缺乏所引起。突然发生的忧郁是由于习惯了的积极强化突然消失所致。塞利格曼（Seligman）提出抑郁是"习得性无助"的结果，即当认识到（习得）自己的处境自己不能加以控制时产生一种无助感，从而被动接受这一情境的压力而陷入忧郁情绪中。

（二）焦虑

焦虑是一种情绪反应，是个体对当前或预感到的挫折产生的一种紧张、忧虑、不安而兼有恐惧性的消极情绪状态。它包括自尊心与自信心的丧失、失败感与内疚感的增加等。焦虑也是复合情绪，其核心成分是恐惧，当焦虑状态严重和持续存在时就可能导致神经性焦虑的病理状态。经常感受焦虑者可能养成一种焦虑特质，其特点为脆弱性格。

大学生常见的焦虑情绪主要涉及以下几个方面：

一是考试焦虑，即由于担心考试失败或渴望获得更好的成绩而产生的一种忧虑、紧张的心理状态。考试焦虑一般在考试前几天就表现出来，随着考试日期的临近而日益严重。二是身体健康焦虑，是指由于对身体健康过分关注而产生的焦虑不安，并有失眠、疲倦等症状。三是适应焦虑，即由于对大学的环境、学习方式和人际关系等不能很快适应而产生的焦虑。

焦虑情绪对人的精神生活有严重影响。焦虑导致自主神经系统高度激活，焦虑持续或频繁发生导致身体全面衰弱、食欲减退、睡眠不良和过度疲劳，恐惧、紧张和无助感加剧，注意力涣散，记忆力减退，思想慌乱，无所适从，易产生极端念头，放大自身的无能，顾虑重重，灰心丧气。有时不好的预期还会导致易怒和暴躁，怨天尤人和厌烦。

（三）冷漠

冷漠是个体遇到挫折后对付焦虑的一种防御手段。它包括缺乏积极的认识动机、活动意向减退、情感淡漠、情绪低落、意志衰退、思维停滞等。

冷漠是一种个体对挫折环境的自我逃避式的退缩心理反应，带有一定的自我保护意识或自我防御性质。当其在学习生活和择业中遭受挫折并感到无能为力时，往往表现为不思进取、情绪低落、情感淡漠、沮丧失落、意志麻木等心态。表面上的"冷漠"掩盖着事实上的个体深层次的痛苦、孤寂和无助，并有强烈的压抑感。个别大学生对学习生活、社会实践、学校开展的各类社团活动等兴致不高，甚至逃避、抵制。冷漠表现为对外界的任何刺激都无动于衷，无论是悲、欢、离、合、爱、憎都漠然视之。冷漠者初期主要认为生活没有意义，心情平淡，出现抑郁状态，随后发展到强烈的空虚感，内心体验日益贫乏，不愿进行抉择和竞争，缺乏责任感后发展至强烈的空虚感。

一女生曾这样认为：自我一出生，父母就教我与人竞争，别人会弹琴，我也得会弹；别人会跳舞，我也得会跳；别人考试第二，我得第一，比来比去，虽然上了大学，但我觉得好没意思，父母真不该把我带到这个社会来。所以平时这个女生表情平淡呆板，行动无生气、懒散，对他人的奋斗进取精神不理解。

（四）嫉妒

嫉妒是指他人在某些方面胜过自己而引起不快甚至是痛苦的情绪。嫉妒是一种情绪障碍，它扭曲人的心灵，妨碍人与人之间进行正常交往。

嫉妒是自尊心的一种异常表现，在大学生中普遍存在。具体表现为当看到他人学识、能力、品行、荣誉甚至穿着打扮超出自己时，内心产生不平、痛苦、愤怒等感觉；当别人身陷不幸或处于困境时则幸灾乐祸，甚至落井下石，在人后恶语中伤、诽谤。嫉妒的产生是由于别人胜过自己而引起抵触的消极的情绪体验。当看到别人比自己强时，心里感到酸溜溜的不是滋味，于是就产生一种包含着憎恶与羡慕、愤怒与怨恨、猜疑与失望、屈辱与虚荣以及伤心与悲痛的复杂情绪，这种情绪就是嫉妒。嫉妒者不能容忍别人超过自己。害怕别人得到自己无法得到的名誉、地位等，在他看来，自己办不到的事别人也不要办成，自己得不到的东西，别人也不要得到。

嫉妒的危害一是打击了别人，二是伤害了自己。遭到别人嫉妒的人自然是痛苦的，然而嫉妒别人的人一方面影响了自己的身心健康，另一方面由于整日沉溺于对别人的嫉妒，没有充沛的精力去思考如何提高自己，恰恰又继续延误了自己的前途。

（五）恐惧

恐惧是一种企图摆脱危险的逃避情绪。产生恐惧心理，主要是因为缺乏处理可怕情境的能力或者对某种可怕刺激的适应性差。恐惧是一个广泛的概念，它包括对各种事物的惧怕，如对人的恐惧、对某物的恐惧、对高空的恐惧、对密闭空间的恐惧等。对人际交往的恐惧心理，是大学生中常见的一种害怕见人的心理障碍，常表现为：在他人面前不敢说话，神情紧张不自然，脸红，心跳加快，不敢与人对视，自己明知这样没有必要，但却不能自控，内心极为痛苦。实质上，具有这种心理障碍的人大都性格脆弱、孤僻、腼腆、爱面子和好虚荣，传统道德观念很强，十分注重他人对自己的评价，不善于表达自己的内心情感。其实，他们惧怕的并不是别人，而是自己，常常是自己吓自己。

二、情绪管理的方法

（一）学会察觉情绪

克服负性情绪的前提，首先是树立调整情绪的自觉意识，即必须承认某种情绪的存在。

人类的智慧在于人类不仅能对客观环境事件进行思考和评价，而且能把智慧的锋芒指向自己，对自己的身心状态加以认识、评价和思考；通过思维和意志，对身心进行干预，使之朝着有利于生存发展的方向变化。例如有人惧怕黑暗，要想除去这种反应，先得承认他对黑暗有惧怕的心理。如果他认为那是丢人的事情而不愿承认，那么，他将无法克服那种恐惧。同样，有些人怀有愤怒之心而又不肯承认有愤怒的存在，他就无从消除那些愤怒。

（二）学会悦纳情绪

面对负性情绪首先要坦然接纳并体验，然后再想办法采取建设性的方式解决问题。

情绪是人的一种自然的和本能的感受，无论是否愿意，也无论它是否为负性情绪感受，都是不以人的意志为转移的。当我们对某一种情绪排斥和不接受时，实际却正在关注和强化它。例如，一些学生越是惧怕考试时紧张，结果考试过程中反倒越紧张；越是担心自己在与陌生人交往时出现畏惧情绪，与陌生人接触时就越会产生担心和恐惧感。因为排斥、不接受本身就带来一定的负性情绪体验，这无疑加重了紧张、畏惧等情绪的分量。而接纳自己的情绪，是给各种情绪一个存在的空间，停止与这些情绪的对抗，做到与各种情绪"和平共处"，在此基础上再进行情绪的整合、转化等后续工作。

（三）学会表达情绪

情绪有正负之分，有强弱之别。对于正性情绪的表达，如对别人的赞美、自己的愉悦要学会不吝啬表达。对于负性情绪的表达，要学会对事不对人。然而我们常常无法向他人表达我们的真实情绪，是因为我们通常持这样一些误解：自己认为这样的表露会让自己难堪；认为只要不说出自己的感觉就可与对方维持和谐关系等。然而无论是高兴、伤心或难过，当我们有机会将那些感受说出来的时候，这本身就是一种纾解。但人们在表达情绪时容易犯这样一些错误：弄不清楚自己的感受，所以乱发脾气；不敢直接表达情绪，所以冷漠相对，一言不发；一味指责对方，夸大过错；拒人于千里之外等。我们如何有效地表达自己的情绪呢？在觉察自己真正的感受后掌握良好的时机表达自己的情绪。表达情绪时的有效方式应是以平静、非批判的方式叙述情绪的本质，描述而不是直接发泄，且情绪的言语表达要清楚、具体。恰当的表达是为了让我们内心的感受找到出口，也是为了让对方可以多了解我们。能恰当表达自己的情绪也说明我们是有了良好的自我情绪觉察能力。

（四）学会调节情绪

情绪的调节是在识别情绪、接纳情绪、表达情绪的基础上，拥有对情绪的掌控能力，真正成为自己情绪的主人。

近些年来，我们在新闻媒体越来越多地看到大学生因为情绪失控而导致的谋杀和自杀事件。而这些案件的起因，往往是很小的事件，一时情绪失控，做出让自己后悔终生的决定，可见控制情绪对于我们的成长成才尤为重要，我们可以尝试用下面的方法来管理情绪，做情绪的主人。

1. 用认知来调节情绪

古希腊哲学家艾比·泰德（Abby Ted）说过，人不是被事情本身所困扰，而是被自己对事情的看法所困扰。

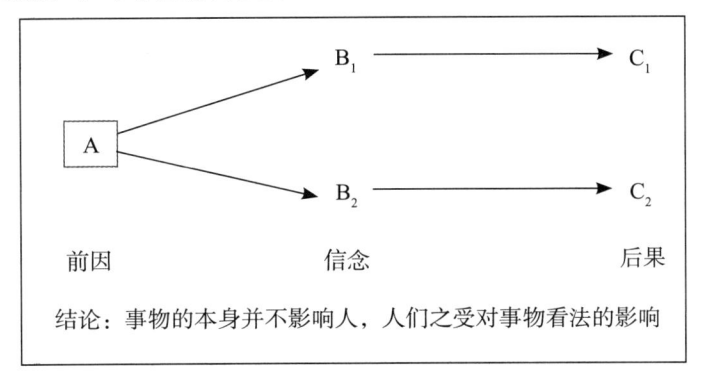

（1）情绪 ABC 理论

情绪 ABC 理论是由美国心理学家埃利斯（Ellis）创建的。就是认为激发事件 A（activatingevent 的第一个英文字母）只是引发情绪和行为后果 C（consequence 的第一个英文字母）的间接原因，而引起 C 的直接原因则是个体对激发事件 A 的认知和评价而产生的信念 B（belief 的第一个英文字母），即人的消极情绪和行为障碍结果（C），不是由于某一激发事件（A）直接引发的，而是由于经受这一事件的个体对它不正确的认知和评价所产生的错误信念（B）所直接引起。

```
                  B₁ ———————→ C₁
         ↗
    A
         ↘
                  B₂ ———————→ C₂

    前因           信念              后果

结论：事物的本身并不影响人，人们之受对事物看法的影响
```

图 3-1 情绪 ABC 理论

如上图 3-1，A（activating event）指事情的前因，C（consequence）指事情的后果，有前因必有后果，但是有同样的前因 A，产生了不一样的后果 C1 和 C2。这是因为从前因到结果之间，一定会透过一座桥梁 B（Belief），这座桥梁就是信念和我们对情境的评价与解释。又因为，同一情境之下（A），不同的人的理念以及评价与解释不同（B1 和 B2），所以会得到不同结果（C1 和 C2）。因此，事情发生的一切根源为我们的信念、评价与解释。

情绪 ABC 理论的创始者埃利斯认为：正是由于我们常有的一些不合理的信念才使我们产生情绪困扰。如果这些不合理的信念长期积累，就会引起情绪障碍。情绪 ABC 理论中：A 表示诱发性事件，B 表示个体针对此诱发性事件产生的一些信念，即对这件事的一些看法、解释，C 表示自己产生的情绪和行为的结果。

通常人们会认为诱发事件 A 直接导致了人的情绪和行为结果 C，发生了什么事就引起了什么情绪体验。然而，你有没有发现同样一件事，对不同的人，会引起不同的情绪体验。

同样是报考英语六级,结果两个人都没过。一个人无所谓,而另一个人却伤心欲绝。为什么?其实是诱发事件A与情绪、行为结果C之间还有个对诱发事件A的看法、解释的B在作怪。一个人可能认为:这次考试只是试一试,考不过也没关系,下次可以再来。另一个人可能说:我精心准备了那么长时间,竟然没过,是不是我太笨了,我还有什么用啊,人家会怎么评价我。于是不同的B带来的C大相径庭。

（2）不同的信念产生不同的情绪

不同的信念产生不同的情绪反应。举个例子,有一天甲走在路上,看到丙迎面走来,便主动和其打招呼,但是丙并没有回应,于是甲非常生气,认为丙故意不理他,至此之后,丙做什么事情甲都看他不顺眼,事事与其针锋相对,最后闹得不可开交。同样的事情,乙也遇到了,但是乙认为丙是没有看到他,便小跑两步上去叫住了丙,原来他正急匆匆赶回去拿东西,于是陪着他回去拿了东西,之后他们的关系越来越好,成了非常好的朋友。同样的事情,不同的信念会导致不同的情绪,最终导致不同的结果。

（3）内观自己不合理的信念

不合理的信念常有3个特征:绝对化的要求,过分概括化和糟糕至极。

①绝对化

绝对化指人们常常以自己的意愿为出发点,认为某事物必定发生或不发生的想法。通常是与"必须"和"应该"这类字眼联系在一起的,比如"我必须获得成功""别人必须很好地对待我""生活应该是很容易的"等,怀有这样信念的人极易陷入情绪困扰。

②过分概括化

过分概括化指由一个偶然事件而得出一种极端信念并将之不适当地应用于不相似的事件或情境中。一方面,过分概括化往往会认为自己"一无是处""一钱不值",是"废物"等,以自己做的某一件事或某几件事的结果来评价自己整个人,评价自己作为人的价值,其结果常常会导致自责自罪、自卑自弃,产生焦虑和抑郁情绪;另一方面,过分概括化是对他人的不合理评价,即别人稍有差错就认为他很坏、一无是处等,这会导致一味地责备他人以及产生敌意和愤怒等情绪。

③糟糕至极

糟糕至极是一种认为如果一件不好的事发生将是非常可怕、非常糟糕,是一场灾难的想法,这种想法会导致个体陷入极端不良的情绪体验,如耻辱、自责自罪、焦虑、悲观、抑郁。

当负性情绪出现的时候,问问自己为什么会有这样的反应,当下心里在想什么,这些想法是否具有以上所描述的一个或几个特征,然后试图去改正或者用另一种信念替代原来的想法。比如,经常听到一些同学抱怨"我付出这么多,他应该爱我"（绝对化）,若更改为"我付出这么多,是因为我爱他,他最好能被我感动"这样就能减少抱怨。再如,某位中考发挥不理想的同学很沮丧地认为"这次中考考不好,我真不是块儿学习的料"（过分概括化）,若这么来想"我只是这次没有发挥好而已,一次考试说明不了什么"这样可以减少挫败感。又如,某同学在一次集体活动中因失误出了丑,事后在心里犯嘀咕"唉,多丢人啊，以后叫我怎么在同学面前抬头"（糟糕至极），若换一种想法"只是一次小失误而已，每一个人都可能会有失误的时候"，这样会减少难堪的感觉。

（4）构建合理的信念系统

内部语言是人类思维过程中的一种特殊现象。由于存在不合理的信念，习惯于不断用内部言语重复某种不合理信念，因此会导致无法排解的心理困扰，并由此形成心理定式。所以，建构并重复适应性信念并不断自我对话有利于建立起积极的自我信念。重复这些信念是关键，将这类积极信念重复地对自己阐明，就能够替代原有的信念并将新的信念整合到自己的信念系统中，就能成为支配其行为的内在力量了。

2. 用行为来调整情绪

1884年，一本杂志上发表了一篇题名为《何谓情绪》的文章，它使整个心理学界大为震惊。文章的作者是哈佛大学的著名教授威廉·詹姆斯（William James）。文章讲的是产生情绪的重要方面——生理状态。这包括肌肉的牵引、饮食习惯、呼吸方式、肢体活动，以及各种生化作用，这些对情绪有很大的影响。

如果有过晕车的经验就会明白：晕车的时候，情绪就会低落；胃疼或者肚子不舒服的时候，也很难有高昂的情绪。当一个人"昂首挺胸"的时候，情绪上也会感觉到振奋。

情绪和行为常常纠缠在一起。情绪会影响行为，行为引发新的情绪。倘若大学生能够梳理清楚情绪和行为的关系，就可以将情绪变成积极行为的启动者，使行为成为情绪的积极表达者。相反，就会出现情绪压抑或情绪化行为。行为是可以改变情绪的，通常运动、散步、听音乐、写日记、打扮、理发、找人倾诉等都可以用来改变情绪。

当觉得有一点儿烦闷，想要改变一下心情的时候，不妨先改变一下生理状态，比如进行肢体动作。例如，改变一下坐姿，舒展一下眉心，轻松地做一个深呼吸，或者干脆站起来，舒展一下四肢，做一个大鬼脸，再做一个越怪越好的动作，然后再跳跃一下，这些动作能使情绪和个体的神经系统有效地连接，变成属于个人的习惯性的快乐程序。

情绪看不见摸不着，作为生命的能量，伴随着每一个个体存在。认识情绪、觉察自身的情绪变化，接纳情绪、调节情绪，是大学期间大学生需要学习和面对的事，也是每个人终生需要学习和面对的事。

【心灵体验】

心灵鸡汤

1. 活动目的：帮助学生了解情绪与认知、行为的关系，大学生情绪特点，大学生情绪心理问题的表现，学会做好自我情绪管理。

2. 活动目标：

（1）了解什么是情绪与情感。

（2）了解情绪对我们的影响。

（3）学习认识、体验和接纳自己及别人的情绪。

（4）懂得提高情绪调控能力的方法。

3. 活动准备：

（1）纸条若干张。根据小组数而确定，每一张纸条上写上如"路上与小李打招呼，而他竟没理我""我是班长，班里搞活动小张总是对我的主张持反对意见"等事件。

（2）"心灵鸡汤"卡若干张（根据人数而定）。

"心灵鸡汤"卡设计模板见表3-1，通过参加小组活动，面对××问题，我的想法发生了变化。

表3-1 "心灵鸡汤"卡设模板

问题	原来的想法	新的想法
1		
2		
3		

4. 活动过程：

（1）上课时，请同学们随机组成7人左右的小组。

（2）小组成员尽量坐成圆形，每个小组选出一名小组长为大家服务，同时也负责小组活动的主持和记录。

（3）每个小组领取一张纸条，每位小组成员就纸条上的事件谈谈会由此引发的各种情绪与想法。

（4）完成第3步后，再次请每位小组成员谈谈自己在听了别人说的情绪和想法之后有什么心得，并记录到"心灵鸡汤"上。

（5）小组内选出代表在班上分享（不是代表的组员可作补充）。

5. 活动分享：指导老师提问。①您觉得情绪与行为、认知之间的关系是怎样的？②对于同样的情绪，人们的表现方式有什么相同和不同的地方？③情绪对您有什么影响？有情绪好不好？④若缺失某种或多种情绪，会出现什么状况？

【心灵保健】

舒缓情绪的方法

人的情绪发生改变时往往伴随着生理变化。例如，人在恐惧时会出现瞳孔放大、出汗、脸色发白等一系列变化。长期不愉快、恐惧、失望会抑制胃肠运动，从而影响消化机能。情绪消极、低落或过于紧张的人往往容易患各种疾病。同时，消极情绪会抑制人的行为能力，阻碍人们获得成功。鉴于消极情绪的严重危害，我们可以采用以下方法克服消极情绪的影响。

1. 宣泄法

宣泄是指采用一定的方法和方式，把个体的情绪体验充分表达出来。情绪的宣泄是平衡身心的重要方法，如果情绪得不到适当的宣泄，一直积压在心里，就会影响身心健康。从心理健康的角度看，不仅消极情绪需要宣泄，愉快的情绪也需要宣泄。当你遇到挫折或感到气愤时，你可以到野外或在不妨碍他人的场所尽情地大喊大唱、大笑大哭，还可以找一些事物作为发泄的对象。一些心理咨询和治疗机构会用布做成各种各样的假人。当有些人因对他人不满而忧虑并前来咨询时，心理医生就让他们把那些假人当成自己不满的对象，对这些人偶拳打脚踢，这种方法取得了很好的效果。在校大学生可以通过跑步、唱歌等方式宣泄自己的情绪。此外，还可以通过写日记、谈心的方法将压抑在内心的苦闷发泄出来。

2. 文饰法

文饰又叫"合理化"，这是一种援引合理的理由和事实来解释所遭受的挫折，以减轻或消除心理困扰的方式。它的表现形式可概括为"找借口""酸葡萄效应""甜柠檬效应"等。找一些原谅自己的理由，如有的同学考试不理想，以近来身体欠佳或社会工作过重为借口，以避免挫折感；因方法不当而导致工作失败，则以条件太差、设备不齐等理由来为自己开脱。当一个人无法达到自己追求的目标，或想得到的东西得不到时，常常像伊索寓言里那只聪明的狐狸一样，吃不到葡萄就说葡萄是酸的，以冲淡内心的欲望，减少懊恼情绪。有的同学当不上学生干部，虽然内心很苦恼，很失望，却安慰自己"当了学生干部杂事太多，耽误学习，没啥意思"；求爱不成，则说对方才貌平平，非己所求。与此同时，又以"甜柠檬心理"来肯定自己的成绩和价值，认为凡是自己所拥有的东西都是最好的，最重要的，以减轻内心"求而未果"的痛苦。

3. 转移法

转移是通过主观努力把注意力从消极或不良的情绪状态上转移到其他事物上的一种自我调节方法。有研究表明，当个体发生情绪反应时，大脑会有一个较强的兴奋灶，此时如果建立一个或几个新的兴奋灶，便可抵消或冲淡原来的中心优势，当消极情绪出现时，听喜欢的音乐有助于放松心情，个体可能在快乐中忘记那些不愉快的事情，或者可以到户外去欣赏大自然的美景，在大自然的景色中愉悦身心、陶冶情操，舒缓被压抑的心情。

4. 呼吸放松法

假设一个舒服的身体姿势，坐在椅子上是再容易不过的事了，闭上双眼，让自己感觉到在呼吸，注意自己是在用嘴还是用鼻呼吸，以及自己呼吸的频率。然后，注意观察身体各部分，要细心注意身体的肌肉群，看自己是否感觉紧张。这样保持一分钟。回到呼吸上来，用鼻子做深呼吸，然后用嘴吐气，连续做几次这样平静而深邃的呼吸。当你吐气时，观察肌肉在干什么，注意观察肌肉是如何开始工作的。继续这样呼吸几分钟。每次吸气，你的膈扩大，腹部收紧；每次吐气，腹部肌肉放松（如果无困难，放一只手在腹上，这样你会感觉到膈的运动。吸气时便放开，再吐气时又放上。起初你可以强迫自己用膈呼吸）。现在让我们数四下吸气一次，然后再吐气。此后慢慢数八下吸气一次。缓慢、深沉而平静地呼吸。这样练习几分钟。如果一开始时用腹腔呼吸就有困难，首先练喘气呼吸常常是有益处的。喘气呼吸是喉管呼吸的一种。用你的嘴做成"o"形状，用嘴快速吸气，短促喘气，快速呼吸。每次呼气，腹部鼓出，在你腹部运动时，同时做喘气动作，呼吸……一，二，一，二，一，二，数"一"时吸气，数"二"时呼气。

第四节 压力管理——阳光总在风雨后

在繁忙的现代社会中,每个人都承受着不同程度的压力。适度的压力能转化成动力,提高我们的学习和工作效率,而过度的压力则会在一定程度上影响我们的身心健康。学会正确应对环境适应压力、学业压力、人际压力、经济压力和求职就业压力,提升抗逆力和耐挫力,是大学生身心健康的有效保障。

一、认识压力

(一)压力的含义

对于"压力"这个词,每个人都了解它的基本含义,但很难做出明确、全面的定义。不同的学者也有不同的定义:班森博士把压力定义为"会使行为做连续性适应的一种状态";马卡尼斯博士对压力做了如下定义:"压力,以科学性的语言来说,是有机体在具有伤害能力的媒介中,维持本身正常的状态,其中接二连三的挣扎就称为压力。"

压力至少有三种不同的含义:

第一种,压力是一种刺激。从这个意义上讲,压力对人是外部的。压力是指那些作用于个人的力量或刺激,从而导致个体的紧张反应。环境的重大改变、影响个人的重大生活事件、日常生活的困扰均是重要的压力源。这种观点主要集中注意于压力刺激的实质,关心压力的来源是什么,忽略了不同个体对相同事件所做的评估有个别差异,也不能概括压力的完整定义。

第二种,压力指的是一种主观反应。从这个意义上讲,压力是一种紧张或唤醒的内部心理状态,它是人体内部出现的解释性的、情感性的、防御性的应对过程。这一观点着眼于人们对待压力的体验和认知,并且认为压力是以反应为基础的模式,强调人的心理和精神方面。当面对压力时,每个个体反应的基本模式是相同的,只是表现程度及对个人的影响因人而异,有很大的差别。

第三种,压力是人体对需要或伤害侵入的一种生理反应。多数研究也都是在这个意义上使用压力这个术语的。

(二)有关压力的理论

半个多世纪以来,有关压力的研究越来越受到人们的重视,但是至今尚未形成统一的理论学说。最具代表性的交互作用理论是由拉扎鲁斯(Lazarus)和他的同事提出的认知—现象学—相互作用(cognitive phenomenological transactional,CPT)理论模型。它更多地涉及压力中的心理及行为过程,所以这是一种心理学模型。他们认为"心理压力是个人与环境之间的一种特定关系,个人评估这些关系是否繁重,是否超过他的资源,是否对他的健康产生危害"。这个定义重点放在个体与环境之间的相互作用和那些认知变量和体验压力的中介过程。该模型提出者拉扎鲁斯认为在压力源与压力反应之间存在着两个阶段的认知评价过程。个体先要评价外界事件是否具有挑战性或威胁性，然后对自己所能获得的应付资源（个人能力和社会支持等）进行评价，当个体不足以应付外界的威胁性事件时，便会产生心理压力。他强调个体和环境之间的相互作用，注重个体的主观能动性。

（三）压力源及其特征

1. 压力源的含义

一切使机体产生压力反应的因素均称为压力源。其包括以下几个方面。

（1）生理因素。任何机体生理功能失调或组织结构残缺都可以成为压力源。例如，饥饿、疼痛、疲劳、失眠、疾病、手术、外伤、内分泌失调、衰老等。

（2）心理因素。例如，焦虑、恐惧、孤独、无助、缺乏自信等。

（3）环境因素。例如，寒冷、炎热、射线、噪声、空气污染、生活环境改变等。

（4）社会文化因素。例如，缺乏家庭支持与照顾、经济困难、退休、角色改变、语言不同、文化差异等。

总之，生活中的任何事件，不管是正性的还是负性的，都可成为压力源。但不同的人对同种压力源的感知可不一样，如乔迁新居对大多数人来说是令人高兴的好事情，但有的人却因为乔迁使其生活方式改变而感受到压力，产生焦虑。因此，在评估压力源时，一定要考虑到这种个体差异。

2. 压力源的特征

当事件具有以下的三个特征时，容易产生压力感。

第一，不可控性，一个人越是觉得一件事情无法控制，就越有可能将此事件视为压力。亲人死亡、交通事故、失业，这些事件之所以会给我们造成压力，是因为我们不能控制它们，也没有办法防止它的发生。

第二，不确定性，确定性是就能否预见事情的未来发展而言的。一些严重的疾病因为治疗结果无法确定，常常给病人及其家属带来很大的压力。一些工作也具有很大的不确定性，比如那些需要常年在海上漂泊的海员，时时要承担一定的风险，这样的职业对于工作者本人和其家人都是很大的压力。

第三，挑战极限，一些情景在很大程度上是可以控制或预期的，但是可能仍然被看作是压力，因为有些事情即使投入全力也感到难以对付，这就是考验我们的极限，包括能力的、知识的或是体力的极限，而且可能挑战到我们的自我概念。比如，登山、攀岩、蹦极运动，又如重要的考试，不仅对生理和智力是一种挑战，而且可能威胁到自我信念。但是，这种挑战所带来的压力感往往是积极的，具有促进性，因为它可能使个体对自己产生新的认识。

二、压力的作用

（一）压力的积极作用

1. 压力满足基本需要

汉斯·薛利曾指出"完全脱离应激等于死亡"。马斯洛也曾指出"必须意识到，现在所具有的压力太低了，以致不能发挥我们进化的潜能"。医学和心理学都已证明，人的生理、心理都需要足够的刺激来引发生理激活状态、唤起情绪等，如果毫无压力会感到厌烦，难以保持适当的效率。如果没有压力，就无法正常生活，也更无从发挥个人能力和潜能。实际上，所有的压力反应都具有累积效应，可见承受压力是生活中不可避免的，也是每个人不可或缺的。

2. 压力增强适应性

压力有正面效应，即正应激说法，其表现的是一种愉快的满意的体验，这是一种积极的应激。正如人们所说的"愉快欢乐的压力"，主要是强调压力带给人们积极的一面。正应激可以增强心理警觉性，集中注意力，提高记忆力，还可以导致高级认知与行为表现，有助于个体适应环境。在现实生活中，正应激可能就是一种挑战，促使机体适应变化的需要，增强适应性，促进个体的成长和发展。

3. 压力的其他积极作用

面对压力进行有效的处理，可以学到压力处理方法，累积经验，增强压力抵抗能力。压力的积极作用还表现在应对不良情绪上，也表现在竞争激烈的活动中，如体育运动中的竞技项目，对自己前途有重要意义的考试等。在这种情境下，运动员和学生都会处于高度的应激状态，以便能在竞争中取胜。

（二）压力的消极作用

1. 对生理的危害

有关研究表明，人在过度和持续性的心理压力下，会出现一系列的生理反应，并划分为三个阶段。

第一阶段为警戒反应阶段，身体被动员起来保护自己抵抗压力源。这时会引起人体肠胃失调、血压升高、肾上腺素增加。

第二阶段为抗拒阶段，身体尝试抵抗压力源，并做相应调适。此时，身体保持高度的激动状态。有机体容易发生疾病，如胃溃疡、动脉硬化及因免疫系统受损而导致的疾病。

第三阶段为衰竭期阶段，此时资源已经相当有限，抵抗压力的能力呈衰竭趋势。如果压力仍然持续，那么发生疾病和生理伤害的可能性就更高，甚至会造成死亡。

2. 对心理的危害

大学生在过度或持续的心理压力下，对心理的危害主要表现为认知和情绪危害。

（1）认知危害

认知危害体现为注意力不集中、短期和长期记忆力减退、错觉增加、思维混乱等，因此，过度的压力影响大学生的注意力、理解力、记忆力等认知能力，损害其思维能力，降低其智力。

（2）情绪危害

情绪危害体现为焦虑、恐惧、沮丧、悲观、烦躁、紧张等负面情绪。压力过度使大学生常常焦躁不安、冲动、易怒。当压力伴随着生气时，有可能增加大学生的反社会行为，如吸毒、侵犯别人、破坏公共财产、社会不良行为增加，与家庭和朋友的关系恶化，甚至自杀。

（3）对工作的危害

过度或持续的心理压力往往容易导致大学生工作时高度紧张，差错频繁出现，能力也会大大降低，效率显著下降，会直接影响工作业绩和效率。过度压力还会改变大学生的工作行为，对工作缺乏积极性，失去热情，表现为学习懒散、缺勤。还可以表现为人际关系紧张、交往退缩、推诿责任，影响团队工作的开展和整个大学生队伍的形象。

三、大学生的压力来源

一般来说，大学生的压力主要来源于以下六个方面。

1. 环境不适应

刚刚跨入大学校园的新生，当面对一个陌生的校园环境时，往往会不适应。造成环境不适应的原因有：①学校环境变迁。新生面对陌生的校园，生疏的群体，远离了家乡和父母，对众多问题要自己决定、自己动手解决。这些都会使每个大学生产生不同程度的环境压力。②学习条件和方法变化。"尖子"云集，在新的群体中自己不再是优等生，自我优越感丧失。对此没有思想准备，不能恰当地接受和对待，就会出现心理压力。另外，传统的中学学习方法不适用于大学，结果造成新生疲于应付，也会出现心理压力。③生活习惯变化。南北方饮食方面的显著不同和生活习惯的差异，家庭经济与大学生群体主流消费的差距等，会给一些学生造成心理压力。

2. 人际关系问题

在大学阶段，个体独立步入了群体交际圈。离开了以往熟悉的朋友团，周围是陌生的人群，特别是面对来自不同地区的同学和室友，大学生要在这种条件下形成新的交友团和社会支持系统。在与周围的同学从陌生到熟悉的过程中，部分学生会遭受到一些挫折。远离家乡的大学生在开始大学生活时会产生或多或少的孤独感，如果出现人际关系不和谐，这种孤独感就会进一步加剧，从而产生心理焦虑和压力。

3. 专业发展问题

经过高考走进大学校园，开始学习生活之后，大学生有时会发现自己对所学专业不太适应。所谓的热门学科可能并不适合自己，自己对所学的专业不感兴趣，或者被学校调剂到了一些生源不足的专业。这些同学在学习自己所学的专业时都会产生压力。他们有的对学习产生厌倦、回避心理，缺乏上进心，有的会尝试调整专业，还有的会产生急功近利的思想，急于自学一些实用的课程，从而导致身心疲惫。

4. 经济问题

在大学里，大学生可能面对各种各样的经济问题。有些大学生可能认为，自己已经可以脱离父母，能够独立生活，可以自己养活自己了，于是开始盲目地以赚钱为目的，到处打工，从而影响学业，造成身心俱疲。另外，大学生群体中有一部分同学来自经济欠发达地区或不富裕的家庭，这些同学走进大学校园后，他们的消费习惯、方式与来自城市的大学生不同。面对日益严重的大学生消费过高、攀比成风现象，这类学生可能会更加自卑，感受到来自经济方面的压力。

5. 对重大丧失的不适应

重大丧失也是给个体造成压力感受的一个不可忽视的来源。大学生常见的重大丧失有：上学期间严重的外伤或疾病、学费和生活费不足、在校期间重要机遇的丧失等。其中，很多重大丧失都是突发事件，常常带给大学生措手不及的压力和困扰。

6. 与自我有关的不适应

首先，理想自我与现实的矛盾。每一个大学生都有对自己未来的设想，头脑中都会有一个"理想自我"，然而，现实社会的种种客观障碍常常阻碍理想自我的实现。

其次，在发展自我过程中的不适应。个别学生在追求发展自我的过程中顾此失彼，没有达到期望的目标，从而产生压力。

最后，自我同一性的形成和确立过程中的压力。自我同一性的形成，是指个人在过去经验中所形成的内在的一致性和连续性，并且和外部环境整合而协调一致的过程。在这个过程中，大学生需要完成某种社会职业的选择、形成个人终生目标和确立人生观。在自我同一性的形成和确立过程中，一些大学生会从多样的体系中丧失目标和人生观，也就是失去了自我、失去了自我存在感，不知自己究竟定位在哪里、在干什么，从而产生心理压力。

四、压力管理

压力看不见摸不着，可它在我们的生活中却无处不在。作为大学生，为了能更好地适应大学学习和生活，就需要我们在面对压力时，学会管理压力，提高自己适应压力的能力。建议大家可以从以下几个方面着手。

（一）完善自我，提升自信

保持快乐并抵御压力的一个重要因素是自信心。自信心高的人通常有高活力，对自己的容貌满意，维持适当的体重，摄入均衡的营养。事实上，当压力增大时，即使有实力，缺乏自信的人还是极容易陷入"这事儿太难""我干不了"的想法，从而增大自己的压力。要提高自信心，就需要进行长期训练。这里介绍几种日常可以提高自信的方法。

1. 强健体魄

体力是培养积极自我的基础，身体不健康，心理更易倾向负面发展。比如即使只是小感冒，有的人做事也会提不起劲。所以大学生不应只把"身体是革命的本钱"挂在嘴上说说，而应该付出行动，从日常生活中简单的锻炼着手，强健体魄，培养信心。

2. 学会自省

自信是抽象的，有时候信心满满，有时候垂头丧气，我们常常会把握不了自信的度。因此，尝试着给自己时间"自问自答"，来测验自己的自信度："从现在起我可以不断成长吗？""我能克服现在的困难吗？"将这样的问题当成自我反省的镜子。以昨天的自己为参照物，不是更能为明天的自己确定方向吗？

3. 与大自然"交谈"

和大自然亲密接触也是培养自信、克服压力的良方之一。面对雄伟的大自然，即使自己正遭遇压力，也会顿感渺小，微不足道，有道是"滚滚长江东逝水，浪花淘尽英雄。是非成败转头空，青山依旧在，几度夕阳红"。这就是接近大自然可以开阔心胸的道理。

如果我们没有办法经常接触野外的大自然，不妨留心一下周围景观的变化，如搭车途中看看因季节变化而逐渐变化的花草树木。

（二）勇敢面对，增长能力

生活中很多的压力事件都是我们能解决的。有了压力事件不要去逃避，要勇敢地面对。缓解压力，先要解决产生压力问题的根源，具体问题具体分析；兵来将挡水来土掩；问题来了莫怕，攻克它就是，骨头太硬莫怕，啃下它就是。要努力争取以最有效的方式处理外界要求，将负面压力转为正面动力。问题克服过程的标准步骤如下：

1. 积极的态度。
2. 分析压力事件的性质。
3. 确认自己对问题的处理能力。
4. 积极寻求资源及支持系统。
5. 有计划、有步骤地拟订计划。
6. 讲究策略和技巧并脚踏实地、立即行动。

若尽力后短时间内问题仍无克服，则表示问题本身处理难度甚高，有可能需要长期不懈奋战，除必须培养坚忍不拔的斗志外，还需要其他的精神力量支持，或者选择放弃。

（三）科学规划，管理时间

在这个信息过量和迅速变化的社会，我们不停地追赶时代的步伐，可还是常常感到时间不够用。消除时间压力源和有效管理时间的技能大致有两个方面。第一，高效地利用每一天的时间；第二，长远打算，有效地利用自己的时间。"我该做什么？"这可能是一个非常现实的问题，我们每天似乎非常忙碌，夜深人静的时候心中盘算"今天我都做了什么事"。很多人往往痛苦不已，因为他们发现自己一天中没有任何收获。要管理好自己的时间，首先要明确自己的目标。解决这个问题最好的办法是去掉不需要的和达不到的目标，然后要求自己做计划，将精力用在能达到目标的压力源上。

具体来讲，对于时间的管理，我们可以采用四象限时间管理法，即按照重要性和紧迫性把事情分成两个维度，其一是按重要性排序，其二是按紧迫性排序。然后把所有事情纳入四象限，按照四个象限的顺序灵活而有序地安排工作。高效时间管理法的核心是：先轻重，后缓急。如图 3-1 所示，高效地管理时间，需要把精力放在一、四象限，尽量压缩在

二、三象限停留的时间,即首先完成 A 既重要又紧急的事,再完成 B 紧急但不重要的事,其次完成 D 重要但不紧急的事,最后完成 C 既不重要又不紧急的事。这样就能掌握时间的主动权,保持生活的平衡,减少未来可能出现的危机。

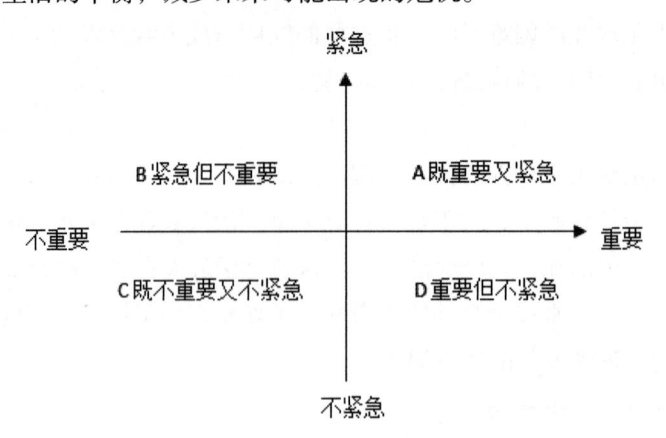

图 3-1 时间管理象限图

(四)自我放松,调控情绪

听音乐、锻炼都有放松的效果,但是有些专门的放松训练可以快速直接地产生放松的效果。常用的方法主要有呼吸调节法、肌肉放松法、意象放松训练、冥想放松训练、自主放松训练等。这里主要介绍两种简单易行的放松方法。

1. 胸、腹式呼吸放松法

这种训练方法简便易行,不受场所、时间等条件的限制。行、坐、站、躺均可进行,其目的是通过调整自己的呼吸节奏,改善大脑的供氧状况,进而达到放松的效果。

第一步:准备姿势,如果你身边有椅子,请你全身放松,坐在椅子上,调整你的坐姿,直到感觉舒服为止。如果你在寝室,请你全身放松,仰卧在床上。如果身边什么也没有,请你全身放松,站在你认为最方便的地方。

第二步:使意念停留在胸部上,并使胸腔尽量充气,吸气时间根据习惯逐渐延长,吸足气后,不要立刻呼出,稍停顿一段时间后,用鼻孔缓缓呼气,使腹腔逐渐收缩,待气彻底呼出后,再开始吸气,一呼、一吸大约 15 秒钟,呼吸节奏以吸、止、呼的比例为 1∶4∶2 效果最好。呼吸调节训练以自然、均匀、缓慢、连续呼吸为基本要领。

2. 肌肉放松训练法

肌肉放松训练的要点是:先紧张,后放松,在感受到肌肉紧张之后充分体验放松的效果。这是因为,如果没有紧张感,就很难真正体会到放松的感觉。肌肉放松训练所遵循的原则:自下而上,即从脚趾肌肉放松开始到面部肌肉放松结束。

应该提醒的是,放松并不是一种万能药。

(五)建立良好的社会支持系统

研究显示,人际关系压力占大学生压力来源的 54%,大学生在面对压力时多采取单一的内在自我调节方式,外部疏导机制使用的相对较少;"中国高等教育与创新型人才培养"

专家论坛上，中国工程院院士朱高峰呼吁教育界应该重视对学生沟通能力的培养。

为了让自己在种种压力下仍保持良好的健康状态，营造自己的情感，那么社会支持系统是必不可少的。当人处在压力下，特别是遭遇逆境时，亲朋好友的安慰、关心、支持、鼓励和信任，将是有效缓解心理压力的良方。

当一个人遭遇压力，不能自拔时，还可以寻求心理咨询机构的专业帮助。这也是有效的压力管理策略之一。

【心灵体验】

进化论

1. 活动目的：通过在活动中创造挫折情境，让同学们体会受挫感，思考如何面对各种压力和挫折。

2. 活动时间：10 分钟。

3. 活动材料：无。

4. 活动步骤：

（1）开始时，大家都处在"蛋"的状态，然后，每两人一组，进行猜拳，赢的升为"小鸡"，输的继续在蛋的状态。

（2）接着，赢了的队员再两两一组，进行猜拳，赢了的升为小鸟，输了的回到蛋的状态，和同样处在蛋状态的队员猜拳。

（3）以此类推，赢了的进化一级，输了的退化一级，直到连赢五次，经历完蛋—小鸡—小鸟—猴—人的进化五部曲，才算胜利。

（4）分组讨论：

①当我们付出很多努力，却不得不从头再来时（就像在游戏中那样），你是否依然有勇气？如果你在生活中真的碰到这种事情，你会采用什么办法？再接再厉还是就此放弃，或者还是用其他的办法？

②请写出近一年来遇到的对自己影响最大的 10 次挫折，并标明当时的反应方式，然后按反应强度和持续时间长短排序，客观分析这些反应方式在应对挫折时的积极和消极影响，探讨个人应对挫折的最佳方式。

③在生活中遇到过哪些挫折或不幸？你是如何应对的？自己的意志力如何？你在生活中是怎样培养自己的意志力的？

5. 活动分享

（1）生活本来就不是一帆风顺的，每个人在成长过程中都会遇到各种压力和挫折。

（2）面对压力和挫折时不能过度情绪化，甚至轻言放弃，要学会积极调整心态，应对压力，还要学会不断提升自我的挫折耐受力。

【心灵保健】

培养挫折承受力

世界著名的成功学大师戴尔·卡耐基和拿破仑·希尔都曾反复强调过一个观点：一个人的成功，关键看他能否战胜命运中的挫折。成功的过程，就是战胜挫折的过程。可见，个人要想成就事业、有所作为就必须具有坚忍不拔的精神和顽强的挫折承受能力。一个人的挫折承受力虽然受生理条件、个人经历、性格特征等方面的影响，但总的来讲，这种挫折承受力是一种后天所得的能力，不是与生俱来的。因此，作为风华正茂、大有作为的当代大学生要在激烈的竞争中拥有一席之地，必须要有意识、有计划地培养各方面的能力。

1. 加强文化修养，增加知识储备

充足的知识储备是人生行动的前提和基础。社会是不断向前发展的，而知识也在不断地新陈代谢。旧的不适用的知识在逐渐被淘汰，而新理论、新技术经常是异军突起。所以正处在才能学习"黄金时期"的大学生要及时拓展、更新自己的知识结构，才能适应社会形势的变化，要具备"终身学习"的思想，吸收强势知识，钻研专业课程。用较好的文化修养为理性地分析、处理挫折情境提供前提和保障。

2. 主动体会艰辛、体验挫折

当代的大学生，是在家庭、学校百般呵护下成长起来的一代。普遍缺少磨炼，父母为其"包办"好一切，使他们很少感受到生活的艰辛。即便是不富裕的家庭，父母也尽可能为孩子创造条件，自己承担生活的重担。大学生要提高自己的挫折承受能力，必须有意识地"主动出击"，积极参加一些社会实践活动。例如，可以进行"勤工助学"，通过自己的付出懂得生活的来之不易；参加"三下乡"活动，到贫困地区与当地百姓一同吃住，一同劳动等。通过这些活动来体味工作的辛苦，人生的艰难，从而逐渐提高挫折承受力。

3. 合理运用心理防御机制

当大学生在学习、生活、交往过程中遇到挫折，有意识地运用一些积极的防卫机制，可以把挫折或苦难变成前进的动力。对于那些容易自责、内疚的大学生，不妨运用酸葡萄、甜柠檬的心理为自己挽回一点自尊和面子。幸福生活的三要素是有所为、有所爱和有所期待。合理地运用自我安慰的方法，可以使其看到事物美好的一面，逐步摆脱负面影响的纠缠，从而对生活充满希望和感激。

4. 打造精神和毅力

所谓成功者，就是能够承受一般人难以承受的痛苦，完成一般人难以完成的事业的人。成功者在性格和条件上与普通人并没有太大区别，虽然表面上看着基本相似，但蕴藏在其中的精神毅力却是大不相同。成功者总是具有这样的品德：无论失败多少次，都会再次奋起；无论条件、环境多么恶劣，也从不绝望；无论在什么情况下，永远相信只要鼓足勇气、集中精神，就一定能找到成功的契机，就一定能获得希望。

如果我们大学生想成为成功的英雄，那就必须面对现实，无论在什么情况下，都不失奋斗的勇气。在克服困难的过程中磨炼意志。

5. 充分认识自己，做力所能及的事情

大学生要充分认识自己，首先，要进行正确的自我分析，做自己能做而又应该做的事情，切记避免评价过高和评价过低。其次，要真诚地面对自己，明确自己今天成功的标准。再次，还要懂得明天的事明天做，躲开做不了的事也就回避了挫折。希望早日成功，人心皆同，但急于求成，一口吃个胖子，其结果只能是欲速则不达。大学生不妨把这种量力而行的方法当作人生前进的方法去尝试，选择那些距离自己水平较近但又高于目前水平的目标，保证连续不断地获取胜利，从而增强自信，提高抗挫折能力。

【本章小结】

1. 情绪是以个体的愿望和需要为中介的一种心理活动，是人对客观事物的态度体验及相应的行为反应，由生理基础、主观体验和外部表现形式构成。

2. 大学生情绪特点：丰富性与波动性、冲动性与爆发性、延续性与感染性、外显性与内隐性以及理智性与可控性。

3. 情绪对大学生的身心健康、学习、人际交往、人格塑造都会造成影响。正向情绪有助于大学生的身心健康及学习活动，而负面情绪会影响身体健康。

4. 大学生常见情绪问题包括：忧郁、焦虑、冷漠、嫉妒、恐惧。

5. 情绪的管理方法：学会察觉情绪、接纳情绪、表达情绪、调节情绪。

6. 压力的管理方法：完善自我，提升自信；勇敢面对，增长能力；科学规划，管理时间；自我放松，调控情绪；建立良好的社会支持系统。

【自我小测验】

心理测验须知：

1. 本测验适用对象为 16 岁以上人群。

2. 本测验仅用于个体情绪类型方面的评定，不能用于心理问题的诊断。具体心理问题的诊断请遵从心理咨询师的评估。

情绪类型测试

指导语： 你在多大程度上受理智的控制，又在多大程度上受"本能"情绪的控制？回答以下问题，将每题分值相加的总和与结果对照，可以确定情绪状态与类型。

1. 如果让你选择，你更愿意：

A 同许多人一起工作并亲密接触

B 和一些人一起工作

C 独自工作

2. 当为解闷而读书时，你喜欢：

A 读史书、秘闻、传记类

B 读历史小说、"社会问题"小说

C 读幻想小说、荒诞小说

3. 对恐怖影片反应如何？

A 不能忍受

B 害怕

C 很喜欢

4. 以下哪种情况符合你：

A 很少关心他人的事

B 关心熟人的生活

C 爱听新闻，关心别人的生活细节

5. 去外地时，你会：

A 为亲戚们的平安感到高兴

B 陶醉于自然风光

C 希望去更多的地方

6. 你看电影时会哭或觉得要哭吗？

A 经常

B 有时

C 从不

7. 遇见朋友时，通常是：

A 点头问好

B 微笑、握手和问候

C 拥抱他们

8. 如果在车上有个烦人的陌生人要你听他讲自己的经历，你会怎样：

A 显示你颇有同感

B 真的很感兴趣

C 打断他，做自己的事

9. 是否想过给报纸的问题专栏写稿？

A 绝对没想过

B 有可能想过

C 想过

10. 被问及私人问题，你会怎样？

A 感到不快活和气愤，拒绝回答

B 平静地说出你认为适当的话

C 虽然不快，但还是回答了

11. 在咖啡店里要了杯咖啡，这时发现邻座有一位姑娘在哭泣，你会怎样？

A 想说些安慰话，但却羞于启口

B 问她是否需要帮助

C 换个座位远离她

12. 在朋友家聚餐之后，朋友和其爱人激烈地吵了起来，你会怎样？

A 觉得不快，但无能为力

B 立即离开

C 尽力为他们排解

13. 送礼物给朋友：

A 仅仅在新年和生日

B 全凭兴趣

C 在觉得有愧或忽视了他们时

14. 一个刚相识的人对你说了些恭维话，你会怎样？

A 感到窘迫

B 谨慎地观察对方

C 非常喜欢听，并开始喜欢对方

15. 如果你因家事不快，上班时你会：

A 继续不快，并显露出来

B 工作起来，把烦恼丢在一边

C 尽量理智，但仍因压不住而发脾气

16. 生活中的一个重要关系破裂了，你会：

A 感到伤心，但尽可能正常生活 B 至少在短暂时间内感到痛心

C 无可奈何地摆脱忧伤之情

17. 一只迷路的小猫闯进你家，你会：

A 收养并照顾它

B 扔出去

C 想给它找个主人，找不到就让它安乐死

18. 对于信件或纪念品，你会：

A 刚收到时便无情地扔掉

B 保存多年

C 两年清理一次

19. 是否因内疚或痛苦而后悔？

A 是的，一直很久

B 偶尔后悔

C 从不后悔

20. 同一个很羞怯或紧张的人谈话时，你会：

A 因此感到不安

B 觉得逗他讲话很有趣

C 有点生气

21. 你喜欢的孩子是：

A 很小的时候，而且有点可怜巴巴

B 长大了的时候

C 能同你谈话的时候，并且形成了自己的个性

22. 爱人抱怨你花在工作上的时间太多了，你会怎样？

A 解释说这是为了你们两人的共同利益，然后仍像以前那样去做

B 试图把时间更多地花在家庭上

C 对两方面的要求感到矛盾，并试图使两方面都令人满意

23. 在一场特别好的演出结束后，你会：

A 用力鼓掌

B 勉强地鼓掌

C 加入鼓掌，但觉得很不自在

24. 当拿到母校出的一份刊物时，你会：

A 通读一遍后扔掉

B 仔细阅读，并保存起来

C 不看就扔进垃圾桶

25. 看到路对面有一个熟人时，你会：

A 走开

B 走过去问好

C 招手，如对方没反应便走开

26. 听说一位朋友误解了你的行为，并且正在生你的气，你会怎样？

A 尽快联系，做出解释

B 等朋友自己清醒过来

C 等待一个好时机再联系，但对误解的事不作解释

27. 怎样处置不喜欢的礼物？

A 立即扔掉

B 热情地保存起来

C 藏起来，仅在赠者来访时才摆出来

28. 对示威游行、爱国主义行动、宗教仪式的态度如何？

A 冷淡

B 感动得流泪

C 使你窘迫

29. 有没有毫无理由地觉得过害怕？

A 经常

B 偶尔

C 从不

30.下面哪种情况与你最相符？

A 十分留心自己的感情

B 总是凭感情办事

C 感情没什么要紧，结局才最重要

测试说明：

评分：选 A 计 1 分，选 B 计 2 分，选 C 计 3 分 A：B：C：总分：

30~50 分：理智型情绪

很少为什么事而激动，即使生气，也表现得很有克制力。主要弱点是对他人的情绪缺少反应。爱情生活很有局限，而且可能会听到人们在背后说你是"冷血动物"。目前需要松弛自己。

51~69 分：平衡型情绪

时而感情用事，时而十分克制。即使在很恶劣的环境下握起了拳头，但仍能从情绪中摆脱出来。因此，很少与人争吵，爱情生活十分愉快、轻松。即使偶尔陷入情感纠纷，也能不自觉地处理得妥帖。

70~90 分：冲动型情绪

是个非常重感情的人。如果是女人，可能是眼泪的俘虏。如果是男人，可能非常随和，但好强，且喜欢自我炫耀。可能经常陷入那种短暂的风暴式的爱情纠纷，因此麻烦百出，想劝你冷静，简直是不可能的事情。这里有必要提醒你：限制自己。

第四章　健全人格：修身养德

> 君子之行，静以修身，俭以养德，非淡泊无以明志，非宁静无以致远。
> ——诸葛亮

⊃ 引言

人格注定了人生之路，健康的人格是大学生成才的必备条件，是大学生在自身所处的社会文化环境中保持良好的认识水平、平稳的情绪情感、恰当的行为方式和正常的社交与职业功能的基本前提。大学生人格心理健康关系其身心健康，也关系着民族的未来与希望。

※ 本章知识点

结合大学生的实际，带领同学们认识人格，发展人格，最后塑造健康的人格，做最好的自己。

第一节　认识人格——揭开人格面具

人格是心理学中最为复杂也最为重要的概念之一。大学生群体与社会的其他青年群体相比，在知识、智力和教育环境等方面有所不同，因此表现在团体人格上也有所差异。正确地认识人格是塑造健全人格的第一步，对于大学生成长成才有着重要意义。

一、人格的概念

人格一词，源于古希腊语，即舞台上演员戴的面具，不同的面具体现了角色的特点和性格。如京剧里的脸谱——红脸代表忠义；白脸代表奸诈；黑脸代表刚强。心理学把它引用过来，描述人的心理，以表示在人生大舞台上每个人扮演的不同角色以及表现出的相应行为。

人格，是一种心理现象，亦被称为个性，它反映了一个人总的心理面貌，是相对稳定、具有独特倾向性的心理特征的总和，它包括人格倾向性（需要、动机、兴趣、理想、信念、价值观等）和人格心理特征（气质、性格）。人格是在长期的社会生活实践中形成发展起来的。人格是伴随着人的一生不断成长的心理品质。人格的成熟意味着个体心理的成熟，人格的魅力展示着个体心灵的完善。人格是一个丰富而复杂的心理成分，它凝聚着文化、社会、家庭、教育与先天遗传的个体风貌。人与人之间显著的差别就在于人格。"人有千面，各有不同"。人格有着鲜明的个体特征，人格的差异铸就了个体千差万别、千姿百态的心理面貌。

虽然心理学上的人格内涵极其丰富，但基本包含两方面的意义：一是个体在人生舞台上所表现出的种种言行，所遵从的社会准则，这是我们可以观察到的外显的行为和人格品质；另一方面是内隐的人格成分，即面具后面的真实自我，是人格的内在特征。

二、人格的特征

（一）人格具有整体性

人格的整体性是指构成人格的各种心理成分不是相互独立的，也不是机械地联合在一起，而是错综复杂地相互联系、交互作用，构成个体整个心理面貌的完整的功能系统。人格对人的心理活动和行为的调节，是由人格系统的整体起作用的。人格的整体性首先表现在各种心理成分的一致性。一个正常的人总是能及时地、正确地认识和评价自己，能及时地调整在人的内部心理世界中的各种矛盾，调整人格中的各种心理冲突，使人的心理和行为经常保持和谐一致。如果没有这种一致性，人们就会长期处于对立的动机、价值观、信念的斗争中，人的心理活动就会出现无序的状态。这就是一种人格分裂现象，也称"二重人格"或"多重人格"。

人格的整体性其次表现在，人格是由各个紧密相连的成分构成的多层次、多侧面、多水平的统一整体。构成个体人格的各种成分中，有的是主要的，起主导作用，有的是次要的，起辅助作用。起主导作用的成分决定个体人格的基本特征。

人格的整体性还表现在，只有从整体出发，在和其他人格特征联系中，才能认识个别，使其具有确定的意义。如沉默寡言，使人显得孤独这一特征，在不同人身上，可能有不同意义。甲可能由于怕羞，不愿出头露面，这是怯懦的表现；乙可能是不想暴露自己的真实面貌，这是虚伪的表现；丙可能是想靠别人的努力，获取自己的满足，这是懒惰的表现。

个体的人格特征与行为表现并不一定是一一对应的。同一种人格特征在不同人身上表现会各不相同；同一种行为往往是不同人格特征的表现。要认识一个人的人格特征，必须从人格的整体性上进行把握。

（二）人格具有独特性与共同性

人格的独特性是指，每个人都有与他人不同的人格特征。即使是在遗传上最为相近的同卵双生子，其人格也是有差别的。人格独特性充分地表现为人们在需要、动机、兴趣、爱好、价值观、信念、能力、气质、性格等方面的差异性。

人格也具有共同性，即某一群体、某个阶级或某个民族在一定的群体环境、生活环境、自然环境中形成的共同的典型心理特点。例如，由于共同的社会文化影响，同一民族、同一地区、同一阶层、同一群体的个体之间具有很多相似的人格特征。人类学家本尼边克特考察了北美印第安人的两个部落，发现处在不同文化圈内的人具有不同的人格。朱尼部落的人和奎久特尔的人，在人格特征上有很大差异。朱尼人的特点是中庸、节制与和平；奎久特尔人的特点是任性和好竞争。这种统一文化陶冶出的共同的人格特征被称为群体人格或社会人格,是由于群体基本的和共同的经验产生的。因此,人格是独特性和共同性相统一的整体。

(三)人格具有稳定性与可变性

人格的稳定性是指,个体的人格特征具有跨时间的持续性和跨情景的一致性。人格特征跨时间的持续性是指人格具有相当的稳定性,不会在短时间内有很大变化。因此人们常说"三岁看大,七岁看老"。人格特征跨情景的一致性是指在不同的情境下,同一个人的人格特征在一定程度上会保持不变。例如,一个内向的人,在不同场合都会表现出不爱讲话、不爱交际的行为倾向。由于人格具有稳定性,我们才能将不同人的精神面貌区别开来,从而有效地推测他在某种情况下的行为表现。

但是,人格的稳定性是相对的,人格的特征也是可以变化的,从而使人格具有可塑性的特征。具有决定意义的环境因素和机体因素会使个体的人格特征发生改变。例如,一个平时很乐观的人,可能因一次重大的打击而变得郁郁寡欢。应当指出,人格的变化不同于行为的变化。行为变化是由情境引起的、暂时的变化,而人格的变化则是内在特质的变化,具有永久性。例如,一个很温和的人,偶尔也会因急躁而发脾气。这是行为的暂时变化。如果他从原来宽松的环境中来到一个充满压力的环境中生活,他变成了一个急躁的人,经常会发脾气。这就是人格变化。

(四)人格具有生物性与社会性

人格既有生物性,又有社会性。所谓生物性,就是指人格是在人的自然生物特性的基础发展起来的,人的生物特性影响着人格发展的道路和方式,也决定人格特点形成的难易。例如,一个神经活动类型属于强而不平衡型的人,就比较容易形成勇敢、刚毅的人格特点;而要形成细致、体贴的人格特点就比较困难。相反,一个神经活动类型属于弱型的人,就比较容易形成细致、体贴的人格特点;而要形成勇敢、刚毅的人格特点就比较困难。

但是,人的生物特性并不能决定人格的发展方向。对人格发展起决定作用的是个体的社会历史文化背景。这就是人格的社会性。例如,在一定的社会中,同一民族、同一阶级的人们在某些共同生活条件下生活,逐渐掌握了这个社会的风俗习惯和道德观念,就会形成某些共同的人格特点。

三、人格的结构

(一)气质

1. 气质的定义

气质是一个古老的概念,它是形成性格的基础。气质在《辞海》里解释为人的相对稳定的个性特点和风格气度,在心理学上是指依赖人的生理素质或身体特点的人格特征,相当于我们日常生活中所说的脾气、秉性或性情。气质包括心理活动的速度(如语言、感知及思维的速度等)、强度(如情绪体验的强弱、意志的强弱等)、稳定性(如注意力集中时间的长短等)和指向性(如内向性,外向性)。这些特征的不同组合,便构成了个人的气质类型。

2. 气质的稳定性

气质是个体不以活动目的和内容为转移的典型的、稳定的心理特征。它主要是由大脑皮层神经过程的特性决定的行为特征，受先天遗传因素的制约，因而具有稳定性。有某种气质类型的人，常常在内容很不相同的活动中都会显示出同样性质的动力特点。例如，一个具有安静迟缓气质特征的人，这种气质特点会在参加考试、课堂发言、体育比赛和文艺活动等各种活动中表现出来，仿佛使一个人的全部心理活动都染上了个人独特的色彩，表现出一个人与生俱来的自然特性。也就是说，气质的表现在整体上依赖于先天遗传特性。孩子刚出生时，有的大哭好动，有的平稳安静，这些最先表现出来的人格差异就是气质差异。

3. 气质没有好坏之分

心理学家认为：气质是人的天性，无好坏之分。每种气质都有鲜明的特色，有长处也有短处。在人们从事不同的活动时会表现出有利或不利的一面。气质只是给人的人格、行为涂上某种色彩，而不决定一个人的发展方向和成就价值。一个人做什么、如何做，是由动机、愿望和信念决定的，从这个意义上说，气质不决定人的社会价值。在同一社会实践领域可以找到不同气质类型的杰出人物：如俄国的四大文豪虽属于不同的气质类型，却都在文学领域取得了辉煌成就。普希金属于胆汁质，赫尔岑属于多血质，克雷洛夫属于黏液质，果戈里属于抑郁质。同样，在不同的社会实践领域里可以找到相同气质类型的人。果戈里、达尔文、柴可夫斯基虽然属于抑郁质类型，但他们在不同领域都取得了伟大成就。事实表明，任何一种气质类型的人，既可以成为品德高尚，有成就、有益于社会的人，也可能一无所成。

虽然气质对学生的成才与取得成就不起决定作用，但却有一定的影响，不同气质对于人们从事的不同活动效率具有影响作用，也就是说不同气质类型的人适合从事不同的活动。气质与活动性质相适宜时，活动效率就会提高；反之，气质与活动性质不一致时，活动效率就会降低。因此，在职业选择中，经常会考虑到人的不同气质。如飞行员、运动员需要挑选反应灵敏、有胆有识、镇定自若的人。而财会、医疗等工作就不宜选那些浮躁、鲁莽、草率的人，而应选择稳重、心细、踏实的人。

（二）性格

1. 性格的定义

性格是人格结构中表现最明显，也是最重要的心理特征。如有些人大公无私、勇敢、勤劳，有些人则自私、懒惰，还有些人沉默、懦弱等。性格是一个人较稳定的对现实的态度以及与之相应的习惯化的行为方式。我们在描述某个人的特点时，总喜欢从他或她的性格特征上着手，如优柔寡断的哈姆雷特，吝啬贪婪的葛朗台，多愁善感的林黛玉，足智多谋的诸葛亮等等。一个人的性格会经常地、习惯地表现在自己的言行举止、工作等方面。比如某人一向稳重，但有一次却一反常态地在工作中发了脾气，其急躁是偶然表现出来的，所以不能算作他的性格。一个人的性格是在社会实践中逐渐形成的，性格一经形成就比较稳固，但也不是不可以改变的。生活中某些重大打击会使一个人的性格变得判若两人，如当某人得知自己患了癌症后，变得沉默寡言了。

2. 性格的两极性

由于性格本身比较复杂，对它的研究是一个难度较大的问题，至今尚未形成一套为一般学者所共同接受的理论。各种性格理论，按其内容的不同可分为两大类：一类是侧重于研究个人行为发展与改进的理论；另一类是侧重于研究个人生理与行为特征的理论。各种理论研究的侧重面虽然不同，但都有一个共同点，那就是认为性格与行为有密切的关系。人的行为方式千变万化，心理特征也千差万别，因此，人的性格本身是一个很复杂的系统。每个人的性格就是一个构造独特的世界，都自成一个有机的系统，形成这个系统的各种元素都有自己的排列方式和组合方式。但是任何一个人，不管性格多么复杂，都是正反两极所构成的。从生物进化角度看，有保留动物原始需求的动物性一极，还有超越动物性特征的社会性一极，从而构成所谓"灵与肉"的矛盾；从个人与人类社会总体的关系来看，有适应于社会前进的肯定性的一极，又有不适应于社会前进要求的否定性的一极；从人的伦理角度来看，有善的一极，也有恶的一极；从人的社会实践角度来看，有真的一极，也有假的一极；从人的审美角度来看，有美的一极，也有丑的一极；以及悲与喜、刚与柔、崇高与庸俗等的性格两极的矛盾互动。任何性格，任何心理状态，都是上述两极内容按照一定的结构方式进行组合的表现。

3. 性格有好坏之分

性格在人的人格当中处于核心的地位。这首先是因为性格有其社会评价的意义，人们可以对某种性格特征的社会价值进行评判，例如诚实或虚伪、仁慈或冷酷、勇敢或怯懦、勤奋或懒惰、认真或敷衍、宽容或尖刻等等。这些性格特征无论在哪一种社会里，都具有明确的积极或消极的价值倾向。相比之下，人格中的能力、气质因素就不具有直接的社会评价意义，而且对个人而言也难以确定其绝对的高下或好坏，因为每个人在能力上各有所长，也各有所短；每个人的气质类型在不同的环境与活动任务时，也会表现出有利或不利的一面。因此，一个人人格的优劣主要从性格上体现出来。

其次，性格还制约着能力与气质的发展方向和表现形式，如勤奋造就了天才，懒惰荒废了才华；又如做事认真的性格使原本脾气急躁的胆汁质的人可以忍耐琐碎、细致的工作，而做事敷衍的性格使原本沉静、稳重的黏液质的人工作丢三落四、差错不断。因此，人与人的人格差异首先是性格，而不是能力水平、气质类型的差异。要塑造良好的人格，最重要的是培养良好的性格，爱因斯坦曾说："优秀的性格和钢铁般的意志比智慧和博学更为重要……智力上的成就在很大程度上依赖于性格的伟大，这一点往往超出人们通常的认识。"

我们往往在一些紧要关头做出的决定，尽管有时心里明白并非上策，还是情不自禁。事后想想也觉得奇怪，不明白当时为何如此冲动或冷漠，为何那么固执己见或软弱无能，只好解释为这一切都是命中注定。其实，在这些超出自身控制的时刻，有意识或无意识地起作用的就是性格。我们自己不是不知道，不是不想避免，但事到临头总以为已经不受其影响，事后细细回味，当初之所以做出这些决定还是性格决定的。

四、人格主要理论

人格好比是黑暗房间的一样物体，不同的理论观点就像是一束束照向这件物体的光束，每一道光束只能从一个角度照明这个物体的一个侧面，只有所有的光束一起照射时，才能大致看清"人格"的全貌。所以我们很难说哪种人格理论是正确的，哪种是错误的，每种理论都是从不同的角度和深度揭示人格的某一方面或某一层面。了解这些人格理论，对于我们多角度、多层次地理解个体的人格，并采取相应的措施来影响和促进人格发展具有重要的指导和参考价值。

（一）弗洛伊德的人格发展理论

弗洛伊德重视人格的发展，强调婴儿和儿童早期的生活经验对人格发展的重要意义，认为它是构成个体人格的主要因素。这种理论认为，人格发展一般经过五个阶段：

第一阶段：口腔期（0岁~1岁）

婴儿本我从吮吸等口腔刺激获得满足和快乐。当父母训练婴儿学习自己扶奶瓶吸奶，用杯子喝东西时，个体开始体验本我的期望与现实要求间的冲突，导致婴儿自我的发展。若此时婴儿口腔活动无法获得满足，则可能会形成将来的"口腔性格"：自恋、被动、依赖、退缩、悲观、猜忌，表现出咬指甲、吃手指、抽烟、酗酒、贪吃等行为问题。

第二阶段：肛门期（1岁~2岁）

幼儿通过大小便排泄获得满足，得到快感。当父母开始如厕训练的时候，个体本能欲望开始被规定在何时何处才能获得满足，幼儿自我进一步发展。若此时父母训练如厕过分严格，则可能导致将来的"肛门性格"：冷酷无情、顽固、刚愎、吝啬、暴躁、生活秩序紊乱等。

第三阶段：性器期（3岁~6岁）

儿童以抚弄自己的性器官而获得快乐和满足，爱恋异性父母，体验"恋父情结"或"恋母情结"，同时对同性父母产生敌对和嫉妒，但儿童会压抑这种动机而认同和模仿同性别父母人格，开始其超我的发展。这一时期的发展若无法顺利完成，可能会因与父母竞争而产生罪恶感，或导致将来性生活失败等不良适应行为。

第四阶段：潜伏期（6岁~11岁）

儿童性与攻击冲动开始进入潜伏期，转为开始注意学校的活动、嗜好、运动及同性伙伴的友谊，价值观的学习使超我获得进一步发展。

第五阶段：生殖期（12岁~18岁）

由于性器官的成熟，个体由儿童进入青春期，开始对异性产生兴趣，在心理上逐渐有了与性别相关的职业计划、婚姻理想等，并从自我中心阶段转入利他阶段。至此，个体性心理的发展即告成熟。

（二）荣格的人格类型理论

荣格认为人格是一个整体，被称为精神，是具有原始统一性的，其包括自我、个体无意识和集体无意识三个部分。

自我就是我们知觉到的部分，其构成了意识域的中心，使人格能够在时间流中保持自我统一。除去自我以外，精神中还有无意识部分，其中个人经历过的却被压抑隐藏的经验是个体无意识，更深层的无意识是与生俱来的，来自于人类作为一个集体在历史进程中的集体经验，是一种超越个性的心理基础。弗洛伊德的无意识理论只强调个体经历，这在荣格看来是不够深入的。

个体无意识中提供动力的机制是情结，它是一组相互关联的观念和思想，有力地驱使人的思想和行为。情结会造成人的偏执，但这种偏执不全是坏事，其有可能成为灵感的源泉。个体无意识中的情结是来源于集体无意识的。

集体无意识的核心机制则是原型，或者说是原始意象，这是集体无意识那种原始经验给个体人格确定好了的先天心理形式，是心理结构的基本模式。原型不是具有内容的意象，而是不具内容，只是倾向的形式。原型是众多的，而荣格认为有四种是最重要的，其分别是：人格面具、阿尼玛/阿尼玛斯、阴影和自身，其中自身是整个人格的中心。

人格中最重要的部分就是集体无意识，人可以通过梦和幻觉来认识它，从而达到对人性的理解。

荣格按照主体与世界关系的倾向，把人格分成内倾型和外倾型两种，又根据四种心理功能，也即感觉、思维、情感和直觉，加以组合后，把人格分为八种。

弗洛伊德和荣格都属于精神分析学派，以对心理异常者的临床观察和经验为基础，不仅提出了人格结构和类型，并且阐述了人格的发展，虽然某些观点失之偏颇，但还是一种较为完善的人格理论。

（三）卡特尔的人格特质理论

卡特尔 1947 年在奥尔波特的基础上开始了他的人格特质实证研究工作。卡特尔认为人格的基本结构元素是特质。特质是从行为推出的人格结构成分，它表现出特征化的或相当一致的行为属性。也就是说，人格特质是在不同情境中表现出来的稳定而一致的行为倾向。

人格特质是人格结构的基本单元，通过分析人格特质的特点，可揭示个体的人格结构。特质的种类很多（如图 4-1 所示），有人类共同的特质，有各人所独有的特质；有的特质决定于身体结构（遗传），有的决定于环境；有的与动机有关；有的则与能力和气质有关。

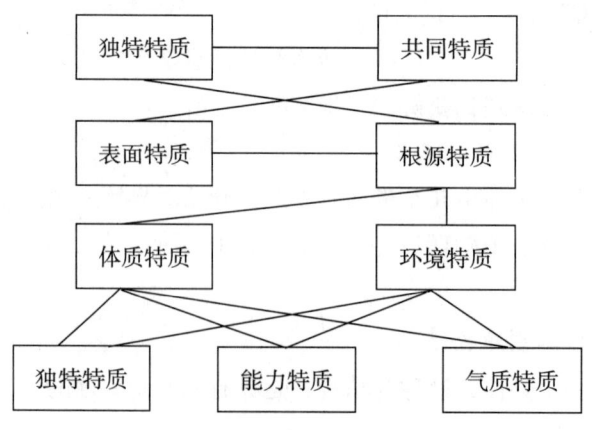

图 4-1　卡特尔的特质结构网络

卡特尔根据人格特质的独特性，将人格特质区分为独特特质和共同特质。前者是个体所特有的人格特质，后者是许多人（同一群体或阶级的人）所共有的人格特质。虽有共同特质，但共同特质在各个成员身上的强度却各不相同，而且共同特质在一个人身上也是会发生变化的，即不同时间有所变化。共同特质中基本的根源特质比较稳定，而与态度或兴趣有关的特质则不那么稳定。这就为人格的变化提供了依据。

卡特尔还根据人格特质的层次性，将人格特质区分为表面特质和根源特质。表面特质是指一群看起来似乎聚在一起的特征或行为，即可以观察到的各种行为表现，是能够从个体外部行为中直接观察到的特质，是个体的行为表现。它们之间是具有相关性的。根源特质是行为的最终根源和原因，虽不能直接被观察到，但是对个体的行为起制约作用的特质。根源特质是堆砌成人格的砖块。

表面特质与根源特质的关系是，前者是后者的表现形式。每一种根源特质控制着一簇表面特质。根源特质可以看成人格的元素，它影响我们的行为。卡特尔推断所有的个体都具有相同的根源特质，但每个人的程度不同。例如，聪慧性是一种根源特质，它是不能直接观察到，但我们可以从人们解决问题的正确性和速度等方面间接地推测出来。这里，解决问题的正确性和速度就是表面特质。

卡特尔通过对实证材料的因素分析，透过对表面特质的因素分析找到它们所属的根源特质。卡特尔认为，每个人都具有16种根源特质：乐群性、聪慧性、情绪稳定性、恃强性、兴奋性、有恒性、敢为性、敏感性、怀疑性、幻想性、世故性、忧虑性、激进性、独立性、自律性、紧张性（见表4-1）。但是，每个人的人格特质存在一定量的差异。正是由于这种量的差异，才使个体之间表现出人格结构上的差异。

表4-1　16种人格因素高分者与低分者的不同特征

人格因素	低分者特征	高分者特征
A 乐群性	缄默孤独	乐群外向
B 聪慧性	迟钝、学识浅薄	聪慧、富有才识
C 稳定性	情绪激动	情绪稳定
E 恃强性	谦逊顺从	好强固执
F 兴奋性	严肃审慎	轻松兴奋
G 有恒性	权益敷衍	有恒负责
H 敢为性	畏怯退缩缺乏自信心	冒险敢为、少有顾忌
I 敏感性	理智、着重现实	敏感、感情用事
L 怀疑性	依赖随和、易与人相处	刚愎、固执己见
M 幻想性	现实、合乎成规	幻想、狂放不羁
N 世故性	坦白、直率、天真	精明能干、世故
O 忧虑性	沉着、有自信心	忧虑抑郁

续 表

Q1 激进性	保守、服从传统	自由、批评激进
Q2 独立性	依赖、随群附众	自立自强、当机立断
Q3 自律性	矛盾冲突、不拘小节	知己知彼、自律严谨
Q4 紧张性	心平气和、闲散宁静	紧张困扰、激动挣扎

卡特尔认为 16 种根源特质中有些特质是由遗传决定的，称为体质根源特质，而有些特质来源于经验，因此称为环境塑造特质。卡特尔认为在人格的成长和发展中遗传与环境都有影响。他经过一系列的运算发现，遗传与环境对特质发展的影响谁更重要，是因特质的不同而异的。例如智力特质估计遗传约占 80%~90%，并估计出整个人格结构中大约有 2/3 决定于环境，1/3 决定于遗传。

（四）艾森克的人格双因素理论

艾森克长期致力于研究方法，他把因素分析法与实验法结合起来研究人格，经过长期的研究和观察，他提出了自己的人格维度理论。艾森克认为，虽然人格在行为上的表现形式是多样的，但真正支配人行为的人格结构却是由少数几个人格维度构成的。其中精神质、内外倾性和神经质（情绪稳定性）是人格的三个基本维度，每一人格维度代表着一个连续体，三个维度就有着三个彼此独立的连续体。每个人或多或少地具有这三个维度上的特征，但不同的个人在这三个维度上的表现程度是不同的。因此，这三个维度上的不同程度的表现构成了千姿百态的人格结构。

艾森克提出鉴别人的人格类型主要可以采用内外倾性和神经质这两个维度，把两个维度画成两条垂线：一条线代表内倾与外倾，从中间向着一端去判断，越接近端点，其内倾或外倾越明显；另一条线代表情绪稳定与不稳定，若以此线中间为基点，往不稳定一端去判断，越往端点越不稳定，若往稳定的一端去判断，越往端点则越稳定。如图 4-2 所示。

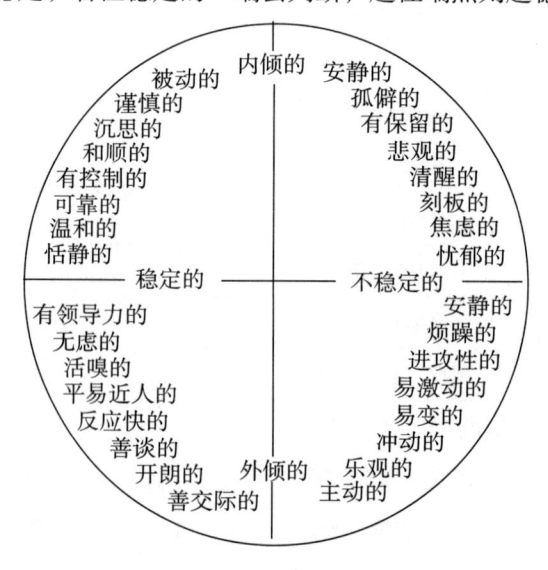

图 4-2 艾森克人格结构维度

根据两个维度的分析，可以把人分成稳定内倾型、稳定外倾型，不稳定内倾型和不稳定外倾型四种类型。稳定内倾型表现为平静、性情平和、可信赖、克制的、有思想、谨慎、被动的，相当于黏液质；稳定外倾型表现为领导性、关心自由、活跃、随便、敏感、健谈、开朗、社交性，相当于多血质；不稳定内倾型表现为喜怒无常、刻板、有理想、悲观主义、有节制、不善社交、安静，相当于抑郁质；不稳定外倾型表现为爱生气、不安静、敢作敢为、易兴奋、易变动、爱冲动、乐观主义、有活力，相当于胆汁质。艾森克认为居中间位置的人占多数，只是少数人属极端典型的类型。

（五）大五人格理论

20世纪80年代末以来，人格研究者们在人格描述模式上达成了一些共识，认为人格有五种最主要的稳定的特质，即"大五因素模式"。大五人格因素及其特征，见表4-2。

表4-2 大五人格因素及相关特征

高分者特征	特质量表	低分者特征
烦恼、紧张、情绪化、不安全、不准确、忧郁	神经质（N） 评鉴顺应与情绪不稳定，识别那些容易有心理烦恼、不现实的想法、过分的奢望式要求以及不良反应的个体	平静、放松、不情绪化、果敢，安全、自我陶醉
好社交、活跃、健谈、乐群、乐观、好玩乐、重感情	外倾性（E） 评鉴人际互动的数量和强度、活动水平、刺激需求程度和快乐的容量	谨慎、冷静、无精打采、冷淡、厌于做事、退让、话少
好奇、兴趣广泛、有创造力、有创新性、富于想象、非传统的	经验开放性（O） 评鉴对经验本身的积极寻求和欣赏；喜欢接受并探索不熟悉的经验	习俗化、讲实际、兴趣少、无艺术性、非分析性
心肠软、脾气好、信任人、助人、宽宏大量、易轻信、直率	宜人性（A） 评鉴某人思想、感情和行为方面在同情至敌对这一连续体上的人际取向的性质	愤世嫉俗、粗鲁、多疑、不合作、报复心重、残忍、易怒、好操纵别人
有条理、可靠、勤奋、自律、准时、细心、整洁、有抱负、有毅力	责任心（C） 评鉴个体在目标取向行为上的组织性、持久性和动力性的程度，将可靠的、严谨的人与那些懒散的、邋遢的人做对照	无目标、不可靠、懒惰、粗心、松懈、不检点、意志弱、享乐

这五个特质的头一个字母构成了"OCEAN"一词，代表了"人格的海洋"。目前，"大五因素人格结构理论"被称为当代人格心理学新型的特质理论。

第二节　发展人格——促进健康成长

大学时代既是学习掌握知识的黄金时代，也是人格发展的重要阶段。大学生心理发育还没有完全成熟，人格出现一些偏差也在所难免。因此，了解和把握与自己相对应人格的形成与发展，找出缺陷并进行调适，有助于他们今后更加适应社会。

一、影响大学生人格发展的原因

（一）生理因素

人格的生理要素包括个体的遗传、体态、容貌、健康等状况。不同的个体遗传基因不同，因而也往往表现出不同的人格特征。心理学家对"生物遗传因素对人格具有何种影响"的研究已经持续很久了。由于人格具有较强的稳定性特征，因此人格研究者也会注重遗传因素对人格的影响。

双生子的研究被许多心理学家认为是研究人格遗传因素的最好办法，并提出了双生子的研究原则：同卵双生子既然具有相同的基因形态，那么他们之间的任何差异都可以归于环境因素造成的。而异卵双生子的基因虽然不同，但在环境上有许多相似性，如出生顺序、母亲年龄等，因此也提供了环境控制的可能性。系统研究这两种双生子，就可以看出不同环境对相同基因的影响，或者是相同环境下不同基因的表现。研究结果表明：由于同卵双生子具有相同的基因，因此他们间的任何差异一定是环境造成的；由于异卵双生子在遗传上不同，他们有许多相同的环境条件，故可提供一些有关环境控制的测量；同时研究同卵双生子与异卵双生子，就可能评估相同基因类型下不同环境的作用，以及在相同或类似环境下不同基因类型的作用。

研究结果表明：遗传是人格不可缺少的影响因素，但遗传因素对人格的作用程度因人格特征的不同而不同。通常在智力、气质这些与生物因素相关较大的特征上，遗传因素较为重要；而在价值观、信念、性格等与社会因素关系紧密的特征上，后天环境因素更重要。人格发展过程是遗传与环境交互作用的结果，遗传因素影响人格发展方向及形成的难易。

由于人格具有较强的稳定性特征，因此人格研究者更注重遗传因素的作用。综合现有的研究结果，做出遗传对人格作用的简要归纳如下：

1. 遗传是人格不可缺少的影响因素，其对人格的作用程度随人格特质的不同而异。通常在智力、气质这些与生物因素相关较大的特质上，遗传因素的作用较重要；而在价值观、信念、性格等与社会因素关系密切的特质上，后天环境的作用可能更重要。

2. 人格的发展是遗传与环境两种因素交互作用的结果。人既具有生物属性，又具有社会属性。人在胚胎状态时，环境因素的影响就开始了，这种影响会在人的一生中持续下去。后天环境的因素是多种多样的，小到家庭因素，大到社会文化因素。这些因素对人格的形成与发展都有重要的影响。

（二）社会因素

每个人都处在特定的社会文化环境中，文化对人格的影响极为重要。社会文化塑造了社会成员的人格特征，使其成员的人格结构朝着相似性的方向发展，这种相似性具有维系社会稳定的功能，又使得每个人能稳固地"嵌入"在整个文化形态里。

首先，是社会思潮对人格的影响。社会思潮是社会时代意识的晴雨表，能准确地反映社会意识在各个时期的变化情况，并对既存的人格产生冲击。代表社会发展方向的社会思潮，在某种程度上，可促使个人人格解体和重组。特别是社会风气一旦形成，很容易成为一种行为和思维的定势，形成一种普遍的人格。其次，是人际交往的作用。人际交往或相应的社会活动，容易使人受到暗示、产生模仿，从而对人格发展产生影响。无论有意识模仿、无意识模仿还是合理模仿，虽然对个体人格发展的作用不同，但都具有积极意义。再次，是群体人格对个体人格的影响。社会的形态、结构、政治、科技、教育、习俗等因素，通过家庭、学校、舆论等多种渠道持续地、"无意识"地渗入个体的身心，从而形成个体人格中的"社会基因"的沉淀。这种沉淀达到一定的厚度，便可形成个体的较为稳定的价值取向。另外，还有道德意识的影响。特别是在社会发生变革的时候，这种影响往往会更大。因为当社会变革处于开始阶段时，旧的规范出现破损，社会陷入迷乱状态，人们还不能马上适应新时期所要求的那些行为准则和价值观念，不同的阶层，不同的身份乃至不同的年龄之间，对于新旧规范的认同有一定的差距。这种差距反映在心理上，就形成了不同的社会思潮。相对稳定的社会思潮扩展开来，就会在一定程度上改变人的思想，改变人的行为模式，改变人的人格形态。

（三）环境因素

1. 家庭环境

家庭是塑造人格的基石，家长的人格潜移默化地影响和塑造着孩子的人格，家长的优点、缺点和各种风格、特点都很容易在孩子不加选择的模仿中被继承下来，同时家长的教养方式的恰当性直接决定孩子人格的形成。因此，作为家长，应尽量完善自己的人格，并在了解孩子的生理、心理特征的基础上，以尊重孩子为基本原则，针对自己孩子的个性特征，培养孩子健康的人格。

西蒙斯说："儿童人格的发展和他（她）与父母之间的关系息息相关"。的确，家庭是塑造人格的基石。

（1）父母的人格有意无意地影响和塑造着孩子的人格

俗话说："孩子是父母的一面镜子。"孩子的言行举止、人格风貌无一不体现着父母的风格。孩子能够通过对父母的模仿学习加速其自身的社会化过程。孩子是看着父母的背影长大的，父母的人前人后、一举一动都展现在孩子的眼前，因此，父母的优点、缺点和各种风格、特点都很容易在孩子不加选择地模仿中被继承下来。著名相声大师侯宝林先生的儿子侯耀华没有从父学说相声，但父亲的幽默感潜移默化熏染了他，对他的人生产生了重大影响，使他顺理成章地成为一名笑星。在现在激烈竞争的社会中，几乎所有父母都非常重视孩子的学习，督促孩子读书学习成为父母的一大任务，但并不是所有父母都意识得到，自己有无读书学习的习惯对孩子的影响远比口头说教对孩子的影响更大。家长的不良习惯、归因风格等都时时影响着孩子，一位学生学习成绩较差，还经常有纪律问题，当老师、同学帮助他去分析出现问题的原因时，他总是谈身体不适、时间紧、天气热、别人干扰等，却闭口不谈自己是否努力了、自己有没有问题，而请家长配合时发现家长自始至终绝口不谈自己在孩子教育中的责任，可见，孩子的不良归因是与父母有着直接关系的。父母的言行举止、人格风范是摆在孩子面前的一部活生生的教科书，其中有精华，也有糟粕；而每位家长又都希望自己的孩子能更加完美、更加优秀，希望孩子青出于蓝而胜于蓝，所以家长必须从我做起，只有正其身，才有资格理直气壮地教育孩子；只有以身作则，才能使家庭教育的实施更具有说服力，更富于成效。父母发挥榜样的作用，谨言慎行，努力优化自己的人格结构，才能使孩子在良好家风的熏陶中健康茁壮地成长。

（2）父母的教养方式的恰当性直接决定孩子人格的形成

什么样的教养方式恰当，这对很多家长来说都是个难题。现在都是独生子女，家长越发缺少教养经验，加之家长受教育程度不同、亲子观不同、社会文化背景的差异等，家庭教育中问题重重，这自然对孩子人格的形成产生了直接的影响。

研究发现，权威型教养方式的父母在子女的教育中表现得过于支配，孩子的一切都由父母来控制。在这种环境下成长的孩子容易形成消极、被动、依赖、服从、懦弱，做事缺乏主动性，甚至会形成不诚实的人格特征。放纵型教养方式的父母对孩子过于溺爱，让孩子随心所欲，父母对孩子的教育有时出现失控的状态。在这种家庭环境中成长的孩子多表现为任性、幼稚、自私、野蛮、无礼、独立性差、唯我独尊、蛮横胡闹等。民主型教养方式的父母与孩子在家庭中处于一种平等和谐的氛围当中，父母尊重孩子，给孩子一定的自主权和积极正确的指导。父母的这种教育方式能使孩子形成一些积极的人格品质，如活泼、快乐、直爽、自立、彬彬有礼、善于交往、富于合作、思想活跃等。由此可见，家庭确实是"人类性格的工厂"，它塑造了人们不同的人格特质。

2. 学校环境

学校是一种有目的、有计划地向学生施加影响的教育场所，是成长过程中重要的环境因素。各个学者对于校园心理环境定义的不同，导致了对其构成因素也有不同的看法。有学者认为，学校的校风、学风、舆论、道德意识、人际关系等精神层面的要素属于心理环境的范畴。还有人认为，校园心理环境一是学校的自然环境，即学校的主体建筑和布局、文化设施和景观、校园美化和绿化等，又称物化形态环境。二是学校的人文环境，即学校的校园精神、教风学风、校纪校规、传统风格、人际关系等，又称非物化形态环境。两者相比而言，后者得到更多人的赞同。这种现存的对于校园心理环境构成要素的看法，使我们在分析其如何动态地影响大学生人格发展时易产生混淆。这是因为校园心理环境本身就是一个复杂系统，系统中众多因素交错在一起均对人格的发展产生作用。并且在这个系统中有些环境因素影响人格时，相对于其内部另外的环境因素而言，具有更多的指导性以及外显性特征同时也有隐性的引导作用。借助费孝通先生在《乡土中国》一书中，描述中国乡土社会的人伦关系时所使用的"差序格局"的比喻方法。

校园心理环境作为一个动态的系统，在影响人格的发展时，其内部因素也是以差序的格局进行排列的。按照各个环境因素对人格发展所起到的作用、程度以及影响方式的直接还是间接，我们把校园心理环境分为核心环境、次核心环境、外围环境三个梯度。这三者中的不同要素组合起来对人格的发展起着不同的作用，这样的划分让我们在分析校园心理环境的内部组成要素时，同时就可以明确它们各自对学生人格发展的影响。

那么影响学生人格发展的校园心理环境的第一梯度是核心层，主要包括学校人格教育中直接、主动影响学生人格发展的要素，这些要素对学生人格健康发展起到最初的和至关重要的作用；第二梯度是次核心层，包括校容校貌，校园风气，校规校纪，校园活动，校园人际关系，同辈群体亚文化等间接、积极影响学生人格发展的要素，这些要素较多地为学生的自我体验、自我调节、自我评价提供了素材和互动的可能性，对其人格发展起到重要作用。第三梯度是外围层，主要包括校园媒体，校园网等要素，这些要素间接地影响了自我的发展和人格的完善，也直接会影响到核心层和次核心层心理环境的优良程度，对学生人格发展具有重要的意义。

二、大学生常见人格缺陷及其矫正

大学时代既是学习掌握知识的黄金时代，也是人格发展的重要阶段。然而大学生心理发育还没有完全成熟，人格出现一些偏差也在所难免。因此，在人格发展阶段，大学生们更需要充分了解自身个性，找出缺陷并进行调适，有助于他们今后更加适应社会。

人格缺陷是介于正常人格与人格障碍之间的一种人格状态，也可以说是一种人格发展的不良倾向，或是说某种轻度的人格障碍。大学生中常见的人格缺陷有自卑、抑郁、怯懦、孤僻、冷漠、悲观、依赖、敏感、多疑、焦虑或对人格敌视、暴躁冲动、破坏等等。这些都是不健康的心理因素。它们不仅影响活动效率，妨碍正常的人际关系，同时还会给人蒙上一层消极、阴暗的色彩。

（一）自卑

自卑是自我评价过低的心理体验，在心理学上又称为自我否定意识。主要表现为对自己的能力、学识、品质等自身因素评价过低，心理承受能力脆弱，经不起较强的刺激，谨小慎微，多愁善感，常产生猜疑心理，行为畏缩、瞻前顾后。进入大学后，有些大学生发现山外有山，尤其是当学习、社交、文体方面显露出某些不足时就会陷入怀疑自己、否定自己之中，产生自卑心理。因此，自卑往往是自尊心受挫的结果，没有自尊心也就不会有自卑感，过强的自卑感往往又以过强的自尊心表现出来。有些大学生敏感脆弱，经不起批评，原因亦在于此。

如何才能走出自卑的阴影？对大学生来说，首先要正确认识自己，悦纳自己，人有所长也有所短，有所短也有所长，不要为自己的所短而自卑。其次要进行自信心磨炼，将目标定得小些，切合实际些，多积累成功的愉悦体验。再次要确立合理的评价参照系统和立足点，若以强者为标准则可能自卑，因而寻找适合自己的评价标准就显得很重要。俗话说：

"人比人，气死人"，理性的比较方式是多与自己做纵向比较而不是一味地与人做横向比较。有了足够的自信心，自卑感就会悄然而退。

（二）退缩

退缩是指在困难面前表现出怯懦与畏难的心理恐惧，选择逃避与后退。主要表现是：在困难面前缺乏勇气和信心，不表明自己的态度，不敢承担责任，不敢冒险，不敢与坏人坏事做斗争，回避困难，逃避责任等等，这样的人常常抱怨自身的不幸，却宁愿忍受痛苦而不主动追求。

当前大学生遇事第一反应就是退缩，不敢与人讲话，不敢出头露面，也不敢表明自己的态度，甚至不敢向老师提问题。有些大学生由于软弱不敢冒风险，不敢担重任，不敢与坏人坏事做斗争，不敢坚持自己正确的观点。但越是这样回避矛盾、躲避失败，越是容易体验到强烈的挫折感。在挑战与机遇并存的现代社会，怯懦者会失去很多成功的机会，并可能成为落伍者。积极迎接挑战，争做生活的强者才是明智的选择。改变退缩的最好办法是要敢于抓住机遇、积极锻炼、不怕失败、不怕丢面子、不怕担子重、多给自己鼓励和加压、在生活的词典中去掉"不敢"二字，变被动为主动。

（三）懒惰

懒惰是指一种慵懒、闲散、拖拉、疲沓、松垮的生存状态。主要表现在：活力不足，什么也不想做，没有计划，随波逐流；无法将精力集中在学业中，无法从事自己喜欢的事，百无聊赖，心情不爽，情绪不佳，犹豫不决，顾此失彼，做事磨蹭。在大学生活中常常是踏着铃声进教室，生活中得过且过，常为自己的懒散寻求合适的解释，做事一误再误，无休止地拖下去，虽下决心改正，但不能自拔，不接受教训，对任何事没有信心，没有欲望。

处于懒惰状态的大学生也常为此感到内疚、自责、后悔，但又觉得无力自拔，心有余而力不足。这主要是因为他们往往想得多而做得少，缺乏毅力所致。要克服懒惰，应充分认识其危害性，自己对自己负责，振作精神，起而行之，从日常小事做起，并努力做到不给自己找借口，不原谅自己的偷懒，力争今日的事今日毕，多与人交往，多关心外部世界，多参加有益身心的社会活动，而做到这一切，有一个坚定而有价值的理想是非常重要的。

（四）虚荣

虚荣是指过分看重荣誉、他人的赞美，自以为是。虚荣心往往与自尊心、自卑感紧紧相连。没有自尊心，就没有虚荣心，也就没有自卑感。虚荣心是自尊心与自卑感的混合产物。虚荣心强的人一般性格内向，情感脆弱，自尊敏感，虽然有些自卑，又担心别人伤害自己的尊严，过分介意别人的评论与批评，与人交往时防御性强，喜欢抬高自己的形象，他们捍卫的是虚假的、脆弱的自我。

虚荣心普遍存在于大学生身上，因为每个人都希望得到别人的赞美，这是正常的。但一旦过分，则会有害无益。因此，想要克服过强的虚荣心，首先要对虚荣心的危害性有明确的认识；其次要正确看待名利，正视自己的优势与不足，扬长避短；再次是树立健康与积极的荣誉心，正确表现自己，不卑不亢，正确对待个人得失与他人评价。

（五）自我中心

自我中心是指考虑问题、处理事情都以自我为中心，将自我作为思考问题的出发点与归宿。表现为一切以自己为出发点，目中无人，甚至自私自利，遇到冲突时，认为对的是自己而错的是他人。现在大学生大多是独生子女，父母养育方式，家庭结构，家庭成员关系等都在影响着青少年人格的形成，溺爱型、放任型、过分保护型的教育方式和家庭氛围必将对人格的养成有消极作用，有的父母视自己的子女为掌上明珠，一家人围着团团转，在这种家庭环境的影响下，就形成了自我中心主义。

克服自我中心的途径主要有：一是正确估计自己，认识到自己的社会责任，既不妄自菲薄也不夜郎自大，既不自我贬损也不自恋；二是树立正确的人生观与价值观，将自己与他人，自我与社会、个人利益与集体利益统筹考虑，从狭隘的小天地走出来。三是学会尊重自己与尊重他人，懂得设身处地，换位思考，真诚地关爱他人，从而做到"我爱人人，人人爱我"。

第三节　塑造人格——做最好的自己

人格是稳定的，也是可变的，大学生既可以自觉地培养良好的人格品质，又可以改变不良的人格品质，即使是某种程度的人格障碍也是可以矫正和治疗的。因此，我们首先需要了解健康人格的含义和标准，在此基础之上努力塑造健全人格。

一、健全人格的含义

健全人格的教育在中国有着深厚的理论基础和历史渊源。从孔子的"士—君子"和孟子提出的"养浩然之气"和"富贵不能淫，贫贱不能移，威武不能屈"，都将道德人格的培养看作是个人自身发展、完善、实现自我价值和安身立命的根本。

近代以来，国内外学者们对健全人格的含义展开了丰富的研究。罗杰斯认为，"机能充分发挥型人"的特点包括：①接受自身体验的意愿；②对自我的信任；③自我依赖；④作为人继续成长的意愿。阿尔伯特则提出健康人格的六条标准：①力争自我的成长；②能客观地看待自己；③人生观的统一；④有与别人建立和睦关系的能力；⑤人生所需的能力、知识、技能的获得；⑥具有同情心和爱心。我国台湾学者白文博提出健康人格的条件：①自知之明；②自我统整；③良好的人际关系；④乐观进取的工作态度；⑤明达的人生观。高玉祥归纳健全人格的特征：①内部心理的和谐发展；②人格健全者能够正确处理人际关系，发展友谊；③人格健全者能够把自己的智慧和能力有效地运用到能获得成功的工作和事业上。

结合不同的学者对于健全人格有着不同的阐述，我们认为大学生健全人格是在遗传与环境特别是在教育环境共同作用下，在社会实践的基础上发展起来的独特的身心体系与行为模式的综合，是一种伴随着人的一生不断成长的心理品质。

二、大学生健全人格的标准

第一，主动性和独立性。表现在大学生才能发挥的主动性上、个人行动的自觉自愿和具有明确的行动目标上。大学生正处于摆脱依赖走向独立的心理"断乳期"，其主动性、独立性的人格特征强调运用自己的能力来创造自己的幸福生活，个人行动依赖自己的价值和感情，能够自我控制，把握自己而不受他人支配，能独立思考。

第二，悦纳性。认识自己和接纳自己，有客观的自我形象，能正确理解真实自我和理想自我的差别，并在自我意识的分化中取得统一；同时能积极独立评价自己的内心品质，较全面地分析评价自己的优缺点估量自己的长短，确定自己的发展方向。

第三，积极性。情绪稳定，乐观豁达，具有良好的情绪控制能力，能驾驭自己的感情，能忍受挫折与不幸，处事泰然，对现实生活充满激情，对未来充满憧憬，经常保持着愉快、满足、达观、开朗的情绪。

第四，和谐性。人际关系融洽，通过往来发展自己的精神生活，并在交往中能尊重自己和他人，容忍自己和别人的缺点与不足以及自己与他人在价值和信念上的差别；同时相互理解，彼此信任，具有同情心，建立与他人良好的人际关系。

第五，目标性。具有进取性和责任心，这也是成就意识和有自信心的体现。生活的意义就在于获得成就感，敢于承担时代所赋予的历史使命，勇于对自己的行为负责。大学生要有坚定的理想、信念和明确的生活目标，善于把自己的认识和行动统一起来，不断进行新的开拓。

第六，包容性。开放的社会、多元丰富的文化选择开启了大学生的需求之门。大学生要用辩证发展的观点看问题，接受事物的变化和改革，不断吸取新的知识信息，发展自己的观点，不固执守旧。在学习中有旺盛的求知欲和强烈的创造动机，能充分发挥自身的潜能，勇于和善于创造，时常有所发明与革新。

第七，适应性。大学生应了解社会，思想和行为跟得上时代的发展，具有适应社会的良好精神状态；还能自觉遵守校纪校规，有较高的道德观和较强的法治观念，自觉遵守社会公德和行为规范，将自己融于集体和社会之中，爱护集体，关心社会。

三、塑造健全人格的途径与方法

人格是稳定的，也是可变的，大学生既可以自觉地培养良好的人格品质，又可以改变不良的人格品质，即使是某种程度的人格障碍也是可以矫正和治疗的。为此必须做到以下几点：

（一）树立正确的世界观、人生观、价值观

世界观、人生观和价值观是个性倾向的中心内容，是一个人理想信念的基础，是对现实生活中各个方面态度的核心。一个人如果有了正确的世界观、人生观和价值观，就能对社会和人生有一个正确的看法和认识，就能采取适当的态度和行为，就能使人有高瞻远瞩之态，并能正确地观察和分析客观事物，做到冷静、稳妥地处理遇到的事情，形成大度、

乐观、开朗等良好的人格品质，提高对挫折的承受能力，从而防止心理障碍问题的发生，保持健康的心态。

（二）认识自己、优化人格结构

自我意识的觉醒是人格发展的前提，而自我状态也会影响到人格状态。很多大学生在学习和生活中之所以产生这样那样的心理问题和困惑，是因为他们对自己的认识还不够完善，存在偏差所致。只有正确地认识自己，才能使个体对自己有一个客观的、公正的、恰如其分的估价，既不自负，又不自卑。因此，大学生应从各个角度，多渠道地了解自己，要积极地从自己周围的环境中提取有关自我的真实反馈，形成良好的自我认识。

（三）学习科学文化知识，全面提高文化素质

荣格曾经说过："文化的最后成果是人格。"学习科学文化知识，提高文化素质的过程也是优化和塑造人格的过程。实际上，有不少人格缺陷源于无知，比如，无知容易使人自卑、粗鲁、懦弱等，而丰富的知识则会使人自信、理智、坚强等。知识的全面发展是人格健全发展的智力基础，有了智力基础，人格发展的速度和质量才能保证。我国受应试教育的影响，许多理工科大学生缺乏人文知识，而文科大学生缺乏理工科知识，这对于人格的健康发展是非常不利的，大学生的学习应做到文理并重。

（四）磨炼自身意志，提升挫折耐受力

意志的锻炼是指培养坚韧性、顽强性以及克服困难的勇气。很多大学生虽然有着崇高的理想，但是缺少面对失败的勇气，当现实与理想产生偏差，内心就会产生强烈的挫折感，出现焦虑、彷徨。因此，没有坚强的意志便无法实现健全人格的目标。需要引导大学生正确面对挫折，在一次次挫折中成长。

（五）积极参加实践，锻造人格品质

人格形成和发展的必由之路是实践。无论是获取知识、形成能力还是磨炼意志都离不开实践，大学生应积极参加各种有益于身心健康的实践活动，很多人格特征都是长期实践活动的结果，如坚韧、勤奋、自信等。一个人的一言一行往往是其人格的外化，而一个人日常言行的积累成为习惯就是人格。因此，优化良好的人格要从眼前的小事做起，从现在做起。

（六）培养良好的人际关系

在现实生活中，不管愿意与否，每个人都要与他人发生千丝万缕的联系，能否与他人建立良好和谐的人际关系是衡量一个人心理是否健康的重要标准。倘若人际关系不良，出现人际交往障碍，则会引发许多心理问题。塑造健全人格，必须培养良好的人际关系：多与他人沟通，关心他人需要，保持自尊和独立，尊重社会世俗等。人际交往是塑造人格的土壤，通过人际交往，自己的某些人格品质或受到鼓励、赞扬，或受到排斥、压制，这都有利于对自己的人格结构做出调整，以更好地适应社会，形成良性互动，有助于人格的优化与完善。

【心灵体验】

走出"舒适区"

1. 活动目的：

（1）体验改变习惯的困难及改变习惯的普遍反映。

（2）让学生意识到要不断挑战自己，改变自己的习惯是可能的。

2. 活动时间：大约需要 25 分钟。

3. 活动材料：无

4. 活动步骤：

（1）所有学生面向中心围成一圈；

（2）主持人邀请学生自然地十指交叉相扣约 5 秒；

（3）主持人再邀请各学生以相反的位置十指交叉相约扣 5 秒，感受和之前动作不同的地方；

（4）恢复垂手状态，主持人再邀请各学生随自己的习惯自然地绕手；

（5）主持人再邀请各学生以相反方向绕手，感受和之前动作不同地方；

（6）恢复垂手状态，向学生提问："第二次的十指相扣和绕手有什么感觉？为什么有这种感觉？改变习惯可能吗？什么因素可协助改变？"

5. 活动分享：

（1）引发学生讨论如何改变不良习惯。

（2）思考在生活学习中，有哪些情况要求我们打破自身的舒服圈？我们的舒服圈是如何产生的，如何拓展我们的舒服圈？做完游戏后，人们之间处于一种什么样的状态？

【本章小结】

1. 人格反映了一个人总的心理面貌，是相对稳定、具有独特倾向性的心理特征的总和，它包括人格倾向性和人格心理特征。其具有整体性、独特性和共同性、稳定性和可变性以及生物性和社会性等特征。

2. 人格主要理论包括：弗洛伊德的人格发展理论、荣格人格类型理论、卡特尔的人格特质理论、艾森克的人格双因素理论以及大五人格理论。

3. 大学生人格发展受生理因素、社会因素以及环境因素影响。

4. 常见的人格缺陷包括：自卑、退缩、懒惰、虚荣、自我中心。

5. 大学生健全人格的标准包括：主动性和独立性、悦纳性、积极性、和谐性、目标性、包容性以及适应性。

6. 塑造健全人格的途径与方法有：树立正确的世界观、人生观、价值观；认识自己、优化人格结构；学习科学文化知识，全面提高文化素质；磨炼自身意志，提升挫折耐受力；积极参加实践，锻造人格品质；培养良好的人际关系。

【自我小测验】

心理测验须知：

1. 本测验适用对象为16岁以上人群。

2. 本测验仅用于个体气质类型方面的评定，不能用于心理问题的诊断。具体心理问题的诊断请遵从心理咨询师的评估。

气质类型测试

指导语：气质类型通常分为多血质、胆汁质、黏液质、抑郁质四种。未接受过气质测试的人大多数可能都说不清楚自己的气质类型，测试是对自己性格特征最基本的了解。下面是有关气质的60道问答题，没有对错之分，回答时不要猜测什么是正确答案，请根据你的实际情况与真实想法选择一个选项。每题设有五个选项：

A 很符合 B 比较符合 C 介于中间 D 不太符合 E 很不符合。

测试题：

序号	题目	选项				
1	做事力求稳妥，一般不做无把握的事	A	B	C	D	E
2	遇到可气的事就怒不可遏，只有把心里话全说出来才痛快	A	B	C	D	E
3	宁可一人做事，不愿很多人在一起	A	B	C	D	E
4	很快就能适应一个新环境	A	B	C	D	E
5	厌恶那些强烈的刺激，如尖叫、嗓音、危险镜头等	A	B	C	D	E
6	和人争吵时，总是先发制人，喜欢挑衅	A	B	C	D	E
7	喜欢安静的环境	A	B	C	D	E
8	善于和人交往	A	B	C	D	E
9	羡慕那种善于克制自己感情的人	A	B	C	D	E
10	生活有规律，很少违反作息制度	A	B	C	D	E
11	在多数情况下，情绪是乐观的	A	B	C	D	E
12	碰到陌生人会觉得很拘束	A	B	C	D	E
13	遇到令人气质的事，能很好地自我控制	A	B	C	D	E
14	做事总是有旺盛的精力	A	B	C	D	E
15	遇到问题时常常举棋不定，优柔寡断	A	B	C	D	E
16	在人群中从不觉得过分构束	A	B	C	D	E
17	情绪高昂时觉得干什么都有趣；情绪低落时觉得干什么都没意思	A	B	C	D	E
18	当注意力集中于某一事物时，别的事物很难让自己分心	A	B	C	D	E
19	理解问题总比别人快	A	B	C	D	E
20	碰到危险情况时，常有一种极度恐惧感	A	B	C	D	E

续 表

序号	题目	选项				
21	对学习、工作、事业抱有极大的热情	A	B	C	D	E
22	能够长时间做枯燥、单调的工作	A	B	C	D	E
23	符合兴趣的事，干起来劲头十足，否则就不想干	A	B	C	D	E
24	一点小事就会引起情绪波动	A	B	C	D	E
25	讨厌做那种需要耐心、细心的工作	A	B	C	D	E
26	与人交往不卑不亢	A	B	C	D	E
27	喜欢参加热烈的活动	A	B	C	D	E
28	爱看感情细腻、描写人物内心活动的文学作品	A	B	C	D	E
29	工作学习时间长时，常感到厌倦	A	B	C	D	E
30	不喜欢长时间讨论一个问题，愿意实际动手干	A	B	C	D	E
31	宁愿侃侃而谈，不愿窃窃私语	A	B	C	D	E
32	别人说我总是闷闷不乐	A	B	C	D	E
33	理解问题常比别人慢一些	A	B	C	D	E
34	疲倦时只要经过短暂的休息就能精神抖擞，重新投入工作	A	B	C	D	E
35	心里有话时，宁愿自己想，不愿说出来	A	B	C	D	E
36	认准一个目标就希望尽快实现不达目的，誓不罢休	A	B	C	D	E
37	同样和别人学习、工作一段时间后，常比别人更疲倦	A	B	C	D	E
38	做事有些莽撞，常常不考虑后果	A	B	C	D	E
39	老师和师傅讲授新知识、新技术时，总希望他讲慢些，多重复几遍	A	B	C	D	E
40	能够很快忘记不愉快的事情	A	B	C	D	E
41	做作业或完成一件工作总比别人花的时间多	A	B	C	D	E
42	喜欢运动量大的剧烈活动，或参加各种娱乐活动	A	B	C	D	E
43	不能很快地把注意力从一件事上转移到另一件事上去	A	B	C	D	E
44	接受一个任务后，就希望迅速完成	A	B	C	D	E
45	认为墨守成规比冒风险好一些	A	B	C	D	E
46	能够同时注意几件事	A	B	C	D	E
47	当我烦闷的时候，别人很难让我高兴	A	B	C	D	E
48	爱看情节起伏跌宕、激动人心的小说	A	B	C	D	E
49	对工作认真严谨，具有始终如一的态度	A	B	C	D	E
50	和周围人的关系总是处不好	A	B	C	D	E

续 表

序号	题目	选项				
51	喜欢复习学过的知识，重复检查已经完成的工作	A	B	C	D	E
52	希望做变化大、花样多的工作	A	B	C	D	E
53	小时候会背许多首诗歌，我似乎比别人记得清楚	A	B	C	D	E
54	别人说我"出语伤人"，可我并不觉得这样	A	B	C	D	E
55	在体育活动中，常因反应慢而落后	A	B	C	D	E
56	反应敏捷，头脑机智灵活	A	B	C	D	E
57	喜欢有条理而不麻烦的工作	A	B	C	D	E
58	兴奋的事常常使我失眠	A	B	C	D	E
59	老师讲新的概念，常常听不懂，但是弄懂以后就很难忘记	A	B	C	D	E
60	如果工作枯燥无味，马上情绪就会低落	A	B	C	D	E

测试说明：

1. 选A得2分，选B得1分，选C得0分，选D得-1分，选E得-2分。按顺序计算总分。

2. 气质类型的确定：如果某类气质得分明显高出其他三种，均高出4分以上，则可定为该类气质。此外，如果某类气质得分超过2分，则为典型型；如果某类得分在10分~20分，则为一般型。

如果两种气质类型得分接近，其差异低于3分，而且又明显高于其他两种，高出4分以上，则可定为两种气质的混合型。

如果三种气质得分均高于第四种，而且相互接近，则为三种气质的混合型。

胆汁质题号：2，6，9，14，17，21，27，31，36，38，42，48，50，54，58 总分得分_____。

多血质题号：4，8，11，16，19，23，25，29，34，40，44，46，52，56，60 总分得分_____。

黏液质题号：1，7，10，13，18，22，26，30，33，39，43，45，49，55，57 总分得分_____。

抑郁质题号：3，5，12，15，20，24，28，32，35，37，41，47，51，53，59 总分得分_____。

第五章　人际交往：成功桥梁

> 如果我们想交朋友,就要先为别人做些事——那些需要花时间、体力、体贴、奉献才能做的事。
>
> ——卡耐基

⊃ 引言

人的成长、发展、成功、幸福都与人际关系密切相关。没有人与人之间的关系，就没有生活基础。对任何人而言，正常的人际交往和良好的人际关系都是其心理正常发展、个性保持健康和生活具有幸福感的必要前提。大学生离开父母，远离了家乡，开始独立面对自己的大学生活。他们渴望爱与被爱，渴望得到他人的尊重，渴望得到社会的承认，渴望有所归属。但研究表明，大学生人际交往现状并不理想。由交往所产生的苦恼和困惑亦显得格外突出。

※ 本章知识点

围绕着大学生人际关系突出的问题展开叙述，包括大学生人际关系不良的表现及原因，通过本章学习可以了解人际交往的心理误区及调适，掌握建立良好人际关系的途径和方法。

第一节　认识人际交往——相逢即是缘分

交往是人类健康成长的基本条件，无论人生的哪个阶段，都离不开人际交往。人一生的成长、发展、成功和幸福是与和他人的交往相联系的；人一生的愉快、烦恼、快乐、悲伤、爱与恨等，也同样与和他人的交往分不开。

一、人际交往的概述

（一）人际交往的概念

交往作为日常生活中的用语，指人与人之间的相互关系，彼此往来。它是一个多侧面、多层次的概念。人际交往是人与人之间的交往，它既是一种静态的关系性范畴，又是一种动态的实践活动。从动态的角度看，交往过程大致可以划分为以下三个层面。

首先是物质层面的交往，也即马克思所说的"物质交往"，具体表现为金钱、货物的交换，以及劳动力的交换，反映人际、群际间一定的经济利益关系。人生于世，要解决基本的吃、穿、住、行等生活问题，创造物质财富，就必须与他人发生经济交换行为，结成普遍的经济关系。物质交往是其他一切交往的基础，任何人都无法越过一定的经济关系而超然存在。但我们却不能用经济原则来解释一切交往行为，因为交往绝不仅仅局限于物质层面，也不是只在经济领域里展开。

其次是知识信息的交流。这是人际借助于言语与非言语的媒体所实现的知识信息的共享，是思想观念的沟通过程，也是口头的与非口头的交际过程。这种信息交流与物质产品的交换明显不同。对于两者的不同，英国作家萧伯纳曾经打了很好的比方。他说，假如你有一只苹果，我有一只苹果，彼此交换后，两个人还只是各有一只苹果。但是，如果你有一种思想，我有一种思想，那么，彼此交流后，我们每个人都有两种思想。甚至，两种思想发生碰撞，还可以产生两种思想之外的其他思想。可见，在交往过程中，信息不仅仅是被传递，而且还不断形成、逐渐明确和继续生成、发展。

再次是心灵对话、人格碰撞的过程。在交往全面而深刻的展开过程中，相互间不仅是交换物质形态的东西，也不仅是交流信息，处理具体的事务，而是在有意无意地表明各自的人生态度与追求，是在表现一种对整个世界精神、人生意义的关注，表明各自的人格倾向、心灵风貌。人的肉体终究有一天会随着不可抗拒的自然规律而消逝、毁灭，但他们心灵中的某些精神却可能是永恒的。从这一意义上讲，人是精神的存在，一个人对于另一个人的影响，绝非仅靠言语完成，而是靠精神完成的。交往的真正意义、价值是为了寻求真诚的友谊和合作，是在每一次思想的"欢宴"、精神的"会餐"中，开阔视野，吸收营养，从而深入人心，改造人生的。

交往的上述几个层面不是截然分开的，而是相互渗透的。

（二）人际交往的作用

亚里士多德说过，能独自生活的人，不是野兽，就是上帝。人际关系在人的发展中，具有不可替代的作用。心理学的大量研究与人们的日常生活都已证明，正常的人际交往与良好的人际关系是心理正常发展、个性保持健康与生活幸福快乐的必要条件。

1. 人际交往与个性发展

心理学研究表明：儿童与其照看者之间通过积极的交往，形成稳定的亲密关系，以满足其强烈的爱与归属的需要，是其心理乃至身体正常发展不可缺少的条件。如果缺乏与成人、与同伴的正常交往以及由此建立起来的亲密关系，不仅他们的性格发展会出现问题，连智力发展也会出现明显障碍。

2. 人际交往与心理健康

一个人长期缺乏与别人的积极交往，缺乏稳定的、良好的人际关系，那么就容易出现明显的性格缺陷。21世纪以来，人类生存环境越来越复杂，生态问题变得越来越尖锐，高技术的劳动市场的竞争日益加剧，人际关系变得错综复杂，这一切无不加重了人们的心理负担，各种心理问题明显上升。大量的心理问题、心理危机，都与缺乏正常的人际交往和良好的人际关系相联系，那些生活在缺乏友好合作、融洽气氛的人际环境的人们，经常感到压抑、情绪低落。

3. 人际交往与人生幸福

日常生活中，有些人往往认为，人的幸福是建立在金钱、名誉和地位基础上的，实际上对于人生的幸福来说，所有方面都远不如健康的交流与良好的人际关系重要。心理交往和人际关系在人们生活中的地位，无法被金钱、名誉和地位所取代。

二、大学生人际交往的特点

（一）交往主群体心理基础相近与个性心理的差异

大学生人际交往的主要对象是大学生群体自身，即同学之间的交往。大多数大学生的心理基础是接近的，有许多共性。这是与年龄相近、学历相近、生活学习环境相似的基本情况相关联的。但仔细分析学生个性，又会发现因学生的个体性格、气质、认识能力、道德素质、接受新事物能力及接触范围的不同，在人际交往中表现出较大的差异。学生因学习基础的差异、学习方法科学程度的差异与学习精神的差异而造成学习状态、效果存在较大差异，这也直接影响了少数学生人际交往的热情。

（二）人际交往需求的迫切性与交往行为的被动性

大学生是社会中一个较为特殊的群体，年轻活泼，思想活跃，认识事物的能力较强，自主意识也较强，精力充沛。由于绝大多数学生脱离了家庭的生活圈子，所以一般都有较迫切的人际交往的愿望，想认识与熟悉更多的人，想交新的朋友。在实际交往中又有不少的大学生显得较为被动，其原因主要是缺少社会实践的经验，不太了解社会，对人际交往知识了解甚少。当前大学生中独生子女越来越多，其中少数人性格怪僻，唯我独尊，不易与人交往。少数来自偏僻农村的大学生因学校与家庭的环境反差太大而不太适应，也是交往行为被动的原因之一。

（三）交往对象的局限性与交往范围的狭窄性

大学生的交往对象主要是班里的同学、同宿舍的同学及自己的同乡，在交往对象上有较大的局限性。从另一个角度看，大学生的人际交往在四年期间，绝大多数是在学校范围内，只有在选择职业时才较多接触到社会上的用人单位。虽然学校经常强调学生要参加社会实践，而实际上真正参加社会实践，能与社会各阶层的人交往的还是少数学生，所以大学生在交往范围上具有狭窄性的特点。

（四）交往内容的情感性和交往动机的功利性

大学生交往的对象以同学为主体，交往中涉及的内容主要是学习、思想、生活、各种集体活动、娱乐等，增进感情和友谊是交往的主要目的。当代社会人际交往动机的功利性很强，这与大学生的最初交往动机有很大不同。但随着大学生逐步融入社会，这种功利性交往动机对大学生的影响将逐渐增大。

（五）大学生与异性交往愿望的强烈性与交往的拘谨性

大学生正处于青春发展的高峰期，尤其是性心理逐步趋向成熟。他们在心理上产生了与异性交往的兴趣与愿望，并不断增强。但在实际男女生的交往中，多数学生的行为显得很拘谨，不能落落大方，怕人说闲话，因而制约了男女间的正常交往。

三、影响人际交往的因素

（一）仪表因素

人的仪表包括长相、仪态、风度、穿着等，这些都会影响人们彼此间的吸引。尤其在初次见面时，由于第一印象的作用，仪表因素在人际交往中占重要地位。虽然人们能理智地认识到，人不可貌相，海水不可斗量，不可以貌取人等，然而在实际生活和交往中，人们往往还是难以摆脱仪表所起的微妙作用。亚里士多德曾经说过：美丽比一张介绍信更具推荐力，由此可见一斑。

仪表之所以能成为影响人际吸引的一个重要因素，是因为爱美是人类的一种普遍需要。美丽的仪表能使人产生愉悦的情绪，构成一种精神酬赏，从而容易对交往的对象产生好感。另外，仪表的美丑可以产生晕轮效应，即由一点推及其他。所以美丽的仪表可以使人认为这个人还具有其他一系列的较佳品质，反之亦然。对此，心理学家兰德（Rand）和赛格尔（Segal）做了一个实验。他们让实验组被试阅读附有照片的一些文章，文章的水平有高有低，作者有漂亮的有不漂亮的，另外让对照组的被试只看没附照片的同样文章，然后两组在阅读后做出评价。结果同样的文章，被试因作者容貌的不同而做出了不同的评价：漂亮作者的文章评价分数高，而不漂亮作者的文章评价分数低。

因此，仪表在人际交往过程中起了不可忽视的作用。但是研究也表明，随着交往时间的增长，双方了解程度的加深，仪表因素的作用也会越来越小，人际交往的吸引力将会从外在的仪表逐渐进入人们内在的品质。

（二）空间距离因素

俗话说，远亲不如近邻。人与人在地理位置、空间距离上越接近，越容易形成密切的关系。因为距离近，人们相互接触和交往的机会增多，相互间更容易了解熟悉。如同班、同组、同院的人更易成为朋友。研究表明，在一个新的环境里，与陌生人的第一次交往，距离的邻近因素是增进人际吸引的重要因素。费斯廷格（（L.Festinger）等人以麻省理工学院17对已婚学生为对象，多次研究他们之间的相互吸引和彼此居住距离的关系。结果发现，相互交往的频率与居住距离远近的关系非常密切，这些大学生选择的朋友多为隔壁房间的邻居。另一位心理学家西格尔在一所警察学校也作了一个十分有趣的实验。他把新入学学生的名字按字母顺序排列出来，再按这一顺序安排教室座位和宿舍房间，6个月后，要求学生说出三个自己最亲近的伙伴名字，结果发现学生们的朋友都是名字字母顺序上和自己相近的人。当然不能说距离的邻近一定具有吸引力。我们知道，自己所喜欢的人往往是邻近的人，而自己厌恶的人，也有邻近的人。邻近性是相互吸引的一个重要条件，但不是充分必要条件。

（三）交往频率因素

人们接触的次数称为交往频率。交往的次数越多，越容易具有共同的经验、共同的话题和共同的感受，因而越可能建立密切的关系。尤其对素不相识的人来说，交往频率在形成人际关系的初期起着重要的作用。在心理学家查荣克（R.B.Zajonc）的一个实验中，他让几名女性被试无意地碰到五个陌生的妇女。实验不允许被试和这五个妇女直接接触,而这五位妇女露面的次数有多有少,然后要求被试回答他们喜欢哪一位妇女。结果发现,被试喜欢的人与对方露面的次数有关:最喜欢出现了十次的妇女,较不喜欢只出现了一次的妇女。类似的实验做过多次,都说明交往频率也是增进相互吸引的一个因素。当然,交往的内容和态度在交往中是至关重要的,如无诚意,只停留在一般应酬上,即使交往频率高,那也只是貌合神离,人际关系也不会真正密切起来。

(四) 相似性因素

在人际交往过程中,双方若能意识到彼此的相似性,则容易互相吸引,产生亲密感,减少疏远感。相似性因素有很多,包括年龄、性别、学历、兴趣、性格、气质、态度等。研究表明,在教育水平、经济收入、籍贯、职业、社会地位、社会价值、资历等方面相似的人们容易相互吸引。在相似性因素中,态度是最主要的因素,例如在政治观,宗教信仰,对社会现象的看法等方面比较一致的人,在感情上更为融洽,即所谓志同道合,情投意合。

(五) 互补性因素

当双方的特点或需要正好成为互补关系时,也会产生强烈的吸引力,这就是互补性吸引。例如一个支配欲较强的人喜欢和依赖性强的人交往,性格外向的人也可能和性格内向的人相处很好,这就是互补性需要在人际交往过程中的作用。研究证明,互补性因素增进人际吸引往往发生在感情深厚的朋友交往中,特别是在异性朋友和夫妻之间。美国社会心理学家克克霍夫(Kerckhoff)等人研究了已建立恋爱关系的大学生,结果发现,对短期的伴侣来说,推动吸引的动力主要是相似的价值观念,而驱使长期伴侣发展更密切关系的动力主要是需要的互补。

(六) 能力因素

一个人在能力才干方面比较突出,与众不同,其本身就是一种吸引力,使他人对之发生钦佩感并欣赏其才能,愿意与他交往,这就是为什么一般人都喜欢聪明能干的人,而不喜欢愚蠢无能的人。那么是否人越聪明能干就越招人喜欢呢?结论是不一定。阿伦森等人的研究证实:一个极其聪明能干的人,会使人感到高不可攀,产生自卑感,令人敬而远之,从而降低了吸引力。如果一个英雄或伟人、名人偶尔暴露些小缺点,或者遭受一些小挫折,反而会使人更喜欢接近他。据美国的民意测验表明,拳王阿里在最后的卫冕战中被击败,声望不但没有下降,反而更高,人们更喜欢他了。因为他失败后,人们感到他并不是战无不胜的神,也是一个有血有肉平常的人,因此更亲近他。

但是,有些小缺陷而才能卓越的人对两种人缺乏吸引力。一种是能力差,而自尊心低的人,他们对能力高超者有崇拜心理,并可能产生晕轮效应,即认为他应是十全十美的,不应该有不能克服的缺点,因此对有小缺点的名人在自己心目中的形象打了折扣,滋生鄙夷之情。另一种是能力强,自尊心脆弱的人,他们对于才能出众而连一点小缺点也不能克服的人感到失望,认为这种人不值得崇拜。

（七）个性品质因素

在影响人际关系的诸因素中，个性品质是非常重要的因素。在人际交往的初期，一个人的外表美往往具有较大的影响，但随着交往的加深，这种影响会逐渐减弱，而个性品质的影响则逐渐增大。同外表美相比，优良的个性品质具有更持久的人际吸引力。优良的个性品质主要包括诚实、正直、真诚、热情、豁达、宽容、善良、机智、幽默、乐于助人等，而为人虚伪、冷漠孤僻、不尊重他人、疑心病重、忌妒心强、固执专横、心胸狭窄等不良品格会严重妨碍良好的人际关系的建立。

第二节 人际交往困惑——架起友谊的桥梁

人际交往的世界是精彩的，可是很多人对这精彩的世界感到很无奈。自我中心、嫉妒、自卑、孤独等种种心理障碍像一张无边无际的大网，将许多人困在网的中央，使他们焦虑、痛苦、失望。青年大学生交往的心理伴随生理、心理的成熟发生了很大的变化，不良的交往心理也随之而生，因此，必须重视大学生交往的心理表现，加强对其的矫治与疏导。

一、人际交往中常见的问题

（一）不敢交往

不敢交往主要表现在：

1. 由于紧张。有的大学生在与人交往时显得特别紧张，在与人交谈时显得语无伦次、词不达意。

2. 由于害羞。有的大学生在与人打交道时，面红耳赤，两眼不敢正视对方，尤其是在人多的场合或者在集体活动中更感到恐惧，不敢和人打交道，不敢表现自己。

3. 由于自卑。有的大学生在与人打交道时，由于过低自我评价，总感觉事事不如人，害怕别人拒绝和耻笑，因此不愿与人交往。

（二）不愿交往

不愿交往主要表现在：

1. 缺乏自信。有的大学生在进入大学之后发现自己不如在中学时那么出类拔萃了，进而形成嫉妒与自卑心理，认为自己不如别人，怕别人瞧不起自己，因害怕失败而不愿意与人交往。

2. 缺少信任。有部分同学以自我为中心，对周围的人不信任，缺乏与同学基本的合作精神，觉得别人都不可靠而不愿意交往。

3. 缺乏宽容。有些同学缺乏对彼此差异的包容，常常为一些鸡毛蒜皮的小事相互伤害，进而影响交往的愿望。

（三）不善交往

不善交往表现在：

1. 不了解、不掌握交往的常识。在交谈的过程中显得过于生硬、书生气太足，木讷，心存感激不会讲出，而在当时却不能使人理解。

2. 不注意把握沟通的方式。如在劝说他人、批评他人、拒绝他人时不讲究艺术。

3. 不懂得人际交往的原则。如开玩笑不注意场合，不懂得给人留面子，或出言粗鲁伤害了对方的自尊心。

4. 不懂得尊重他人的习俗。如不顾习俗的禁忌乱开玩笑，不顾及他人感受。

（四）不懂交往

不懂交往表现在：

1. 理想交往模式带来的失落。刚入校的大学新生大都有强烈的人际交往欲望，但又常常对人际交往的追求带有较浓的理想色彩，以友谊的理想模式为标准来衡量生活中的人际关系，导致高期待与高挫折感并存。

2. 沉溺于过去阻碍现在的交往。部分大学生经常津津乐道于过去的交往，对现实生活中的人际交往却表现出强烈的不满，从而阻碍了自己与他人的交往。

3. 消极等待影响人际交往的积累。部分大学生不懂得交往在于平时的交往积累，总希望别人主动与自己交往，而自己总是处于被动地位，使别人感到无论在物质上还是在精神上都不能使自己受益，这种交往就会终止。

二、人际交往的心理误区

（一）"自我中心"心理

1. "自我中心"心理及形成

自我中心的人，为人处事总是以自己的需要和兴趣为中心，只关心自己的利益得失，而不关心别人的利益得失。他们总是从自己的经验出发来解释世界，并且盲目地坚持自己的意见，顽固不化，从不轻易改变态度。自我中心是一种严重影响人际交往的心理障碍。自我中心并非人的本性，它是在身心发展过程中随着个体的发展和不良教育环境逐渐形成的，是自我意识畸形发展的产物。教育环境的影响主要是家庭教育环境，家庭生活环境优越，家长对子女过于溺爱，往往容易使其子女形成任性、骄傲、自我为中心的不良性格，长大以后，孩子就会用"我就是上帝"的方式与别人交往。

2. "自我中心"心理特点

自我中心的人在交往中具有如下特征：

（1）很少关心别人

自我中心的人很少关心别人，总是与别人很疏远。由于这种人时时事事都从自己的利益出发，从不顾及别人，所以当自己有事求人时，才临时抱佛脚；如果不需求人时，则对人没有丝毫的热情。这种人以自我为中心，把别人都看作是为自己服务的。对于这种自我中心的人，没有人喜欢与之相处。久而久之，他们将成为受人冷落的对象。

（2）固执己见，唯我独尊

自我中心的人总是将自己的意志强加到别人的头上，以自己的态度作为他人态度的"向导",认为别人都应该和他有一致的看法或意见。同时,他们也不愿意改变自己的态度,即使明知是自己的错误也不愿改正。自我中心的人很难引起别人的共鸣,因而他们的交往只能停留在较低的水平上。

(3)自尊心过分强烈

自我中心的人有很强的自尊心,在别人看来可能很小的一件事,在他们身上都会引起强烈的自尊心受挫的感觉。他们不愿损伤自己的自尊心,于是不择手段地来维护自己的自尊心。他们不愿别人超过他们,对别人的成绩非常嫉妒,对别人的失败又幸灾乐祸,不向别人提供任何有益的信息。

其实,偶尔地表现出自我中心是人之常情,是无害的。然而,自我中心一旦成为一个人稳定的人格特征,则最终是有害无益的。自我中心会使别人敬而远之,使自己处于可怜的自我封闭和自我隔离状态。长此以往,终将导致一个人形成自卑、孤独、退缩等其他种种心理障碍,根本无法享受到交往的愉快体验。

(二)自卑心理

李白在《将进酒》中吟道"天生我材必有用"这是何等豪迈的气派,是何等的自信。但是,在人生舞台上,有些人却低低地哀叹:天生我材……没用,陷入自卑的深渊而不能自拔。

1. 自卑心理及其形成

自卑感是一种因个人自认为不如人而产生的一种轻视自己的不良心理。平常的表现是忧郁、悲观、孤僻。社交自卑感是指人在社会交往中的自卑心理,它容易使人孤立、离群、丧失信心。通常社交自卑感严重的人,大多性格内向,他们感情脆弱、体验深刻、多愁善感,常常觉得自己处处不如别人,总是感到别人看不起自己,又怕受到别人的伤害,所以他们处事多回避,处处退缩,不愿抛头露面,害怕当众出丑。

2. 自卑感的形成大致有以下原因

(1)生理存在缺陷容易使人产生自卑感,比如:患有小儿麻痹后遗症、驼背等残疾;长相丑陋、身材矮小等。

(2)家境贫寒、生活拮据,容易使人感到卑微不如人。家居偏僻农村,为普通农户,也会使人自感社会地位低下不如人而自卑。

(3)自我认识不足,过低估计自己。每个人在评价自己时往往以他人为镜,即通过对自身与他人的比较或他人对自己的评价来认识评价自己。心理学研究表明:性格内向的人往往容易接受别人的低评价而不愿接受别人的高评价。在和他人的比较中,往往容易用自己的短处去比他人的长处,所以越比自己越不如人,越比越泄气。性格内向的人还普遍喜欢反省自己,容易发现自己的不足,而忽视了自己的长处,从而加重自卑感。

(4)消极自我暗示。在社会交往中,每当面临新的局面时,都会很自然地衡量一下自己是否有能力应付好。自我认识不足的人,此时就会出现一种"我不行"的消极自我暗示,因而会抑制自己的自信心,产生多余的心理负担,影响和限制个人能力的正常发挥,而导致社交失败。如果这样的消极暗示反复出现就会形成自卑。

此外,多次的交往挫折也会使心理脆弱的人变得惧怕交往,产生自卑。

（三）孤独心理

1. 孤独心理及形成

孤独心理是一种经常独处或受到孤立而很少与人接触而产生的孤单、无依靠的心理。长期的孤独心理会使人心情郁闷、精神抑郁、性格古怪，严重影响人的身心健康。

2. 孤独心理产生的原因

孤独心理产生的原因是多种多样的，既有主观上的成因，也有客观外界的成因，还有多种因素的综合成因。

（1）个人性格的孤僻。这种人喜欢一个人独处，不喜欢与人交往，将自己的内心封闭起来，拒绝别人的友谊。性格孤僻的人大多受过心灵的创伤，而且往往具有极强的自卑感。由于不愿与人交往，所以孤僻性格的人会产生孤独感。

（2）性格过于内向，又不愿与人交往的人，由于长期独处一隅，也极易产生孤独感。

（3）在人烟稀少的地方生活、工作的人，由于生活环境的限制很少见到其他人，会因缺少必要的人际交流、文化生活、生活乐趣而倍感孤独。

（4）因与众人不和，受人打击，遭到他人有意地孤立而产生孤独的心理。失恋也会使人产生孤独心理。

（5）大学生孤独心理的产生，较多的情况源于个性内向，加之刚进大学不久，远离家乡、父母及亲人，身处陌生的环境，与陌生的同学难以尽快建立同学友谊，再加上生病无人照顾，吃不到可口的饭菜等原因，很容易产生孤独心理而暗自哭泣、想念家人。

（四）嫉妒心理

1. 嫉妒心理及形成

处在社会生活中，人总会自觉不自觉地在多方面与他人比较。当发现自己的才能、机遇、名誉、地位不如他人时，便会产生一种羞愧、怨恨、愤怒相混合的复杂心理。这就是所谓的嫉妒心理。

培根曾经说过：嫉妒是一种四处游荡的情欲。确实，嫉妒一经产生，它便成了纷扰的源泉：看到别人成功了，就生气、难过、闹别扭；听说别人强于自己，就四处散布谣言，诋毁别人的成绩；发现几个人亲如家人，就想方设法实施"离间计"等等。这样的嫉妒不仅妨碍了他人的生活，而且会自食其果，给自己带来极大的心理痛苦。

本来，嫉妒是人类的一种普遍的情绪，它源于人类的竞争，其本身具有一定的生物学意义，或起积极作用，或起消极作用。例如，有些人嫉妒是出于不服而不甘居下，奋发努力，力争上游，这就是积极的心理与行为。这种情形在充满竞争的现代社会里，更有其积极的意义。然而，更为常见的还是嫉妒的消极作用，在交往活动中的嫉妒就是消极的。在交往中，嫉妒往往有强烈的排他性，并伴有情绪色彩，嫉妒心理出现以后，很快地就会导致嫉妒行为，例如，中伤别人、怨恨别人、诋毁别人。而更强烈的嫉妒心理还有报复性，它把嫉妒对象作为发泄的目标，使其蒙受巨大的精神损伤。所以多数时候只要有人一提到嫉妒，我们马上就联想到它的一些消极的表现。

2. 嫉妒心理特点

（1）潜隐性。一般嫉妒心理往往潜藏在主体的内心深处，虽然主体有时不经意地将其外现出来，但主体并不愿意承认有这种心理存在。

（2）对等性。一般来说，被嫉妒的客体大多产生于与主体资历、职务、地位相似而其境遇突然发生变化的人群中。

（3）行为性。嫉妒心理一般会导致具体的行为。比如怨恨、诋毁等。

（4）变异性。当客体的优势发生变化而转为明显劣势时，原持嫉妒心理的主体可能发生变异，对变化为劣势的客体产生怜悯或幸灾乐祸。

（五）社交恐惧心理

恐惧心理是指人面临危险而又难于立即摆脱时产生的情绪体验。社交恐惧心理是人在社交活动中产生的一种恐惧色彩的情感反应。比如见到生人时脸红、害羞、说话紧张、怯于人际交往。

社交恐惧心理有多种成因。一种产生于气质型恐惧；这种人生性孤僻，害怕与人交往，常怀有胆怯心理，谨小慎微，顾虑重重。另一种属于挫折型恐惧；在某次交往中受到重挫，自尊心受到较大刺激，由此产生社交恐惧心理，一遇到类似的社交场合就出现恐惧心理。还有一种是怕在社交活动中暴露自己的弱点，受人歧视，从而产生的一种自我保护性恐惧。

（六）猜疑心理

猜疑心理是由主观推测而产生不信任的一种复杂的不良心理。猜疑心理重的人常常疑心重重，总觉着别人在背后议论自己，看不起自己，算计自己。这种人不但在社交中不信任他人，严重的还会产生心理病变。

猜疑心理的形成与人的个性特点有关，如心胸狭窄、爱计较、易产生猜疑心理。另外在社交中发生误会或听信流言蜚语，而自己又缺乏相关的证据时也容易产生猜疑心理。

（七）羞怯心理

羞怯心理是指在他人面前感到不自在和受抑制，害怕与他人接触的倾向和行为。羞怯心理是学生中比较常见的人际交往障碍。具有这种心理的学生，在交往中过多地约束自己的言行，阻碍了人际关系的正常发展，造成了自己心理上的压抑和负担，严重的还会造成社交恐惧症，不利于人格的完善和发展。事实上，羞怯同嫉妒一样，是每个人都会体验到的。因为人交往行为的成熟是一个发展过程，在发展未达成熟之前往往都会有羞怯的倾向。3岁以前是正常羞怯期，以后几乎每个年龄段都会有羞怯的表现，其中13~15岁的少年（正值初中阶段）最容易形成羞怯心理。

三、人际交往的心理调适

（一）"自我中心"心理的调适——摆脱狭隘的自我

谁都不愿成为人际交往世界里的弃儿，因此，改变自我中心的人格特征和避免形成自我中心的人格特征自然是每个交往者都应认真对待的。改变自我中心的方法有：

（1）学会接受批评。只有能够接受别人正确的意见，承认自己的错误，才有可能通过批评改掉过去固执己见、唯我独尊的形象。

（2）平等相处。平等相处是要求自我中心的人以一个普通人的心态和身份与别人相处，不过分苛责别人，也不冷眼看人，这样才能使人际交往的天平始终处于平衡的状态。

（3）丰富自己。一个人越有知识，越有能力，越有修养，就越不会陷入狭隘的自我中心之中。培根说："读书使人明智。"一个人知识多了，立足点就会提高，眼界也会相应开阔。两个人胸怀宽阔、豁达大度，就不会为个人的一点小事而斤斤计较了。

（4）淡化自我。自我中心的人往往计较别人的一言一行，这种过于敏感的自我评价，常常与他们心目中的自我地位的膨胀有关。所以，人与人相处中的"自我淡化"很要紧，心目中自我的地位削弱了，对别人的计较就会少得多，自然会听进别人的建议，接受别人的看法，与别人和谐相处。

（二）自卑心理的调适——天生我材必有用

自卑感严重的人会对自身的生活、学习、工作造成巨大的负面影响。然而自卑感既然可以形成，那么通过长期正确的调节也是可以转变并克服的。从心理学的角度看应从以下各方面入手予以调适。

（1）正确认识生理缺陷及家境贫寒。一个人的生理条件与家庭是自己无法选择的，没有必要过于自卑。要认识到只有通过自己的奋斗，不断增长知识，提高自身的全面素质，才有可能改变自己的家庭状况，提高自己的社会地位，减轻生理缺陷的影响。

（2）正确认识自我，提高自我评价。要善于发现自己的长处，肯定自己的成绩，改善自我形象，积极参加社交。

（3）进行积极的自我暗示、自我鼓励。面对新局面，尤其处于不利的地位时，要暗中鼓励自己"一定行"，竭尽全力争取成功。

（4）积极与人交往。自卑的人往往容易把自己孤立起来，并形成恶性循环，越怯于交往，就越自卑。实际上自卑的人在社交中比起狂妄自大的人要讨人喜欢得多，因为他们多谦虚，善于体谅人。所以积极与人交往，并通过成功的交往开阔自己的胸怀，克服自卑心理。

（三）孤独心理的调适——敞开心灵

孤独的心理是一种不良心理，如果长期得不到有效的消除，会严重影响人的身心健康，因而大学生应采取积极行动的态度改变自己的孤独心理。

（1）逐渐改变孤僻的性格。首先要认识到不良的性格给自己带来的不利影响，要多与同学来往，逐步学会怎样与别人沟通；其次要多参加社会实践，扩大交往接触的范围，在集体中体验、感受温暖与友情。

（2）不断自我反省。当受到别人孤立时，要剖析自我，分析是否自己不对。如果原因在于自己，应积极改正自己的不足，并主动向对方检讨、道歉；如果原因不在自己，则可暂时摆脱这个小圈子，转移或扩大自己交往的方向与范围，从新的人际交往中寻求精神支持，而不要被动地去忍受被孤立。

（四）嫉妒心理的调适——真诚地祝愿

嫉妒是一种十分有害的不良心理，持有这种不良心理会明显妨碍社会交往，并且影响自身的心理健康。对这种不良心理的调适主要从以下几方面入手。

（1）要纠正自己认知的偏差。嫉妒者在别人成功时，总以为别人的成功是对自己的威胁，是对自己利益的侵占。实际上，别人的成功完全在于自己的努力，别人有权获得这份荣誉。嫉妒者不应当把别人的成功等同于自己的失败，而应当学会比较的方法，善于学习别人的长处来克服自己的短处，而不是以己之短比人之长。

（2）要积极地升华。嫉妒者在别人比自己强时，应当把不服气的心理引导到积极的方面，化嫉妒为求上进的力量，赶上甚至超过对方。例如，如果一个人看到与他条件相仿的人有突出的成就，强烈的嫉妒心使得他内心十分不快，但理智又不允许他表露这种心情，于是他可以奋发努力，争取超过对手。当不能通过努力很快超过对方时，还可以扬长避短，以自己之优胜对方之劣，以获取总的平衡。

（3）要积极地进行注意的转移。嫉妒的产生总是在闲暇时间，如果我们积极参加有益的活动，使自己的生活充实起来，也许就没有工夫去嫉妒别人。这种注意的转移还包括对优点和缺点的注意问题，一个人在嫉妒别人时，总是注意到别人的优点和自己的缺点，而没有注意到自己在其他方面优于对方。如果在嫉妒心理似出非出之时，我们有意识地进行一次注意的转移，看看自己的优点，这样便会使原先失衡的心理获得一种新的平衡，嫉妒心理也就不会产生了。

（4）学会欣赏别人的成功和优点。嫉妒者总是认为别人的成功和优点是对自己的威胁，是对自己利益的侵占。为了纠正这种认识上的偏差，就要学会悦纳他人，学会赞美别人的成功和优点，在真诚的祝愿中学会"我好，你也好"的交往态度。

（五）恐惧心理的调适——走进社会

（1）提高认识。要深刻认识到在当今和未来的社会里人际交往是个人在社会生活与职业工作中不可缺少的能力。而且这种交往需求会随着社会文化程度的提高而增加，所以应以一种积极、主动的心理去面对社会交往。

（2）弄清自己在社交活动中恐惧的对象，认真分析恐惧产生的原因，并在后续的社交活动中提前有所心理准备，以便减轻或消除恐惧。

（3）正确认识、对待自己的缺点与弱点，通过积极努力克服自身弱点，增长才干，增强社交的自信心。

（六）猜疑心理的调适——相信别人

（1）猜疑心理重的人首先应当改变自己为人处事的准则，逐渐开阔自己的胸襟，坦坦荡荡，不过于拘泥小事，不斤斤计较个人得失。社交中以诚信为基础，诚以待人，宽以待人。

（2）在社会交往中不轻信流言。如果产生问题的原因不明时，应能冷静地以合理的方法去调查了解，以找到真实的证据，促成正确的分析判断。已证实是误会的，应及时矫正自己的猜疑心理，避免形成一种成见。即使一时找不出症结所在，也不要惧怕，走自己的路。所以出现猜疑时，应暗示或督促自己赶紧加强交流与沟通，去了解、理解他人。

（七）羞怯心理的调适——我能行

（1）树立信心，积极参加集体活动。害羞的一个主要原因是信心不足，担心自己说话或办事不周。参加集体活动是帮助克服羞怯感、退缩行为的好办法。试想，一个生怕因人家不接受自己、取笑自己而丢人现眼，紧闭自己的心扉，回避与人家接触的人，怎么能临场不发怵呢？因此，一定要放下思想包袱，平时注意多参加集体活动，并在其间发挥自己的特长，从而使自己进一步融入这一群体之中。

（2）客观评价自己。易害羞或有退缩行为的同学，往往喜欢拿自己与人家比，看到人家从容镇定，谈吐自如就妄自菲薄，把自己看得一无是处，以致失去勇气。其实"尺有所短，寸有所长"，应该相信自己的才能，多肯定自己，并用积极进取的态度看待自己的不足，减少自责与挑剔，摆脱自我束缚。

（3）掌握训练方法。克服退缩及羞怯心理有许多训练的方法，现介绍如下：

积极地自我暗示。这是指通过默念一些积极的指令性语言来增强自己的信心。如反复默念"我一点也不慌""我非常镇定"等。这种暗示，可起到消除过敏、放松情绪的作用。

演习和排练。有些羞怯的同学常有这种哀叹："我从不知道该说什么。"在这种情况下要进行自我训练，即排练在不同社交场合如何讲话以打破僵局，可以先拟好开场白，甚至编好整个底稿、在镜前演练，并试着正眼盯着对面的人，请求帮助。

（4）转移注意目标。不少同学在与人交往或发表自己的见解时，总是过分地担心自己的外表形象，并且常常不切实际地幻想给人家留下一个完美无缺的印象。这方面的意识过强，在活动之初就会表现得很拘谨，甚至想方设法掩饰自己，结果往往是越掩饰越糟糕。先是显得手足无措，继而口舌不听使唤，最后终于做了人家目光的俘虏。因此，应该学会转移自己注意的目标，例如把注意力集中在双方交流的内容上，即如何听取、把握人家的观点，并把自己的观点表达清楚等，这样，你就无暇去顾及自己的外表形象，也就不知害羞为何物了。

第三节 构建良好人际关系——君子之交淡如水

大学生要建立良好的人际关系，必须具备适度的自我价值感，只有具备独特的自我价值和尊严，才能理解他人的独特价值并懂得尊重他人，是否具有这种适度的自我价值感，往往会影响人际交往的模式。

一、人际交往中的心理效应

（一）第一印象

第一印象是指与陌生人初次相见给自己留下的印象。第一印象鲜明、深刻而牢固，会形成一种固定的看法，影响甚至决定着今后的交往关系。如对某人的第一印象良好，人们就愿意接近他，容易信任他，对于他的言行能给予较多的理解。反之，第一印象恶劣，人们就不愿接近他，对他的言行不予理解，在社会知觉中造成先入为主的偏差。因此，我们在交往中要尽量避免受第一印象的影响，要把第一印象作为一种信息储存在脑子里，且慢对一个人做出什么结论，要想对一个人理解得准确，有待于交往的进一步深化。路遥知马力，日久见人心仍不失为一个真理。同时，我们在人际交往过程中，应该努力给人留下一个良好的第一印象。

（二）晕轮效应

晕轮效应又叫成见效应，是指对人的某些品质、特征形成的清晰鲜明的印象掩盖了其余品质、特征的知觉。这是以偏概全，"一俊遮百丑""一坏百坏"的主观倾向。即当一个人对另一个人的主要品质、特征形成良好印象后，就会影响他对这个人的其他方面产生良好的或不好的看法。好像一个人的头一旦被照亮了，就觉得全身都光亮了一样。

（三）刻板印象

刻板印象是指对社会上的各类人群所特有的固定的看法，或是对人概括、泛化的看法。刻板印象潜在于人的意识之中。刻板印象的产生是以过去有限的经验为基础，源于对人的群体归类。比如，人们普遍认为山东人身材魁梧、正直豪爽、能吃苦耐劳；江浙人聪明伶俐、能随机应变。这是一种刻板印象。一旦形成了刻板印象，个体在对人认识中就会不自觉地、简单地把某个人归入某一群体中去，给对人的认识带来偏差。所以我们要善于从每个人的具体行为表现中去认识人，不能光凭刻板印象去认识、评价具体的个人。

（四）近因效应

近因效应是指在时间上最近获得的有关熟人的信息给人留下的深刻印象和强烈影响。在与熟人多次交往中，近因效应起很大的作用。熟人行为上表现出来的某种新异性会影响或改变第一印象的影响。我们认识一个人，既要看他过去的行为，更要看他现在的表现。

（五）自我投射效应

自我投射效应是指在人际交往中把自己具有的某些特征加到他人身上的一种心理倾向。如自己心地善良，就认为他人也都是心地善良；自己经常算计别人，就觉得别人也必然会经常算计他人；自己喜欢的东西，别人也一定喜欢；自己讨厌的，别人也一定讨厌。这就是人们常说的"以己之心，度人之腹"。

（六）定势效应

定势效应是指认知主体对认知对象早已形成的完整印象，影响到后续活动的趋向、程度以及方式的心理现象。定势效应与首因效应有所不同。首因效应是第一次接触形成的印象，而定势效应是在头脑中已有的某些观念，其中有些是个体自己形成的，有些则可能是社会上长期流传和沿袭下来的习惯看法、观念在头脑中的留存。定势效应在生活中的事例很多。例如，大学生中流传的南方同学自负、虚伪、不值得交往，普通家庭出身的同学认为高干家庭出身的同学傲慢、娇气等。其实，也并非人人如此，只是受定势效应的影响而已。

定势效应在人际交往中的消极影响是显而易见的。类似刻板印象一样，使人在人际认知过程中产生有害的偏见、成见，甚至错觉，不利于正常的人际交往。

二、把握交往的原则

（一）平等原则

平等是建立良好人际关系的前提，也是人际交往的第一原则。社会心理学的研究发现：人际关系的基础是人与人之间的相互支持、相互重视。大学生来自祖国的四面八方，年龄、经历、知识结构、文化水平相似，虽然家庭出身、经济状况、个人能力有所不同，但并无高低贵贱之分。无论年级高低、学习成绩好坏、工作能力强弱、家庭条件好坏，大学生之间的人际交往都应做到平等待人、坦诚相见，任何一方都不能把自己的意志强加给对方。如果自我感觉良好，趾高气扬，傲视群体，盛气凌人，缺乏对人起码的尊重，最终将导致群体敬而远之，不为他人所接纳。而个别同学自卑心理过重和自我封闭过严，总觉得低人一等，缺乏交往勇气和信心，同样也难以获得良好的人际关系。只有平等相处、将心比心、以情换情，达到相互间的心理平衡与理解，人际关系才会更加协调和融洽。

（二）真诚原则

交友之道在于豁达与坦诚，只要把自己的真心付出，就一定能够赢得同学的友谊。真诚是大学生高尚品德的重要体现，也是大学生在人际交往中最有价值、最重要的一种特征。美国一位心理学家曾于1968年设计了一种测试量表，列出555个描写人品的形容词，让大学生指出其中哪些人品他们最喜欢，哪些最不喜欢。结果学生评价最高的品质是真诚，在八个评价最高的形容词中有六个和真诚有关，即真诚、诚实、忠诚、真实、信赖和可靠，而评价最低的品质中，虚伪位居第一位。由此可以看出，大学生在人际交往中最看重的是真诚，只有真诚，才能使对方放心，赢得对方的信任，彼此才会建立深厚的友情。

（三）宽容原则

宽容表现在对非原则问题上不斤斤计较，能够大度容人，宽以待人，求同存异，以德报怨。宽容有助于扩大交往空间，滋润人际关系，消除人际的紧张和矛盾。人际交往过程中难免会遇到一些不愉快的人和事，如果耿耿于怀，以牙还牙，必然导致恶性循环。反之，如果相信人的感情是可以诱导的，绝大多数人都是可以良心发现的，从而做到虚怀若谷，宽容别人，"投之以木桃"，则别人迟早也会礼尚往来而"报之以琼瑶"的。所以，不能因为一点小事就与同学爆发激烈的冲突，甚至拳脚相加，产生从此不与他人交往的想法。要学会宽容、忍耐和克制，要承认每位同学之间的差异，允许不同的思想观点、见解和行为方式的存在，要有宽容心态去对待别人的错误与缺点，不斤斤计较、苛求他人或盲目对抗。宽容是赢得友谊的重要条件，没有人愿意与一个心胸狭窄、气量小、多疑善变的人做朋友。能以宽容的心态、博大的胸怀接纳各种各样的人物和观点，求大同而存小异的人，会给朋友以心理上的安全感，自己也会在与朋友的交往中获得愉快的感觉。

（四）尊重的原则

每一个人都有自尊心，都希望别人的言行不伤及自己的自尊心。自尊心的高低是以自我价值感来衡量的。自我价值感强烈，则自尊心水平较高；自我价值感不强，则自尊心较低。人的自我价值感主要来自于人际交往过程中，来自于他人对自己的反馈。因此，他人在人们的自我价值感确立方面具有特殊的意义。别人的肯定会增加人们的自我价值感，而别人的否定会直接威胁到人们的自我价值感。因此，我们在同他人交往时，必须对他人的自我价值感起积极的支持作用，维护他人的自尊心。如果我们在人际交往中威胁了他人的自我价值感，那么会激起对方强烈的自我价值保护动机，引起他人对我们的强烈拒绝和排斥情绪。此时，我们是无法同他人建立良好的人际关系的，已建立的人际关系也会遭到破坏。

（五）诚信原则

诚信是指一个人诚实、不相欺、遵守诺言，从而取得他人的信任。随着我国改革开放步伐的加快和社会主义市场经济的逐步建立，现代社会竞争日趋激烈，在此背景下，诚信原则显得尤为重要，并关系到一个单位或个人的社会声誉及事业的成败。对大学生来说，诚信是大学生立足校园和社会的第二张身份证。在大学学习期间，凭借个人诚信，可以申请国家助学贷款，解决学费和生活费所带来的经济困扰。在与同学交往的过程中，凭借个人诚信，可以取得他人的充分信任和认可。一个不讲诚信的人是很难赢得别人的信任、接纳与友谊的，也很难建立良好的人际关系。

三、掌握人际交往的技巧

人际交往是一种能力，也是一种技术，可以通过学习和训练来提高。为了建立良好的人际关系，还必须掌握一些人际交往的技巧。

（一）给人以真诚的赞美

会赞美别人是一种能力。怎样才算是会赞美人呢？首先要选准角度、恰如其分。假如你要向一位女同学表示赞美，而这位同学相貌平平，与其说她美如西施，不如肯定她善良的心地、温柔的性情、不一般的才干与高雅的气质。其次，要具体实在。比如，你想赞美一个同学，笼统地说"我真的喜欢你"，不如说"我喜欢你今天的穿着打扮"，或"我喜欢你，因为你刚才说的那番话很真诚"。其三，要真诚。言不由衷的赞美只会让人生厌。第四，要讲究艺术。有时好朋友不小心讲错一句话就会伤害到别人，赞扬人也一样。有位男生去一女生宿舍拜访，要找的那位不在，只好坐下来等。那位男生想与正在宿舍的两位女生套近乎，就同时赞美这两位小姐，他自以为很天才地对其中一位说："你虽然没有她漂亮（这样已经得罪一个人），但你的亲和力比她高（又得罪一个人）。"如果改为"你们两个人都很漂亮，一个是古典美，一个是现代美。"或者"一个亲和力很高，一个很热心。"就会让两位女生都欢喜。

（二）给人以友善的微笑

如果说，有的人认为自己拙于言表，实在不善于赞扬，所以很难受人欢迎。其实不然，不会赞扬，微笑总会吧！在与同学的交往中，真诚的微笑往往也会给人留下美好而深刻的印象。密西根大学的心理学家詹姆士·麦克奈（James McNair）教授谈他对笑的看法时说，有笑容的人在从事管理、教学、经商等职业时会更有成效。据说，一个纽约大百货公司的人事经理宁愿雇用一名有可爱笑容而没有念完大学的女孩，而不愿意雇用一个摆着扑克面孔的哲学博士。美国著名人际关系学大师卡耐基曾说，你的笑容就是你好意的信差。你的笑容能照亮所有看到它的人。对那些整天都看到皱眉头、愁容满面、视若无睹的人来说，你的笑容就像穿过乌云的太阳。尤其对那些受到上司、客户、老师、父母或子女压力的人，一个笑容能够帮助他们了解一切都是有希望的，也就是世界是有欢乐的。当然，我们所说的微笑是指真正的微笑，真正的微笑是真诚的，是发自内心的，只有这种微笑才能给人以温暖的感觉。

（三）记住对方的名字

记住对方的名字，并把它叫出来，等于给对方一个很巧妙的赞美。在人际交往中，若把对方的名字忘了或写错了，就会令自己处于非常不利的地位。事实上，记住对方的名字，说明对方在你心目中是重要的、有地位的、有分量的。这会使对方获得了一种被人重视的成就感或被人记住的亲切感，这就等于赞赏了对方，肯定了对方。如果你想得到别人的喜欢，请你学会记住别人的名字。对于久违的朋友，尤为如此。

（四）保持适当的交往距离

我们都喜欢用亲密无间这个词来形容很要好的朋友，其实真的到了亲密无间的程度往往会适得其反。朋友之间保持一定的距离是很必要的，只是不同程度的朋友之间距离的远近可以有区别。这里所说的距离，主要指的是应有的礼貌和尊敬。有些人一旦与人混熟了，就丢掉了分寸感，进入了所谓不分彼此的境界。物极必反，一到了这种程度，友情就容易走向反面了。因为一旦没了距离，就势必会侵入别人的私人空间，给人造成不悦；没了分寸，就会把一些看似小节，实际上挺重要的问题，放到无关紧要的地位，从而可能造成误会或摩擦。有人说得好，"交友之道，宛如观荷。亭亭如盖，盈盈欲开，最宜远观。而香随风送，无语沁人，至臻妙境。太过近前，反见残枝枯叶，腐水困积，不免败兴。每个人都有自己的空间，都有一方荷塘。我观彼荷，彼观我荷。自悦与悦人，享受悠悠与宽阔"。

（五）切忌自我投射

自我投射是指内在心理的外在化，即以己度人，把自己的情感、意志等特征投射到他人身上，以为他人也如此。自己想干什么事，就以为别人也同自己一样想干；自己不想干什么事，便认为别人也同自己一样不想干。对自己喜欢的人越看越喜欢，优点越看越多，对自己不喜欢的人越看越讨厌，缺点越看越多，因而表现出过度地赞扬和美化自己所喜欢者，过分指责甚至中伤自己所厌恶者；自己对某人有看法，就认为对方也在跟自己过不去；结果往往对他人的情感、意向做出错误评价，造成人际交往障碍。大学生在人际交往中应注意避免自我投射倾向，正确地理解别人。对别人的行为，不要轻率地下结论，应多观察、多了解、多分析，任何时候都不要完全以自己的立场和标准去推断他人，必要时应调换位置，设身处地地站在别人的立场上多想想，才能在人际交往中减少失误。

（六）形成良好的交往风度

风度是一个人心理素质和修养水平的外在体系，它能够反映一个人的道德品质、学识教养、人格态度，直接决定个体在他人心目中的形象。大学生应有怎样的人际交往风度，建议如下：

1. 良好的第一印象

第一印象是初次见面所留下的印象。第一次见面给对方留下什么样的印象是非常重要的，它具有先入为主的特性，往往是决定双方是否继续进行交往的关键。如果第一印象不好，在以后很长时间内两人的彼此了解都会受到影响。一般在首次交往中，最容易引起别人注意的是对方的精神风貌，如长相、面部表情、身体的姿态、言语、行为表现、衣着服饰等。这些因素综合在一起构成人们的仪表吸引力。在人际交往中，应尽量使自己的仪表符合当时扮演的角色，即在不同的场合，针对不同的人，伴以不同的表情、姿态、语调。该严肃的时候严肃，该放松的时候放松，衣着要干净整洁，这是获得对方初步好感、给人留下良好印象的有效方法，也是成功交往的第一步。

2. 善于交谈

俗话说，一样话，十样说。一句话让人笑，一句话让人跳，可见交谈中同一句话会由于语气、语调、面部表情和当时的情景不同而出现不同的含义。交谈成功与否不仅取决于交谈的内容，而且取决于交谈方式、方法。大学生在与他人交谈过程中应掌握如下一些技巧，谈话时让对方先说，可以显示自己的谦逊，并借此机会观察对方。最好不要谈论对方的隐私和忌讳的话题，谈话中要显示自己的谦虚，让对方接受。谈话态度要坦诚。在适当时机可以说一些幽默的话和笑话以活跃气氛。在几个人一起交谈时，不要把注意力集中在一个人身上，要注意平衡。

3. 善于倾听

生活中学会倾听，是一项重要的交往艺术。越是善于倾听他人意见的人，人际关系就越融洽，因为倾听本身就等于告诉对方，你是一个值得我倾听讲话的人，表现出对他的尊重，无形之中就会提高对方的自尊心，加深彼此的感情。在倾听对方谈话时应掌握以下一些技巧，精神集中，表情专注，经常与对方交流目光；不停地赞许性地点头、微笑、时不时用"哦、对、是这样"，以及重复一些你认为重要的话表示你在注意倾听，鼓励对方继续讲下去；在交谈中若有疑问，可提出一些富有启发性和针对性的问题，对方会感到你对她的话很重视，有知己的感觉；用自然、真诚的表情呼应对方的谈话，如对方讲笑话时，你的笑声会增加他的兴致。

4. 态度诚恳大方

无论对待什么样的交往对象，都应该以平等的态度，显得诚恳而坦率，不卑不亢，端庄而不过于矜持，谦逊而不矫饰，不逢迎讨好位尊者，也不要貌视位卑者，充分显示出你诚实的内心世界。如果言不由衷，满口过誉之辞或者躲躲闪闪，转弯抹角，即使第一、第二次见面，人家被你的虚伪、客套蒙骗过去了，以为你有涵养，很礼貌，但时间一长，也会给人留下不好的印象。

5. 适时幽默

人与人之间有时会产生没有恶意的冲突，这时就需要幽默感来化解。日本国会有一个议员，瞎了一只眼睛。有一回他在外交委员会演讲国际局势，一讲就讲了半个小时，让人受不了，有人站起来说："这位老兄，国际局势这么复杂，我们两颗眼珠都看不懂，你一颗眼珠能看出什么名堂？"面对损人的话语，这位议员并不生气，他说："这位仁兄，请你坐下来，国际局势固然复杂，但本人一目了然。"轻易地化解了双方的冲突。再如，有人在高速公路超速驾车，被警察开罚单罚款，这个被罚款的人说："警察先生，我真的开那么快吗？"那位警察十分幽默，他说："这位先生，你没有说，我也没有注意到，事实上你没有开太快，可是我发现你飞得太低了。你飞高一点，我就不管了。"被罚款者禁不住一笑，气氛顿时变得轻松、愉快。

【心灵体验】

我的友谊之花

1. 活动目的：学会发现别人的优点并用使人愉悦的方法赞美人，是博得他人好感的好方法。学习接纳他人的欣赏，体验被表扬的愉悦感，能够让我们增强自信心。

2. 活动时间：20分钟

3. 活动材料：无

4. 活动步骤：

（1）5~10人为一个小组，请一位同学站起来，其他同学轮流说出他的优点和令人欣赏之处，如性格、相貌、为人处世等。

（2）被称赞的同学说出哪些优点是自己以前知道的，哪些是自己不知道的。

（3）每个同学轮流站起来体验被表扬的感觉。

（4）必须说优点，赞美要具体，避免空洞、含糊的语言，多赞美他人的行为或性格，态度要诚恳。

5. 活动分享：

（1）被别人称赞时的感受如何？怎样用心发现他人的优点？

（2）怎样称赞他人才是得体的？怎样才能做一个乐于欣赏他人的人？

【心灵保健】

职业生涯中良好人际关系的构建

人际关系是职业生涯中一个非常重要的课题，特别是对大公司企业的职业人士来说，良好的人际关系是舒心工作安心生活的必要条件。大学生最终会走向社会，进入职业生涯，与在学校中不同，进入社会错综复杂的大环境里，大学生要调整好自己的人际关系，更多要依靠自己的力量。大学生职业生涯中良好人际关系的构建：

对上司——先尊重后磨合：任何一个上司（包括部门主管、项目经理、管理代表），干到这个职位上，至少有某些过人处。他们丰富的工作经验和待人处世方略，都是值得我们学习借鉴的，我们应该尊重他们精彩的过去和骄人的业绩。但每一个上司都不是完美的。所以在工作中，唯上司命是从并无必要，但也应记住，给上司提意见只是本职工作中的一小部分，尽力完善、改进、迈向新的台阶才是最终目的。要让上司心悦诚服地接纳你的观点，应在尊重的氛围里，有礼有节有分寸地磨合。不过，在提出疑问和意见前，一定要拿出足以说服对方的资料计划。

对同事——多理解慎支持：在办公室里上班，与同事相处得久了，对彼此之间的兴趣爱好、生活状态，都有了一定的了解。作为同事，我们没有理由苛求人家为自己尽忠效力。在发生误解和争执的时候，一定要换个角度、站在对方的立场上为人家想想，理解同事的处境。任何背后议论和指桑骂槐，最终都会在贬低对方的过程中破坏自己的大度形象，而受到旁人的抵触。同时，对工作我们要拥有挚诚的热情，对同事则必须选择慎重地支持。支持意味着接纳人家的观点和思想，而一味地支持只能导致盲从，也会滋生拉帮结派的嫌疑，影响公司决策层的信任。

对朋友——善交际勤联络：俗话说得好：树挪死，人挪活。在现代激烈竞争社会，铁饭碗不复存在，一个人很少可能在同一个单位终其一生。所以多交一些朋友很有必要，所谓朋友多了路好走。因此，空闲的时候给朋友挂个电话、写封信、发个电子邮件，哪怕只是片言只语，朋友也会心存感激，这比其他的经济上的付出更有意义。

对下属——多帮助细聆听：在工作生活方面，只有职位上的差异，人格上却都是平等的。在员工及下属面前，我们要给自己进行正确的定位，要懂得收敛。初出茅庐，我们没有太大的荣耀和得意之处。帮助下属，其实是帮助自己，因为员工们的积极性发挥得愈好，工作就会完成得愈出色，也让你自己获得了更多的尊重，树立了开明的形象。而聆听更能体味到下属的心境和了解工作中的情况，为准确反馈信息、调整管理方式提供了翔实的依据。美国一家著名公司负责人曾表示：当管理者与下属发生争执，而领导不耐心聆听疏导，以至于大部分下属不听指挥时，我首先想到的是换掉部门管理者。

对竞争对手——露齿一笑：在我们的工作生活中，处处都有竞争对手。许多人对竞争者四处设防，更有甚者，还会在背后冷不防地"插上一刀踩上一脚"。这种极端，只会拉大彼此间的隔阂，制造紧张气氛，对工作无疑是百害无益。其实，在一个整体里，每个人的工作都很重要，任何人都有可爱的闪光之处。当你超越对手时，没必要蔑视人家别人也在寻求上进；当人家在你上面时，你也不必灰心丧气，心存嫉妒。因为工作是大家团结一致努力的结果，"一个都不能少"。无论对手如何，你都不要别跟他计较，轻轻地露齿微笑，先静下心干好手中的工作！说不定他仍在原地怨气，你已完成出色的业绩。露齿一笑，既有大度开明的宽容风范，又有一个豁达的好心情，还担心失败吗？

❀【本章小结】

1. 人际交往的概念：人际交往是人与人之间的交往，它既是一种静态的关系性范畴，又是一种动态的实践活动。

2. 大学生人际交往的特点：交往主群体心理基础相近与个性心理的差异、人际交往需求的迫切性与交往行为的被动性、交往对象的局限性与交往范围的狭窄性、交往内容的情感性与现代交往动机的功利性、大学生与异性交往愿望的强烈性与交往的拘谨性。

3. 影响人际交往的因素：仪表因素、空间距离因素、交往频率因素、相似性因素、互补性因素、能力因素和个性品质因素。

4. 大学生人际交往常见问题包括不敢交往、不愿交往、不善交往和不懂交往。

5. 大学生人际交往常见的心理误区表现在自我中心心理、自卑心理、孤独心理、嫉妒心理、社交恐惧心理、猜疑心理、羞怯的心理。

6. 人际交往中的心理效应有第一印象、晕轮效应、刻板印象、近因效应、自我投射效应和定势效应。

7. 大学生人际交往的基本原则包括平等原则、真诚原则、宽容原则、尊重原则、信用原则。

8. 大学生如何应用人际交往技巧包括给人以真诚的赞美、给人以友善的微笑、记住对方的名字、保持适当的交往距离、切忌自我投射、形成良好的交往风度。

【自我小测验】

心理测验须知：

1. 本测验适用对象为16岁以上人群。

2. 本测验仅用于交际水平方面的评定，不能用于心理问题的诊断。具体心理问题的诊断请遵从心理咨询师的评估。

人际交际能力测试

指导语：这是一份关于交际水平的测验，以下列出了15个问题，请仔细阅读每一个问题，选择一个与你的情况相符合的选项。每个问题有三个选择项：是，有时是，从未。

序号	题目	选项		
1	你是否经常感到词不达意	是	有时是	从未
2	他人是否经常曲解你的意思	是	有时是	从未
3	当别人不明白你的言行时，你是否有强的挫折感	是	有时是	从未
4	当别人不明白你的言行时，你是否不再加以解释	是	有时是	从未
5	你是否尽量避免社交场合	是	有时是	从未
6	在社交场合，你是否不愿意与别人交谈	是	有时是	从未
7	在大部分时间里，你是否喜欢一个人独处	是	有时是	从未
8	你是否曾因为不善辞令而失去改变生活处境的机会	是	有时是	从未
9	你是否特别喜欢不必与人接触的工作	是	有时是	从未
10	你是否觉得很难让别人了解自己	是	有时是	从未
11	你是否极力避免与人交往	是	有时是	从未
12	你是否觉得在众人面前讲话是很难的事	是	有时是	从未
13	别人是否常常用"孤僻""不善辞令"等来形容你	是	有时是	从未
14	你是否很难表达一些简单抽象的意见	是	有时是	从未
15	在人群中，你是否尽量保持不出声	是	有时是	从未

测验完成后，给自己评分，选"是"得3分，选"有时是"得2分，选"从未"得1分。将各项加得总分。参看后面的计分办法，对测验结果解释。

如果你的总分在38~45之间，说明你必须采取措施改善自己的交际能力。

如果你的总分在15~22之间，说明你交际方面过分积极，可能导致消极后果。

如果你的总分在22~38之间，说明你是一个善于交际的人。

第六章　幸福爱情：用心经营

> 爱情是对你所爱者的生命的关怀，爱情使你努力去达到精神成长的目标。爱是什么并不重要，重要的是爱让我们变成什么样的人，是否更有力量去面对人生。
> ——弗洛姆

⊃ 引言

作为人类心灵世界盛开的最曼妙的花朵，各个领域无数文人骚客、学者从各个角度对爱情下过不同的定义，然而在丰富的爱情面前，定义和概念都是苍白的，因为爱总是直击内心最深层、最柔软的部分，所以它的任何动作总会掀起波涛。我们更多的是去欣赏它，形容它、赞美它、体会它。爱情的诞生是感性的，这中间包含了无数的自我投射和机缘巧合，然而爱情的维系又是理性的，需要我们不断学习，用心经营。

※ 本章知识点

带领同学们了解真正的爱情内涵，认识大学生的爱情特点，学会如何获得幸福的爱情。

第一节　爱情密码——解读真爱

"关关雎鸠，在河之洲。窈窕淑女，君子好逑。"爱情是世界上最复杂的情感现象。几乎在所有的文化中，最美丽的故事和传说都是和爱情有关的。爱情的神秘与浪漫吸引着人们，人们渴望拥有心目中的完美爱情。然而，由于缺乏丰富的社会阅历和人生经验，大学生对爱情的认识难免存在局限性。

一、爱情的含义与类型

爱情是人类求偶活动中，恋爱双方的特殊情感，并延续至婚姻直至终老。恋人间的爱情引发各种美德，包括：包容、接纳、原谅、信任、互助、保护、忍耐以至牺牲。

（一）爱情的含义

中国古代婚姻以门当户对、开枝散叶为主，是盲婚哑嫁，媒人牵线的包办婚姻制度。随着全球一体化，注重个人权利和平等自由的观念传播，以爱情为基础的婚姻观在世界各地畅行起来。

爱情到底是什么？汉语词典中对爱情的解释是：名词，男女相爱的感情。恩格斯在《路德维希·费尔巴哈和德国古典哲学的终结》中把爱情定义为：人们彼此间以相互倾慕为基础的关系。而爱情这个词在科学实验中的定义：是身体的一种化学反应与激素的刺激，有时是通过气味找到具有基因互补性的对象，由此产生生理反应后进而影响心理反应。总体来讲，爱情有广义和狭义之分，广义的爱情是指，所有关系到爱的情感都叫爱情。父子之情，亲友之情，师生之情等。狭义的爱情：通常指男女之间有爱慕之情，人们通常意义上所说的爱情是狭义的爱情。在这样的层面上，爱情是人与人之间吸引的最强烈形式，是心理成熟到一定程度的个体对异性个体产生有浪漫色彩的高级情感；是在一定社会经济文化状态下，男女间基于一定的社会基础和共同的生活理想，在各自内心形成的倾慕，并渴望对方成为自己终身伴侣的一种强烈纯真专一的感情。

（二）爱情三元理论

校园里的爱情会有不同的表现，有的人爱得轰轰烈烈、浪漫奢华，而有的人却爱得平平稳稳、细水长流。这难免让人疑惑究竟什么才是爱情。这或许可以用斯腾伯格（Sternberg）的爱情三元理论进行解释，该理论认为，爱情由三个基本成分组成：激情、亲密和承诺。

1. 激情

激情是一种强烈渴望与对方结合的状态。也就是说，见了对方会有一种怦然心动的感觉。性的需要是唤起激情体验的主要方式，诸如照顾、归属、自尊与服从等也是唤起激情体验的重要因素，属于爱情中的动机部分。

2. 亲密

亲密是指伴侣间亲近与温暖的体验，是相互契合与归属的感觉，属于爱情中的情感部分。

3. 承诺

承诺是指与对方维持爱情关系的意愿与决定，属于爱情中的认知部分。承诺由短期承诺和长期承诺两个部分组成：短期承诺是做出是否爱一个人的决定，长期承诺是对伴侣间的亲密关系做出持久性承诺。

斯腾伯格（Sternberg）认为，激情、亲密与承诺三个因素在爱情中所占的比例会不断变动，根据这三个因素在爱情中所占比例的不同，爱情可以分为八种不同的类型。

（1）喜欢之爱：只有亲密的成分，没有激情和承诺，是两人之间的一种亲近、温馨的体验，但是缺少激情，双方也不一定愿意厮守终生，如异性之间的友谊。

（2）迷恋之爱：只有激情的成分，没有亲密和承诺，认为对方有强烈的吸引力，对对方了解不多，也没有想过将来，如某些初恋或热恋。

（3）空洞之爱：只有承诺，缺乏亲密和激情。例如，依照父母之命、媒妁之言而建立的婚姻关系看上去丰满，却缺少必要的内容，大多"金玉其外，败絮其中"。

（4）浪漫之爱：亲密与激情的结合，没有承诺。这种爱情重在过程，不在乎结果，双方在一起时很甜蜜，分手可能会带来刻骨铭心的痛苦。

（5）伴侣之爱：亲密与承诺结合，没有激情。双方的感情如细水长流般绵长不断，如长期稳定的婚姻关系，只有权利、义务却没有激情。

（6）愚昧之爱：激情与承诺的结合，没有亲密。激情过后，双方常很难持续这段爱情。没有亲密的激情，更多是生理上的冲动；没有亲密的承诺，则像是爱情的空头支票。

（7）无爱：激情、亲密与承诺三种成分都不具备，很多包办婚姻属于这种类型。

（8）完美之爱：激情、亲密和承诺构成等边三角形，这个完美的组合称为完美之爱。当然，在现实生活中，我们很难看到完美之爱。

此外，爱情中三个成分所占的比例也会随着两人相处时间的变化而发生变化。例如，两人在一起久了，激情会逐渐消退，爱情逐渐演变成亲情和依靠。

二、正确认识爱情

（一）爱情受生理、心理和社会伦理的综合影响

爱情是古老而常新的话题，千百年来，一直为人们所关注。当代社会条件下，人类的爱情是由生理、心理和社会伦理三个要素构成的。生理因素是基础；与之相联系的心理因素是爱情的本质规定；社会伦理是现实爱情生活的社会条件和形式。这三个要素相互联系、相互制约和作用，决定了爱情的本质。

1. 生理方面

爱情的生理方面是指人的性生活本能和需要。性是人类的生物学本能，每一个正常的人都有性的特征，到了青春期就有性的冲动，随着性的成熟即第一性征的发达和第二性征的出现，人就有了满足性欲和进行性生活的要求。这种性的冲动和追求满足的意志就是人们追求异性以及产生对异性爱的基础。

2. 心理方面

爱情的心理方面主要是指对异性的思想感情和爱人之间的心理相容，人的爱具有很强的选择性，这主要是指对爱的对象的一种思想感情。人们只爱与自己思想一致、感情相投的人，爱情必须以思想感情为根本标准。性爱能促进人们追求异性，情爱则决定人们有选择地爱某个特定的异性。如果说性爱是爱情的生理基础，那么情爱则是爱情的本质，爱情的生命就在于爱人之间的思想感情合拍。

3. 社会伦理方面

爱情的伦理方面是指爱情必须受社会伦理规范的约束和通过一定的社会形式才能实现。这是因为：

（1）人与人之间的爱是在社会交往过程中萌发的，否则既不会产生爱情，也不会进行爱的交往。

（2）人们的爱情生活受社会法律和道德制约。在恋爱阶段，恋人受道德、舆论限制，恋人之间的行为不能超过一定的道德规范，否则就会受到舆论的谴责。婚姻不但受到道德限制，而且受到法律保护。

（3）爱情生活所采用的形式具有社会性。与动物不同的是，人们对吃、穿、用的需要是以人们的社会活动即劳动为基础的，人们通过合理合法的形式来享受爱情生活。恋爱、婚姻、家庭是爱情的社会形式。

（二）区分爱情与友谊

爱情必须以友谊为基础，但友谊不一定能发展成爱情。友谊和爱情是两种具有不同内涵的情感。

（1）友谊，词典上解释为朋友间的交情。它是有相同兴趣、爱好或者性格相似的人的一种彼此关心、相互帮助的友情，是在心理相容基础上形成的个人之间强烈而深沉的情绪依恋。它不分男女，也没有范围和年龄的限制。友谊具有以下特点：第一，友谊的最显著特点是不排斥他人，可以是三五人或更多的人形成的朋友关系。这种友谊可以是短期的，也可能是长久的。第二，有共同的爱好，能接受对方，欣赏对方。第三，彼此相互信任，尊重对方的立场、看法，不轻易给对方建议。第四，互相帮助，互相支持。第五，彼此相互了解，双方可以分享彼此的经验与感觉。

（2）爱情具有以下特点：第一，魅力，指很能吸引人的力量。当恋爱双方互为对方魅力所吸引时，整个身心顿时为对方所占据。在罗曼蒂克的爱情里，魅力可以说是最重要的因素。第二，专一性和排他性，可以说爱情是独占的，而友谊是可以分享的。第三，强烈性和亲密性，随着爱情的升温，自然会发展为亲密的接触。感情强烈，冲破束缚。第四，平等性，不存在依附或占有关系。第五，持久性，相爱的人对对方的一切都能给予积极地投入和支持。

（3）友谊不等于爱情，那么友谊与爱情的界线究竟是什么呢？

第一，友谊是广泛而不排他的，而爱情显著且突出特点就是排他性，这是一种抗拒其他人对自己爱慕对象予以任何亲近的心理倾向。当两性之间存在的只是友情，那么他们彼此都不受约束，并乐于和更多的异性交往。反之，如果两性间出现了爱情，那么任何一方都会对对方与其他异性交往表现出不悦、苦恼和嫉妒。

第二，友谊是一种平和、深沉的感情。爱情在感情上是冲动的、激荡的，这种冲动在强度上、力度上是友谊所不可比拟的。即使非常要好的朋友，一般也不至于激动得难以自制。所以大学生要辨别友谊或者是爱情，可以从感情冲动的不同程度和表现形式上进行比较和观察。

第三，友谊与爱情的区别在于爱情的直觉性。所谓直觉性，就是人们常说的"一见钟情"。能否产生爱情，往往在双方直觉性的感知中便可判断。而友谊是在志趣相投、互相帮助等基础上产生的情感共鸣，一般地说是不存在直觉性的。

第四，友谊是公开的，不回避他人，不怕被人知道，在集体中和公开的场合下，都可以自由自在地充分表达。而爱情则不同，它显示出隐蔽，不愿让人知道，不想让人看见的特点，是游离于集体且是两个单独进行的。但有时也会以集体活动作幌子，不过在集体中，总能发现双方特别的关系。

（三）爱情与婚姻的关系

在现实社会生活中，爱情与婚姻绝大多数的情况是能够统一的，但爱情与婚姻又是相互区别的。

爱情是一对男女内心深处相互倾慕的最真挚的强烈感情，它有成为婚姻的可能性，但不是婚姻的现实，它不受法律的保护。婚姻则是男女两性结合的一种社会现象，是由法律或社会制度认可的社会关系，它受法律的保护。爱情必须以所爱者互爱为前提，但在谈恋爱时，一定要把握住爱情与婚姻的界限，千万不要由于感情冲动把爱情当成婚姻，超过了感情的界限，那么一旦有情人不能成为眷属的时候，必然会感到自己的不清白，而受到良心的遣责，很可能对以后解决婚姻问题造成很大的障碍。尤其是不能与成婚者谈恋爱，因为这样的爱情不会为自己增添真正的幸福，反而给别人带来痛苦。爱情与婚姻不仅有区别，而且也有联系。

爱情转化成婚姻需要一定的条件：

首先，爱情转化成婚姻，需要一定的社会条件，在剥削阶级社会里，男女之间谈恋爱被视为伤风败俗，大逆不道的事情。社会主义社会，第一次将爱情与婚姻统一起来，并给予法律的保护，这是人类婚姻史上的伟大变革。

其次，爱情转化为婚姻，还需要有一些具体条件，这主要是恋爱的双方爱情的基础要牢固，引起牢固的基础有多方面的因素，例如体态的美丽，亲密的交往，融洽的志趣等等。其中最主要的是共同的生活理想和志趣爱好的融洽，如果这个基础不牢固，那么，这样的爱情就很难经受住艰难困苦的考验。

再次，婚姻转化为爱情，并使爱情不断巩固和发展，这种转化更为重要，也更有意义，因为结婚后夫妻双方共同开始了家庭的生活，既要料理家务，照顾老幼，又要忙于学习和工作，不像谈恋爱时那样轻松。所以婚姻是对爱情的考验。同时也能把爱情推向新的高度。在新的基础上发展着爱情，并不断巩固着爱情。婚姻转化为爱情，这需要具备以下四条：一是夫妻双方都忠诚于爱情的诺言；二是长相知，不相疑，夫妻间要经常交流思想，互吐衷肠，做到心心相印；三是对工作事业要做到互相支持共同勉励；四是在生活上和精神上要做到相互体谅关心和照顾，这样就能使恩爱之花永开不败。

（四）爱情的终止

爱情与婚姻在人的一生中，并不都是顺利向前发展的，也有逆向发展的时候，那就是由爱向非爱的转化，即爱情的终止。对青年人来说，正确认识和正确对待这一问题是非常重要的。爱情的终止是指青年男女在确定了恋爱关系以后，由一方或双方提出终止爱情关系。造成爱情终止的原因有多种，但最常见的主要有以下几种：

一是轻率、盲目。有些人对恋爱抱着不慎重的态度，例如在一个偶然的机会和一个不知底细的人相遇，被几句甜言蜜语迷惑住，或者刚一接触就被对方的相貌、风度等外表的美所吸引，而轻易地确定恋爱关系，贸然定情，但经过长时间的相处，发现所爱者并非理想中的伴侣，这必然导致恋爱终止。因此，在处理恋爱问题上绝对不能轻率盲目，更不能搞"闪电式"的恋爱。

二是玩弄感情，有些人的恋爱哲学是"大撒网，抓重点"，同时和好几个人保持恋爱关系，然后像购买商品一样，最后筛选一个而甩掉几个，也有的女孩子自以为长得美丽漂亮，向她求爱的人多，就在感情上打游击，既不和这个太远，也不与那个人太近，忽冷忽热，态度暧昧，捉摸不定，把小伙子搞得神魂颠倒，而她却乐在其中。这种玩世不恭的态度，是一种低级趣味，缺乏道德的表现，到头来她将得不到真正的爱情。

三是家庭的反对，男女青年双方已经建立起了恋爱关系，但由于家庭的反对，不情愿地终止了爱情，这也是常见的一种现象，在对待爱情时应该做到忠贞专一。忠贞就是始终如一，专一就是把爱情献给一个人，男女双方一旦相爱，就要经得起时间的考验和空间隔离的考验，经得起困难、波折的考验以及地位、家庭变迁的考验。

爱情的终止对恋爱的双方都会造成一定程度的心理影响，所以大学生在开始恋爱之前要做好充足的心理准备，认清爱情的真实模样，真诚慎重对待自己的爱情。

三、爱情与性

"哪个男子不钟情，哪个少女不怀春"，恋爱是每一个身心正常的青年男女都会有的心理与行为，归根结底与人的性的发育与成熟密切相关。性是一个人成长过程中最重要的组成部分，会影响人的一生。

（一）爱情与性的关系

所谓爱情，是指男女之间相互爱恋的感情。在现实社会中，爱情，是一对男女之间基于一定的客观物质基础和共同的生活理想，在各自内心形成的最真挚的相互倾慕并渴望拥有对方，直至成为终身伴侣的强烈的、持久的、纯真的感情。

爱情是建立在性的基础上的，性的吸引是爱情产生的自然前提和生理基础。法国大思想家罗素说："爱情源于性，又高于性。"爱情同时又是一种社会性情感活动的产物和要求。后者体现了人与动物爱的本质区别。

爱情是人的生理性需求与社会性需求的统一，是生理因素与心理因素的统一，是性爱与情爱的统一。因此，爱情不仅要求男女双方在相貌、人品、情感、能力等方面能够和谐共鸣，而且要求男女双方共同承担相应的社会责任和义务。

（二）性的含义

性这个词，是从拉丁语一词演变而来。无论在中国还是在西方，已经存在几千年。英国著名性学专家霭理士（Ellis）曾经说过："性是什么，就是最高的性研究的权威也轻易不敢下一个定义。"这句话道出了性问题的复杂性，即要想对之做出准确、公认的描述和解释是一件不容易的事。

从生理层面含义来看，性的概念包含性欲、男女生殖器、性生活、怀孕和避孕等方面，性的生物存在显示着性的发生现象，即性是本能或张力的产生、积聚与释放的过程和方式，它的基础和本性是由生物的生殖机能遗传决定的"性本能"，这是狭义的性的内涵。

个体对自身性别的认同，对同性与异性的情感，对爱欲、恋爱和婚姻的认识等则属于心理层面上的性的内涵。性的心理存在显示着处于生态——社会系统中的人所感受到的性的状况。

个体的性道德观念，性态度，以及男女在社会上扮演不同的角色的认知等属于社会层面上性的内涵，性的社会存在显示着性在生态社会整个系统中的实际状况。

因此性不仅具有自然的属性，也具有社会的属性，人类的性不能是"我想怎么做就怎么做"社会的道德与法律法规等对个体的性行为有着深刻的影响与约束作用。性生理、性心理与性行为是性的三大要素，其中性生理是性心理的基础，性行为是性心理的结果，性心理是性活动的核心内容。

（三）性生理

从生理学的角度看：性爱中的根本因素是性欲，性欲是情爱的原始动力。男子的青春期一般是从13、14岁左右~23岁左右完成。女子的青春期一般从12、13岁左右~22岁左右结束。在此期间性腺的功能开始变化，性机能逐渐趋于成熟，丘脑下部分泌出促性腺素，促使脑垂体分泌出性激素，再促使人的生殖器官中的性腺发育并分泌出性激素，性激素刺激人的性器官的发育成熟，这时人就有了性欲的要求，可以开始性活动了。在这个过程中，青少年男女生理上一个重要变化就是对含有性因素的刺激与反应增多，对有关性的问题及对性的刺激比较敏感，有强烈的性冲动，对性的体验比较深刻。这时异性的刺激，如俊美的容貌、强壮的体魄、异性的气息，都会引起人的性冲动，另外，外生殖器受到刺激也会引起人的性冲动，产生性快感。性欲是青春期性成熟的一个正常标志，它不以人的意志为转移客观存在了。

大学生一般年龄都在18~22岁，正处在青春期性成熟阶段。他们和正常人一样正处于性意识、性能量最旺盛时期，他们渴望与异性交往，对于异性的一切充满好奇，有强烈的性冲动，性能量需要得到合理的宣泄。

（四）性心理

从心理学的角度看，随着青春期性生理的成熟，儿童时期的思想、观念、意愿和情感都产生了整体性的突变。一些新的略带几分神秘的意识——特别是那朦朦胧胧的性意识逐渐潜入了他们的心底、复苏、唤醒。他们的心理变化主要表现在两个方面：一个是对自己的性认识；一个是对异性的性认识。男子的遗精、阴茎的勃起与女子的初潮及性腺的分泌产生的性冲动更加剧了他们对异性认识及接触的兴趣。为了缓解这种内在的张力，也为了满足其与异性交往的需要，男子常常喜欢参加体育游戏和社交活动，女性则开始注意自己在异性面前的仪容、喜欢阅读爱情故事、想象自己浪漫的爱情故事、喜欢与异性交往；同时为了缓解这种内在的张力，有部分大学生或多或少地出现了手淫、意淫或自淫，甚至有部分大学生发生了婚前性行为。现在人们普遍关注青春期中的手淫以及部分大学生的婚前性行为也就充分说明了性冲动是存在的，性欲是客观存在的。

促使大学生性意识较迅速发展的主因莫过于身体的急剧变化和第二性征的出现及继而引起的对性、对异性的关注。通常的性心理发展分为以下几个阶段。

1. 异性疏远期

从青春期开始，男女少年对两性的一系列差别特别敏感，男女界线分明，如低年级初中生的"课桌三八线"、羞涩、不安与反感常常萦绕在他们心头，在彼此交往中已深深地感到某种"隔阂"。

2. 异性接近期

由于性的渐趋成熟，青春男女由开始的对异性的疏远发展到对异性的好奇和相互接近的渴望。但是这时期对异性的好感仅是一种对性的朦胧的自然表现，一方面又感到困惑和不安；一方面渴望接近异性。青年初期，情窦初开，异性之间的疏远在逐渐缩小，产生了彼此接近的情感需要。男女青年开始关注异性对自己的态度，为博得异性的好感而表现自己。

3. 异性向往期

这一时期，往往以各种主动的方式对异性表示好感，希望得到对方的积极反应。女性会刻意装扮。她们总觉得异性注视着自己，言谈举止显得紧张、腼腆；男性常常有意在异性面前显示自己的风度、才华、能力。这个时期有两个重要特点：一是感情隐秘，异性间接触时感情交流是隐晦的、含蓄的、不显露的，常常以试探的方式进行，缺乏真正感情的交流；二是对象广泛，不是特指的异性，呈现出不确定性。

4. 两性恋爱期

两性恋爱期是指男女性意识发展成熟后出现的异性相爱行为。这一时期的异性交往具有4个特点。一是爱情具有浓烈的、理想的、超然于现实的浪漫色彩。二是特定的恋爱对象，即男女青年按各自心目中的标准寻找自己特定的恋爱对象，喜欢与自己选择的异性单独在一起，出现不热衷参加集体活动的"离群"现象。三是感情趋向明朗化，即试图通过约会等方式一诉衷肠，交流内心感情，但表达方式往往出现欲言又止、语无伦次、言不达意等情况。四是产生了占有欲，即对爱恋对象精神性、情绪性的占有欲，不希望自己爱恋的异性和其他与自己同性的同学、朋友接触，产生"嫉妒心理"。

第二节 爱的成长——不再烦恼

大学生已进入恋爱的年龄阶段，往往对爱情有着美好的向往和热烈的追求，但由于涉世未深，一旦处理不好恋爱关系，就可能会引发各种心理问题。因此，引导大学生正确认知爱情，审视大学生对恋爱问题的非理性认识，同时疏导他们走出恋爱的误区，对大学生心理健康大有裨益。

一、大学生爱情的特点

爱情作为人类特有的一种高级精神现象，渗透进大学生的生活里。当今大学生爱情的特征表现在如下几个方面：

（一）恋爱年龄低龄化

以前大学生谈恋爱大多发生在高年级。现在中低年级的学生恋爱者多起来了。许多刚刚踏进大学校园的大学生有些已经有过恋爱的经历。一些尚未尝试爱情的学生在大学的特定气氛里，也趋向于早早寻觅恋爱的伙伴。不懂得爱情却追求爱情，使一些大学生产生要尽早恋爱的心理。这一部分大学生有的认为早一点恋爱就会早一点享受爱情的喜悦；有的是为了寻求相互的暂时保护；有的担心步入大龄青年的行列；特别是受社会上的早恋现象及校园内高年级同学恋爱行为的影响,很多大学生一进入大学就抢着谈恋爱的比例逐渐上升。

(二)恋爱方式公开化

随着社会开放程度的提高和人们人权观念的变化,大学生受到的行为羁绊越来越少,他们的恋爱举止因而越来越不受传统习惯的约束,已不再顾忌他人的评价,从十几年前的明令禁止、偷偷摸摸到现在的光明正大、谈婚论嫁,昔日的"地下党"已转为公开。大学生恋爱变得更为坦然、热烈奔放、激情难抑。更有甚者,有些大学生恋人早早过起了同居生活。

(三)恋爱目的多元化

爱情是一种择偶行为,择偶的正当目的就是为了缔结美好的婚姻良缘,这是我们提倡的正确爱情观。但是目前有学者针对"大学期间谈恋爱主要是为了什么?"这一问题进行调查,结果显示,单纯因感情问题而恋爱的只占49.4%,其中把恋爱动机指向婚姻的只占11%,其他非感情因素如"空虚孤独"、"寻求刺激"、"以示成熟"、"功利满足"等恋爱动机驱动,使当前大学生情感体验复杂化,恋爱心理多样化。

(四)婚恋观念开放化

当代大学生敢于追求爱情,不再因为恋爱而嘲笑别人或被别人嘲笑。表达方式公开化,不再搞"地下工作"。在某种意义上说,恋爱观念开放是社会的一种进步。由中国计划生育协会、中国青年网络、清华大学公共健康研究中心联合发起并实施的《2019—2020年全国大学生性与生殖健康调查》结果显示,73.1%的大学生对婚姻的态度是顺其自然,有合适的对象才结婚,否则不结婚也行。对性行为的态度也较开放,超过半数的大学生可以接受婚前性行为,首次性行为的平均年龄在18~19周岁之间。这种在婚姻观和性观念上的改变,也导致了一些行为上的错误。一些大学生恋爱举止不文明,在公共场所竟旁若无人,做出过分亲密的动作;一些人爱情不专一,见异思迁搞多角恋爱。

(五)恋爱关系脆弱化

大学生中"有情人"虽多,但"终成眷属"者少,这样就产生了一批"失恋大军"。在校大学生谈恋爱一般不考虑经济、地位、职业、家庭等社会性问题,浪漫色彩浓厚,自主性强,约束性差;情感性强,理智性弱;恋爱率高,巩固率低,能发展为缔结婚姻关系的寥寥无几。具体表现为:一方面大学生不能正确处理爱情与学业的关系,很多人一旦坠入情网就不能自拔。另一方面大学生不能理性地对待恋爱中的挫折。一些大学生失恋后,就一蹶不振,甚至走上轻生之路;因失恋而失志、失德者虽属少数,但影响很大。

虽然大学校园是一个男女生集体群居的地方,是一方容易滋生爱情的水土。但是在这个特殊的土地上,大学生们应该清楚地知道什么是责任、正确的婚恋观和性观念,这不仅需要社会和学校的理性引导,也需要个体的进步。只有这样,当爱情来临时,才能在享受爱情美好的同时,也能对爱情有着清醒的认识。希望大学生们能够树立正确的恋爱观念,积极培养自己爱的能力与责任,让爱情的花朵绽放出美丽的光彩。

二、大学生爱情的动因

恋爱是神圣的异性交往，是生理和心理发展的自然结果，是"欲"和"情"以及环境交互作用的产物。对在校大学生的恋爱动因进行分析，表现为以下方面：

（一）性生理和性心理成熟

这是爱情产生发展的直接原因，大学生身体发育基本成熟，最大的生理变化是生殖系统发育成熟，即性生理成熟。脑垂体前叶分泌的性激素激活唤醒了性意识，性意识的萌发产生对异性的好奇、爱慕和吸引等。因此，大学生的心理发生了明显变化，这一时期对异性的倾慕和向往开始有了比较严肃的选择和排他性，出现了感情定向，总是以各种方式接近异性，从内心深处感到异性的存在，从而探索异性的秘密，并想引起异性的注意。

（二）个体心理影响

一是孤独寂寞心理。由于不少大学生远离父母，为求学而离家千里，在一个陌生的环境里举目无亲，更易产生孤独寂寞无助之感。虽然同性朋友也是消除寂寞的良伴，异性朋友却更为有效，因为后者除了能解除心灵的寂寞外，同时还是缓解青春期性心理饥渴的手段之一。

二是从众心理。如今在大学校园里恋爱已成风气，一些大学生看到身边很多同学有了异性朋友，男同学为了不使自己显得无能，女同学为了不使自己显得无助，也学着别人的样子，相继谈起"恋爱"。

（三）外界环境影响

一是随着对外开放，我国从国外输入了许多文化产品，有些存在精神糟粕，我国自己生产的某些"精神产品"中，性的刺激量也很大，这对大学生产生不可低估的心理渗透。

二是大学环境也为大学生恋爱起了升温作用。但凡青年男女相对集中的地方，总是会伴生浓厚的异性气氛，大学校园群聚着年龄相仿，志趣相投的大量青年男女，便自然而然地易出现强大的异性磁场，这种环境为大学生发展友谊和培养爱情提供了客观条件。

三、大学生爱情的误区

爱情是一对男女在性驱动力的作用下，通过双向知觉，双向互动而形成的互相吸引，互相爱慕并彼此渴望对方成为自己终身伴侣的最强烈的崇高情感。遗憾的是，许多大学生还未了解情为何物，不知爱的真谛就匆忙恋爱了，这样，爱情对于他们便是苦涩的青果。大学生爱情的误区主要有：

（一）随风而动，你爱我也爱

虽说大学生谈恋爱是生理、心理发展的客观规律所决定的正常现象，而且现代大学生的自我意识也十分强烈，可是相当部分人在为什么恋爱的问题上还真的"说也说不清楚"。仔细观察恋爱的群体，一般说同宿舍里有谈恋爱的同学，其他同学也就接二连三地开始了。有调查数据显示，在所调查的恋爱大学生中，有63.2%的人是因为别人恋爱了所以才恋爱。在调查中，一位大三的中文系女生说："大家都恋爱了，特别是在周末，自己一个人在宿舍显得出奇地寂寞。"因此便萌生了恋爱的念头。某校园网上有打油诗："忍看朋辈成双对，怒向校园觅小妹。"当爱情仅仅被当成防止孤独的避风港，被认为是别人有我怎么能缺的物品时，真正的爱情就开始衰亡。陶行知先生说："爱之酒，甜而苦。两人喝，足甘露。三人喝，本如醋。随便喝，毒中毒。"爱情是严肃的，半点的随便都足以给人生留下缺憾。

（二）爱情至上，世界只有你

大学生的爱情多是纯洁的，恋人们多是只注重感情的因素，因此容易把爱情看成人生的全部。有的大学生整日沉溺恋爱之中，以为爱情就是卿卿我我，影响正常的学习；有的整天形影不离，深陷两个人狭小圈子之中，和其他同学日趋疏远，自己逐渐脱离集体。这当然不是爱情的错误，只是当事人不懂得什么是真正的爱情。弗洛姆说："爱首先不是同一个特殊的人的联系，而更多的是一种态度，性格上的一种倾向。这种态度决定着一个人与整个世界，而不是同爱的唯一"对象"的关系。如果一个人只爱他的对象，而对其他的人无动于衷，他的爱就不是爱，而是一种共生有机体的联系或者是一种更高级意义上的自私。"将爱情看成是大学生活的第一需要，不能很好地控制情感，这样的爱情注定是脆弱的，短暂的激情过后，难免窒息。

（三）亲密无间，爱要你看见

校园情侣中不乏这样的人，在整个的恋爱过程中追求所谓的轰轰烈烈、光明正大，在公共场合也形影不离，亲密无间，使旁人不得不非礼勿听，非礼勿视而退避三舍。教室、食堂、图书馆、林荫道随处可见热恋中的学生情侣，就像校园打油诗所描述的："昨夜饮酒过度，醉卧情人之路，呕吐、呕吐，惊起鸳鸯无数"。恋爱公开化使得恋人们容易随意流露热情和过早亲昵，甚至对婚前性行为持认可和宽容的态度，偷吃禁果的男女同学也不罕见了。

（四）搭建桥梁，爱情就是资本

在各种因素的共同作用下，有些学生恋爱关系的建立是为了达到某种功利的目的，爱情对他们而言成了改变现状的最佳资本。这种功利型的恋爱动机通常会引发补偿心理，他们因为自己在某些方面不如人，而寻找一个在这些方面（如金钱、家庭社会地位、名声等）具有优势的对象来加以弥补；有的为了在就业方面获得某些优势或照顾，有的为了寻求留学、出国的最近路径。当拿自己的青春和情感进行功利交换时，爱情就成了工具，这样的情感是不能持久的。

四、大学生的恋爱困扰

（一）单恋

1. 单恋的原因

（1）爱幻想

这是造成单相思的主观因素。如果在现实生活中难以适应正常的恋爱生活，爱幻想者往往依据丰富的想象力，在幻想中得到异性爱的一切满足。

（2）信念误区

单相思者往往认为爱仅仅是投入，不要承诺，不要回报，不顾一切地精神恋爱才是世界上最伟大的恋爱。

（3）认知的偏差

单相思者是由于自己的认知偏差造成的，他们不能正确地对待被拒绝的事实，仅仅是为了自己的自尊心，而强迫自己追求到底。

2. 调适的方法

（1）客观、理性地对待恋爱问题

其一，单恋往往是单恋者对对方的一往情深，一味地看到对方的优点，从而造成一种偏差。因此要注意客观评价、认识对方的言行；同时借助理性，努力从情感上调整自己，让理智战胜情感，消除爱情固着心理。

其二，如果你被单相思折磨得万分痛苦的时候，你最简洁和安全的选择就是将心事告诉你最亲密的朋友，绝不能压在心底。当你倾诉时你会发现你的朋友会帮你出谋划策，你会感到自己在相思路上并不寂寞，能倾吐心中淤积的爱意，把自己的焦虑和忧愁与你的朋友分担，你会感到轻松。

（2）及时移情、移境，转移感情注意力

这是摆脱单恋苦恼的有效途径。移情就是恰当转移自己的感情。如多参加集体活动或喜爱的文体娱乐活动，运动能够消耗部分淤积于内心的能量，使人意气风发、情绪高昂，获得自信与自尊。移境则是转换一个新的环境。如从距离或环境上远离痴心所爱的人，以免触景生情。随着时间的推移，你会发现"天涯何处无芳草"。

（3）大胆追求，勇于自我表露

单恋的困扰很大程度上是当事人不敢表露自己的爱意，当面临爱情时，顾虑重重、犹豫不决，给自己带来很大的困惑。因此，向意中人明确表达爱慕之情是摆脱单相思的直接方式。当你向意中人表达爱慕之情之后，如果他（她）接受你的爱当然是最好的，爱的欢乐取代爱的痛苦；如果他（她）找出种种理由劝你放弃爱他（她），你就知道对方不接受你的爱，但交个朋友还是可以的；如果他（她）拒绝了你，你可以大哭一场或大怒一场，这对你来说也是人生必经的一次磨炼和情感体验；如果他（她）漠视了你，那你就应该对自己说：他不懂得爱，也不值得你去爱。尝试用批判的眼光去看待你倾慕的对象，也是一种非常有趣的情感体验。

（二）失恋

1. 失恋的原因

（1）双方在交往中，彼此思想、个性、情感分歧。这种情况在大学生恋爱中常见。曾经热恋过的两个人，一方发现对方在思想、个性、情感方面不适合自己而提出分手，而另一方却依然留恋那段感情。

（2）一方见异思迁，移情别恋。使没有心理准备的另一方承受很大的失恋痛苦。

（3）家庭和社会舆论的压力。相恋的双方缺乏勇气和信心，迫于社会的偏见和父母的威严,在外界的干涉下而痛苦地分手。

（4）恋爱动机不纯。恋爱动机的纯洁和健康是保证恋爱顺利的重要基础。有些大学生谈恋爱不是出于爱情本身,而是因为生活的单调、寂寞、烦闷及虚荣心等。

2. 失恋可能导致的不良心理和行为

（1）自我欺骗

吃不到葡萄说葡萄酸。恋爱不成,说对方不适合自己,以平衡自己"求而不得"的痛苦。

（2）盲目补救

失恋后极少数大学生对抛弃自己的人一往情深,对爱情生活充满了美好回忆和幻想,否认失恋的痛苦,从而陷入单相思的泥潭,甚至做出一些与年龄、智力极不相符的幼稚行为。

（3）攻击报复

这是一种常见的发泄手段,是极度的占有欲望受到挫折而唤起的报复心理。如失恋后,揭露对方隐私,无端造谣中伤;有的人失去理智,以陷害为手段;有的人转向攻击别人,寻找"替罪羊"来平衡自己的怒火,造成毁坏性的结局。

（4）抑郁、冷漠、孤僻

一些大学生失恋之后,把痛苦埋在心底,充满了虚无感和失落感。表现出对生活极度冷淡,对异性有憎恶感,为人冷漠、孤僻;有些人为寻找精神寄托,以酒消愁、以烟解闷、麻醉自己;有些人从此嫉俗厌世,怀疑一切,或从此玩世不恭,得过且过,寻找刺激,发泄心中不满。

（5）悲观失望,轻生厌世

一些大学生失恋后,情绪极度悲伤,自以为"看破红尘""活得没意思"充满绝望、难堪和羞辱。失恋者的自卑、厌世、空虚、羞辱、悔恨等各种负面情绪极端强烈,导致心理失衡,性格异常。有的离家出走,有的甚至走上轻生之路。

3. 调适的方法

恋爱是甜蜜的,失恋是痛苦的。失恋挫折在失恋者心中激起一些感情波动属于正常现象。面对失恋,我们共同的对策是,保持自信和尊严,减少自我伤害。

（1）逆向思考

恋爱取得成功,除了社会公认的品质、观念以外,还有许多特殊的心理要求。比如,性格和谐、志趣相投、价值观一致、生理特征相配等。如果因为这些方面产生矛盾,使恋爱不能进行下去,倒不必过于痛苦。不妨反过来思考一下,如果勉强凑合下去,造成以后感情不和,爱情又有什么幸福可言？失恋固然不是幸事,然而没有志同道合、个性契合,及早分手也并非坏事,正所谓"塞翁失马,焉知非福"。

（2）合理宣泄

失恋造成的情感压抑是十分严重的,如果不及时地合理宣泄,会出现各种不适应症状。比较有效的宣泄方法有以下几种:第一种,向亲密的朋友或家人倾诉内心的苦闷和悲伤。第二种,可以闭门痛哭一场。第三种,寄情于山水之间,向大自然宣泄自己压抑的情绪。失恋后可以与朋友一起外出远游一次,体验大自然之奇丽与伟大、人生之美好,会觉得自己失恋的痛苦只不过是沧海一粟，心胸会变开阔，郁闷的心情就会有所缓解。第四种，升华。升华是宣泄失恋后心理能量的最理想方式。失恋者应运用理智，把感情、精力投入到能充分实现自身价值的事业中和对生活的热爱上去，从而将失恋造成的挫折，在更高的升华境界中得到补偿，获得更大、更多的收益。

（三）网恋

1. 网恋的原因

（1）感情表露和角色错位是大学生网恋的主要原因之一。大学生渴望与同龄人交往，在网恋中，网络缩短了彼此的时空距离和心理距离，更难以觉察到别人的优点、缺点、需要等，甚至还从角色变化中找到了心中理想的快乐，因此网络成了他们的选择。

（2）很多高校对大学生谈恋爱都持"既不提倡，也不反馈"的模糊态度，学校对大学生的教育以学习为主，大部分家庭也认为在大学里谈恋爱会影响学业，所以大学生会在一定程度上迫于学校和家庭的潜在压力，不太敢公开向家长表露自己已经谈恋爱的情况。然而网恋具有隐蔽性的特点，不易被学校及父母发现。

（3）有失恋经历者更易尝试网恋

调查发现，网恋大学生中有55%的人都曾有失恋经历，这说明曾经在感情方面受过创伤或是失恋过的大学生更容易尝试网恋。按马斯洛的需要理论，处于"爱与归属"需求层次的大学生更需要别人的接纳、关爱、欣赏和理解。当他们在现实生活中得不到这种需求或是在这方面遭受挫折和创伤时，就会将这种需求转移，寻找其他途径补偿。网络的适时出现恰好迎合了大学生的这种需求。

（4）网络赋予人极大的想象空间

网恋是文字书面语言的交流，完全不同于传统的交流模式，为恋爱双方提供了极大的想象空间，满足了大学生对爱情的需求。相当一部分大学生具有浪漫情结，选择了网恋的新奇、浪漫，试图给自己的大学学习、生活带来轻松和快乐。部分大学生甚至认为，没有现实的局限，网恋可以比现实恋爱更生动、更精彩、更迅速、更直接。

（5）出于对异性神秘感的探寻

对于缺乏性心理教育的大学生，他们对异性充满神秘感。但在现实生活这些话题是不可触及的。而网恋一方面可以了解异性心理；另一方面也可以作为爱情的尝试。

2. 网恋的弊端

（1）网恋占用大学生很多时间，减少了学习和锻炼机会，不利于身心健康。

（2）网恋双方缺乏真正了解，这种关系是脆弱的。

（3）网恋既费时，又费精力，还费财力，不利于大学生人格健全发展。一些大学生沉溺于网恋之中，减少了与学生和老师的交往，他们变得性格孤僻，严重者造成人格分裂。

3. 调适方法

（1）参加丰富多彩的文体活动，培养高尚情操。任何对健康有益的活动都是转移、宣泄恋爱冲动的有效方法。因此，经常参加一些课外兴趣小组和集体活动，既可以增强体质、锻炼体魄，又可缓解焦虑和抑郁心理，有效地转移和宣泄青年期冲动。

（2）正确认识人际交往。首先要认识到沉迷网恋是有危害的，不仅对自己的心身有害，还可能对他人造成危害。网恋交流缺少现实的物质和情感基础，存在虚幻性、不真实性，长期迷恋于此会影响与周围人的现实交往。其次要认识自己已深陷网恋，分析产生原因，制定改善、消除网恋的行动计划并加以执行，在逐渐降低上网时间（次数）的同时，回归正常的人际交往与和谐的生活。

（3）自觉寻求心理教师的帮助，接受青春期心理教育，疏导情感障碍。大学阶段，大学生生理上的变化会使学生的心理失去平衡，失去对非道德诱惑的自控能力，最终成为网恋的俘虏。在生活学习中，大学生要善于进行情感交流，及时对心理压力进行疏导；在与异性交往或性问题上，增强个人修养的信心和自制力，抵制诱惑，做自己的主人。

（四）性困扰

1. 常见的性困扰

大学生在性成熟的过程中，常常会有许多不适和困惑，特别是面对现代社会变迁中的种种性价值观和性观念，大学生们往往更是感到手足无措。大学生常见的性困扰主要有以下方面：

（1）性自慰行为

性自慰是青春期性发育时常有的现象。性学研究证明，当个体的性冲动达到一定程度时，个体必然要求以某种适当的行为来满足这种冲动，以期达到生理和心理的平衡。主要有三种形式：性幻想、性梦和手淫，其中以手淫为主。适度的性自慰行为对身心健康不会产生严重的消极影响，但如果性自慰行为过度，则会给人的身心带来不良影响。

（2）边缘性性行为

边缘性性行为：主要指男女之间表达爱慕之情、进行情感交流的行为。这类性行为所带来的主要是情感的满足或者只是弥漫性的性愉悦，而不以性高潮为直接目的或主要目的。男女大学生交往久了，彼此有一定感情，又是抑制不住内心的激情或冲动，发生拥抱、接吻或身体接触的动作，是可以理解的。但是，以身体的亲密代替心理的亲密，甚至以此代替爱情是不恰当的。过多的身体亲昵，会加剧性冲动，有时会使自己的行为失去控制。

（3）性体像困扰

进入青春期后，男生和女生都很在意自己的身体意象，希望自己具有性的吸引力，男生普遍希望自己身材高大，体魄健壮，嗓音低沉充满磁性；女生普遍希望自己容貌美丽，体形苗条又富有曲线美，嗓音甜美尽显女性魅力，我们把这种身体意象称为性体象。当个体不满意自己的性体象时，就会出现烦恼和焦虑。

（4）性骚扰困扰

性骚扰是指对受害者实施诸如轻微的言语猥亵、碰触或抚摸身体、强迫亲吻、色情展示等严重程度不一的行为。性骚扰会带给受害人多方面的负面影响，如忧郁、沮丧、害怕和焦虑情绪，丧失自信心，常有无力感、无助感和脆弱感，无法集中注意力，对工作、学业产生莫名的不满，易产生人际关系的隔离感，对两性关系的态度和行为也会发生改变。

女大学生如何预防及避免性骚扰呢？建议如下：第一，避免穿暴露身体较多部位的服饰去人群拥挤的地方或僻静的地方。第二，对于有骚扰行为的人，应及时回避及报警，不要犹豫。也可机智周旋，设法尽快脱身并保留证据用以求助和告发。第三，受到伤害后应及时进行心理咨询和心理治疗，医治精神创伤。

（5）婚前性行为困扰

婚前性行为，是指结婚之前进行的性行为，大学生婚前性行为，主要是指那些处于恋爱关系中的男女的婚前性行为。大学生对婚前性行为的态度上，半数以上的学生认为婚前性行为是可以接受的。他们认为只要是双方自愿，性行为就可以发生。但是性行为的发生是把双刃剑，它可以拉近两人之间的距离，也可能带来伤害。从传统道德和法律上来看，性行为只是法定夫妻之间的权利，绝不是任何男女之间都能发生的，而且还不受法律保护。无法律保护的婚前性行为容易使当事人产生罪恶感，或者因为担惊受怕而产生压力感。甚至有的女生因婚前性行为多次人工流产，给身心带来无可挽救的创伤。

2. 性困扰调适

（1）掌握科学的性知识

首先，大学生应该选择正规出版的科普书籍或者性教育相关网站去获取性知识。现在网络信息伸手可得，但网络上的信息良莠不齐，更有些以盈利为目的推销不良的信息，因此大学生要学会对信息的选择。

其次，科学的性知识应该包含性生理、性心理和性伦理等几个方面。性生理知识既包含有关两性的生理结构、性反应及生殖的知识，也包含有关避孕和性传染病预防的知识。性心理知识让人们正确认识和接纳自己的性心理和性行为。性伦理知识让人们从社会文化的角度去认识和理解性，从而形成自己适应于社会的性别。

（2）形成正确的性观念

每个大学生都有自己对待性的态度和观念，有错误的也有正确的。存有错误的观念而不自知，这是最可怕的。如果把它提出来讨论，很多的对与错就清楚了。

（3）学会管理自己的性行为

有了科学的性知识和正确的性观念，大学生还需要提高自己的性意志力，学会去管理和调整自己的性行为，决不能放任自己"跟从本能"。

第三节　爱是责任——让爱不受伤

黑格尔曾这样描述爱情对人生的重要性："爱情构成生命的一个环节，没有这个环节的生命是残缺的。"苏霍姆林斯基曾说："个人的幸福不仅取决于青年一代对这种伟大的智慧——爱，掌握到何种程度，而且我们全社会的美好、道德纯洁和安宁都取决于它。"真正的爱情是催人向上的，它对道德进步、社会文化水平的提高和整个精神文明的发展产生着巨大的作用。大学生应正视爱情，并在爱情中，学会了解自我、完善自我，形成一种健康、向上的爱情观、价值观，为拥有完整和谐的人生做准备。

一、善待自己和爱情

（一）了解自我，看清楚爱情

很多情况下，大学生的爱情烦恼来自对自我和爱情的怀疑。他们不知道自己拥有的是不是爱情，也不明了到底需要怎样的爱情，终日惶惶不安。因此，一方面学生要对自我有个恰当的评价，了解自己才能知道什么是适合自己的。另一方面要明确知道爱情绝不仅仅是风花雪月的浪漫，更不是排遣孤寂的游戏，它是引起双方共鸣的最强烈、最崇高的情感，就像马克思告诉我们的，如果作为一个正在爱的人，你不能把自己变成一个被人爱的人，那么你的爱情是软弱无力的，是一种不幸。"自己若是世界上最好的李子，而你所爱的人却不喜欢李子，那时你可以选择变成杏树，不过经过选择变成的杏子，是次等品质的杏子，只有做原来的李树，才能结出好的果子，如果你甘愿变成次等的杏子，而爱你的人喜欢上等的杏子，你就可能被抛弃，于是只有倾心全力使自己变成最好的杏子或者找回做李子的感觉"。

了解自己，给爱情的正确定位是培养大学生爱情素质的首要前提。弗洛姆说，爱情是一种积极的，而不是消极的情绪。因为爱情首先是给予而不是获得。然而这种"给"并不是时刻准备牺牲、不要任何快乐，爱情的"给予"是以自己对生命和生活的热爱去燃烧起另一个人对生活的热爱。"他应该把他内心有生命力的东西给予别人，他应该同别人分享他的快乐、兴趣、理解力、知识、幽默和悲伤——简而言之就是一切在他身上有生命力的东西。通过他的给，他丰富了他人，同时在他提高自己生命感的同时，他也提高了对方的生命感"，所以爱人首先要自爱，自立。

（二）相信爱情，但不爱情至上

大学生特殊的生活环境容易将爱情演绎得超凡脱俗，所以他们常常把爱情当成生命的唯一，课业学习，能力提升统统抛在一旁。对大学生来讲，今天的学业是明天事业的基础，没有事业，我们可能要丧失安身立命之本。大学生摆正学习与爱情的关系，让爱情有一个更新更高更为厚实的起点，而这样获得的爱情才可能真正振奋自我的心灵，激励人生。不爱情至上还表现在，能进能出，从容面对爱情挫折。大学生总是激情澎湃，他们的爱情和青春一样生机盎然，总有些人进行时轰轰烈烈，受挫时就山河变色，整个现实版的言情剧。大学生应该认识到，恋爱一开始就存在所谓"甩"和"被甩"的可能性，是以此为前提的人际关系，并不稳定。应该明了，爱情是坚贞的，但每个人由于性格，生活背景的差异，相识的未必相爱，相爱的未必长久，拥有的时候要珍惜，失去了就不要留恋。所谓该出手时就出手，该放手时就放手。爱情本就不应成为青年学生生活的主旋律，如果再为伊消得人憔悴，甚至为情失魂落魄，丧德丧志那就太不应该了。

（三）规范行为，文明恋爱

大学生在恋爱过程中，由于性的吸引和双方情感的逐步加深，会无所顾忌，在公共场合，众目睽睽之下出现接吻、搂抱、抚摸等边缘性性行为，有的大学生甚至把边缘性性行为的升级看作爱情继续发展的标志，任凭"偷吃禁果"心理肆意发展，对自己的性冲动不加抑制，发生了婚前性行为。中华民族在爱情表达方式上更是讲究含蓄、高雅、委婉、庄重，同时讲究感情表达的时间和空间。作为青年学生更应当尊重民族的特点，注意行为端正，文明，用理智控制行为，用道德约束举止。

二、善待他人

（一）对他人负责

大学生爱情责任意识是指大学生在承担爱情责任、履行爱情职责的过程中产生的，并指导以后责任行为的道德意识。爱情责任感和责任心是构成爱情责任意识的两种要素。责任心是爱情责任意识中的认知因素，它是大学生作为责任主体对自己在爱情中所要承担的责任的一种认识，也可以称为爱情责任观。责任感是大学生爱情责任意识中的情感因素，是大学生在承担责任，履行义务的恋爱过程中产生的自觉意识和情感体验。大学爱情责任意识通过其恋爱行为体现出来，而恋爱行为的过程与结果对责任意识的发展同样会产生重大的影响。

在爱情中具备责任意识，是恋爱双方感情得以持久的重要保障。真正的爱情，恋爱者对对方、他人及社会都负有道德责任。恋爱中的责任意识可以促进大学生身心健康发展与成才的现实需要。大学生正处于青春发育的重要时期，由于生理、心理的发展，使他们对婚恋的关注和对恋爱甚至性的尝试成了大学生活中的一个重要部分。但由于大学生的人生观、道德观、婚恋观、性爱观等等还不成熟，加上社会上各种错误思潮的影响，使有些大学生形成了错误的婚恋观，在不同程度上忽略了爱情中的道德责任，导致种种不负责任的行为出现，给恋爱者自己或对方的身体、心理造成了严重的伤害，因此大学生要培养自己在爱情中的责任意识。

（二）爱他人

爱自己和爱他人是密不可分的。人们只有认识对方，了解对方才能尊重对方。我们只有用他人的目光看待他人，而把对自己的兴趣退居二位，才能了解对方。爱他人不是无我状态，按照对方塑造自己，也不是将你爱的人塑造成你所喜欢的人。爱他人包括以下几个方面：

1. 尊重你爱的人

尊重，是与人交往的前提，更是奠定感情基础的前提。恋爱既是两人心灵的共鸣，又是自我成长，是使双方积极的潜能发挥而非按照某种愿望或标准塑造对方，使其成为你希望的那样。事实上，每一份爱情中，都包含着期待效应，对方都在向着彼此喜欢的方向发展。这就要求更加尊重你所爱的人，让对方在爱的港湾中自由发展，以他自己喜欢的方式发展自我。我们不仅要尊重他人的人格、尊严、习惯，更要尊重他人的私人空间及其选择。一个有理智的青年人应把无望的爱的感情转移到学习工作及其他事情上。既尊重他人，又自尊自强。

2. 帮助对方积极发展自我

恋爱唤醒沉睡的心灵，积极的恋爱使个体潜在的心理能量得以释放，为所爱的人努力，爱也是积极向上的精神力量，催促着相爱的两个人向着更好的自我发展，更加努力地自我完善，而非自我束缚，自我放纵。重要的是将爱情引向积极的有利于双方发展的方向。

3. 共同创造美好未来

真正的爱是内在创造力的表现，是一种关怀。关怀，放在大学这样一个环境中，似乎又有所延伸。关怀，应该在照顾好自己的前提下适当关心他人。如果只是一味依赖、索求，希望他人付出，这样的爱只会在埋怨中痛苦地结束。也许年轻人在恋爱之前应该补上一课"将心比心，换位思考"。真正的关怀不是锦上添花，而是雪中送炭。

爱不是一种消极的冲动，而是积极追求被爱人的发展和幸福，这种追求的基础是爱的能力。正如爱克哈特所说的："你若爱自己，那就会爱所有的人如同爱自己"。

三、培养爱的能力

爱存在于每个人的心灵深处，但不具备爱的能力的人则很难品尝到爱的甜蜜。因此，要培养自己爱的能力。

（一）学习表达爱

爱是一种能力，是一种懂得如何表达爱的能力。当你爱上一个人的时候，如何用恰当的方式表达爱呢？

1. 表达爱慕之情

表达爱慕之情要循序渐进，先了解对方的性格特点、行为风格、兴趣爱好等基本信息，然后运用试探性的口头语言或身体语言看一看对方的心意，或者通过对方的好友去试探其想法，然后再表白，这样成功率可能就会提高。还有些大学生不敢示爱，害怕承担失败的后果，认为被拒绝是很没面子的。其实，求爱失败并不意味着一个人不够好，只是双方不适合而已。

2. 善用爱的五种"语言"

在恋爱中，人们有时会有这样的困惑：为什么两个很优秀、很善良的人却无法在一起？为什么恋爱中的每个人都付出了很多，而对方却没有感受到爱？其中一个关键的问题是：你表达爱的方式是对方想要的吗？如果你仅用送礼物的方式表达爱，但是对方需要的却是你的陪伴，那么对方便无法感受到你的爱。生活中可以用哪些"语言"表达爱呢？

第一，肯定的言辞

每个人都希望被他人肯定，恋人之间更是如此。伴侣间真诚的欣赏与鼓励是表达"我爱你"的有效方式之一，也是爱情保鲜的重要秘诀。其实，你用什么样的眼光看待恋人，恋人就会成为什么样的人，这就是心理学中的罗森塔尔效应。

第二，服务的行动

服务的行动是指通过为对方做一些事情来表达爱。例如，恋人懂得关心和体贴，在你忙于学习的时候，他会默默地去食堂为你买饭，出行时帮你背重重的行李，天冷的时候嘱咐你多穿衣服、注意身体。

第三，接受礼物

对于接受礼物会感受到爱的人来说，即使是一些小礼物也有着十分重要的含义。其实，礼物的价值并不是用金钱来衡量的，它只是在传达一种信息——"我的心里一直有你""虽然我没有经常陪伴你，但你对我来说是重要的"。有时自己亲手制作或者是花费心思"淘"来的礼物更有意义。

第四，精心的时刻

与恋人在一起并不是指你与他肩并肩坐在一起，各自玩着手机或做自己的事情，而是指你与恋人在一起交流分享内心深处的渴望、快乐、焦虑以及生活中的点点滴滴，专注倾听对方的话语，体验彼此的关心与爱。也许你们每天在一起的时间并不长，但这是你们一起度过的美好时光。

第五，身体的接触

恋人间的拉手、拥抱或者是依偎都能传递爱的信息。和所爱的人有适当的身体接触，有时胜过千言万语。当对方心情沮丧需要安慰的时候，不妨给他一个温暖、踏实的拥抱。

在爱的五种"语言"中，使用哪一种"语言"才能让所爱的人感受到爱，这需要双方相互了解、沟通与探索。只有熟知对方"爱的语言"，用对方喜欢的方式表达爱，才能真正拥有表达爱的空间，让恋情被更多的爱滋养。

（二）理性接受爱

接受爱的能力指一个人面对别人的表白能理性地做出判断，然后选择接受、拒绝或者再观察。

1. 识别爱

在准备开始一段感情之前，首先要能够识别好感、友情与爱情，学会辨别爱情的真伪。大学生在与同学朝夕相处过程中，对他人产生好感是正常现象，但这种朋友间的欣赏、喜欢和信任等不一定是爱情。大学生要学会识别爱，避免因混淆了爱情和其他情感而使自己陷入困境，尤其要警惕那些动机不纯、目的不明确的虚假爱情，这样才能把握自己的感情方向，使爱情朝着健康的方向发展。

即使没有遇到自己心仪且适合自己的人，也不要急于发展一段恋情。在等待他出现的日子里，你正好可以多读一些书，多参加一些有意义的社团活动，发现并培养自己的兴趣、爱好，提升自己的内在修养与气质。相信在不远的将来，会有一个适合你的人，"执子之手与子偕老"，这才是真正的幸福。

2. 接受爱

如果向你表白的人正是你心仪的对象，那么你可以欣然接受。有的同学非常开心，但是行动上却过于矜持，多次以冷漠的态度拒绝对方的表白，以考验对方的诚意。其实，这是不成熟的爱情心态。建立在不平等基础上的恋爱关系不会持久，这样的行为也会让追求方产生误解，误以为两人不合适而放弃这份感情。

（三）果断拒绝爱

被爱是一种幸福，但是如果向你表白的人并不是你的意中人，你就需要恰到好处地拒绝。

1. 拒绝的原则

拒绝他人的表白，难免会给对方造成伤害，因此拒绝时态度要坚决，语言要委婉，要尽可能减少伤害。例如，一个女生用诗人汪国真的诗《请你原谅》婉拒了一个追求者，既表达了态度，又没有伤害对方的自尊，还让追求者明了自己的心意。

阳光纵然慈祥也没力量

让每一棵果树都挂满希望我们怎能责怪太阳

我纵有爱心也没有可能

圆你每一个绮丽的梦想因此，请你原谅

2. 表达感谢

个人鼓足勇气向心仪的人表白是对他的欣赏、喜欢和认可。被追求者首先要向对方真诚地表达感谢，然后再说出自己拒绝对方的理由，这样更容易被对方接受。

3. 拒绝的内容聚焦于"不合适"

一般来说，被拒绝的人会有被伤害的感觉，甚至有人会将自己被拒绝归因于自己不够好。因此，拒绝时要肯定对方的优点，真诚地说明自己不能接受这份感情的理由。如果当面不方便说，也可以用写信的方式表达。

4. 选择合适的时间和环境

拒绝的时间最好是阳光明媚的上午或中午，并在较公开的环境表达拒绝，这样可以避免使追求者的心情更加沮丧，或者因被拒绝而出现情绪失控的现象。

5. 拒绝暧昧

有些大学生担心给别人造成伤害而不忍心拒绝，会与对方继续保持暧昧关系；还有的大学生拒绝对方之后为了安慰对方，会答应追求者的其他要求，如给一个亲吻或拥抱、接受礼物或约会邀请，这都会被对方误解为接受表白，从而给双方的感情造成更大的伤害。

（四）勇敢维持爱

当热恋的激情逐渐退去，爱情的新鲜感逐渐消失，恋人之间因差异而发生的争吵越来越多时，很多人陷入了相爱简单，相处太难的困惑当中，为什么恋人会相爱相杀？如何才能让爱情历久弥新？

1. 志同道合

恋爱是一场志同道合的旅行。志同道合指的是人与人志趣相同，理想与信念相契合。历史上有很多志同道合的爱情典范，如周恩来和邓颖超的爱情就建立在志同道合的基础上，他们共同投身于伟大的革命事业中，给世人留下了一段举世传颂的红色爱情故事。只有建立在志同道合基础上的爱情之花才能经久不衰，而建立在容貌、权利、经济等基础上的爱情经不起风浪的考验。

2. 接纳差异

世界著名家庭治疗师萨提亚曾指出："人们因为相同而联结，因为不同而成长。"这句话运用到爱情当中，即"相同"可以理解为志同道合，"不同"可以理解为人与人之间的差异。每个人都有自己的独特性，无论与谁相恋，我们都要学会承认并尊重彼此的差异，否则即使我们结束一段恋情，开始新的感情，旧有的相处模式依然会困扰着我们的爱情。其实，人与人之间的差异不是隔离彼此的障碍，而是相互学习的机会。重要的是要带着好奇及欣赏的眼光看待彼此的差异，尊重对方，从而在差异中获益。

3. 理性化解冲突

在生活中，恋爱双方出现矛盾和摩擦是在所难免的事情。有的人被情绪控制，或通过大吵大闹的方式解决，或以冷漠、抗拒应对，这都是不成熟的表现，只会将爱情推向深渊。那么如何理性化解冲突呢？

首先，认识冲突。恋人之间的冲突包含以下几个含义。第一，彼此很在意，重视对方，想让对方改变；第二，想解决问题，让感情继续；第三，冲突是一种沟通方式，只是不那么令人舒服。在冲突中，每个人都在表达自己的观点，这在某种程度上可以促进两个人相互理解。

其次，调整情绪。情绪是我们的信使，提醒我们关注一些信息。恋人之间发生冲突时，如果对方有强的负性情绪，可能说明他被爱、被理解、被尊重等内心需求没有得到满足。你可以根据对方的需要做出反馈，先让对方恢复平静，再平心静气地沟通。例如，对方感觉你不在乎、不爱他了，你可以真诚地表达对他的爱，或者用拥抱表达自己的爱，满足其内心的需要。如果双方的反应都很激烈，那么两个人需要先冷静下来再进行沟通。

再次，真诚、有效地沟通。沟通是人与人相处的艺术，爱情中的沟通也是如此。在大学校园里，我们经常听到恋爱中的男生抱怨："我也不知道自己做错了什么，女朋友就莫名其妙地生气了。"而女生往往会说："他根本不喜欢我，一点儿都不了解我。"看来，女生的心思最难猜，男生经常发现自己费尽心思却不讨好。在恋爱中，因沟通不畅而发生冲突的事情很常见。因此，大学生要学会真诚、有效地沟通。如果对方不明白你的心意，何不直截了当地向对方表明？沟通时要真诚，沟通的目的是两个人相互理解，不是为了羞辱、指责对方。

【心灵体验】

我喜欢我的性别

1. 活动目的：加深对男生、女生不同性别美好特性的认识。

2. 活动时间：20分钟。

3. 活动材料：纸、笔。

4. 活动步骤：

（1）每人在纸上独立完成下面的句子。

男生篇：

A. 因为我是男生，所以我擅长：_____

B. 我喜欢我是男生，原因是：_____

女生篇：

A. 因为我是女生，所以我擅长：＿＿＿＿＿＿＿＿＿＿＿＿＿＿＿＿＿＿
＿＿＿＿＿＿＿＿＿＿＿＿＿＿＿＿＿＿＿＿＿＿＿＿＿＿＿＿＿＿＿＿

B. 我喜欢我是女生，原因是：＿＿＿＿＿＿＿＿＿＿＿＿＿＿＿＿＿＿
＿＿＿＿＿＿＿＿＿＿＿＿＿＿＿＿＿＿＿＿＿＿＿＿＿＿＿＿＿＿＿＿

（2）每4~5名同性别的同学为一组，分若干个小组，相互讨论和交流各自写的内容。

（3）最后各小组把最好的句子汇总分享。

5. 活动分享：通过活动可以发现不管是男生还是女生都有着属于自身性别的优势特征，而且具有独特的，同学们要不断增进性别认同感，充分发挥自身性别特征的优势，挖掘潜能。

【心灵保健】

高智商的争吵艺术

爱情不只有柔情蜜意、海誓山盟，有时也有争吵和恶语相向。有人说相爱的两个人通过吵架才能更加亲密，也有人说争吵是双方将一把把语言的尖刀甩向对方，刀刀命中要害，让对方受到伤害。那恋人之间该如何争吵呢？美国佐治亚理工学院的心理学博士张怡筠提出了高情商的争吵艺术。

1. 轮流发言，认真倾听

一有冲突，双方都会急于说出自己的想法，却往往不愿聆听对方的心声。这么一来双方原本已受伤的心就会因为"你不在乎我，连我的话也听不进去"等感觉而越发激动。这时要想和对方理性沟通，肯定就更难如登天。所以聪明的你应先认真倾听，并且在诉说自己想法前重述另一半刚说过的话："你的意思是因为……而觉得很生气（失望）吗？"如此一来，就能成功安抚对方，并顺利找到矛盾症结。

2. 不乱道歉，但必定道歉

有些人一旦发生冲突，就立刻心不甘情不愿地向恋人道歉："好啦，好啦，算我对不起你，好不好？"事实上，这种缺乏诚意的做法不但无法解决问题，反而会让两个人更加对立。高情商者则会先思考一下自己是否有错，如果是自己不对，就优雅而诚恳地道歉："很抱歉，我做得不好……"即使不一定是自己的错，也可以为心情道歉："不管怎么样，很抱歉让你有不愉快的感觉。"

3. 不翻旧账，专注焦点

恋人之间争吵，最怕的就是"举一反三"——把"旧账"一并拿出来数落。这么做感觉很过瘾，对吧？然而贪图一时之快，会让"新仇旧恨"一起涌上心头，争吵就失去了焦点（"你到底是在谈今天我迟到的事，还是我给前女友发短信的事"），会激怒对方。

聪明的做法是一次只讨论一件事，万一有人不小心岔开了话题，你就看着他的眼睛，温柔地提议："我知道你很在意那件事，等我们解决了这件事，再一起讨论那个问题吧！"

4. 强调感觉，不做攻击

"你真是个不负责任的人！"这句话一出，就在对方心上重重打了一拳，也同时在两人的关系上深深地刻下一刀,原先甜蜜的恋情开始出现难以弥补的裂痕。那么该怎么办呢?心理学家发现,不论多不高兴,只要能在争吵时避免带有攻击性的字眼,你就学会了珍惜自己的爱情。请试试看用"我觉得……"代替"你真是……"例如,"当你和我约会迟到三十分钟时,我觉得不受重视(生气、失望)。"

5. 强调解决,而非抱怨

吵着吵着,千万别吵上了瘾,开始滔滔不绝地数落起来。只要双方都表达了立场,接下来就该为解决问题而努力。教同学们一个超赞的说法:"那你认为我们怎么做会更好?"要是你心中也有想法,不妨这么开口:"如果我们这么做……行不行?"

学会建设性地争吵,这样爱情再也不会越吵越少,相反,感情会越吵越美好。

【本章小结】

1. 爱情的狭义概念:爱情是在一定社会经济文化状态下,男女间基于一定的社会基础和共同的生活理想,在各自内心形成的倾慕,并渴望对方成为自己终身伴侣的一种强烈纯真专一的感情。

2. 斯腾伯格的爱情三元理论认为,爱情由激情、亲密和承诺三个基本元素组成,可以把爱情分为八种类型:喜欢之爱、迷恋之爱、空洞的爱、浪漫之爱、伴侣之爱、愚昧之爱、无爱和完美之爱。

3. 性心理的发展通常要经历异性疏远期、异性接近期、异性向往期、两性恋爱期四个阶段。

4. 大学生爱情的特点:恋爱年龄低龄化、恋爱比例扩大化、恋爱方式公开化、恋爱目的多元化、婚恋观念开放化、恋爱关系脆弱化。

5. 大学生恋爱的困扰:单恋、失恋、网恋、性的困扰。

6. 大学生常见的性困扰:性自慰行为、边缘性性行为、性体像困扰、性骚扰和婚前性行为。

7. 大学生单恋心理的调试方法:客观、理性对待恋爱问题;及时移情、移境,转移、感情注意力;大胆追求,勇于自我表露。

8. 大学生失恋心理的调试方法:逆向思考;合理宣泄。

9. 大学生如何把握爱情:善待自己和爱情、善待他人、培养爱的能力。

【自我小测验】

心理测验须知:

1. 本测验适用对象为成人(16岁以上)。

2. 本测验选用的是专业的测试问卷,主要是用于帮助我们了解自己的恋爱观。对测验结果的评估与解释需要由专业的心理咨询师结合您自身的具体情况来做出,所以请谨慎看待本测验的结果。

恋爱观测试

指导语:健康的恋爱观是爱情幸福的源泉。请根据自己的实际情况回答下列问题,并将总分值与结果对照。

  1. 你对爱情的幻想是

  A 具有令人神往的浪漫色彩　　B 能满足自己的情欲

  C 使人振奋向上　　　　　　　D 没想过

  2. 希望恋爱如何开始

  A 在工作或学习中逐渐产生　　B 从小青梅竹马

  C 一见钟情，卿我难分　　　　D 随便

  3. 对未来妻子的主要要求是

  A 善于理家　　　　　　　　　B 被人都称赞她的美貌

  C 顺从你的意见　　　　　　　D 能在多方面帮助你

  4. 对未来丈夫的要求是

  A 有钱有地位　　　　　　　　B 为人正直，有上进心

  C 不嗜烟酒，体贴自己　　　　D 英俊、有风度

  5. 巩固爱情的最好途径是

  A 满足对方的物质要求　　　　B 用甜言蜜语讨好对方

  C 对对方言听计从　　　　　　D 努力使自己变得更美丽

  6. 在下列爱情格言中，你最喜欢

  A 生命诚可贵，爱情价更高　　B 爱的意义在于互相提高

  C 有福同享，有难同当　　　　D 为了爱，我什么都愿干

  7. 希望恋人和你在兴趣爱好上

  A 完全一致　　　　　　　　　B 虽不一致，但能互相联系

  C 服从自己的兴趣　　　　　　D 没想过

  8. 对恋爱中的意外曲折怎样看

  A 最好不要出现　　　　　　　B 自认倒霉

  C 想办法分手　　　　　　　　D 把它作为对爱情的考验

  9. 发现恋人的缺点时，你是

  A 无所谓　　　　　　　　　　B 嫌弃对方

  C 内心十分痛苦　　　　　　　D 帮助对方改进

  10. 你对家庭的向往是

  A 能同爱人天天在一起　　　　B 人生有个归宿

  C 能享受天伦之乐　　　　　　D 激励对生活的追求

  11. 自己有一位异性朋友，你是

  A 征得对方同意才继续交往　　B 让对方知道，但不许干涉

  C 不告诉对方，认为是自己的权利　D 根据对方态度而决定是否告知

  12. 看到另一位比对方更好的异性，你是

  A 讨好对方　　　　　　　　　B 保持友谊，必要时再作说明

  C 十分冷淡　　　　　　　　　D 听之任之

13. 当你迟迟找不到理想的恋人时，你是

A 反省自己的择偶标准是否实际　　B 一如既往

C 心灰意懒，对婚姻感到绝望　　D 随便找一个算了

14. 当所爱的恋人不爱你时，你是

A 愉快地同对方分手　　B 毁坏对方声誉

C 千方百计缠住对方　　D 不知所措

15. 恋人做出对不起你的事时，你是

A 采取报复措施　　B 到处诉说对方的不是

C 只当自己瞎了眼　　D 从中吸取教训

16. 认为理想的婚礼是

A 能留下美好而有意义的回忆　　B 有排场，被别人羡慕

C 亲朋满座，热闹非凡　　D 双方父母满意

测验说明：

按照下表列出的每题选项的得分，计算总分。

题号	A	B	C	D
1	2	1	3	0
2	3	2	1	1
3	2	1	1	3
4	0	3	2	1
5	1	0	2	3
6	2	3	2	1
7	2	3	1	0
8	1	2	0	3
9	1	0	2	3
10	2	1	1	3
11	3	2	1	1
12	0	3	2	1
13	3	1	0	1
14	3	1	0	1
15	0	1	2	3
16	3	0	1	1

结果分析：

32分以下：恋爱观不够正确，要注意改进。

32~40分：恋爱观处于一般水平。

40 分以上：恋爱观基本正确。

如果这 16 个题中有一半左右你不知道如何回答，则表明你的恋爱观还游移不定，需要尽快确立自己的恋爱观。

第七章　学习心理辅导：为成才奠基

> 学知不足，业精于勤。
>
> ——（唐）韩愈

➲ 引言

人既是知识的创造主体，同时也是知识运行的载体。知识社会是以人为中心的社会。当代大学生生活在知识社会中，学习自然成为首要任务和主要的活动方式。通过学习，大学生能获得广博的知识，明确社会规范，从而健康地成长，并在将来能适应知识社会对自己的要求。学习是一种十分复杂的心理过程，它需要智力因素和各种非智力因素的积极参与，因此大学生的心理健康状况和心理发展水平，对大学生的学习过程和学习效果将产生直接的影响。

※ 本章知识点

着重介绍学习与心理健康的关系、大学生在学习中常见的心理问题并提出相应的解决办法。

第一节　认识学习——知识就是力量

在大学阶段，学习仍是大学生生活的主要任务。与中学阶段不同，大学学习有着很强的目的性、自主性与选择性，它不单纯是为了学习而学习，而是为了兴趣而学习，为了未来而学习，为了成长而学习。更为重要的是，大学时期是每位学生记忆力、动作反应速度最佳的黄金时期。学习，不仅是大学生未来事业的基础，更是其成长历程的关键。

一、学习与大学生学习的概念

（一）学习的概念

学习是一种既古老而又永恒的现象。在中国，学习这一词，是把"学"和"习"复合而组成的词。

学习的概念有广义与狭义之分。从广义上讲，学习是人和动物在生活过程中通过实践训练而获得的由经验引起的相对持久的适应性的心理变化，即有机体以经验方式引起的对环境相对持久的适应性的心理变化。在这个定义中，体现了四个论点：一是学习是人和动物共有的心理现象，虽然人的学习是相当复杂的，与动物的学习有本质区别，但不能否认动物也是有学习的；二是学习不是本能活动，而是后天习得的；三是任何水平的学习都将引起适应性的行为变化，不仅是外显行为的变化（有时并不显著），也有内隐行为或内部过程的变化，即个体内部经验的改组和重建，这种变化不是短暂的而是长久的；四是不能把个体的一切变化都归为学习，只有通过学习活动产生的变化才是学习（如由于疲劳、生长、机体损伤以及其他生理变化所产生的变化都不是学习）。广义的学习概念是人和动物所共有的。

狭义的学习主要是指人的学习。首先，人的学习是以语言为中介的学习，主要依靠第二信号系统的学习；其次，原生生物可以依靠本能而生活，而人与环境的关系非常复杂，依靠本能已无法适应。学习在人类生活中的作用是一切动物所无法比拟的。从学习目的来看，动物的学习仅限于对环境的适应，是消极的；而人类的学习是为了改造和征服自然，是自觉的、积极的、主动的学习。从学习形式来看，人不仅以直接经验的方式获得经验，而且还能在与他人的交往中以间接经验的方式获得经验，动物则做不到。

（二）大学生学习的概念

大学生学习是人类学习的一种，具体指大学生在大学校园里，在教师的指导下，有目的、有计划、有组织进行的过程，其目的是在比较短的时间内系统掌握科学知识和技能，开发智能，培养个性，形成一定的世界观与道德品质。大学生学习是学生学习的一种，属于更为狭义的学习，与中小学的学习也有明显区别，是一种特殊形式的学习，具有其自身的一些特点。

二、大学生学习的特点

（一）大学生学习是学习的一种特殊形式

学习是大学生的主要任务，大学生正处于智力发展的高峰期，记忆力、观察力、思考力、逻辑思维能力与创造性都有很大的发展。大学生学习既不同于儿童的学习，也不同于成人的学习。大学生学习既有一定的专业性、目的性和探索性，又有深刻的社会意义，表现出广泛的兴趣和各种各样的学习方法。

（二）大学生学习的特点

学习是大学生的首要任务。大学生的学习与中学生和成人的学习相比较，除具有一些共同的特点，还有自己的特点：

1. 学习的专业性

大学生的学习是在确定了基本的专业方向后进行的，因此其学习的职业定向性较为明确，即为将来走上工作岗位，适应社会需要所进行的学习；专业与学科群的划分也将大学学习与未来职业生涯紧密联系在一起，而专业学习要求大学生既要了解本专业的前沿知识与经典理论，又要掌握与专业相关的基础知识与专业知识。

2. 学习的自主性

无论从学习内容、学习时间及学习方式都更加强调个体在学习活动中承担角色，主要强调学习的自觉性与能动性。大学生学习的能动性表现在两个主要方面：第一，大学生对学习内容具有较大的选择性，特别是随着高等教育改革的深化，大学的课程安排更加科学合理，既有公共必修课、专业基础课，还有辅修课程及大量选修课，学生可以根据自己的专长、爱好、兴趣，自由选择。第二，高校更加重视培养大学生知识运用能力，即知识应用能力，课程设计、学年论文、毕业设计与毕业论文都体现了知识的运用能力，也充分体现学生的主观能动性。

3. 学习的多样性

多样性主要是指大学学习内容和学习途径的多种多样。进入大学，课堂学习只是学习的一小部分，除此之外，大学生更多的是靠广泛的学习兴趣去探求，获得课程之外的知识来确定自己学习所要达到的目标。有的大学生把精力放在考研的内容上，有的大学生努力学习专业技能，为将来的社会实践奠定基础。另外，课堂教学已经不是大学学习的唯一途径了。在课堂的学习中，教师主要通过开展各种形式的讲授，充分调动大学生学习的积极性和主动性。上课时间之外，大学生有较多时间自由支配，学校为大学生提供各种学习机会，如学术报告、知识讲座、专题论坛、社会调研和参观访问等。另外，大学生还可以到图书馆和电子阅览室查阅文献资料。多样的学习形式满足了各层次大学生的需要，为大学生从不同角度获得知识创造了条件。

4. 学习的创造性

大学的学习方式和思维方式逐渐从死记硬背转向抽象思维确立个人见解。大学生的学习已经不单是掌握知识，更重要的是掌握知识形成的过程与研究方法，了解学科发展前沿、存在的问题及解决的思路。大学生在充满学术研究气氛的特殊环境影响下，通过撰写调查报告、毕业论文等，逐步养成良好的创造性科研习惯。

三、学习与心理健康的关系

学习是人得以生存和发展的必然条件，大学生的学习促进了大学生身心的全面发展，是大学生心理健康的保证。而学习又是一个非常复杂的心理现象，大学生的心理健康状况、心理发展水平也会对大学生的学习产生直接的影响。可见，大学生的学习与其心理健康的关系是相互影响、相互制约的。

（一）大学生学习对心理健康的影响

1. 积极影响

（1）学习能够开发大学生的智力和潜能。人们常说"刀越磨越快，脑子越用越活"，这句话有一定道理。每个人都有与生俱来的智力和潜能，这些智能只有通过学习，才能得到开发和利用。同样，大学生的观察力、注意力、记忆力、思维力以及想象力只有在实际学习过程中，才能得到开发、利用和提高。如果不学习，先天素质再好的大学生，其智能也得不到开发和利用。

（2）学习能够提高大学生的各种能力。能力是人顺利地完成某种活动所必须具备的心理特征，它总是在一定的活动中表现出来，并且在活动中获得和加强。随着社会的发展，社会对大学生的能力要求将越来越高,总体来说,这些能力包括自学能力、操作能力、创造能力、表达能力、管理能力等,而这些能力都是通过学习活动锻炼而提高的。因此,大学生要具备社会需要的各种能力,就必须加强学习。只有通过学习,能力才能不断提高。

(3)学习能够促进正向情绪情感的产生。一个善于学习、乐于工作的人,常把学习和工作当作自己的所爱,能从中找到幸福和快乐。大学生通过努力学习,完成一项学习任务或取得一定的成绩后,就会感到成功的喜悦和快乐。同时自己会发现,一分耕耘,会有一分收获,真正体会到自己的价值和自尊。当遇到不如意的事情时,大学生若能专注于学习,也会冲淡或忘掉烦恼。以学习为乐,可以调节大学生的情绪情感,促进正向积极情绪情感的产生,提高大学生的心理健康状态。

(4)学习能够促进自我意识的发展。古人说"学然后知不足,知不足然后能反也"。只有多学习,才能提高自身的理论水平,从而提高认识问题、分析问题的能力,掌握科学的认知方法,这样才能更好地发现自身的不足,才能正确认识和评价自己和他人,才能不断根据社会需要进行自我调节,以便更好地适应社会。

(5)学习能使心理健康水平不断提高。心理健康是一个循序渐进的过程,它需要不断地学习和实践。在这个过程中,掌握必要的心理学知识和理论,无疑对提高大学生的身心发展水平有一定的帮助。只有通过不断加强学习,大学生才能获得必要的知识,才能改善自己的心理健康状态。

2. 消极影响

任何事物都有正反两面,学习同样也不例外。大学生的学习是一项艰苦的脑力劳动,需要消耗大量的心理、生理能量,必然会带来一些消极、不良的影响。

首先,从学习的强度来说,学习负担如果过重,会给学生带来一定的心理压力,造成精神高度紧张,出现学习焦虑现象。此时,学生如不能很好地调节,采取适当的劳逸结合的方法,过度的疲劳容易对身体健康造成危害,进而影响心理健康。

其次,从学习的内容来说,由于大学生在学习内容和学习时间的支配上具有高度的自主性,因此在完成学校的指定课程外,他们有足够的时间去学习其他的知识。而如果大学生选择的学习内容不健康,就易造成心理污染,使一些辨别能力差、抵抗力弱的大学生受到伤害。另外,如学习内容难度过大,也容易使大学生产生畏难情绪,甚至失去学习的信心。

最后,从学习方式方法来说,大学生如采用的学习方法不当,就易造成付出与所得成绩不成正比的现象,即出现很努力地学习却总也不见成效的现象,学习成绩长期得不到提高。长此以往,会使学生出现自卑心理,甚至自暴自弃,导致恶性循环,影响其心理健康。

(二)心理健康对大学生学习的影响

学生学习的好坏受很多条件与因素支配。从个体的发展来看,影响个人学习的条件既有遗传因素、个体生理健康的因素,又有环境的因素和个体心理的因素等。就大学生学习而言,由于我国现行的高考选拔制度,按照常规入学的大学生,其学习成绩应该相差不大,他们又在相同的环境中读书(同一学校、班级,同一教师授课),成绩却有明显的好坏之分,这又是为什么呢?究其原因,造成这种差距的因素主要在于个体心理因素。

从个体心理因素来看，影响学习好坏的主要因素又可以分为智力因素和非智力因素。智力，是指个人凭借感觉、知觉、注意、记忆、想象和思维的活动来分析问题和解决问题的能力，而个人分析问题与解决问题所赖以进行的观察力、注意力、记忆力、想象力和思维能力构成了智力的因素。智力因素固然能够影响学习的好坏，但它不是影响学习好坏的唯一因素。按正规途径入学的大学生，在智力因素方面的差距也应该不是很大，对于他们来说，对学习好坏影响更大的是非智力因素。

影响学习的非智力因素，包括除智力以外的全部个体心理特征，如学生的学习动机、态度、情绪情感、意志、个性等因素。这些因素是影响大学生学习优劣的关键所在。试想一个智商很高，却有厌学情绪，学习上不肯努力的大学生，是很难取得好成绩的。因此，为了提高学生的学习效率和质量，在充分发挥学生的潜能、调动和组织学生的智力因素的基础上，还要充分激发学生学习的动机和非智力因素。而在这一过程中，大学生的心理健康与否，与他们学习动机和其他非智力因素的正向发挥有着很大的关系。心理健康状况良好，可以激发积极学习动机的产生，形成良好的情绪情感，坚定意志，促进积极个性的形成，进而对学生产生促进作用；反之，若心理健康状况不良，甚至有心理疾病，则会不同程度地影响非智力因素，妨碍大学生学习，阻碍大学生潜能的发挥，严重者甚至无法学习。

第二节 学习动机——兴趣是最好的老师

学习动机是直接推动学生进行学习的一种内部动力，是激励、指引学生进行学习的一种需要。它是一种非智力因素。影响学生持续发展因素是多方面的，其中非智力因素特别是学习动机在其中起着重要作用。

一、动机与学习动机

（一）动机

动机是推动人从事某种活动，并朝一个方向前进的内部动力，是为实现一定目的而行动的原因，是个体的内在过程，而行为是这种内在过程的表现。动机本身不属于行为活动，它是激励人们行动的原因，不是行为的结果。在心理学上，动机是指激发和维持个体活动，使活动朝向一定目标的内部动力，是发动和维持活动的心理倾向。

（二）学习动机

人的任何活动总是从一定的动机出发，并指向一定的目的。学习动机是直接推动学生进行学习以达到某种目的的心理动因，即推动学习的主观动力。

教育心理学指出：学习动机是直接推动人进行学习的内部动力，是激发学习、维持学习并将学习导向某一目标的原动力。引发学习动机的因素是学习需要和学习诱因。学习需要是人为了提高和改善自己的生存环境和社会地位而从事学习的欲望，这种欲望达到一定程度就推动人主动去学习。学习诱因是激发学习动机的外界刺激物，是学习动机的定向目标。有动机的学习，其效果较好；而在无动机的学习中，往往敷衍了事。

例如，一个学生想要考上大学，他就会一心一意地学习，进步也会很快。另一个学生为应付学校的功课而学习，他就会觉得过得慢，进步很慢。这二人学习成绩有差异，就是因为前者有强烈的学习动机——想考上大学，而后者没有明确的学习动机。因此，高效学习的第一步，就是动机的激发，找到学习的正确目的。

二、学习动机的类型和特点

（一）考试型

这一类型学习动机的主要特点是：考试是学习的主要动力。一般包含两种情况：被动考试型，这种类型的特点是：为了应付考试而学习，表现出来就是大家常说的"60分万岁"。主动考试型，这种类型的特点是：为了考出好成绩而学习，典型表现就是"考试机器""考试狂"。由于当前的高等教育仍然是主要通过考试成绩来评定学生的各方面发展，学生的绝大多数利益，例如，评先进、奖学金、入党等和考试成绩挂钩，所以参加考试仍是大学生在大学期间的中心任务和主要心理负担。从总体上来讲，大学生在学习行动中处于被动的状态，学习的知识考试后就忘，学生总体能力培养效果很差，所以说这种学习动机的强化作用差，学习效果较差。但是这种学习动机具有指挥棒的效果，具有一定程度的指导性和强制性。

（二）求职型

这种类型学习动机的主要特点是：毕业找个好工作是学习的主要动力。近几年来，大学生毕业进入人才市场加之国家就业形势严峻，过去那种考上大学就有了工作的状况变成了大学毕业可能直接失业的现状，找工作、找好工作就自然而然地成了大学生的奋斗目标。在找工作这个指挥棒的指挥下，大学生对于有助于找工作的学习内容努力学习，对于找工作关系不太紧密的学习内容则采取过关就行的态度。在以此学习动机引起的学习行动中学生处于相对主动的状态，学习的部分知识相对巩固，学生部分能力得到培养，这种学习动机的强化作用较好。

（三）兴趣型

这种类型学习动机的主要特点是：感兴趣是学习的主要动力。这种学习动机是由于学生对某一知识的初步了解或个人的性格、爱好而产生的，在以此学习动机引起的学习行动中学生处于主动地位，因此学生在学习过程中心情愉快，有较强的求知欲，对所学的知识具有较强的接受能力，对所学的知识掌握比较巩固，相关能力的培养较快，但是这种学习动机的强化作用较差，往往会由于学生兴奋点的转移而消退。

（四）感情型

这种类型学习动机的主要特点是：不辜负别人的器重是学习的主要动力。这种学习动力的来源有许多方面，最常见的是来自同学和教师。这种学习动机是由于学生感受到来自某一方面的强烈期望、信任而产生的，在以此学习动机引起的学习行动中学生处于主动地位，因此有较强的求知欲，对所学的知识具有较强的接受能力，对所学的知识掌握比较巩固，相关能力的培养较快，这种学习动机的强化作用不稳定，往往会由于所受期望强度的改变而增强或削弱。

（五）责任型

这种类型学习动机的主要特点是：报恩是学习的主要动力。这里所说的恩有多种多样，从大的方面来说可以是国家恩，从小的方面来说可以是父母恩。这种学习动机是由于学生感受到强烈的责任感和使命感而产生的，在以此学习动机引起的学习行动中学生处于主动地位，因此有较强的求知欲，对所学的知识掌握比较巩固，相关能力的培养较快，这种学习动机的强化作用强烈，但是这种学习动机的强弱与学生的个体的道德修养、责任心有着密切的联系。

（六）充实型

这种类型学习动机的主要特点是：自我的充实感是学习的主要动力。这种学习动机主要来自学生在学习知识过程中充实感的不断强化和对自身完善的欲望。在以此学习动机引起的学习行动中学生处于非常主动地位，内心承受的学习压力最小，能够获得很强的心理满足感，因此有很强的求知欲，对所学的知识具有强的接受能力，对所学的知识掌握巩固，相关能力的培养快，由于学习成为一种享受，一种需要，所以这种学习动机的强化作用非常稳定，基本不受外部因素的影响。

三、创造性思维的培养

创造是人类进步和社会发展的前提。正是在实际的物质生产和精神生产活动中，人类的创造性思维得到不断地提升、发展，并被广泛运用于实践活动的各个领域之中。创造性思维的发展和运用极大地提高了人类认识和改造世界的能力，加快了人类社会的发展进程。鉴于创造性思维所起的作用，不同时代的人们也在不断地对创造性思维从不同领域、不同层次进行了理论探索，获得了许多积极而又宝贵的思维成果。而当代社会实践和现代科学技术的新发展也促使人们更加迫切地要求更为明确地理解创造性思维。大学生应主动在学习中运用创造性思维。

（一）创造性思维的定义

思维是人脑的机能，是人脑对客观事物间接的和概括的反映，是对事物的本质属性和内在规律的反映，是在表象基础上进行分析、综合、判断、推理等理性认识的过程。它不仅为人获得理性认识所必须，而且也是人的感性活动的调节器。从思维性质上来分类，思维有两种类型，一种是常规性思维，另一种是创造性思维。创造性思维与常规性思维是辩证统一的，是人类解决问题过程中的两个方面。

创造性思维一般而言，是指人类在探索未知领域或对已知领域进行全新思考的过程中，寻求获得新成果、达到新的认识水平、开拓新的认识领域的一种思维活动。广义的创造性思维是指酝酿、提出和形成新观念、新思想、新理论的整个思维过程，即指在创造过程中发挥作用的一切形式的思维活动的总称。狭义的创造性思维则专指提出创新思想的思维活动。

（二）大学生应主动运用创造性思维

1. 树立正确的创新学习观

创新的含义是"抛弃旧的，创造新的"。这里"抛弃旧的"，绝对不能视为对旧的东西全盘抛弃。任何新事物的生成都不是空穴来风，都是在旧事物中孕育、发展的，都不能完全离开旧事物。学习也是如此，只有在掌握了基本的理论与知识之后，才有可能谈创新，在进行创造性思维时，也必须以经典的理论与知识为起点，正确处理好创造性思维的继承性与创新性的关系，在继承的基础上，进行科学的创新。

2. 培植创新的意识和勇气

创新意识是学习过程中运用创造性思维的前提。如果缺乏必要的创新意识，我们就不能根据掌握的知识发现一系列深层次问题，就不敢在对知识的认知与思考中有新的突破，更谈不上新知识、新认识、新思想的发现。所以我们要注重培养勇于创新的意识。学习中的创新是在包含很多不确定性因素的环境中进行的，能否进行创新与创新程度如何，事先是不可知的。这就需要我们有一定的魄力和勇气，敢于突破传统知识的束缚，向学术或理论权威挑战，对传统知识中不合理、不完善、有不足之处的地方运用创造性思维进行学习与思考，从而产生新的认识与发现。

3. 释放广阔的想象空间

人是有思维的，尤其是创造性思维。而想象是人的思维，尤其是创造性思维中最崇高的"翅膀"。爱因斯坦说过："想象力比知识更重要，因为知识是有限的，而想象力概括着世界上的一切，推动着进步，并且是知识进化的源泉。"学习过程中，我们在感知当时直接作用于主体的事物（如知识点）的同时，在头脑中创造出新的形象（如对知识点的个人理解或新的认识），这就是想象。想象和记忆有着密切的联系，没有记忆就没有想象，想象凭借着记忆所提供的材料进行活动。它是在人的头脑中改造记忆中的表象而创造新形象的过程，也是过去经验中已经形成的那些暂时联系进行新的结合的过程。因此，我们在强调学习过程中运用创造性思维的同时，切不可忽略知识记忆。

4. 坚定持久的信念和动力

学习本身是一份苦差事，要进行学习创新更是不易。没有锲而不舍，永不放弃的信念，不达目的不罢休精神作为动力，就很难取得成绩。还须强调一点，学习的过程是非常寂寞的，只有静下心才能真正投入进去，然而很多人往往因忍受不了寂寞，思想浮躁、急功近利，而功亏一篑。只有耐得住寂寞，才能潜下心来勤学苦研；只有耐得住寂寞，才能在一次次失败后又一次次奋起；只有耐得住寂寞，才能谱写出成功之曲！

第三节　常见学习心理问题及调适——觉知此事要躬行

学习是智力活动，也是一个复杂的心理活动，大学生学习的过程就是一个不断调整心理机制以不断挖掘自身潜能的过程。人都有一套内在的帮助其达到目标制导系统的能力，学习亦是如此。大学学习有着很强的目的性、自主性与选择性，学习不仅是大学生未来事业的基础，更是其成长历程的关键。"活到老，学到老"充分说明学习是一个漫长的过程。在这一过程中，人的心理机制无时无刻不在起着支持调节的作用，应当学会从心理上调整个人和现实的关系，用最好的心理状态、最大的心理潜能去学习新的知识不断发掘自我宝贵的潜能，度过一个充实而有意义的大学时代。然而在现实生活中，由于种种原因，大学生在学习过程中难免会出现心理问题。

一、学习心理问题及表现

学习心理主要是指大学生学习过程中产生的心理现象及其规律等。在日常教学中，我们往往会发现存在这样一种现象，一些智商高的学生，学习成绩一般，甚至较差；而一些智商一般的学生，学习成绩却很好。究其原因，就在于学生是否能适应大学的学习方法以及心理是否健康等。著名的心理学教授陈家诗说："心理健康的学生，成绩优于心理不健康者；心理健康的成人，其工作效率必胜于心理不健康者。"

（一）学习动机不当

1. 学习动机不当的主要表现

学习动机不当包括学习动机不足和学习动机过强，这二者都会影响大学生的学业效能感。学习动机不足的主要表现为：无明确的学习目标，为学习而学习甚至厌倦学习和逃避学习；学习动机过强的主要表现为：成就动机过强，奖励动机过强，学习强度过大。

2. 学习动机不当的原因

（1）学习动机不足的原因分析。学习动机不足主要是学习动机不正确，社会责任感不强，价值观念不强，学习态度不端正，学习毅力不强，对专业不感兴趣，对自我的学业期望不足，学业自我效能感低。

（2）学习动机过强的原因是个体学业期望过高，自尊心强，对自己的学习能力缺乏恰当的估计，造成学业自我效能感下降，导致心理压力大；渴望学业成功而又担心学业失败，受表面学业动机的驱使，渴望外在的奖励与肯定，特别是由于学业优秀带来的心理满足使学生更看重自己的学业优势，因此造成学习强度过大，引起心理疲劳。

（二）学习注意力不集中

注意是心理活动对一定对象的指向，具有指向性、选择性和集中性。注意是人类学习的前提，没有注意，就没有大学生的学习。注意在大学生学习中具有极其重要的意义。

1. 注意力不集中的主要表现

一是上课不能专心听讲，大脑常常开小差，盯着黑板却心猿意马，自己不能控制思维飘逸；二是易受环境的干扰，教室外的小小动静都能引起注意力的转移，而且长时间不能静心；三是参加活动如体育运动或看一场电影后，久久沉浸在情节的回忆之中。

2. 注意力不集中的主要原因

一是由于青年时期发展任务多，因而导致压力与心理冲突加剧，特别是由于恋爱、性幻想等更容易引发注意力问题；二是生活事件导致心理应激，如重要地位丧失、考试失败、家庭生活发生重大变故、经济困难、评优失败、失恋、宿舍关系失和等造成的思想负担重，精力分散；三是学习动机不足，学习焦虑过低，缺少压力与紧迫感。

（三）学习的浮躁心理

大学生学习的浮躁心理体现出个体的心境和情绪上的波动，具体表现为行动盲目、缺乏思考和计划、做学问心神不定、缺乏恒心和毅力、见异思迁、急于求成、不能脚踏实地。

1. 大学生浮躁心理表现

（1）盲目性。一些大学生在完成学业后选择继续深造，即留学或考研，这本无可厚非。但其中有一部分并不是为了将来在自己的专业领域有所建树，而是为了找个高薪舒适的工作。其中还有一部分学生是为了逃避激烈的社会竞争，借口深造来逃避现实的严酷。可以看出，这些学生对学习目标迷茫不清。现代社会竞争激烈，很多岗位都需要一专多能的人才。有些大学生片面地理解为一张文凭，多种证书。在校期间为应付各种证书考试而乐此不疲，这不但干扰了他们在校的正常学习，而且一些证书的"含金量"并不高，也不能代表学生的综合素质水平。盲目的考证现象也反映了当代大学生对前途的担忧及茫然的心态。

（2）急功近利。应试教育带有很强的功利色彩。入学后大学生的学习乃至毕业都是较为轻松的。只要进了大学，就像进入了"安全岛"，有的学生在学习上表现出急于追求眼前的成效和利益，缺乏远大的人生目标，考试90分和60分一样都能顺利过关，就更增加了他们混日子过得学习心态。另外有的学生进入大学后，功利心态伴随其左右，大多想获得眼前利益，往往把兼职赚钱看得过重，常常为了金钱，耽误了过多的学习时间。这种急功近利的风气，已经严重影响大学校园的学习氛围，使高等学校的教学质量打折扣。因此，从整体上看，学习动机的功利性、自我性突出，动机内容的质量偏低。这样急功近利的心理状态，就使一些大学生无法真正地静心钻研学问。

（3）见异思迁。在改革开放的今天，有一部分人可能不能抗拒金钱的诱惑，有人还公开说自己是物质女孩、拜金男孩等。大学生们也抵挡不住外面精彩世界的诱惑。有些同学炒股票、打工、搞创业，真正静下心坐冷板凳做学问的人却很少。另外，在学习期间做生意是为了赚钱而不是积累经验，这样也是不可取的，因为很容易迷失方向。大学生应努力提高自身的道德修养，在校期间能认真做学问，厚积薄发，专心致志。这样在创业期间才能多一分成功的把握。

（4）不求甚解。大学的学习具有广博精深的特点，这需要学生不但能认识事物的表面现象和外部联系，还要进一步对信息加以思考、分析、综合、抽象和概括，从而形成概念。浮躁心理使得个体不能集中注意力，不能深入地理解内容。心理浮躁的个体只满足于一般的理解，他们在阅读学习材料时只是走马观花，或是一目十行。更有一些同学只是简单地应付考试，考试过后，脑子里依旧空空如也。对于学习内容的不求甚解是浮躁心理的重要表现。

2. 大学生浮躁心理产生的原因

（1）社会与家庭环境的影响。当今社会是一个高速运行的信息化社会，尤其是随着互联网的快速普及，足不出户就可以了解瞬息万变的社会动态，这为大学生们提供了大开眼界的窗口。也正因为如此，许多传统文化也正被现代快餐文化代替，追求娱乐化与感官化刺激是这类文化的特点之一，由于很多大学生心理并不完全成熟，不能客观辩证地对某些文化现象加以认真分析，容易盲目追随潮流，滋长浮躁心理。在社会变迁日新月异的形势下，不少家长的心理也处于矛盾状态，甚至无法适应，表现出患得患失、心神不安、急功近利，于是出现急躁的心态，这种心理往往会影响到子女。

（2）意志品质薄弱。在学习中则表现为虎头蛇尾，开头干劲十足，但时间长了便无精神，不能长时间地坚持；有的学生则表现为学习兴趣不稳定，朝三暮四，容易转移或消失；有的学生学习缺乏恒心和毅力，遇到困难就灰心丧气，产生厌学或弃学的消极情绪，使学习不能坚持下去。

（3）情绪体验强烈并易于波动。情绪是人对客观事物的态度体验及相应的行为反应，是人的精神活动的主要组成部分。情绪对人的学习活动有着极其重要的作用，情绪对人的行为有着较强的动机作用、适应作用以及信号作用。适当的情绪兴奋，可使人的身心处于活动的最佳状态，进而有效地完成学习任务。

（四）学习的畏难心理

畏是恐惧的意思，它是个体企图摆脱、逃避某种情境时产生的情绪体验。难是困难的意思，又叫挫折，它是个体从事有目的的活动受到阻碍或干扰，以致其动机不能得到满足时产生的情绪波动和心理防御的过程。学习的畏难心理是指个体在学习的活动过程中遇到一些阻碍和干扰，使得需要难以满足，于是产生了害怕学习的心理。

1. 大学生学习的畏难心理主要表现

（1）逃向"外部世界"。大学生在学习中受到了挫折，他们往往不从主观上分析原因，而是一改过去的刻苦学习，变得对学习漫不经心，得过且过，同时在娱乐和谈朋友上倾注其精力。大学生逃避与自己成长与发展关系最直接的学习环境而投入到其他活动中去，这可能在某个时候有一定的缓解作用，但不能真正消除内心的紧张。因为紧张的心理会以潜意识的方式转入另一现实中。

（2）逃向幻想世界。有些大学生学习不好，考试失败后，幻想克服困难取得好分数走上好的工作岗位的愉快景象，这可能使他们鼓起勇气学好功课，但如果不面对现实，一味沉溺于幻想，会使其最终不能适应学习生活。

（3）逃向病患世界。有些学生一到要考试时就会生病。他们不自觉地将心理上的困难转换成身体方面的症状，借以逃脱他人对自己学习不好的责备，而维护自我的尊严。学习上的畏难心理还表现为不愿意与人谈起自己的学习情况、降低自己的学习要求、逃课、见到老师就头疼等。

2. 产生学习畏难心理的原因

客观原因是大学的学习课程多、难度大、要求高。大学学习无论在内容的深度还是知识范围的广度上都是高中所不能相比的。这样的学习任务不是轻松就能完成的。学习的难度增大了，这是使大学生产生畏难心理的原因之一。

主观原因包括大学生个体条件和个体认知。一些大学生由于自身的智力条件不佳或学习方法不当的缘故，使得个体不能取得好成绩，这使他们十分无奈。也有一些大学生之所以产生畏难心理，是由于给自己设立了过高的学习目标，其结果当然是实现不了。而失败的结果无疑给他们带来不小的挫折，使他们在学习上产生畏难心理。

（五）学习的焦虑心理

焦虑属于消极的情绪，它是一种能减弱人的体力、精力，干扰人的正常活动的情绪体验，也属于不愉快的情绪。它使人烦躁不安，类似恐惧，但程度不太强烈。学习焦虑是指学生由于不能达到预期目标或不能克服障碍的威胁，致使自尊心、自信心受挫，或失败感、内疚感增加而形成的一种一般性的不安、担忧和紧张感。

焦虑对学习的影响是一个复杂的过程。一般认为，焦虑程度过强和过弱都会使学习效率下降，渴望取得最佳学习效率的焦虑程度应是中等的。焦虑程度与学习效率之间可以用一条抛物线的形式来表示（如图7-1），即随焦虑程度的增加，学习效率也随着加快，超过一定的焦虑程度时，学习效率就会随着焦虑程度的增加而随之降低。就不同情绪而言，平时不容易激动、情绪比较稳定的人学习效率比焦虑程度高者要好。在一般情况下，焦虑情绪低的人可以在有压力时提高学习的效率，而焦虑程度高的人学习效率在有压力时反而会降低。一般来说，较简单的学习可以因有情绪压力而提高效率，而复杂的工作则可以因情绪压力而降低效率。

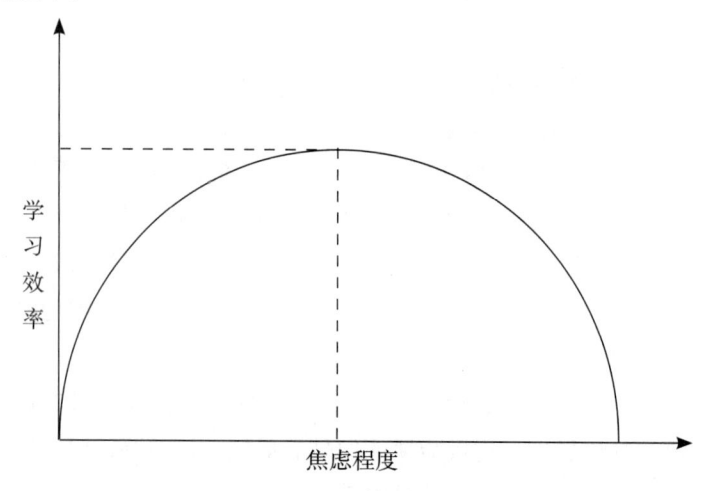

图7-1　焦虑程度与学习效率之间的关系图

1. 大学生学习焦虑的主要表现

大学生学习焦虑的主要表现如下：学习压力大，精神长期高度紧张，思维迟钝，记忆力下降，注意力涣散，情绪躁动，寝食不安，郁郁寡欢，面无表情，精神恍惚。考试焦虑是大学生中较为常见的学习焦虑之一。它指的是一种特殊的、由整个考试情景所引起的精神紧张状态，并与在测验情景中焦虑倾向的个别差异有关。如出现恶心，心跳加快，双手冒汗，尿频等身体反应；感到考试是一种威胁，而不是挑战；考试时对所学知识回忆困难，很难将注意力集中于试题上等。

2. 大学生学习焦虑产生的原因

形成学习焦虑的原因主要来自各种压力,其来源可以归纳为如下几个方面:

(1)学习上的不适应。许多大学生习惯了中学时代那种被动的学习方式,上大学后,对大学里那种老师为辅、学生为主的学习方式很不适应。老师讲得不多,大量的书籍、知识需要自己去学习,这对于那些自学能力不强的同学来说,尤感不适。由于学习方法不得要领,成绩下降很快,因此他们对以后的学习生活和前途感到担心、忧虑,陷入焦虑状态之中。

(2)考试带来的焦虑。考试焦虑是由于担心考试失败或渴望取得好分数而产生的忧虑、紧张的心理状态,在大学生中较为常见。这种学生由于焦虑情绪较严重,常影响其临考状态,考试成绩反而不好;而成绩不好又使其担心失败、追求好成绩的心理加重,使得在下次考试时,焦虑加重,陷入恶性循环。

(3)对自我及成就的重新认识。大学生进入大学后,其对自我的评价常受学习成绩和各方面特长的影响。不少同学在中学时是班上、学校里的尖子生,到大学后,成绩不突出了,又没有足以让人羡慕的音、体、美等方面的特长,对自我及成就的评估常陷入两难境地。特别是新生,对自己的成绩很不满意,希望能尽快提高成绩,而一旦学习上遇到困难或成绩提高不快,就很容易使他们处于一种慢性学习焦虑之中,总感到学习的压力和对现状的不安。

(4)专业学习与兴趣的冲突。有些大学生由于种种原因,所学专业与兴趣不符,在如何处理两者关系时,常有不知所措的感觉。一方面,专业学习不感兴趣但又不能丢弃;另一方面,大量的时间花在兴趣较浓的学科上又影响了专业学习。处于这种左右为难之中的同学常会产生焦虑不安情绪。

(六)大学生的厌学心理

厌学指学生对学习感到厌倦的心理现象。大学生厌学是公认的事实,但厌学现象不利于良好校风、学风的建设。目前,有的大学生认为上大学就是为了获得一张文凭,认为读书并没有实际意义。这种思想导致大学生出现上课迟到、早退、逃课等现象,这些行为严重影响大学生自身素质的提高,不利于高校人才的培养。厌学从心理学角度来看,是学生对学习持消极态度,对学习认识有偏差,在情感上消极对待,行动上主动远离。

1. 大学生厌学心理表现

学习缺乏积极性,兴趣低落,求知欲缺乏或学习目标"短视",学习行为懒散,不愿刻苦学习,纪律松弛,如逃学、考试舞弊等。

2. 大学生厌学心理产生的原因

(1)客观原因

一是教育体制问题。现在高校实际教学的目标,较多地注重讲授理论知识,而对教会学生如何学习、如何思考、如何研究、如何动手操作等重视不够。同时,当前高校的管理工作缺乏较完善合理的评价考核制度,对学生常以卷面成绩排名次,对教师则以不完善的学生评议进行评定。考核的真实性、客观性有限,有的学生学习态度和行为庸俗化、浅表化，使学生对其学习意义、学习态度认识错误，导致其厌倦学习。

二是社会问题干扰。市场经济作为一把双刃剑，对大学生滋生厌学情绪的消极影响是不可忽视的。首先，市场经济的等价交换、效益原则，被一些学生简单地照搬到学习上来，他们把对学习的投入建立在"盈利"的目的之上，学习追求的是功利和短期效应，社会责任感淡化；伴随着市场经济而派生的拜金主义、享乐主义等，影响了大学生中的一些人，他们崇拜优越、舒适、收入高的生活，热衷于吃、喝、玩、乐，并视之为现代人的生活方式。为了获得这种生活的经济基础，他们将自己的主要心思和精力放到怎样挣钱创收上，学习没有足够的精力，只好对付或应付。时间一长，他们必然会将完成学习任务视作包袱，对学习滋生出厌倦情绪。

三是应试教育的影响。大学生对学习的认识、对学习的态度及一些学习习惯是与基础教育密切相关的。传统的"应试教育"重视暂时的、表面的教育效果即考试成绩，忽视了学生素质的提高。大学生的学习目标更多的是具体的、短期的。这就易使学习者缺乏内在的、持续的激励因素，而在各种因素的干扰下滋生厌倦情绪。同时，会妨碍和误导学生对学习意义的正确认识。当进入大学后，大学生一下子没有了明确的应试目标，也就没有了学习动力，这时他们对学习的厌倦情绪很容易爆发出来。

（2）主观原因

一是当前大学生的整体素质水平不高。这表现在他们中的一些人缺乏远大理想和坚定的信念，人生观、价值观过于讲求实际实惠，缺乏认真读书学习的习惯，知识面窄而贫乏，文化素养、个人修养及理论水平等都较低浅，情操情趣的水平等也有限。尽管他们思维活跃、爱思考、易接受新事物，但由于实际水平与之不相适应，因而在认识问题时，虽极力以"成熟"者自居，但由于实际水平的限制，于是常出现头脑发热、走极端、简单化或盲从等现象。这是大学生产生厌学心理的主要原因。

二是大学生身心发展不平衡所引起的矛盾。现在的大学生多数是应届高中毕业生，年龄不太大，但这些十七八岁的学生生理发育很好，已趋于成人。加之自我意识的发展也使得他们想以成人自居，特别是经过了高考这种千军万马过独木桥似的竞争，他们自我感觉也良好。由于基础教育偏重应试教育，不论是学校还是家庭，更多的是关心和关注学习成绩和考试分数，而对其认知能力、个性、心理成熟等方面注意较少，因而当前大学生中的一些人，其实际理论知识、文化修养、认识能力及水平等与他们的学习分数并不是完全相符。

三是专业选择问题引起的。在填报高考志愿时，很多学生非常盲目，又加之没有慎重对选填专业做全面了解，来到大学后，发现对所填报专业根本就不感兴趣。有的是因为服从学校调剂而改选了自己不热爱的专业。大学生进校后转换专业机会少，限制多，阻力大，成本高，手续繁，结果造成广大的学生产生厌学情绪。

二、学习心理问题的调适

不良的学习心理会给大学生带来很多困扰和危害，应采取行之有效的措施和方法来调适，排解这些不良的心理，从而增强自身的学习能力。

（一）学习动机不当的调适

（1）学习动机不足的自我调整。一是正确认识学习的价值与大学的目标，重新规划学业与人生；二是调整心态，以积极的心态对待学习特别是学习中遇到的挫折与困难，用自身的意志战胜惰性；三是改进学习方法，提高学习效率与学业自我效能感，提高学生的自我价值与社会价值。

（2）学习动机过强的自我调适。一是正确认识自己的潜质，制定恰当的学业目标与学业期望，调整成就动机，与此同时，脚踏实地，循序渐进，不好高骛远；二是转换表面的学习动机为深层学习动机，淡化外在奖励尤其是学业成就的诱因，正确对待荣誉与学业成绩；三是端正学习态度，树立远大理想，保持旺盛的学习热情并坚持不懈，便会取得预期效果。

（二）注意力不集中的自我调适

（1）学会注意力转移，遇到生活应激事件与挫折，能够尽快从中解脱出来。

（2）适当强化学习动机，保持适当的学习压力与学习焦虑，并进行积极的自我激励与自我暗示。

（3）养成良好的学习习惯与生活习惯，保持旺盛的精力。

（4）选择理想的学习环境，减少与学习无关的活动，并进行适当的自我监控。

（三）学习浮躁心理自我调适

（1）要有长远的学习目标。确立学习目标时，要注意两点：一是要扬长避短，充分考虑志向的可行性，要兼顾社会需要和自身特点，这样才会有更多成功的希望。二是立志要专一，志不在多而在恒，要学会坚持。

（2）重视培养思而后行的习惯。习惯是经过反复练习而形成的较为稳定的行为特征，学习习惯是指学生为达到好的学习效果而形成的一种学习上的自动倾向性。为克服学习上的浮躁心理，大学生要注重培养思而后行的习惯。

（3）有针对性地磨炼。我们还可以采取一些措施，有针对性地磨炼自己的浮躁心理。如练习书法、学习绘画、弹琴、解乱绳结、下棋等，这些活动都有助于培养耐心和韧性。

（4）心理暗示。用自我暗示的方法控制自己的浮躁情绪。在我们学习遇到困难时，可以用语言进行自我暗示，如"不要急，急躁会把事情办坏""不要这山望着那山高、这样会一事无成""欲速则不达""坚持到底就是胜利"等语句鼓励自己克服浮躁心理。坚持不懈地进行这种心理练习，浮躁的心理就会渐渐有所好转。

（5）培养做事有始有终的习惯。俗话说："天下无难事，只怕有心人。""精诚所至，金石为开"。大学生只要脚踏实地、认认真真地静下心来做事，积少成多，聚沙成塔，终将会胜利到达彼岸。

（四）学习畏难心理自我调适

（1）正确认识学习上存在的困难。正确认识学习上存在的困难是解决学习问题的关键，而及时有效地解决问题可以防止畏难心理的产生。大学生学习上的困难大多是由学习方法不当而造成的。因而了解大学学习的性质，探索新的适合的学习方法是克服畏难心理的有效途径。

（2）改变不合理的观念。畏难心理与其说是由困难引起的，还不如说是由个体对这些困难的认知所引起的，或者说由大学生认知方面的偏差引起的。只有改变不良的认知方式，纠正错误的观念，才能实事求是地评价学习中出现的各种困难，从困难中看到希望。

（3）勇于实践。为了克服学习上的畏难心理，应该主动地投入到学习活动中。最大的恐惧就是恐惧本身。当我们害怕学习的时候，我们反而要去亲近学习。在面对学习困难的时候，可以从一些简单的学习活动开始，有计划、有步骤地展开学习活动，由易到难，最终把握学习活动。

（4）优化个体自身的人格品质。学习上出现畏难心理也与人格特征有关。性情急躁、心胸狭窄、意志薄弱、缺乏自知之明的人更容易在学习上产生畏难心理。为了克服畏难心理，大学生应主动地培养自己良好的人格品质。乐观自信可以鼓起我们战胜困难的勇气，自强不息可以铺平通往成功的道路。学习的路途是坎坷的，只有坚强不屈、顽强拼搏的人才能走到光辉的尽头。

（五）学习焦虑心理的自我调适

当出现学习焦虑的情况时，应充分发挥自我调适的能力来控制焦虑的程度。具体的做法如下：

（1）进入角色，熟悉生活，提高自身适应能力。在现实生活中，每个人都要随着外界环境的变化不断地调整自己的位置，使自己的需求和发展与社会的需求和发展相一致。这就是说，随着大学环境的变化，要使自己进入角色，寻找自己的方位，确立最佳位置。此外，培养自信心在大学生学习中尤为重要。

（2）正确认识和评价个人能力，确立切合自身实际的学习目标。进入大学，新的理想目标等待着自己去确立，这种新目标的确立要根据大学的学习规律，结合自己的实际去努力。在目标的确定中应该注意使个人目标与社会责任联系起来，把近期目标与长远目标结合起来。很多同学入校后由于成绩相对下降及其他方面表现得相对不突出，往往产生强烈的自卑感，为此感到焦虑不安。在这种情况下，大学生应该首先认识到造成这一情况并非个人因素的影响。人外有人，山外有山，一个人不可能永远第一。只有认识到这一点，才能客观评价自己和他人，保持平衡、稳定的心态，确立切合自身实际的学习目标。

（3）培养积极向上的情绪，正确处理学习与其他活动的关系，适当转移注意力。一方面，学生应学会调节、控制自己的消极情绪，积极参加丰富多彩的文体活动，使学习中的焦虑情绪得到缓解和释放，并从中感受快乐的情绪体验；另一方面，大学生也应学会增加自己积极性情绪体验的方法，劳逸结合，经常对学习新知识保持浓厚而新鲜的兴趣，在学习水平不断提高中体会成功的喜悦。

（4）保持适度的自尊心，降低对胜败的敏感度。作为一名大学生，应该有意识地培养和锻炼自己的心理承受力。保持适度的自尊心，做到胜不骄、败不馁，正确对待自己在学习中遇到的困难。只要以坚强的意志勇敢面对学习中的挫折，就会反败为胜，克服焦虑心态。

（5）摸索总结一套适合自己的学习方法，不断提高学习效率。因为大学生智力、心理以及在高中时所处教育环境的不同，在进入大学后，原来在高中名列前茅的同学，很可能会变得成绩平平。在这种情况下，就需加强心理调节，保持情绪愉快和稳定，探索、掌握切合自己特点的学习方法，不断提高学习效率和学习能力。

（6）预防、消除心理疲劳。劳逸结合是预防心理疲劳的重要措施。学习一段时间，应该休息放松片刻；学习之余，多参加一些文体活动，培养广泛的兴趣和爱好；还要保证充分的睡眠时间，养成科学用脑的习惯。

（7）正确对待考试，提高应试技巧。考试只是老师检验学生对所学知识的掌握情况，并不能完全反映学生的整体素质。大学生一方面要重视考试，另一方面应以轻松的思想看待考试。考试成绩只是某一阶段的学习考核，并不能代表全部，包括能力。大学生可把握一定的应试技巧，做好考前准备，认真复习，有计划、有安排，做到胸有成竹；临考前应保证充足的睡眠，以清醒的头脑和充沛的体力迎接考试；考试时，先易后难，保持大脑的兴奋程度。

（六）厌学心理的自我调适

（1）提升个体素质。随着现代社会的发展与进步，人才观念也发生了变化。它不再只被理解为知识水平层次，更主要的是人的基本素质水平。因此，加强素质教育，提高大学生的文化素养、科学素养、政治及身心素养等整体素质水平，防止大学生的畸形发展，大学生也应该主动适应现代化进程，成为符合现代化发展需要的高素质的人才。

（2）注重思想道德修养。大学生要不断提高自身修养，树立正确的世界观、人生观、价值观。要认识到人的本质性不只是在于他去适应现实，更重要的还在于他要超越现实、改造现实、推动社会不断进步。因此，大学生要树立远大的理想，有对高于现实的理想人格的追求，这是一种更为积极的适宜的对社会环境的适应。而如果人们的个人价值取向都只注重实惠、指向现实，不仅人类无法向前发展，历史也将只能不断重复。

（3）调整学习目标。现代科学技术的发展，使得学科间的相互渗透日益普遍。大学生的学习目标应该适应时代的要求，适应科学技术发展的需要。不仅要掌握所学的专业知识，还要勇于探索，涉猎多学科的知识，提高自己的理解力、分析力、思考力、表达力、创造力等。通过具体学习过程来学会学习、学会思考、学会创造和学会处理问题等。只有这样，才能充分调动其内在的学习积极性。

【心灵体验】

我学习我快乐我成长

1. 活动目的：通过该活动让学生发掘学习的乐趣，从而激发他们的求知欲望，培养勤奋学习的精神。帮助学生正确对待学习中的烦恼；

2. 活动时间：20分钟。

3. 活动材料：笔；学习苦与乐的问题卡。

4. 活动步骤：

(1) 教师提问——回忆到目前为止，你在学习中体验到的快乐，并将他们记录下来。

(2) 自我探索——你的学习是快乐的吗？

(3) 你的学习生活中的"苦"是什么？

(4) 小组内讨论对苦与乐的感受进行交流。并选择一位成员发言。

(5) 请你对苦进行再定义，试着从苦中寻找快乐。

5. 活动分享：

(1) 真正的学习是愉快的，当快乐的心情不存在时，学习的自我动机水平和学习效果就会大打折扣。

(2) 通过自我探索的方式，对自己的主观体验进行分析，逐步认识到改变自己对学习的看法和态度，这有利于自己的学习和发展。

【心灵保健】

正确的学习方法

随着时代的日益发展，人类需要接收的信息也日益丰富，大学生应该学会如何用最短的学习时间获取更多、更有效的有用知识，并能运用于实践中，从而创造出更大价值。在大学几年时间里，大学生面临的时间短，任务重，因此大学生学会一套适合自己的学习方法很重要。

一、保证良好的睡眠，不要熬夜，定时就寝

睡眠对于大脑健康是极为重要的。如果睡眠的时间不足或者质量不高，严重者可能会影响大脑的功能。学会合理安排自己的睡眠时间来保证学习的质量。

二、学习时要全神贯注

玩的时候痛快玩，学的时候认真学。一天到晚伏案苦读，不是良策。学习到一定程度就得休息、补充能量。学习之余，一定要注意休息。但学习时，一定要全身心地投入，手脑并用。学习的时候常有陶渊明的"虽处闹市，而无车马喧嚣"的境界，只有手和脑与课本交流。

三、坚持体育锻炼

身体是"学习"的本钱。没有一个好的身体，再大的能耐也无法发挥。因而，再繁忙的学习，也不可忽视放松锻炼。有的同学为了学习而忽视锻炼，身体越来越弱，学习越来越感到力不从心。这样怎么能提高学习效率呢？

四、学习要主动

只有积极主动地学习，才能感受到其中的乐趣，才能对学习越发有兴趣。有了兴趣，效率就会在不知不觉中得到提高。有的同学基础不好，学习过程中老是有不懂的问题，又羞于向人请教，结果是郁郁寡欢，心不在焉，从何谈起提高学习效率。这时，唯一的方法是，向人请教，不懂的地方一定要弄懂，一点一滴地积累，才能进步。如此，才能逐步地

提高效率。

五、保持愉快的心情，和同学融洽相处

每天有个好心情，做事干净利落，学习积极投入，效率自然高。另一方面，把个人和集体结合起来，和同学保持互助关系，团结进取，也能提高学习效率。

六、注意整理

学习过程中，把各科课本、作业和资料有规律地放在一起。待用时，一看便知在哪。而有的学生查阅某本书时，东找西翻，不见踪影。时间就在忙碌而焦急的寻找中逝去。

✿【本章小结】

1. 大学生学习的特点：学习的专业性、学习的自主性、学习的多样性、学习的创造性。

2. 学习动机是指人的任何活动总是从一定的动机出发，并指向一定的目的。学习动机是直接推动学生进行学习以达到某种目的的心理动因，即推动学习的主观动力。

3. 学习动机的类型有：考试型、求职型、兴趣型、感情型、责任型和充实型。

4. 大学生应主动运用创造性思维：树立正确的创新学习观、培植创新的意识和勇气、释放广阔的想象空间和坚定持久的信念和动力。

5. 大学生的常见学习心理问题有：大学生学习动机不当、大学生学习注意力不集中、大学生学习的浮躁心理、大学生学习的畏难心理、大学生学习的焦虑心理、大学生的厌学心理。

6. 学习动机不足的自我调适：正确认识学习的价值与大学的目标、以积极的心态对待学习特别是学习中遇到的挫折与困难和改进学习方法。

7. 学习动机过强的自我调适：制定恰当的学业目标与学业期望、转换表面的学习动机为深层学习动机和端正学习态度。

8. 学习注意力不集中问题的调适：学会注意力转移，遇到生活应激事件与挫折，能够尽快从中解脱出来；适当强化学习动机，保持适当的学习压力与学习焦虑，并进行积极的自我激励与自我暗示；养成良好的学习习惯与生活习惯，保持旺盛的精力；选择理想的学习环境，减少与学习无关的活动，并进行适当的自我监控。

9. 学习浮躁心理自我调适：要有长远的学习目标、重视培养思而后行的习惯、有针对性地磨炼、心理暗示和培养做事有始有终的习惯。

10. 学习畏难心理自我调适：正确认识学习上存在的困难、改变不合理的观念、勇于实践和优化个体自身的人格品质。

11. 学习焦虑心理的自我调适：进入角色，熟悉生活，提高自身适应能力；正确认识和评价个人能力，确立切合自身实际的学习目标；培养积极向上的情绪，正确处理学习与其他活动的关系，适当转移注意力；保持适度的自尊心，降低对胜败的敏感度；摸索总结一套适合自己的学习方法，不断提高学习效率；预防、消除心理疲劳；劳逸结合是预防心理疲劳的重要措施；正确对待考试，提高应试技巧。

12. 大学生厌学心理的自我调适：提升个体素质、注重思想道德修养和调整学习目标。

【自我小测验】

心理测验须知：

1. 本测验适用对象为 16 岁以上人群。

2. 本测验仅用于个体学习动力方面的评定，不能用于心理问题的诊断。具体心理问题的诊断请遵从心理咨询师的评估。

学习动力自我测量表

指导语：请你根据自己的实际情况，逐一对每个问题做"是"或"否"的回答。为了保证测验的准确性，请你认真作答。

测试题：

序号	题目	选项	
1	如果别人不督促你，你极少主动地学习	是	否
2	你一读书就觉得疲劳与厌烦，直想睡觉	是	否
3	当你读书时，需要很长的时间才能提起精神	是	否
4	除了老师指定的作业外，你不想再多看书	是	否
5	在学习中遇到不懂的知识，你根本不想设法弄懂它	是	否
6	你常想：自己不用花太多的时间，成绩也会超过别人	是	否
7	你迫切希望自己在短时间内就能大幅度提高自己的学习成绩	是	否
8	你常为短时间内成绩没能提高而烦恼不已	是	否
9	为了及时完成某项作业，你宁愿废寝忘食、通宵达旦	是	否
10	为了把功课学好，你放弃了许多你感兴趣的活动，如体育锻炼、看电影与郊游等	是	否
11	你觉得读书没意思，想去找个工作做	是	否
12	你常认为课本上的基础知识没啥好学的，只有看高深的理论、读大部头作品才带劲	是	否
13	你平时只在喜欢的科目上狠下功夫，对不喜欢的科目则放任自流	是	否
14	你花在课外读物上的时间比花在教科书上的时间要多得多	是	否
15	你把自己的时间平均分配在各科上	是	否
16	你给自己定下的学习目标，多数因做不到而不得不放弃	是	否
17	你几乎毫不费力就实现了你的学习目标	是	否
18	你总是同时为实现好几个学习目标而忙得焦头烂额	是	否
19	为了应付每天的学习任务，你已经感到力不从心	是	否
20	为了实现一个大目标，你不再给自己制订循序渐进的小目标	是	否

测验说明：选"是"记 1 分，选"否"记 0 分，将各题得分相加，算出总分。

这是一份关于大学生学习动力的自我诊断量表，一共有 20 个问题。20 道题目可分成 4 组，它们分别测查你在四个方面的困扰程度：1~5 题测查你的学习动机是不是太弱；6~10 题测查你的学习动机是不是太强；11~15 题测查你的学习兴趣是否存在困扰；16~20 题测查你在学习目标上是否存在困扰。总分在 0~5 分，说明学习动机上有少许问题，必要时可调整。总分在 6~10 分，说明学习动机上有一定的问题和困扰，可调整。总分在 14~20 分，说明学习动机上有严重的问题和困扰，需调整。

第八章 挫折与适应：风雨兼程

> 人们最出色的工作往往在处于逆境的状况下做出，思想上的压力，甚至肉体上的痛苦，都可能成为精神上的兴奋剂。
>
> ——贝弗里奇

⊃ 引言

大多数人的人生都不是一帆风顺的，都必然会与各种各样突如其来的压力、挫折、困难等狭路相逢。压力和挫折可以使人振奋精神，发掘潜能，战胜困难，也可以使人灰心丧气，一蹶不振，行为失常。对于大学生来说，他们承载着社会及家长较高的期望，且自身成长、成才的欲望十分强烈，但由于他们的心理发展尚未完全成熟、稳定，所以他们在前进的道路上必然会面临各种压力和挫折。要想在压力面前不焦虑，在挫折面前不气馁，就需要培养挫折承受能力。

※ 本章知识点

帮助同学们了解压力和挫折的概念及作用，对大学生常见的压力和挫折有清晰的认识，在此基础上，学会如何应对压力和挫折，健康地成长。

第一节 认识挫折——逆境成才

在人生的道路上，挫折会如影随形。在纷繁复杂的现代社会，由于当代大学生，尤其是以00后为主体的大学生一族，初出茅庐，涉世不深。生活阅历相对简单，成长道路较为平坦，普遍缺乏社会生活的磨炼，自我调节能力和自我控制能力不强。很容易在处理学习、工作、社交、友谊、爱情以及个人与社会的关系等人生复杂问题时，常常遭遇挫折，感受到身心压力。

一、挫折的含义

（一）挫折的概念

挫折源于日常用语，由此也容易产生各种不同的含义。在《辞海》中挫折是失利、挫败的意思。《心理学词典》将挫折解释为"当个体从事有目的的活动时，在环境中遇到障碍或干扰致使其动机不能获得满足时的情绪状态。有时仅指阻碍个体动机活动的客观情境"。

在日常生活用语中，挫折一词是指失败、阻碍、失意的意思。在心理学上，挫折是指一种情绪状态，即是指个体在从事有目的的活动过程中，遇到障碍或干扰，致使个人动机不能实现，需要不能满足时所产生的消极的情绪反应。由于人类社会生活的复杂性，挫折的概念有狭义和广义之分。狭义的挫折，专指有目的的活动受到阻碍时而产生的消极情绪反应。广义的挫折，泛指一切能够引起人们精神紧张，造成疲劳度和心理变化的刺激性生活事件。

（二）挫折的要素

挫折概念一般包括三个方面的要素：一是挫折情境，即人们在有目的的活动中，使需要不能获得满足的内外障碍或干扰的情境状态或情境条件，构成刺激情境的可能是人或物，也可能是各种自然、社会环境；二是挫折认知，即对挫折情境的知觉、认识和评价。挫折认知既可以是对实际遭遇到的挫折情境的认知，也可以是对想象中可能出现的挫折情境的认知。不同的人对相同的挫折情境所产生的主观心理压力也不尽相同，个人的认知结构也会影响其对挫折情境的知觉判断。三是挫折反应，即指主体伴随着挫折认知，对自己的需要不能得到满足而产生的情绪和行为反应，如愤怒、紧张、焦躁、躲避或攻击等负面心理感受，即挫折感。

其中，挫折认知是核心因素，挫折反应的性质及程度，主要取决于挫折认知。一般来说，挫折情境越严重，挫折反应就会越强烈。反之，挫折反应就会较轻微。但如果个体主观上将严重的挫折情境认知和评价为不严重，其反应就会比较轻微；反之，如果将并不严重的挫折情境认知和评价为严重事件，那么也会引起强烈的情绪反应。

二、挫折的类型

（一）一般性挫折和严重性挫折

按挫折的程度可将挫折分为一般性挫折和严重性挫折。一般性挫折是指人们在一些不太重要的事情上遇到的挫折，通常对人的影响较小，持续时间不长；严重性挫折是指人们在与自己关系密切和意义重大的事情上受到的挫折，常常引起强烈的情绪反应，对人的影响较大。

（二）暂时性挫折和持续性挫折

按挫折持续的时间可将挫折分为暂时性挫折和持续性挫折。暂时性挫折是指持续时间较短的挫折，一般情况下，随着挫折情境的改变，挫折感和挫折反应会自然消失；持续性挫折是指持续时间较长的挫折或连续发生的挫折，通常挫折情境持续时间较长并具有稳定性，使人处于长期、持续的紧张状态和挫折感之中。持续性挫折对人的影响较大，可能导致当事人对挫折适应不良甚至改变性格特点。

（三）实质性挫折和想象性挫折

按挫折的现实性可将挫折分为实质性挫折和想象性挫折。实质性挫折是指实际存在的挫折；想象性的挫折是指挫折并没有实际发生，是当事人对未来受挫情境和后果的想象。

想象性挫折有时会给当事人带来很大的消极影响，使人在没有受到实际挫折的情况下，极度紧张和焦虑，有时甚至可能导致行为紊乱和精神崩溃。

（四）外部挫折和内部挫折

按挫折产生的原因可将挫折分为外部挫折和内部挫折。外部挫折是指由于外部条件的限制所产生的挫折；内部挫折是指由于自身条件的限制所产生的挫折。

三、挫折产生的原因

（一）需要、动机与挫折

挫折之所以产生，是因为个体的需要和动机没有得到满足而造成。所以，探究挫折产生的原因，首先要明确需要和动机的含义以及它们与挫折的关系。

1. 需要

需要是指人的欲求。指个体对自身生存和发展的客观条件的依赖和要求，是个体在生活中感动某种欠缺而力求获得满足的一种内心状态。个体在与客观环境的相互作用中，为了求得自身的生存与发展，必然产生一定的需求，以保持自身与环境的平衡。人的需要是其产生行为的原动力，也是其积极性的源泉。

人的需要是多种多样的，从不同的角度可以分为不同种类。按需要的起源，需要可以分为生理性需要和社会性需要；按需要的对象，可以分为物质需要和精神需要；按需要的作用，可以分为生存需要和发展需要等。需要指出的是，人的各种需要不是处于同一层面上的，而是虽彼此联系，却成一个由低级向高级逐级递进的需要系统。美国心理学家马斯洛提出了著名的需要的五个层次：生理的需要、安全的需要、爱和归属的需要、尊重与自尊的需要及自我实现的需要。只有前一个需要得到满足后，个体才会有后一个的更高层次的需要。

2. 动机

动机是指引起和维持个体的活动，并使活动朝向某一目标的内在心理过程或内部动力。人的各种活动都是在需要的基础上产生的，在动机的作用下，向着某一目标进行的。

由于人的需要是多方面、多层次的，因此人的动机也是各种各样的。根据不同的标准可以进行不同的划分：按照动机的社会意义，可以分为高尚的动机和低级的动机；根据其所指向的内容和持续的时间，可以分为直接近景动机和间接远景动机；按照产生的条件，可分为内部动机和外部动机；按照动机在活动中所起的作用，可分为主导性动机和辅助性动机；与人的需要相对应，动机可分为天然的动机和社会性动机。需要说明的是，不同的个体有不同的动机；在同一个个体身上，其不同的动机所占的地位和所起的作用也不同。人的动机是在后天实践中形成的，它随着个体所接触的客观环境及自身年龄等因素的变化而发展变化。

3. 需要、动机、挫折三者之间的关系

当个体在需要的基础上，产生某种动机后，便引导个体的行为指向一定的目标。人的积极性就源于并表现在依据需要、形成动机、实现目标、满足需要的过程中。一旦个体达到了所期望的目标，需要得到了满足，就会产生愉悦、满意等积极的情绪体验。如果动机的实现受到干扰或阻碍，目标无法实现，需要不能得到满足，就会使人产生挫折感：紧张、焦虑、悲观失望等。

一般来说，需要的强烈程度决定动机的强度。需要越强烈、越迫切，它所产生的行动动机的动力就越大，投入行动的精力就越大，遭受挫折时的反应也就越强烈；反之，需要比较微弱，也不太迫切，它所产生的行动动机的动力也就比较小，遭受挫折时的情绪反应也相应较弱。此外，对目标的明确程度越高，行为动机的清晰度就越强；或者对目标的期望水平越高，对人的激励作用就越大，目标达不到时所感受到的挫折也就越大。

（二）构成挫折的客观因素

1. 自然因素

自然因素主要指个体不能预测和防范的天灾人祸、时空限制等。如洪涝、干旱、海啸、地震、山崩、飓风、冰雪等，对人们的生命财产造成严重的威胁，都是自然灾害；远隔重洋难以和亲人团聚、空白了少年头等，是时空的限制，是自然环境的限制；学校与周围的空气、水污染、噪声太大、照明不足以及亲人生老病死之类，是自然物理因素的影响。此外，还有由自然因素引起的疾病、事故等。

2. 社会因素

构成挫折的社会因素是指个人在社会生活中受到的各种人为因素的限制与阻碍，包括政治、经济、法律、道德、风俗习惯等。我国正处在一个深刻的社会变革时期，这在客观上对当代大学生的心理带来了深刻的影响。

首先，市场经济呼唤人的主体意识，承认个人利益的合理性，鼓励积极竞争和个人的发展，要求人们锐意进取、开拓创新。面对这种变化，如何处理个人与他人、社会，个体发展与社会发展，合作与竞争等关系，往往使成长中的大学生感到困惑。

其次，当代大学生身处东西方价值观冲突的复杂环境中，直接影响大学生的价值选择，会造成价值体系的重新认知和整合，使人们难以依据自己已有的认知经验，合理而又准确地选择和认同一种社会价值观念系统，从而陷入无以参照、无以归附的境地，也容易产生心理失调和挫折感。

再次，社会转型期对大学生的评价、需求也发生了变化。随着我国各项改革的进一步深化，大学生已不再是"天之骄子"，大学毕业后面临更为激烈的职业竞争，大学生必须和大多数同龄人一样为生存而拼搏，这些反差也极易使大学生产生挫折感。

3. 家庭影响

家庭的一些显性或隐性的条件包括家庭的教育方式、家长的素质、家庭的抚养方式、家庭的人际关系，以及家庭的自然结构等对大学生的心理挫折都有直接或间接的影响。有关研究表明，大学生的许多心理问题都是与家庭生活的不良背景、早期不良家庭生活经历联系在一起的。

4. 学校环境因素

高校环境对大学生产生挫折的影响主要表现在以下几个方面：

首先，硬性设施相对落后。现实中的大学校园环境及设施往往与大学生的想象有一定的差距，一些高校校园设施落后，住宿条件、就餐环境等后勤保障跟不上学生的需求，容易使学生的不满情绪增加。

其次，教学管理模式比较单一。求知欲、成就动机都很强的大学生，往往希望学习最新的知识，能够在社会上大有作为，但是由于各种因素，部分高校的教学内容滞后于现实社会的变化和发展，教学手段和教学方法与新型人才培养的要求不适应，使大学生产生失望情绪，挫折感油然而生。

再次，校园亚文化的影响。校园文化作为亚文化对大学生心理健康的影响直接而且深远。近年来由于学业负担的沉重和就业压力的加大，校园人际关系也变得利益化，同学之间相互猜疑、嫉妒、钩心斗角现象时有发生，这些现象使不少学生心理难以平衡，对人从此不敢再轻易信任，产生心灵的孤独感、寂寞感与强烈的不适应感。

（三）构成挫折的主观因素

构成挫折的主观因素是指由于个体的生理、心理以及知识、能力等因素的限制和阻碍，使人的需要得不到满足，从而成为挫折的来源。主要包括以下几方面：

1. 自身生理因素

生理因素主要是指由于先天素质所带来的限制，使人无法顺利达到目标。比如，天生畸形的学生，无论怎样努力，都无法和正常人的身体一样了；一个先天性色盲的大学生要想成为画家，无论怎样去追求，都难以如愿以偿。此外，生理上的缺陷之所以能够使一些人产生挫折感，也与社会的某些价值观与个体对自身这些特性的评价有很大的关系。

2. 自身心理因素

（1）认知期望因素

青年大学生要学会用全面、发展、联系的观点看待和处理一切事物，但事实表明，部分大学生已经形成了一些错误的思想观念：首先是主观性较强，表现为主观认识和客观世界之间严重不符的矛盾。如新生经常会在入学前把大学生活想象得非常美好，这往往与入学后实际感受的生活形成较大的心理反差。其次是片面性，时常出现一叶障目不见泰山的现象。有时会对自己的知识、能力、素质评价非常低，总是感到自己低人一等；也会对自己的实际水平评价过高，这样往往因无法实现既定目标而受挫。最后是滞后性，表现为大学生对客观事物的认识落后于事物的实际发展阶段。

（2）自身动机冲突因素

个体动机冲突主要是指个体在有目的的行为活动中，因一个或几个目标，同时产生两个或两个以上的动机，但是，由于种种条件的限制，使得这些并存的动机不可能同时全部实现，而必须有所取舍，于是就形成了动机冲突的心理现象。这种动机冲突是经常出现的，目前学者们多把这种动机冲突分为四种形式：双趋冲突、双避冲突、趋避冲突和双重趋避冲突。如果大学生都能了解甚至掌握这几种动机冲突，从容面对生活中的每种选择，辩证地看待得失，该放下的可以微笑地舍弃，就不会有那么多的挫折了。

（3）心理承受力因素

挫折承受力指个体适应挫折、抵抗挫折的一种能力。即个体在遭遇挫折情境时，能否经得起打击和压力，有无摆脱和排解困境，使自己避免心理与行为失常的一种耐受能力。一般来说，挫折承受力较强的人，往往挫折反应小，挫折时间短，挫折的消极影响少；而挫折承受力较弱的人，则容易在挫折面前不知所措，挫折的不良影响大而易受伤害，甚至导致心理和行为不正常。

3. 自身行为不端

当代绝大部分的大学生对家长及辅导员所谓的大道理：好好学习、不要贪玩、不要打网络游戏、不能上网成瘾、有时间多看看书等都十分清楚，甚至能够倒背如流，可是他们自由散漫成性，自己管不住自己，很难改掉。如经常彻夜打游戏，明知自己行为是错的，但自己却改不了，于是内心十分痛苦，自责、自怨，导致产生了挫折。

第二节　挫折应对——提高逆商

新时期的大学生面临的各种压力日益增大，在学习、适应、交往、恋爱、就业等方面的心理困惑不断增多，挫折感不断增强。如何正确处理大学生成长、发展中出现的挫折，帮助他们学会在逆境中生存，在逆境中成长，是大学生心理素质教育的重要任务。

一、大学生常见挫折

大学生的学习生活是丰富多彩的，伴随着学习、交友、恋爱、就业等一连串课题，大学生会遇到各种各样的挫折。

（一）专业认识与价值观的困惑带来的挫折感

大学的专业学习对很多学生而言是很陌生的。大多数学生高考的志愿都是在教师和家长的劝慰和参谋下盲目填报的，具有很大的盲目性。当所学专业与自己的志向大体一致的时候大学生当然会感到满足，并由衷地增添学习的动力。但当所学专业与自己的志向不一致时，就会感到苦恼、失落、迷惘、困惑与彷徨，有的学生甚至想退学重考。这样的学生必须进行学习心理的自觉调整，否则，有可能与烦恼和痛苦相伴四年，影响身心和谐与健康。

（二）学习动机过强与力不从心导致的挫折感

学习动机缺乏会产生心理上的空虚和无聊，影响大学生学业成绩。反之，学习动机过强也会降低学习效率，并更容易导致心理上的困扰和生理上的不适。由于为自己设定的目标太高，这样的学生即使有了成就也没有成就感，有了一点点疏漏，就会无休止地责怪自己，使自己总是生活在紧张、焦虑和不安的情绪状态之中。

（三）交往需要和人际关系障碍导致的挫折感

人际交往在人的需要结构中居于重要的地位。在大学校园这一特定环境之中，大学生具有强烈的归属感，对友谊、对朋友有着热切的依恋和期望，大都渴望有较高的人际沟通能力，以不断促进自我认知和自我完善。但由于交往经验与技巧的不足，交往过程中沟通不足、关系失调、人际冲突等现象时有发生，从而导致心理挫折。此外，在大学生的人际交往中，那些具有封闭性和攻击性性格的学生，很容易与他人在心理上产生距离，虽然他们终日周旋于人们之间，却感到缺少知心朋友。在集体生活中往往不合群，受到周围人的排斥甚至孤立，人际交往中存在着冷漠、猜忌甚至敌意。

（四）性能量旺盛与性心理不和谐造成的挫折感

青年期是人的一生中性的能量最为旺盛的时期。但从性成熟到以合法婚姻形式开始正常的性生活，一般都需要近10年的时间，有人将这段时间称为"性饥饿期"。马建青等曾对319名大学生作过一个调查，结果显示，在这段时间里，大学生的性心理发展往往表现出矛盾性的特征。一是正常的性生理冲动与传统道德约束之间产生的强烈心理冲突，这些心理冲突造成部分大学生心理负荷严重超载；二是性心理成熟与性意识发展滞后的冲突，一些大学生的性心理早熟，但性行为与正常发展模式偏离；三是与异性的亲近性与文饰性的冲突，这主要表现在他们与异性的交往过程中，行为表现的矛盾性比较明显。

（五）追求就业公正与表现偏执产生的挫折感

大学生在择业中渴望有公平的竞争环境无疑是有积极意义的。但是，目前大学生就业在很大范围内是双向选择，行业壁垒和地方壁垒还没有打破，从政策上对生源等还有种种限制。此外，有些单位只接收男生而不接收女生，或者附加如身高、相貌等"苛刻"条件。还有由于市场发展的不完善，难免有人情关系、钻空子等丑恶现象。凡此种种，使不少毕业生深感平等、公开的市场原则并没有在自己身上得到体现。有的抱怨自己出身不好，生不逢时，怨天尤人，表现得过于偏执，缺乏必要的理解、耐心及发展的观点。

二、大学生的挫折反应表现

大学生是同龄人中的佼佼者，普遍自视较高。当遇到挫折时，常常盲目自信和固执，缺乏灵活性，从而使自己长期处于不良情绪之中不能自拔，致使挫折感不断增强。一般来讲，对挫折的反应主要表现在以下四个方面：

（一）情绪性反应

情绪性反应是指人们在受到挫折时伴随着强烈的紧张、愤怒、焦虑等情绪所作出的反应，可能表现为强烈的内心体验，也可能表现为特定的表情或行为反应。情绪性反应多为消极性反应，主要表现为焦虑、冷漠、退化、幻想、逃避、固执、攻击、自杀等。

1. 焦虑

焦虑是一种模糊的、紧张不安的综合性负性情绪，常常伴随焦急、忧虑、恐惧等感受，甚至可能会出现出冷汗、恶心、心悸、手颤、失眠等神经生理反应。当人们面临心理冲突、情境压力或遇到挫折，或者预感到某种不祥的事情或不良的后果将要发生，或者感到需要付出努力的情境将要来临而又感到没有把握预防和解决时，一般都会产生焦虑情绪。

2. 冷漠

冷漠是指当一个人遇到挫折时，表现出的一种无动于衷和漠不关心的态度。这是一种复杂的挫折反应。表面上看，冷漠似乎是逆来顺受，毫无情绪反应，而事实上并不意味当事人没有反应，而是对挫折更加痛苦的内心体验，只是被压抑或以间接的形式表现出来了。一般情况下，对挫折的冷漠反应是由于一个人长期遭受挫折或感到没有任何希望摆脱或消除困境时产生的。

3. 退化

退化是指当人们受到挫折时所表现出的与自己年龄和身份不相称的幼稚行为。通常，不同年龄阶段的人，各有其不同的情绪和行为模式。随着年龄的增长，在社会生活方方面面的影响下，人们在情绪和行为方面会日益成熟起来，使自己逐渐学会控制自己，在适当的场合和适当的时候，表现出与自己年龄相符的情绪反应和行为。当人们遇到挫折后，一些人在一定程度上会失去对自己的控制，以低于自己年龄的简单、幼稚的方式应对挫折，以求得别人，有时是自己的同情和照顾。而这种情况常常当事人自己不能清醒地意识到。

4. 幻想

幻想是指一个人在遇到挫折时企图以自己想象的虚幻情境来应对挫折。通过幻想，人们可以暂时脱离现实，在自己想象的情境中满足一些自己的需要和欲望，使人产生一种愉快和满足的感觉。但如果用幻想来应对现实中的挫折，特别是长期处于幻想状态，或养成了从幻想中实现现实生活中实现不了的目标的习惯，就会使人降低对现实生活的适应能力和严重脱离现实生活，甚至可能导致精神疾病。

5. 逃避

逃避是指一个人在遇到挫折或感到可能面临挫折时，不能面对现实，正视挫折，而是以消极的态度躲开挫折现实的一种挫折反应方式。有些大学生在遭受挫折后，往往不敢面对现实，而采取躲闪逃离现实情境的办法来寻求解脱，"一朝被蛇咬，十年怕井绳"，是这种表现的突出特点。逃避虽然可以使人们降低因挫折产生的紧张感，或者避免再次受到挫折的伤害，但当事人面对的现实问题并没有解决，而有些问题又是不能回避的，所以，逃避常常使人害怕困难，不求进取，长期下去将大大降低人们的适应能力和自信力，甚至可能会导致适应不良。

6. 固执

固执是指一个人在受到挫折后，采取刻板的方式盲目地反复进行某种单调、机械的无效动作，尽管知道这些动作对目标的达成、需要的满足并无帮助。通常，固执是在一个人反复遭受挫折而又一时无法克服或回避的情况下产生的，过多、过严的惩罚和指责，或者当人处于惊慌失措的状态时也容易产生固执行为。

7. 攻击

攻击是指当一个人受到挫折时，为了将愤怒的情绪发泄出去，或者对构成挫折的对象进行报复而产生的攻击性行为。攻击性行为的对象可能是构成挫折的人或物，也可能是其他替代物，还有可能是受挫者自身。大学生受到挫折时，常常引起异常愤怒的情绪，产生敌视和报复心理，理智下降，可能会产生过激的举动，表现为攻击性行为。

8. 轻生

轻生是个体受到挫折后所表现得最为极端的消极行为反应。当个体在遭遇挫折后，因为承受能力较弱，感到万念俱灰，把受挫的原因完全归结为自己，进而自暴自弃，对生活失去信心，而采取的自认为是唯一的最后的解脱手段。

（二）理智性反应

理智性反应是指人们在受到挫折后，采取积极进取的态度，在理智的控制下所做出的反应。通常，人们在遭受挫折后都会出现紧张状态，都会在某种程度上做出某种情绪性反应，其中，有些人始终被情绪所控制不能摆脱，而有些人则能够及时调整，保持冷静，面对现实，审时度势，采取积极的态度和方式对待挫折。所以，理智性反应是对挫折的积极反应方式，主要表现在以下两个方面：

1. 坚持目标，逆境奋起，矢志不渝

当人们遇到挫折后，经过客观冷静的分析，发现自己所追求的目标是现实的和正确的，当前的挫折只是暂时的，是在实现目标的道路上遇到的一些曲折，经过努力是可以克服和逾越的，所以，应设法排除障碍，克服困难，坚持不懈，朝着既定目标矢志不渝地迈进，直至最终实现自己的愿望和目标。大学生大多都有强烈的发展需求和对未来生活的美好愿望，同时大学生又面临着一个竞争激烈的发展环境，科学技术的飞速发展对每个大学生都提出了更高的要求，所以大学生在成长过程中不可避免要遇到各种各样困难的挑战和考验，这就需要大学生在实践中不断提高自己的意志力，培养顽强拼搏的毅力和敢于面对和战胜困难的勇气。

2. 调整目标，循序渐进，不断努力

由于自身条件或社会因素的限制，人们的需要和目标并不是都能满足和实现的，或者在目前的条件下是不可能满足和实现的。因此，人们在实现目标过程中，几经努力和尝试都失败后，就要冷静下来，认真客观地分析导致失败的真正原因，并根据实际情况对自己的奋斗目标进行适当的调整。

一方面，可能自己定的目标太高，不符合目前自己的实际情况，或实现目标的条件尚不具备，这就需要适当降低目标，或将目标分成几个阶段性目标，并根据实际情况适当变换实现目标的途径和方法，循序渐进，通过不断努力，逐步获得成功。

另一方面，人们满足需要和实现愿望的途径和方式是多种多样的，一旦遇到挫折，发现原定的目标难以实现时，还可以改换目标，寻找新的能够实现的目标取而代之，同样可以达到满足自身需要的目的。调整目标并不是害怕困难的表现，而是实事求是的表现，是一个人成熟和理智的表现，还可以降低和避免由于目标选择不当而难以实现对人们自信心的挫伤和由此产生的挫折感和焦虑情绪。

（三）妥协性反应

妥协的行为表现是指大学生受到挫折后对挫折情境采取了既没有明显积极意义，也没有明显消极意义的行为反应。给人以自我麻醉、自欺欺人的感觉。主要有以下几种形式：

1. 认同

认同，又称表同或仿同，是指个体在受到挫折时，效仿他人获得成功的经验和方法，或者把别人具有的、使自己羡慕的品质加在自己头上，以提高自己的信心、声望、地位、从而减轻挫折感。例如在同学谈话当中往往有人以自己是某某名人、领导的亲戚、老乡自居，间接地赞赏和抬高自己。

2. 文饰

文饰，又称"合理化"。它是指当大学生遭受挫折，无法达到目标或自己内心的需要和欲望不符合社会价值标准时，为了减轻挫折感，而寻找种种理由自圆其说，类似"阿Q"的精神胜利法。

第一，"找借口"。是指把受挫的原因归咎于自身以外的客观因素或可以原谅的主观因素，以避免指责，摆脱内心不安。

第二，"酸葡萄心理"。伊索寓言中有这样一则故事：一只饥饿的狐狸面对甜熟的葡萄，三跃而不得之后，为了维护自己的面子，便说："葡萄味酸，非我所欲也。"这是对于追求的目标受到阻碍无法实现时，便否定目标的优点，以冲淡内心欲望，减轻不安情绪的心理。所谓"吃不着葡萄就说葡萄是酸的"即是这个意思。

第三，"甜柠檬心理"。同样来自伊索寓言：有只狐狸本想找一些可口的食物，四处觅食，无奈总也找不着，最后只找到一只酸柠檬。这实在是一件不得已的事情，但狐狸却自语道："这柠檬味甜，正我所欲也。"这是淡化原先预定的目标和结果，夸大既得利益的好处，缩小或否定它的不足，以减轻达不到预定的目标时的失望。

3. 投射

投射是指将自己的不当、失误，转嫁到他人身上，以减轻自己的内疚，推卸自己的责任。比如，大学生中有的人自己心胸狭窄，嫉妒心强，却认为嫉妒是人的共性，人人都怀着嫉妒，把别人真诚的赞美视为挖苦；自己自私，却说人人都自私，宣扬"人不为己，天诛地灭"等等。

4. 反向

反向是一种矫枉过正的行为表现。它把自己不符合社会规范，不被允许的欲望和行为以一种完全相反的形式表现出来，以掩盖自己的本意。例如，有些大学生内心极度自卑，却总以骄傲自大，傲慢不羁的表现来掩盖自己的弱点；有的同学很想与异性交往，却怕遭拒绝，而装出一副不屑一顾，根本没兴趣的样子。

（四）个性的变化

通常情况下，挫折对人的影响都是暂时的，随着具体挫折情境和条件的改变，随着时间的推移或受挫者认识上的变化，受挫者在受到挫折后所感受到的紧张状态会逐渐消失。但人们在受到挫折后，除了上述直接表现出的挫折反应外，还会出现间接的反应，并对受挫者产生久远的影响，甚至影响到个性的形成与发展。

挫折对个性的影响，一般是在人们连续经历挫折，或者遭受特别重大挫折的情况下产生的。由于导致挫折的情境和条件相对稳定并长期持续，由此产生的紧张状态和挫折反应就会反复出现，久而久之这些反应方式就会逐渐固定下来，使受挫者形成了习惯和一些突出的个性特点。如有些学生在儿童时期长期受到父母过分严厉的管教甚至责难和打骂，就易形成畏缩拘谨、胆小怕事、逆来顺受或者倔强执拗、偏执敌对等不良的个性特点；有些学生长期与同伴不能友好相处，长期处于紧张的人际关系状态之中，就易养成多疑、多虑、孤僻、狭隘、情绪不稳定等个性特点。另一方面，挫折对个性形成与发展也可能产生积极的影响，如经历了重大挫折后，或者长期身处逆境之中，使人养成了坚强、刚毅和不屈不挠的个性特点。总之，挫折对个性的影响在很大程度上取决于人们对挫折的适应情况，对挫折的消极反应如果得不到及时纠正，并在心理和行为上固定下来，就会形成对挫折的适应不良，对受挫者的个性形成与发展就会带来不利的影响。

在遇到挫折时，人们产生各种挫折反应是正常的，因此，学会适应和驾驭这些反应，使这些反应不至于失控而导致异常，进而能够面对现实，调整身心，摆脱负向情绪，采取积极和理智的方式应对挫折是每个人一生发展过程中的基本任务。

三、挫折应对

大学生挫折心理产生的最主要原因是个体主观因素，一切外部因素都是通过个体感知后而产生作用的。因此，大学生战胜挫折，必须发挥主观能动性，主动进行挫折的自我调适。

（一）正确认识自我，战胜自我

正确地认识自我是成功的第一步，接着是正确的自我设计。设计的起点必须建立在切实可行的基础上，既不能过高也不能过低。有了这样的设计，就要开始为之奋斗努力。大学生的成长，就是要不断地战胜奋斗过程中的随意性、盲目性和浮躁的情绪。所以说，成功之路实际上是一个不断战胜自我的过程，是一个从混乱到有序的过程。

无数实例证明，一个人的成功并不取决于他的天赋和已有的地位、财富，最关键的是取决于他能否不断地战胜自我。谁能战胜自我认识上的混沌，战胜自我意志上的薄弱和自信的不足，谁就能成为强者。我们的大学生应该树立即便改变不了别人和这个世界，但可以改变自己的信念，有勇气利用挫折作为前进的动力，为自己寻找一个新的开始，积极面对人生。

（二）适时宣泄挫折情绪

人在遭受挫折后，会造成很大的精神压力，产生一定的情绪反应和紧张状态，引起一系列的生理变化，产生能量。这时体内激增的能量如果不能得到及时发泄，就会危害身体，消磨意志。情绪的宣泄，在很大程度上也就是这种能量的发泄。为此，在大学生产生挫折情绪体验后，我们要积极为其寻求、创造一种能把因挫折而压抑的情绪自由表达出来的适宜环境，帮助我们把心中的压抑、焦虑和不安尽情释放出来，从而恢复理智情感。

1. 勇于把过分压抑的情绪及时进行释放

精神分析理论认为个体受挫后会产生紧张、不安、焦虑的情绪，这种情绪只有以某种方式发泄出来，才能保持心理平衡。如果抑郁的情绪长期得不到发泄，随着挫折的增多，消极情绪就会愈积愈多，导致心理问题的产生，甚至精神失常。所以当大学生对环境感到厌倦、压抑时，当个体的需要长期得不到满足时，应善于适当发泄一下内心的积郁，特别是那些性格孤僻、内向、内心情感不轻易外漏的学生更要把不快的情绪进行宣泄，以尽早恢复心理平衡。

2. 选择适宜的场合和适当的方式进行情绪宣泄

大学生可以选择的宣泄方法和场合很多，但必须要以不损害他人、集体和社会的利益为前提，宣泄行为要合乎社会规范，不应把矛盾进一步激化和扩大。

3. 学会及时宣泄自己的不良情绪

倾诉是最常用的宣泄形式，可以选择自己的亲人、朋友、老师、同学等，作为宣泄的对象，根据引发情绪的事件不同，选择不同的人宣泄不同的内容。所以，大学生都应该多结交知心朋友，养成经常和亲人沟通谈心的好习惯。此外，还可以通过活动释放的方法把紧张的情绪和积聚的负性能量排遣出去。大学生释放缓解不良情绪的方式还包括：听音乐、读喜爱的小说、努力在外部改变自己，换个发型，穿件好衣服，到自然界中去放松等等。

（三）转移挫折情境，淡化消极情绪

大学生产生挫折最原始的起因是挫折情境。包括现实存在的挫折情境和大学生自认为的想象的挫折情境。如果受挫大学生长期停留在引起挫折的环境中，容易触景生情，反复挫折体验，这样就会更加激化悲伤情绪，从而加重心理负担。因此，受挫大学生在条件允许情况下要通过改变自己所处的环境，转移不良情绪，恢复心理平衡，这在心理学上叫情境转移。包括从现实存在的原挫折环境转移到新环境，也包括改变心理环境，受挫大学生改变心理氛围，特别是想象挫折情境的学生，要积极体验他人或组织的理解、关心、帮助和温暖，从"山重水复疑无路"走向"柳暗花明又一村"。

心理环境的改变对于受挫大学生淡化消极情绪更为重要。大学生受挫后要认真对待老师、同学、亲人的劝慰，对于他们给予的关心、帮助要心存感激，学会体验和感受身边人真挚的情感，这样才能使心理氛围向积极方面转变，挫折情绪也会逐步消除。

第三节 适应与发展——适者成才

每一个人从中学步入大学，从大学步入社会，从一种生活环境进入另一种生活环境都是一种适应，都需要人们学会适应。适应是心理健康的一项最基本的标志，是大学生必备的心理素质；人生是一个不断使自己适应环境的过程，面对着当今社会的剧烈变革，面对着无数的挑战和机遇，谁拥有良好的适应能力，谁就能够获取成功。

一、适应与发展

（一）适应的含义

所谓适应，在心理学上一般是指感觉适应，即感受器在刺激的持续作用下所产生的感受性的提高或降低的变化，感受性的这种变化有利于个体与环境刺激之间保持一种较平和

的关系。心理学家沃尔曼（Wourman）对适应做出如下定义："一种与环境融洽和谐的关系，包括满足一个人的绝大多数需要，并且拥有达到要求所必需的行为变化，以便一个人能与环境建立起一种融洽和谐的关系。"朱智贤主编的《心理学大辞典》对适应的定义是："适应是来源于生物学的一个名词，用来表示增加有机体生存机会的那些身体上和行为上的改变。"大学生的适应问题，是指大学生对大学生活的适应，即大学生通过提高自身的素质等，保持与大学环境刺激之间较好的平衡状态。

（二）发展的含义

人的发展是指人生的发展，是人的身心随着时间的推进不断变化的过程。人的心理发展是伴随着人的身体发育成熟，人的认识、情感、能力和社会性等方面获得完善成长的过程，它是一个人整个一生中行为和心理的发展过程。

人的发展是获得和丧失的结合，生命任何时候的发展都是成长和丧失的结合。任何发展都是新适应能力的获得，同时也包含着以前存在的部分能力的丧失；人就是在成功地完成每一个阶段的人生发展任务中，不断地走向完善，度过自己的生命历程。与此同时，人们充分地发挥每一阶段的潜力，实现着自己的人生价值，为国家、为社会、为人类做出自己应有的贡献；社会环境在一定程度上影响、塑造着人的个性，对人的发展有着巨大的影响。但是，人不同于动物，人的发展不都被动地取决于环境，人的心理活动，人对自我的认识，人的个性特点，人的积极主动精神，对人的发展具有重要的作用。

（三）适应与发展的关系

适应和发展是密切相关的，它们是同一过程的两个方面。适应有积极的适应和消极的适应，发展是人对环境的积极适应。任何环境中都存在着有利于个人成长的积极因素和不利于个人成长的消极因素。积极的适应是要正确地分析自身的特点及环境的特点，从对这二者的分析中找到自己的成长点。

马斯洛认为环境的作用最终只是允许和帮助潜能的实现。环境并不赋予人潜能，是人自身以萌芽或胚胎的形态具有这些潜能，正如他的胚胎形成的胳膊和腿一样。创造性、自发性、个性、真诚、关心别人、爱的能力、向往真理全都是胚胎形态的潜能，属于人类全体成员，正如他的胳膊、腿、脑、眼睛一样。

每个人都存在潜能，环境只是潜能发展的条件，而不是"种子"。潜能发挥的重要条件是每个人的实践，个人在具体环境条件下能动地活动。将环境中的有利因素和个性中的积极因素统一在自己能动的实践活动中，人就获得了一种积极的适应。

大学生为了更好地发展，首先需要适度地、主动地适应大学生活。另外，我们在强调大学生要适应大学生活时，也要注意预防他们消极的适应。例如，有些大学生对大学校园里的一些消极现象，像厌学和不文明行为等也很认同；有些大学生对大学生活缺乏主动参与的热情，只是消极地完成大学里的各项学习、劳动和娱乐等任务。

二、大学生适应与发展的任务

外国学者戚加宁提出的大学生适应与发展的任务要求如下：

（1）发展能力：包括智力、体力、社交及人际交往能力等。

（2）管理情绪：充分了解、认识自己的情绪，并以恰当的方式来处理情绪。

（3）通过自主迈向互相帮助：在学习独立的同时也要学习如何互相帮助，如何互相包容。

（4）发展成熟的人际关系：容忍和欣赏别人与自己的不同，有能力与别人发展亲密关系。

（5）确立自己的角色地位。

（6）发展目的：不断增强能力，做出计划，定出方向和目标。

（7）发展整合：包括行为与价值的一致、顾及别人的利益、尊重别人的意见，同时整合自己的价值观及信念。

我国学者提出的对大学生适应与发展的任务要求如下：

（1）学会做人：不断增强自主性、判断力和个人的责任感。使人拥有正确的人生观、拥有明确的伦理道德观念和是非观念。

（2）学会做事：要有敬业精神，独立处理问题的能力和应付各种情况和各种环境的能力，能够不断积累做事的相关经验。

（3）学会与人相处：对他人有尊重、真诚的态度，与人和谐相处，能够与他人进行良好的沟通。

（4）学会学习：热爱学习，不断用新的知识充实自己。

三、大学生如何适应大学生活

大学新生的适应问题主要涉及养成良好的生活习惯和对大学环境的适应两方面。

（一）良好生活习惯的养成

习惯是指因为重复或练习而巩固下来的自动化的行为方式。习惯一旦形成，就成为个体的需要，体现了人的行为方式和人格。生活习惯主要包括：饮食习惯、运动习惯、娱乐消遣习惯、作息习惯、劳动习惯和学习习惯等。不良的生活习惯会对个体的身心造成严重的危害，因此，大学生是否形成良好的生活习惯直接影响他们的心理健康状况。

要矫正不良的生活习惯，应注意从以下几个方面加以认识和努力。

1. 认识良好生活习惯的重要性

当今社会是一个知识社会，也是一个快速发展的社会。大学生不仅要学会如何学习，而且要学会如何适应和生活。良好学习生活习惯的养成为大学生成就事业和健康幸福的生活奠定了基础。大学生进入大学就脱离了家长的严格管束，也没有其他成人监督其生活。因此一些大学生错误地认为，可以想怎样过就怎样过，并且觉得这就是所谓的自由自在、潇洒脱俗。在他们看来，遵循良好的生活习惯不过是小事小节，甚至会束缚人的手脚，使人变得呆板拘谨。他们不知道，正是良好的作息习惯、饮食习惯和运动习惯保证了人具有健康的身体；良好的学习习惯保证了人能不断地学到新的有用的知识；良好的劳动和娱乐习惯保证了人与环境、他人关系的和谐。

2. 改正不良生活习惯

生活习惯的改变和养成都并非一朝一夕的事。大学生要树立信心和耐心，逐步改正不良的生活习惯和养成良好的生活习惯。研究发现不良习惯的改正和良好习惯的形成大多需要 21 天的时间。因此只要坚持 21 天，一般就能达到预想的目标，所以习惯的改变和形成并非难事。

3. 增强改变不良生活习惯的意志力

改变不良的生活习惯并长期保持需坚强的意志。古语说："千里长堤，溃于蚁穴"。可见对不良的生活行为要时时处处注意防范，防微杜渐十分重要。因为大学生一般来说对事物的理解力较强、做事情的热情也较高，所以暂时改掉不良的行为常常是件十分简单的事。但是，由于大学生也容易对生活习惯这样的"小"事掉以轻心和情绪起伏，所以应该经常提醒自己，并努力培养改变不良生活习惯的意志力。

（二）大学新生角色适应

从中学生到大学生这一角色的转变和适应需要经历角色期望、角色领悟、角色实践三个阶段。大学生在角色期望阶段的任务是要能正确把握社会对大学生的期望与要求。在角色领悟阶段的任务是尊重社会的意见，努力缩小与社会期望的差别，以成功扮演大学生这一角色。在角色实践阶段则是努力以实际行动扮演好大学生的角色。

由于客观上大学和中学在许多方面存在差异，加之大学生尚处在从青年期向成年期的过渡时期，心理不够成熟，所以大学生在角色适应上具有以下特点。

1. 从理想到现实的落差所导致的不适应感

许多大学生在进入大学校园之前，对大学的环境和生活充满了美好的想象和憧憬。当一些大学生考入大学后，发现这里并不存在理想中的学术殿堂、花园般的幽雅环境和自由热烈的校园文化氛围等时，必然会产生心理的不适感，如感到困惑，动摇在这里学习的信念，失望、放弃努力的打算等。

2. 从优秀到普通的落差所导致的不适应感

大学生相对于同龄群体是优秀的，他们中有相当多的人在中学属于出类拔萃、引人注目的人。但是，在高手云集的大学，许多同学往往会发现自己要想继续保持名列前茅很难，自己其实很普通。这种从优秀到普通的落差直接影响学生的自我评价和自我体验，容易导致心理的不适感，如自卑、困惑、失望、恐惧和绝望等。

3. 从依赖到独立的落差所导致的不适应感

大学生离开家庭进入大学和同伴过集体生活，这要求他们必须学会自主地管理自己的学习和生活的方方面面。但是由于在中学时，他们的生活大多是父母完全负责，学习也有父母监督帮助和老师的亲自教导，所以，许多大学生在刚进入大学时还存在很重的对家庭和老师的依赖心理，缺乏独立学习、生活的经验和技巧。由依赖到独立的落差导致大学生产生心理的不适感，如困惑、害怕、伤心和失望等。

（三）对大学环境的适应

大学生对大学环境的适应，包括大学生适应的各个方面，主要表现在对大学里的课程学习、校园文化和集体生活等方面的适应。

1. 大学课程学习的适应

首先是学习内容较中学时代发生了很大的改变：专业化程度高、职业定向较强，实践知识丰富、要求动手能力较强，学科内容层次较高、争议性较大。其次是学习方式上有显著的改变：自学方式日益占据重要地位，学习的独立性、批判性和自觉性不断提高，课堂学习与课外和校外学习相结合。因此，如果大学生还固守中学时的学习方式，如过分依赖老师来详细讲解教材、较少动手做实验或调查和不会查阅文献写论文等，必然无法适应大学里的课程学习。

2. 大学校园文化的适应

大学的校园文化极为丰富，且变化很快，个体对其中的一些内容常常会感到不理解，或者不适应。来自全国不同地区，甚至国外的留学生，他们的文化背景、家庭背景各异；不同学科专业的学生，其思维方式往往存在差异；社会的政治、经济和文化变化都会立即在大学校园里有所体现。大学生长时间过着集体生活，在心理上容易相互认同，而且非常渴望友谊、害怕孤单。因此，当大学生对一些校园文化的内容感到不理解、不赞同的时候，往往也容易迫于心理压力而从众。如果大学生不能改变原来的比较狭隘地看问题的方法，不能培养和其他同学广泛交流思想、感情的兴趣、能力，或者容易受其他同学心理、行为的影响而丧失自己一定的独立性，都会对个体心理健康造成影响。

3. 集体生活的适应

首先是大学生面临独立生活的挑战。许多大学生直到读大学，才第一次离开父母独立地生活。加上他们大多为独生子女，原来在家时非常受父母疼爱，父母较少要求他们做家务和料理自己的饮食起居。因此，当这些大学生考进大学第一次独立生活时，常常感到自己生活能力很差，其次是大学生面临搞好人际关系、与人和谐相处的挑战。但是由于许多大学生原来在家时习惯了一人独处一室，同学之间主要是课堂里一起学习，较少有更近距离的相处，所以，刚进大学时，他们往往不习惯、也不知道该如何与同学搞好关系。因此，大学生如果不能增强其独立生活的能力，不能在心理上和其他同学建立相容的关系，那么就无法适应集体生活。

第四节　生命教育——发现生命之美

我们不知道自己的生命什么时候终结，也不知道死亡之后会是怎样，死亡每时每刻在我们的身边发生着，地震、交通意外、凶杀、煤矿安全事故、食品中毒事件……面对身体病魔，如何走完人生最后的旅程？面对洪涝灾害，如何抚平亲人逝去的伤痛？直面死亡时，我们又是怎样的心态？死亡带来了痛苦、焦虑、恐惧、悲痛和哀悼，这些情绪的体验是生命轨迹中的一部分。

一、认识生命

自人类进化到开始思索生命起,"什么是生命",这个问题就始终作为一个最关键的问题困扰着我们。生命一直受到人们的关注,从最初对生命的敬畏到一步步揭开神秘面纱探寻生命的不同领域,人们对生命的解释从纯生物学角度到社会学角度,从自然的、生理的生命到社会的、价值的生命,无限地扩展了生命的含义。

(一)什么是生命

生命是具有与环境进行物质和能量交换(即新陈代谢)、生长繁殖、遗传变异和对刺激做出反应的特性物质系统。随着现代生物学的发展,人们对生命多样性的认识不断深化,生命与非生命的界限也变得越来越模糊。但总的来说生命就是一个物质系统,在地球这个星体上,以水为载体组成的具有自行吐故纳新、精度复制、温和分裂等能力,不可逆转但总是持续不停地重复着或延续着这些能力的物质系统。

现代快节奏的生活,让人们无法坐下来花时间思考生命,更多的只是去关注"何以为生"而忽略了"为何而生",生命教育的缺失,对生命的漠视,对死亡的恐惧与幻想,让累积如山的压力渐渐击垮了人们脆弱的内心,自杀、凶杀、斗殴等危及生命的事件蔓延至大学生群体,并呈逐年上升态势。

(二)生命的存在形态

一个婴儿降生了,他是一个鲜活的生命。先是父母的关爱、家庭的温暖,后是学校的教育、社会的洗礼,使他发育、成长、成人、成才。一个人的一生或长或短,或顺或逆,或辉煌或平庸……但准确地说,每个人同时有着三重生命,或三种状态,人的生命是自然、社会、精神三者的统一。

1. 人的自然形态

人的自然生命形态是生命最初的本位形态,生命的本真。这种生命形态是未受或较少受外来文明影响的原生状态,是生命个体本身的存在,是人和动物共有的属性。

2. 人的社会形态

人的社会生命形态反映了人与自然,人与社会,人与人之间的紧密关系。人的行为具有社会属性,因此,人不能随心所欲,肆意妄为,每个人都必须遵循有形无形的规则,越轨将受到谴责与惩罚,因此它具有一定的理性,受外界的影响,满足本能需求,按现实原则活动。

3. 人的精神形态

它是生命中最珍贵最重要的,蕴含穿越时空永恒存在的健康人格与伟大品质。心理分析学家荣格曾说过,"我们生活在一个由我们自己的精神所创造的世界之中"。精神属性是生命存在的核心,它的存在显示出个体的差别,解释崇高与卑微,健康与病态的人格。没有精神的生命是盲目的存在。

(三)生命的特征

人的生命具有以下特征:

1. 生命的独特性

俗话说，世界上没有两片完全相同的树叶，同样也没有两个完全相同的人。每一个人都是独一无二的，这种独特性不仅仅是外在的独特，更重要的是来自个体内心的独特性。

2. 生命的有限性

死亡是所有生命的结局，没有永垂千古、万寿无疆的生命，所以，每一个具体的生命都是有限的，只不过这个有限的期限长短存在差异而已。

3. 生命的全面性

人的生命是自然生命、社会生命以及精神生命的多重存在，是一个身心和谐的统一体。若舍弃了自然生命，人就异化为无所不为而又虚无缥缈的神，若舍弃了精神生命，人就降低为只具有本能冲动的动物。人的生命具有全面性，是一个不可分裂的整体。

4. 生命的自由性

人生命中的精神成分使人能支配自己的意志，使生命永不停滞地自我超越和自我发展，成为自己想要成为的那个人。

二、认识死亡

（一）不可言说的死亡

死亡是生命的终结，传统医学以呼吸停止、心跳停止以及瞳孔放大三项标准来判定死亡，而标准临床死亡的解释是"人的身体系统，如心脏、血管、呼吸系统等停止工作"，也就是呼吸、心跳停止后，大脑死亡。除去突发性的意外死亡，一般意义的死亡是一段持续过程，人的核心器官"心脏"的功能停止，通常被认为是死亡的开始，随着血液中氧气供给的消失，细胞与组织会逐渐死亡，各项器官与系统慢慢丧失功能，最后导致整个生命机能的衰竭，最终死亡。

（二）死亡焦虑

死亡焦虑（Death Anxiety，DA），也被称为死亡恐惧，是指当死亡必然性被提醒时，个体内心深处受到死亡威胁而产生的一种带有害怕或恐惧的情绪状态。在日常生活中，人们很难感受到意识层面的死亡压力，然而在有特殊情景诱发时，如亲朋好友离世、车祸现场等可能会唤醒人们对死亡的思考。此刻若是无法成功回避，就会引发内心的焦虑，成为日后心理上潜在的压力。若个体防御机制瓦解，死亡焦虑就会浮现在意识层面，形成一种长期慢性的压力感受，危及个人生活，甚至引发心理疾患，如抑郁症或神经症。

对于有些人来讲，死亡焦虑不会直接出现，而是以另一种身份展现，如普遍的不如意感或是一种没有指向性的焦虑，甚至还会以心理疾病的形式表现出来；对另外一些人来说，他们或能意识到且正视明显的死亡焦虑，或者因为意识到死亡焦虑而陷入长久的死亡恐惧之中。心理学认为，死的威胁是人类适应性和防御性机制的最基础和最普遍的根源，死亡是一个固有且无法解决的适应性问题，意识和无意识的死亡焦虑伴随人的一生。

三、生命的意义与价值

生命的意义是个体对自己存在目的和价值的感知，是个体关于生命的积极思考。不同的人赋予生命不同意义。有的人认为获取足够多的财富是生命中最有价值的事，有的人认为爱情能给生命带来阳光，有的人认为人的最大价值与生命意义就在于不断地自我实现，追求自我发展。另外，取得成就、获取知识及智慧、提高精神的层次等也是很多人的生命追求。大学生到底该确定什么样的人生目标与生命意义？

（一）生命的意义

个体生命的意义还体现在必须具有较高的社会价值，为社会做出贡献，才能使自己达到完美，有较高的自我价值。马克思曾经说过："人们只有为同时代人生的完美，为他们的幸福而工作，才能使自己也达到完美。"那些过度关注自我价值的人，则会终生纠缠在小我的得失、悲欢中不能自拔。而那些具有高度社会价值感的人，则会表现为不畏艰辛地承担生活中应当承担的责任，多为他人和社会着想，勇于自我牺牲，不是一心追求个人的享乐。

1. 生命的意义在于爱

每个生命的诞生，都是爱的结晶。从给予你生命的那一刻起，父母就给了你无限的爱与希望。你的生命不仅是自己的，还是父母身体的一部分，是家庭的一部分。因此，我们不能随意践踏和放弃生命。从大学生角度来看，对整个世界来说，你是其中的一分子；对学校来说，你是全校师生中的万分之一；对班级来说，你是同学们的三十分之一；对寝室来说，你是兄弟姐妹里的四分之一；而对家庭和父母来说，你就是他们的全部；更重要的，对你自己来说，你有100%的权利和义务体现生命的价值！快乐生活，感悟你所接受的爱，享受生命带给你的一切。不论生命给你带来的是贫穷还是困难，都请接受它，这是大自然给你的恩赐。

2. 生命的意义在于奋斗

奋斗，能创造生命的奇迹。举世闻名的德国音乐家贝多芬，一生备受疾病、贫困的折磨和感情的困扰，却从未停止过与命运的抗争，谱写出一曲又一曲令人称颂的生命乐章。美国残疾教育家海伦·凯勒，在黑暗与孤寂的世界里写出14部著作，并建起了数座慈善机构；我国残疾人作家张海迪，曾经说过"我最大的快乐是死亡"，但是她却活了下来，不仅如此，她创作和翻译的作品超过100万字，她用自己的言行激励着广大青年和残疾人。这一段段充满传奇的奋斗经历，无不诠释着生命的终极意义——奋斗。

3. 生命的意义在于奉献

裴多菲说过，生命的多少用时间计算，生命的价值用贡献计算。在自然灾害面前，无数武警战士为了抢救同胞的生命而日夜不休；无数年轻的父母为了保护孩子，将自己的身体作为最坚固的防护墙；更有大爱无私的教师，像雄鹰一样，将逃生的机会让给孩子们，展翅保卫他们幼小的生命……在灾害面前，我们见证了人性的光辉与伟大，互助友爱的精神更令我们感慨生命的伟大。正是因为有了爱与奉献，我们的世界才充满了温暖，每一个生命才得以浸润和激励。

4. 生命的意义在于创造价值

对于每个人来说，生命的意义不仅仅是为了活着，而是为了更好地活着。我们要充实生活的每一瞬间，创造生命的价值。医生靠治病救人实现自己的价值，而各领域的名人，专家用才智和胆识为世界创造了无限价值。歌德说："你若要喜爱自己的价值，就得给世界创造价值。"虽然我们每一个人都是平凡的，但正因为这种普通，生命的价值才显得更加伟大。比如在我国大学生村官计划、大学生志愿服务西部计划、高校毕业生"三支一扶"计划实施后，每年都有上万名大学生主动请缨，在遥远的边疆，在艰苦的山区，在日复一日的平静生活中奉献着自己的青春和才智，实现着自己的理想和价值，为我们做出了表率。

（二）追求幸福

1. 幸福的定义

什么是幸福，每个人心里的幸福都不一样，没书读的人认为有书读最幸福；生病的人认为健康的人最幸福；没钱的人认为有钱才幸福；有钱的人认为生活过得充实才幸福。

幸福是在一定温饱和安全条件的基础上，在社会生态环境下，拥有能产生幸福感的要素、机制、动力的生活和生活状态。幸福不是大悲大喜，不是你拥有的物质的多少，而是一种心理状态。它就像藏在云层后的点点星光，需要我们用心灵去触摸、去探索、去感受那稍纵即逝的温暖，去看到心灵深处的宁静。

其实在现实生活中人们体验到的幸福是主观幸福感。主观幸福感主要是指个体依据自己设定的标准对其生活质量所做的整体评价，包括生活满意感和情感体验两个基本成分，前者是个体对生活总体质量的认知评价，后者是指个体生活中的情感体验，包括积极情感和消极情感两方面。

2. 追求幸福的方法

幸福常常让人觉得似有若无，若隐若现，你不注意它，它似乎就不存在，你不抓住它，它就不会出现。其实，幸福也许一直就在你的身边，只是你没有察觉。那么，该如何去追求幸福呢？具体从以下三个方面来追求。

（1）选择幸福的习惯。不同的人对幸福有不同的体验，幸福是一种稳定而持久的心理反应。追求幸福最好的办法就是在日常生活中修炼得内心和谐、内心安详，这样就很容易养成一种情不自禁选择幸福的习惯。

（2）积累小快乐，成就大幸福。个人的幸福感其实是来自多次的感觉良好，如果用心，就很容易发现生活中普遍存在的一些简单的小快乐。如和朋友去看了一场电影，享受一次自己做的美味佳肴，痛快地踢一场球赛，淘一件漂亮的衣服等。不要忽略它们，这些并不起眼的小快乐积累起来构成的幸福感往往胜过一时的大快乐。

（3）幸福靠自己创造。要照顾好自己的精神状态，乐观地期待幸福的降临。每天花一些时间读一些令人鼓舞的书籍。善待自己，如给自己买一本书、吃喜欢的食物、做一件喜欢的事情。每天至少做一件让别人高兴的事情，可以是一句温暖他人的话语，或是在排队时礼让他人，也可以是在公交车上让座。要常怀感恩之心，时常回忆那些令人感动的经历，让你的心时常浸润在感动中。还要与人交往，感受平凡中的幸福，向他们学习使自己幸福的方法。

第五节　危机干预——续写生命华章

大学生不仅仅背负着家庭的希望,更背负着民族的希望,但随着我国高等教育大众化的深入发展,仍处在心理不断发展阶段的这些天之骄子不得不面临价值观念、行为方式、人际关系、就业竞争等方面的冲突和压力,由此在大学生中各种心理危机渐渐显现出来。

一、心理危机概述

(一) 心理危机的含义

心理危机是强调危机事件给人心理带来的巨大冲击。心理危机理论干预的创始人卡普兰(G.Caplan)将其定义为"面临突然或重大生活事件,个体既不能回避,又无法用通常解决的方法来解决问题时所出现的心理失衡状态"。按帕努克鲁(Punukollu)1991年提出的定义,心理危机是:"个体运用通常应付方式不能处理目前所遭遇的内外部应激时的一种反应"。

我们可以将心理危机归纳为四个方面:

(1) 发生和存在着重大的内外部应激。

(2) 当事人用通常应付方式暂时不能处理。就是说当事人暂时处于束手无策、手足无措的境地,不能迅速有效地采取应对措施了。

(3) 是一种主观的认识和感觉。当事人感觉到的是一种威胁、挑战、失落甚至是绝望,产生抑郁等急性情绪扰乱。这种感觉来自于当事人对环境和自我的认识,如果不能得到及时缓解和控制,就会导致当事人情感、认识、行为方面的功能混乱,使心理内部环境出现巨大失衡以至不能自持甚至精神崩溃的状态。但这些均不符合任何精神疾病的诊断标准。

(4) 心理危机的本质是当事人心理系统的失衡。

(二) 心理危机的分类

从心理危机的性质入手,可以把危机分为三类:

1. 发展性危机

又叫适应性危机或成熟性危机。是指个体在其成长发展过程中,遭遇环境或自身生理的急剧变化所导致的异常应激反应。对大学生而言,发展性危机的表现有开学心理危机、性心理危机、就业心理危机等。虽然所有大学生都有可能遇到各自独特的发展性危机,也必须以相对应的不同方式进行处理,但所有的发展性危机都被认为是正常的。

2. 境遇性危机

是指出现罕见或突如其来的超常事件,个人无法预测和控制时出现的危机。区别境遇性危机与其他危机的关键在于引发危机的超常事件是大学生无法预料的或难以控制的,如父母的离异、暴力侵犯、人际关系的强烈冲突等。对当事人来说,这些事件是强烈的、灾难性的、震撼性的、随机的。

3. 存在性危机

是指随着重要的人生问题而出现的心理内部冲突和焦虑。人作为人的存在特征决定了人一生必须面对存在问题的困扰。如关于死亡、自由、孤独和自我认同的问题；关于人生价值、责任和义务等问题，因为大学生所处年龄阶段和身心特点，使他们比其他社会个体以及他们自己的其他生命阶段时思考的问题更加集中。存在性危机的成功应对和解决，对大学生的心理保健起着基础性的作用，对大学生确立正确的人生观、价值观和世界观的有着深远的影响。

（三）心理危机的一般特征

1. 心理危机具有普遍性

心理危机的普遍性是指在一定情况下每个人都有可能发生心理危机。对于迅速走向成熟而又不够成熟的大学生来说尤其如此。虽然心理危机不可避免，但是它又有其特殊性。特殊性表现在同样的应激条件下，由于个体本身的差异，有些个体能够成功战胜危机，而另外一些则不能。

2. 心理危机具有复杂性

心理危机的复杂性表现在：引起危机的原因具有复杂性；心理危机的发生不遵循一般的因果关系规律；心理危机的程度与生活事件的强度不一定成正比，而更多地取决于个体对生活事件的认识、应对能力、既往经历和个性特征等。

3. 心理危机具有双重性

即危险与机遇共存。一方面，如果危机严重威胁到个体的生活或其家庭，个体可能采用不恰当的方式方法来应对问题。同时如果缺少外界干预，危机导致个体心理社会功能下降，甚至精神崩溃或自杀，这种危机就是危险。另一方面，如果在危机状况下，痛苦迫使当事人成功地把握心理危机，或及时得到适当有效的干预，学会了新的应对技能，使心理平衡恢复甚至超过危机前水平，这种危机就成了成长的催化剂，是一种成长的机缘和一种获得新生的机遇。

4. 心理危机缺乏万能的、快速的解决方法

由于危机来源的复杂性和症状的复杂性，以及个体的不同特征，在帮助他们应对危机的时候应采取多种多样的方法，但缺乏万能的、快速的方法。虽然说有些面临危机的个体企图找到快速的方法（比如药物等）来解决危机，它虽然有可能缓解极端现象的出现，但是在本源上仍没有消除危机的存在。

5. 心理危机有明显的时代特征和个性特征

心理危机，尤其是大学生的心理危机与时代背景有着高度的相关。当代大学生的心理危机是与当代经济社会生活的急剧变革、竞争激烈、价值选择多元的现实密切联系的。危机的个性特征表现在每一个危机事件虽然都有共性特征，但都无一例外地打上了个体鲜明的个性特点。当事人的幼年经历、家庭环境、教育经历、成长环境以及性格特点都是危机的个性特征的基础。

（四）心理危机的发展过程

心理危机的发生并不是突然的，而是一个动态发展的过程。在危机的不同阶段个体会有不同的心理和行为表现。卡普兰在其提出的危机理论中描述了危机反应的演变过程，处于危机中的个体要经历四个阶段。

第一阶段，当个体感受到自己的生活突然出现变化，或即将出现变化时，内心的基本平衡被打破，表现为警觉性提高，开始体验到紧张。为了达到新的平衡，个体试图用自己以前在压力下所习惯采取的策略做出反应。

第二阶段，个体经过前一阶段的努力和尝试，发现自己惯常的解决问题的方法不能奏效，因此焦虑程度开始增加。为了找到新的解决办法，个体试图尝试其他办法来解决问题。

第三阶段，如果其他方法仍未能有效地解决问题，个体内心的紧张程度会持续增加，并想方设法地寻求和尝试新的解决办法。这个阶段也是干预的重要阶段。

第四阶段，如果当事人经过前三个阶段仍未有效地解决问题，会很容易产生习得性无助。个体会对自己失去希望和信心，甚至对整个生命的意义产生怀疑感。

心理危机往往在这个阶段爆发临床实践研究表明，心理危机的发生必须满足下列三个条件：第一，生活中出现了导致心理压力的重大或意外事件；第二，躯体和意识出现不适感，但尚未达到精神病的程度，不符合任何精神疾病诊断特征；第三，遭遇到依靠自身能力无法应付的困境。

二、大学生心理危机

（一）大学生心理危机的特征

1. 突发性

危机常突如其来，且具有不可控制性。大学生身体发育逐渐成熟，而大学生心理发展则处于由不成熟向成熟发展的过渡阶段。由于自身心理的不完全成熟和不稳定性，大学生仍然缺乏对自我、对社会的评价能力和自我调适能力，某些积极的个性品质在特定情境下易于导向某些消极的表现，呈现出积极与消极、自负与自卑并存的矛盾与冲突，任何一个小小的问题如果不能得到及时干预与化解，都可能引发严重的心理危机甚至导致悲剧性后果。大学生的激情犯罪与冲动自杀多与此特征相关。

2. 潜在性

大学生心理危机常不以直接爆发的方式体现，而是潜藏于个体内心，当遭遇特定应激事件时，容易引发心理危机。大学生心理危机与成长的每一方面、每一步成长相伴生，如果没有危机，即使年龄与日俱增，心理发展也不会与时俱进。在成长的每一刻，成长与力量都与危机的力量相共生，正是潜在的危机促动个体积极关注自我，获得成长的力量。在正常情况下，成长的力量占上风，但面临特定的情境时，潜在的危机就发生了。正如平静大海下掩藏着狂风怒潮一样，危机的累积与渐进，是一个潜在过程、量变过程，一旦带来质变，就是成长或者更大的危机。

3. 交互性

大学生心理危机往往是多种因素共同作用下的结果，经济状况、学业期望、情感归属、人际关系等交织在一起，在遇到特定的生活事件时，这些交互因素便浮出水面，引发心理危机。心理学家莱文森提出的"人生四季理论"，认为成年早期是个体"精力充沛而多产但同时又充满矛盾和压力"的时期，在这一时期，大学生能获得爱情、学业、专业技能、事业进步等方面的满足，实现主要的生活目标。但是，他们同时也承受巨大的负担——需要对爱情、工作和生活方面的问题做出明智的决策与承诺，而其中许多人此前并没有做出明智选择的经验。因此，各种矛盾与冲突，选择与机遇，个人情感与职业发展等任务同时摆在大学生面前，由于个体本身心理的不成熟，容易引发各种心理危机。

4. 时代性

大学生心理危机与时代有高度的相关性。改革开放以来社会的每一次变迁，无不牵动大学生心理变化的轨迹。近几年来，随着我国社会经济和政治体制变革的深入，激烈的竞争和快节奏的生活使人们的心理承受了更多的压力。特别是我国高校近年来实行大幅度扩招，使高等教育从精英教育向大众教育过渡，由此出现的一系列并发症，如就业竞争激烈、教育资金短缺、师资等教育资源缺乏、教育质量下降等问题无一不对大学生心理产生深刻的影响。当代大学生的心理危机，在一定程度上反映了时代、社会对大学生的要求和考验，大学生心理危机也就往往打上很深的时代烙印。

（二）引发大学生心理危机的应激源

大学生正处于生理发育基本成熟和部分心理发展相对滞后的特殊时期，人生观、价值观和世界观逐渐形成，但心理状态还不稳定，当前引发大学生心理危机的具体问题有如下几个方面。

1. 学习压力

大学的学习特点和高中有明显的不同，许多学生进入大学后感到不适应，学习目标不明确，学习方法不恰当或者所学专业与自己的兴趣相抵触，部分学生成绩下滑严重。如果不能很好地面对学习上的挫折，学生就容易产生心理危机。

2. 对大学环境的不适应

大一新生中，环境不适应的现象较为普遍。绝大部分学生面临的是陌生的校园、生疏而又关系密切的新群体。首次远离家门、离开长期依赖的父母、亲友和熟悉的环境，开始独立生活，所有的事都要自己解决，这些都会给大学生带来不同程度的环境应激。当这种应激超过限度时，他们就会食欲不振、注意力不集中，适应环境更加困难，开始烦躁、焦虑不安、头疼、神经衰弱等，甚至可能出现离校的冲动行为。如果长期出现这样的不适应症状，学生就可能出现心理危机。

3. 慢性身体疾病

有慢性身体疾病的大学生也是心理危机的高发群体。一方面他们长期受疾病的折磨，另一方面疾病可能会影响到学习、生活和人际交往，给他们带来多重压力。

4. 情感问题

大学生正处于青春期，对爱情生活有所追求和向往。大学生谈恋爱是一种普遍现象。但是很多大学生在恋爱中存在情感问题，如单相思、恋爱中的感情纠葛和失恋等心理挫折。特别是失恋，如果处理不好，在心理上受到极大伤害，可能会使学生心理失调，甚至精神崩溃，在短时期内出现极端行为，如自杀或报复等。

5. 心理障碍和精神疾病

有长期心理障碍或者精神疾病的学生也很容易产生心理危机。尤其是心理障碍或者精神疾病本身就给学生带来巨大困扰，而这些疾病在短期内又无法消除，再遇到外在的一些诱因，就更容易产生心理危机了。

6. 就业形势严峻，未进行职业生涯规划

择业和就业中双向选择的竞争机制，使所有面临毕业的大学生都要接受社会的选择。就业岗位的要求日益提高，相当数量的大学生缺乏足够而必要的就业心理准备，毕业甚至未毕业时就出现了严重的就业心理压力。

7. 人际关系问题

在中学时代，人际关系相对单纯，或许成绩好就会赢得大家的青睐。但是大学生的人际交往更为复杂、广泛、独立性更强、更具社会性。在处理各种人际关系的过程中，有相当数量的大学生会产生各种问题。一旦在这一过程中受挫，就可能表现为自我否定并陷入苦闷与焦虑之中，或因企图对抗而陷入困境，并由此产生心理问题。

8. 家庭问题

对于从小在顺境中长大的大学生来说，重大变故如父母去世、家庭破裂、经济困难、犯罪或者其他重大家庭问题，极易导致情绪波动，使其产生失落感和悲观情绪，从而以极端行为对抗现实。对于家庭贫困的大学生来说，经济因素限制了他们的人际交往，经济的压力也让他们在长期的自卑和压抑中容易出现心理偏激等问题。

9. 自我问题

有的学生很自卑，遇到挫折或者遭到别人拒绝后就容易产生心理危机。有的大学生对未来很迷茫，有一种存在危机，如找不到人生的意义，总是在思考人活着究竟为什么，这样也容易产生心理危机。

（三）大学生心理危机的识别

大学生心理危机的表现形式多种多样，但心理危机的发生有一个过程。如果能在危机发生之前识别潜在的心理危机并进行有效的干预，就可能预防心理危机事件的发生。

1. 常见的异常行为

很多大学生在遇到危机的时候不会求助，不会直接告诉别人"我遇到危机了"，而会以各种不同的行为方式表现出危机状态，周围人看到的是一些异常的行为表现。如饮食和睡眠异常、个人卫生习惯改变、不修边幅、孤僻独行、旷课、自我伤害、情绪低落、悲观失望、焦虑不安、无故哭泣、喜怒无常、自制力减弱等。这些异常行为就提示有发生心理危机的可能。

2. 异常行为的具体表现

在性格方面，一个平时性格开朗、积极乐观的同学出现危机后可能表现出相反的行为，而平时性格内向的人可能变得暴躁、易激惹、怨恨周围的一切，甚至认为社会对自己不公平等。

在行为方面，如果一个平时正常的人出现社交退缩、不敢出门、不信任他人、回避他人关心、呆坐沉思、酗酒、故意违法等行为时，可能是遇到了危机。

言语方面的异常，如沉默寡言或打听自杀方式，直接表达出自杀的想法，有的则是通过一些与亲人、朋友告别的话语间接表达自杀的念头。

情绪方面的异常，如在暂时的震惊之后出现否认、混乱、恐惧、焦虑、抑郁、悲伤、怀疑、紧张、易怒、自责、烦躁，对任何事物都失去兴趣，没有愉悦感，表面平静但眼神游离。失眠，食欲、食量明显变化，容易疲乏做噩梦，容易被惊吓，感觉呼吸困难或窒息，注意力不能集中，认知能力下降，学习成绩明显下降，药物滥用等，都可作为识别大学生心理危机的指标。

（四）大学生心理危机的预防

关爱生命，不仅要关爱自己的生命，还要关爱他人的生命。我们既要提升自身心理素质，让自己的生命充满活力，同时还要关注他人的心理健康，积极预防心理危机。

1. 提升心理素质，构建心灵防火墙

每个大学生在学习、生活中可能碰到各种烦恼和困惑，有人能够一笑置之，有人可能感觉压力过大而自暴自弃出现心理危机，期间的差别就在于心理素质的高低。提升心理素质是大学生健康成长的需要。

学习是大学生的主要任务，因此大一新生入学后需要通过与高年级学生座谈、师生见面会等方式，了解大学的学习方法、本专业的特点和发展前景等，尽快适应大学的学习，调整心态，正确认识自己，悦纳自我，发现自身潜能，制订合理的奋斗目标，正确对待存在的学业问题，预防心理健康问题的发生。

大学生要学习如何与人保持良好的人际关系。融洽的宿舍关系是大学生最重要的支持系统，在宿舍中受到排挤或被他人冷漠令人痛苦不堪。学习用真诚、宽容、友善的态度对待舍友，用真诚的沟通处理同学间的差异和矛盾，建设融洽的宿舍关系。性格内向、缺乏自信的同学要树立信心，积极参加各种团体活动，培养广泛的兴趣爱好，拓宽视野，扩大人际交往范围，提高人际交往能力。

恋爱是大学生重要的人生话题，更需要学习和自我成长，树立自己有能力去建立亲密关系的信心，获得爱与被爱的能力。任何亲密关系都不会是只有幸福美好而没有烦恼和冲突的，矛盾冲突是大学生学习处理和应对各种问题与困扰的机会。

2. 自我救助，预防心理疾病

抑郁症等精神心理疾病患者是心理危机的高发群体。每个人在不同阶段都可能患心理疾病，心理疾病并不可怕，如同感冒发烧一样，是可以治愈的。抑郁情绪是为了提醒我们要好好地对待自己，调整状态去面对压力和挑战。患了抑郁症或其他心理疾病没有必要感

到羞耻，这也不是可怕的事情。求助是强者的行为，当感觉压力过大或自我调节效果不明显时，要积极向外求助，要信任他人。积极的社会支持对于心理疾病的康复至关重要，周围的同学、老师或朋友会为你提供解决问题的资源和方法，家人是最值得信赖的社会支持力量也是最强大的精神依靠。把自己的情况告诉他们，得到他们的支持和帮助，而不要一个人扛着，内心痛苦万分却还要强颜欢笑。当一个人实在承受不了巨大的痛苦时，心理危机就会出现。

当感觉自己状态不好、自我调节效果不明显时，可先到专业的心理咨询机构求助，心理咨询人员会运用专业知识帮助你找到解决问题的方法，并判断是否需要接受精神卫生机构的帮助和治疗。如果需要到精神科接受治疗，一定要遵医嘱服用药物，并积极配合心理治疗。

3. 救助他人

我们在关注自身心理健康、掌握一些自我心理调节技能的同时，还要能觉察到周围同学的心理变化，及时关注需要帮助的同学，不歧视有心理疾病的同学，接纳、宽容和帮助他们走出心理阴霾。当你身边的同学出现心理问题或危机时，你的帮助可以使他们走出困惑，甚至挽救他们的生命。当你身边的同学在学习、生活中遇到困难时，一句温暖的话语，一个小小的帮助也许就能给予他信心和力量；当你发现同学出现心理问题和危机后，你个人的力量可能无法帮助他走出困境，这时要鼓励他到专业的心理咨询机构去寻求帮助，或者向教师、同学寻求帮助，及时把危机中的同学带到专业机构接受治疗，帮助他走出生命的误区；当发现同学情绪、行为异常或有自杀倾向时，要立即向学院负责教师和学校心理健康教育中心报告，以便对其进行及时的干预，保护同学的生命安全。如果有同学告诉你他要结束自己的生命，这时不能对其承诺保密，生死攸关之时，生命高于一切。

三、大学生自杀危机干预

（一）自杀含义

自杀是心理危机的突出表现。对于自杀这一概念，不同学科根据不同的研究目的和研究角度，对其定义有所不同，但是它们具有一定的相似性。总的来说，自杀行为有以下一般特点：

第一，主体和客体具有同一性：行为主体的行为指向行为主体本身，即"自己杀死自己"。

第二，行为动机是出于"自愿的"、"故意的"、"有意识的"。行为主体对自己所采取的行为将要引起的结果是肯定的、期待的，让自己死亡是行为的最终目的。

第三，行为结果可以是一定行为的直接导致，如跳楼引起的直接死亡，也可以是一定行为的间接导致，如绝食引起的饥饿和其他综合病症导致的死亡。

凡是具有上面三个条件的行为就是自杀。由此，我们可将自杀定义为：任何由个体自愿或故意完成并知道会产生死亡结果的某种积极或消极行为直接或间接引起的死亡叫作自杀。

（二）自杀的心理过程及特征

1. 我国学者一般把自杀过程分为三个阶段

第一，自杀动机或自杀意念形成阶段

表现为遇到难以解决的问题，想逃避现实，为解脱自己而准备把自杀当作解决问题的手段。

第二，矛盾冲突阶段

产生了自杀意念后，由于求生的本能会使打算自杀的人陷入生与死的矛盾冲突之中，从而表现出谈论自杀，暗示自杀等直接或间接表现自杀企图的信号。实际上，我们可以看作是自杀者发出的寻求帮助或引起别人注意的信号。

第三，自杀的平静阶段

从矛盾冲突中解脱出来，决死意志坚定，情绪逐渐恢复，表现出异常平静，考虑自杀方式，做自杀准备。

2. 自杀者的心理状态特征

第一，矛盾心态。死亡对自杀者是既可怕又有吸引力的事。现实生活中许多有形无形的困难可以在死亡的幻想中得以解决和满足。但死亡毕竟是可怕的，自杀者一面想解脱，另一方面又向他人求助。

第二，偏差认知。企图自杀者的知觉常因情绪影响而变得歪曲。表现为"绝对化"或"概括化"或两者交替。绝对化是指对任何事物怀有认为其必定如此的信念。过分概括化指以偏概全，以一概十的不合理思维方式，常常使人过分关注某项困难而忽略除死之外的其他解决方法。

第三，冲动行为。大学生的自杀意念常常在很短的时间内形成，因情绪激动而导致冲动行为，一想到死马上就采取行动。他们对自己面临的危机状态缺乏冷静的分析和理智的思考，往往认定没办法了，只有死路一条，思考变得极其狭隘。

第四，关系失调。自杀者大多性格内向、孤僻、自我中心，难以与他人建立正常的人际关系。当缺乏家庭的温暖和爱护，缺乏朋友师长的支持与鼓励时，常常感到彷徨无助，最后变得越来越独立，进入自我封闭的小圈子，失去自我价值感。

第五，死亡概念模糊。企图自杀的大学生对死亡的概念比较模糊，部分甚至认为死是可逆的，暂时的。

（三）大学生自杀的原因分析

1. 外部环境因素

（1）社会大环境。随着我国改革开放的进一步深化，全面融入经济全球化。在市场导向下，强化了竞争意识。此外社会不平等、贫富两极分化严重，社会阶层出现新的变化，对整个社会的发展形成极大的冲击。而这些都在大学校园有了相对应的反映，对大学生产生了巨大的冲击。自杀作为一种社会现象，与社会文化有一定关系。中国的自杀现象带有浓重的传统文化色彩。此外，受西方某些社会思潮的影响，近年来，一部分大学生在重视生命权利的同时，也将放弃生命视为自身的一种权利，他们认为自己有选择生或死的自由。

（2）家庭环境。家庭被认为是"制造人类性格的工厂"，它作为大学生童年生长环境和多年来成长的重要环境，时刻都是与大学生发生紧密联系的最小社会组织，对大学生心理状况和行为模式的影响十分强大和深远。家庭环境和教育对大学生心理发展的影响是逐渐的，家庭环境包括家庭成员的关系、家庭结构的变化；家庭教育教养方式；家庭的贫困及家庭的经济变故；家族自杀史等。

（3）学校环境。作为与大学生的现实生活关系最密切的学校环境，无疑会对大学生的心理状态和行为特征产生直接而明显的影响。心理健康教育在整个学生接受教育阶段都没有受到应有的重视。长期以来，中小学教育忽视心理素质的培养，高校现在虽然都设有心理健康教育与咨询中心，但在对生命本身意义的教育上关注不够，导致大学生缺乏必要的心理卫生知识和心理调适方法，导致一些原本可以被消灭于萌芽状态的心理异常问题得不到及时的解决，使自杀迹象没能被及时发现而酿成悲剧。

2. 个体因素

外因是变化的条件，内因是变化的根据，外因通过内因而起作用。主体内在因素大致可分为生理因素、精神因素、思想因素和心理因素。

（1）个体生理因素。生理缺陷。在大学校园里，由于生理某方面缺陷而产生很大压力的学生，也有一定的数量。久病厌世。大学生如果长期生病或病情严重，而他们又对忍受病痛缺乏心理准备，对继续生存缺乏信心，对亲朋好友的情感缺乏理解和重视，就有可能过激地采取自杀轻生的行为。

（2）个体精神因素。自杀与抑郁症有密切关系。抑郁症是一种能影响整个机体的病症，其最危险的症状就是有自杀企图和行为。患者常有痛苦的内心体验，是"世界上最消极、悲伤的人"，自杀者中，60%左右患有抑郁症，所以被称为"第一号心理杀手"。此外自杀也受精神分裂症影响，精神障碍是造成大学生自杀的主要内在原因。

（3）个体心理因素。①性格特征。有研究显示，自杀者中性格内向和较内向者占95.2%，孤僻者占52.4%。内向型性格通常的表现是少言寡语、不好主动与人交谈和交往，倾向于内部思考，关注主观世界，好沉思、善内省、孤僻、交际少，常沉浸在自我欣赏和自我陶醉中，易害羞、寡言、较难适应环境的变化。内向型性格的人由于与外界的信息流通比较少，因而受到外界关注的可能性也较小，当他们陷入某种困境或采取自杀行动时，由于他们通常不会采取求救行动，被外界发现和救助的可能性也较小，故而这种人的自杀常常显得突兀和不可防范。

②气质特点。气质是个人心理活动稳定的动力特征，影响个体活动的一切方面。通常以感受性、耐受性和情绪兴奋点的高低作为不同气质类型的主要特点。在气质上表现出敏感、多疑、脆弱、孤僻、谨小慎微等特点的大学生更有自杀的潜在可能性。

③缺乏心理弹性。由于缺乏挫折锻炼，许多大学生心灵脆弱，缺乏弹性，各种需要、期望值以及自尊心不能够保持适度，不能够适应社会环境和客观现实，不能够随着情况的变化及时主动地自我调节，缺乏必要的可塑性、伸缩性、包容性和适应性。这种状态如果

得不到及时纠正，就会对受挫者的身心健康乃至生命构成危险，成为自杀行为的心理基础。

(四) 自杀的识别

没有任何人100%想自杀，即使有强烈死亡愿望的人也是十分矛盾的。因此要注意识别求救信号。然而，要识别出有自杀危险的人却不容易。因此，要对任何可能的自杀线索都保持敏感，其中尤其要注意的是言语线索和行为线索。言语线索中主要是直接或间接地谈到死亡。比较间接的包括询问人寿保险政策，以及捐赠遗体的程序，或谈论死后的生活等。

1. 言语上的识别

（1）直接说："我想死"，"我不想活了"；谈论自杀计划，包括自杀方法、日期和地点；突然与亲朋告别、交代后事。

（2）间接说："我所有的问题马上就要结束了""现在没有人可以帮助我""没有我，他们会过得更好""我再也受不了了""我的生活毫无意义"；谈论与自杀有关的事或开自杀方面的玩笑；谈论一些可行的自杀方法；喜好谈论应激或压力；明显减少与其生活中重要人物的交流。

2. 情绪上的识别

（1）流露出无助或无望的心情，严重的抑郁，对生活的过度不满等。

（2）情绪明显反常，焦虑不安，无故哭泣，自卑感和羞耻感强烈。

3. 行为上的识别

（1）出现突然的、明显的行为改变，如中断与他人的交往或出现很危险的行为；对生活麻木冷漠的人，像突然变了一个人，敏感又热情；喜欢学习的人上课无故缺席，迟到早退，成绩骤降。

（2）将自己珍贵的东西送人，有条理地安排后事；无故送东西、送礼物给亲人或同学，无来由地向他人道谢或致歉。

（3）收集致命药物，准备自杀工具；频繁出现意外事故、饮酒或吸毒次数的大量增加；个人卫生习惯的改变；拒绝与人接触，退缩和独处日益明显；出现持久失眠、食欲不振等。

值得庆幸的是，几乎所有想自杀的求助者都提供了几种线索或呼救信号。有些线索和寻求帮助的信号易于识别，也有少量是难以识别的。可以说，没有人完全想自杀。有强烈死亡愿望的人是非常矛盾的，他们的思维是非逻辑性的，他们的选择也总停留在非此即彼的思维模式上。他们只看到两种选择：痛苦或死亡。要想帮助他们，首先需要识别出自杀的征兆，然后尝试进行危机干预。

(五) 自杀危机干预

危机干预是一个短期的帮助过程，即对处于严重心理困境或挫折而自己又无能为力的人予以关注和支持，使之恢复心理平衡。自杀危机干预是指在自杀潜伏期内或在自杀未遂的情况下，对处于自杀危机中的个体提供支持，帮助他们解除心理痛苦的一系列措施。总体上，危机干预有三个关键：一是行为干预，要确保自杀者的生命安全；二是心理辅导，要少讲多听，使自杀者得到充分的宣泄；三是最后干预能否成功要看能否改变自杀者认知，纠正错误思维，对干预者做出恰当的承诺。

在大学校园内，当我们发现学生面临心理危机时，可以使用心理学家总结的"六步干预法"进行危机干预：

第一步，确定问题。危机干预的第一步是从自杀者的立场出发，确定和理解自杀者的问题。为了帮助确定问题，干预人员应该使用积极倾听技术，即同感、理解、真诚、接纳以及尊重。通过观察和倾听来收集信息，迅速确定问题的严重程度，并迅速将情况转告家长和有关人员进行干预。

第二步，保护当事人安全。在危机干预过程中，干预人员应该将保证当事人安全作为首要目标。这里的安全是指，对自我和对他人的生理和心理危险性降低到最小。在干预人员的检查评估、倾听和制订行动策略的过程中，安全问题都必须予以同等的、足够的关注。自杀者的生命安全是危机干预的核心任务，同时也要注意危机干预者的人身安全。

第三步，给予自杀者以心理支持。这一步是强调与当事人沟通和交流，通过语言、声调和肢体语言向当事人表达，使当事人知道干预人员是能够给予其关心和帮助的人。争取与其保持沟通与交流，注意多倾听、多肯定，使其尽可能多地将烦恼和困惑宣泄出来。

第四步，心理辅导。在给予自杀者一些支持和帮助的基础上，提示自杀者调整思路，给予一些必要的心理辅导，改变认知，减轻其应激与焦虑水平。

第五步，帮助自杀者制定救助计划。这一步的目标是帮助当事人做出现实的短期计划，包括发现另外的资源和提供应付方式，确定当事人理解的自愿的行动步骤。为自杀者提供一个对所关心问题的解决办法和应付机制，减缓心理冲突，矫正情绪的失衡状态，提高自杀者的应付能力和思维灵活性，并使其相信自己的能力，战胜危机。

第六步，通过进一步沟通，得到自杀者不再自杀的承诺。这一步的目标是帮助当事人向自己承诺采取确定的、积极的行动步骤，这些行动步骤必须是当事人自己的，从现实的角度是可以完成的。如果制订计划这一步完成得较好的话，则得到承诺就比较容易。在这一阶段，可以让当事人复述一下计划，如："现在我们已经商讨了你计划要做什么，下一步将看你如何向他（她）表达自己的愤怒情绪。请跟我讲一下你将采取哪些行动，以保证你不会大发脾气，避免危机的升级。"在这一步中，干预人员要明确，在实施计划时是否达成统一合作的协议，必要时把自杀者托付给家长，结束危机干预。

【心灵体验】

画出我的生命日历格子

1. 活动目的：认识生命的长度。
2. 活动时间：30分钟。
3. 活动材料：A4纸、笔、尺子。
4. 活动步骤：

（1）请在一张A4纸上画一个30（宽）×32（长）的表格（如下图）。

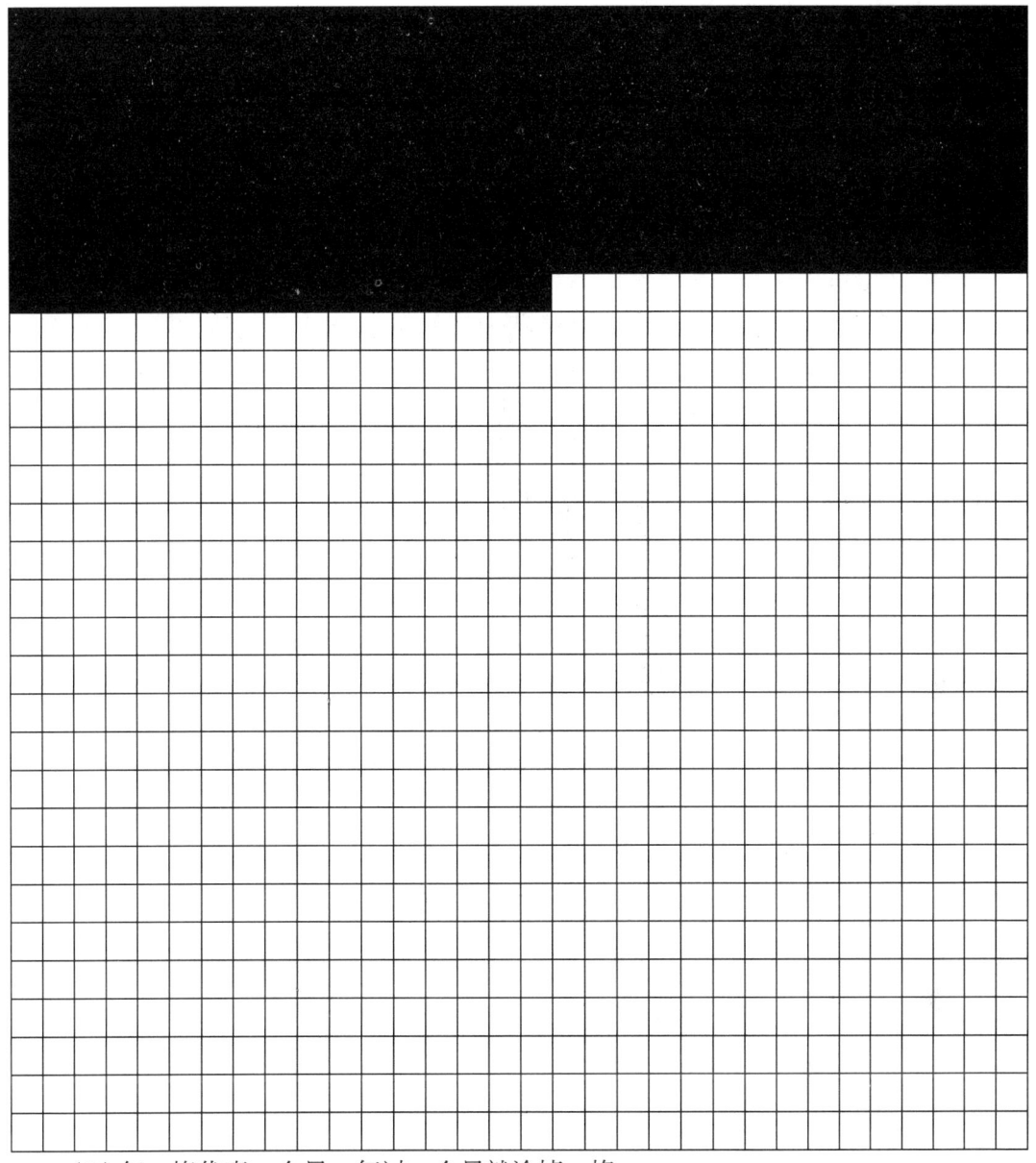

（2）每一格代表一个月，每过一个月就涂掉一格。

（3）计算一下已用掉的格子有多少？剩下的格子有多少？

5. 活动分享：假设人的寿命为80年，即960个月。人生其实只有960个格子。也许你没有想过，被量化后的人生原来如此短暂。思考一下未来用于读书的还有多少格子？假设一周见一次父母，未来还有多少格子用来陪伴父母？如果一月见一次呢？

【心灵保健】

尊重生命、热爱生活

生命对于每个人来说都只有一次，生命和生活紧密相关。没有生命，就没有生活；没有生活，生命就没有快乐。我们要尊重生命热爱生活。心理学家弗洛姆说过：地球上只有一个你，你要珍爱自己，人间最大的不幸莫过于那些生而厌者。如果不快乐、没有希望地生活，生命就失去了意义。

尊重生命、热爱生活，首先要接纳生命、关爱自我。每个人的生命都可能会有各自的长处和不足，有不完美的地方；人的一生不可能事事成功、总是处在顺境当中，常常会遭遇失败和挫折。我们需要接纳自我的一切，包括优势和不足、成功与失败，这样的生命才是真实。只有能接纳自己的不足、尊重自己、懂得善待自己的人，才会不太在意别人的评价，活出真实的自己。

尊重生命、热爱生活还要对生命抱有积极的态度。积极的人生态度可以创造积极的心理环境，创造生命的奇迹，成就精彩人生。良好的心态和心理承受能力不只是应对灾难的良方，也是人生在世需要的处世之道。

尊重生命更要热爱生活、珍爱生命。生命是宝贵的，每一个人的生命都不只属于自己，每个人都要对生命负起责任，善待自己的生命。无论遇到多大的困难，都不要厌恶甚至放弃自己的生命。任何一个生命的逝去，对家庭、社会都是巨大的损失，珍爱自己和他人的生命是每个人的责任。

当遇到困难时，除了自我调节、积极寻求解决问题的方法之外，还要懂得寻求帮助，求助是强者的行为。除了父母家人之外，大学生还可以向老师、同学和专业心理帮助机构求助，得到积极有效的支持和帮助。

✿【本章小结】

1. 在心理学上，挫折是指一种情绪状态，即是指个体在从事有目的的活动过程中，遇到障碍或干扰，致使个人动机不能实现，需要不能满足时所产生的消极的情绪反应。

2. 挫折概念一般包括三个方面的要素：挫折情境、挫折认知、挫折反应。

3. 按挫折的程度可分为一般性挫折和严重性挫折；按挫折持续的时间可分为暂时性挫折和持续性挫折；按挫折的现实性可分为实质性挫折和想象性挫折；按挫折产生的原因可分为外部挫折和内部挫折。

4. 大学生的挫折反应表现有情绪性反应、理智性反应、妥协性反应、个性的变化。

5. 挫折应对的方法：正确认识自我，战胜自我；适时宣泄挫折情绪；转移挫折情境，淡化消极情绪。

6. 压力是一种刺激；压力是一种主观反应；压力是人体对需要或伤害侵入的一种生理反应。

7. 一切使机体产生压力反应的因素均称为压力源。

8. 压力源的特征是不可控性、不确定性、挑战极限。

9. 有效管理压力的方法有：完善自我，提升自信；勇敢面对，增长能力；科学规划，管理时间；自我放松，调控情绪；建立良好的社会支持系统。

10. 适应是一种与环境融洽和谐的关系，包括满足一个人的绝大多数需要，并且拥有如何要求所必需的行为变化，以便一个人能与环境建立起一种融洽和谐的关系。

11. 大学生的适应问题，是指大学生对大学生活的适应，即大学生通过提高自身的素质等，保持与大学环境刺激之间较好的平衡状态。

12. 大学生如何适应大学生活：良好生活习惯的养成、大学新生角色适应、对大学环境的适应。

13. 生命的定义：生命是具有与环境进行物质和能量交换（即新陈代谢）、生长繁殖、遗传变异和对刺激做出反应的特性物质系统。

14. 生命的特征：独特性、有限性、全面性、自由性。

15. 卡普兰将心理危机定义为"面临突然或重大生活事件，个体既不能回避，又无法用通常解决的方法来解决问题时所出现的心理失衡状态"。

16. 心理危机的类型：发展性危机、境遇性危机、存在性危机。

17. 引发大学生心理危机的应激源：学习压力、对大学环境的不适应、慢性身体疾病、情感问题、心理障碍和精神疾病、就业形势严峻，未进行职业生涯规划、人际关系问题、家庭问题、自我问题。

18. 自杀者的心理状态表现特征：矛盾心态、偏差认知、冲动行为、关系失调、死亡概念模糊。

19. 大学生心理危机的预防：提升心理素质，构建心灵防火墙；自我救助，预防心理疾病；救助他人。

20. 自杀的识别：言语上、情绪上、行为上。

21. 大学生自杀危机干预六步法：确定问题；保护当事人安全；给予自杀者心理支持；心理辅导；帮助自杀者制定救助计划；通过进一步沟通，得到自杀者不再自杀的承诺。

【自我小测试】

心理测验（一）须知：

1. 本测验适用对象为成人（16岁以上）。

2. 本测验仅用于了解自我对待挫折的承受力，不能用于心理问题的诊断。具体心理问题的诊断请遵从心理咨询师的评估。

挫折承受力测验

指导语：请根据自己的情况对下面的描述做出选择，符合自己答"是"，与自己不符合答"否"。请在符合你的选项上打"√"。

序号	题目	选项	
1	胜利就是一切	是	否
2	我基本上算是个幸运儿	是	否
3	白天工作不顺利，会影响我整个晚上的心情	是	否
4	一个连续两年都名列最后的球队，应该退出比赛	是	否
5	我喜欢雨天，因为雨后空气清新，阳光普照	是	否
6	如果某人擅自动我的东西，我会很生气	是	否

续 表

序号	题目	选项	
7	汽车经过时溅了我一身泥水,但我生气一会儿就算了	是	否
8	只要我继续努力,我就会得到回报	是	否
9	如果有流感,我常常会被感染	是	否
10	如果不是因为几次霉运,我一定比现在好得多	是	否
11	失败并不可耻	是	否
12	我是很有自信的人	是	否
13	落在最后,常叫人提不起劲头	是	否
14	我喜欢冒险	是	否
15	假期过后我常常不能马上进入工作状态	是	否
16	遭遇到的每一次否定都会使我更接近肯定	是	否
17	我想我一定受不了被解雇的羞辱	是	否
18	如果向我所爱的人求婚被拒绝,我一定会崩溃	是	否
19	过去的错误,我总是难以忘怀	是	否
20	在我的生活中,常常有些令人沮丧气馁的日子	是	否
21	负债累累,让我心焦	是	否
22	建立新的人际关系对我来说非常容易	是	否
23	我星期一很难专心工作	是	否
24	在我的生命中已经有过失败的教训	是	否
25	我对别人的轻视,很敏感	是	否
26	如果应聘失败,我会继续尝试	是	否
27	丢了东西,我会整星期不安	是	否
28	我已经达到能够不再介意大多数事情的境界	是	否
29	想到可能无法按时完成某项重要任务,会让我寝食难安	是	否
30	我很少为昨天发生的事情而烦恼	是	否
31	我很少心灰意冷	是	否
32	必须要有百分之五十以上的把握,我才会做某件事情	是	否
33	命运对我不公平	是	否
34	对他人的恨意会持续很久	是	否
35	聪明的人知道什么时候该放弃	是	否

续 表

序号	题目	选项	
36	偶尔做个失败者，我也能接受	是	否
37	新闻报道中的大灾难，会让我心神不宁	是	否
38	任何否定和阻碍，都会让我生出报复之心	是	否

测验说明：

凡是奇数项题目（1、3、5……）答"是"计0分，答"否"计1分；偶数项题目（2、4、6……）正好相反，答"是"计1分，答"否"计0分。

得分越高，表示应对挫折压力的能力越强。分数在0~18分之间，说明你需要加强自己的耐挫能力；得分在19~29分之间，说明你已经具备了一定的挫折承受力，但尚不足以应对大的挫折的打击，所以还要加油；得分超过30分，说明你已经对挫折做好了心理准备，那么还等什么，赶快行动吧，去迎接生活的挑战！

心理测验（二）须知：

1. 本测验适用对象为成人（16岁以上）。
2. 本测验仅用于了解对自我生命意义的认知，不能用于心理问题的诊断。具体心理问题的诊断请遵从心理咨询师的评估。

生命意义自测

指导语：如果你对自己关于生命意义的看法感兴趣，请仔细阅读题目后，根据自己的实际情况在相应的数字上打"√"。1=完全不符合，2=大多不符合，3=部分符合，4=大多符合，5=完全符合。

序号	题目	选项				
		完全不符合	大多不符合	部分符合	大多符合	完全符合
1	当我回顾我的一生，会觉得过得很有意义	1	2	3	4	5
2	遇到困境时，我常感到局限而觉得没有其他办法可解决	1	2	3	4	5
3	想到死后很少人仍记得我，令我感到沮丧	1	2	3	4	5
4	我总是感到孤单，缺少被关爱的感觉	1	2	3	4	5
5	每个人都需要有坚定的理想，以作为我们一生遵循的指南	1	2	3	4	5
6	在团体中，我因不想负责任，所以常选择服从命令	1	2	3	4	5
7	我对死亡的担心是：害怕自己消失在世界上	1	2	3	4	5

续 表

序号	题目	完全不符合	大多不符合	部分符合	大多符合	完全符合
8	没有人可以让我依靠的话，我会感到空虚与失	1	2	3	4	5
9	我相信人活着是有某种待实现的目的	1	2	3	4	5
10	面对困境时，我总会想出不同的办法，让自己有更多的选择	1	2	3	4	5
11	我害怕谈论有关生前契约等话题，因为它是象征生命的结束	1	2	3	4	5
12	我不喜欢独立，因为独立的代价就是孤独	1	2	3	4	5
13	我很投入目前的生活，因为我已经找到我的生命意义与目的	1	2	3	4	5
14	做选择时，我总是游移不定，因为不确定自己真正想要的东西是什么	1	2	3	4	5
15	我对死亡有强烈的恐惧感	1	2	3	4	5
16	面对他人生命的消逝，令我有种被遗弃与孤单的感觉	1	2	3	4	5
17	因为每一个人都会死，做什么事情其实最后都没有意义	1	2	3	4	5
18	我总是用相同的方法解决问题，不想变通	1	2	3	4	5
19	听到亲友死亡的消息会引发我的焦虑与不安	1	2	3	4	5
20	每个人都可以创造属于自己的生命意义	1	2	3	4	5
21	我会为我的选择负责任	1	2	3	4	5
22	我知道自己生命的意义	1	2	3	4	5
23	我不相信自己拥有改变现状的能力	1	2	3	4	5

测验说明：

1. 大学生生命意义量表以终极关怀理论为基础编制，从忧虑生命的有限性、关系、面临选择的苦恼和缺乏生命意义而痛苦等维度所发展而来，其说明内在的基本冲突是来自于当个体面临一些既定而又无法逃避的事实，欧文·亚龙将这些既定的事实称为"终极关怀"。全量表包含 4 个分维度，即死亡、自由、孤独与无意义。

2. 本测验采用 Likert 五点评定量表的方式，"完全不符合"为 1 分，"大多不符合"为 2 分，"部分符合"为 3 分，"大多符合"为 4 分，"完全符合"为 5 分。整份量表共 23 题，其中 2、3、4、6、7、8、11、12、14、15、16、17、18、19、23 共 15 题为负向题，其余 7 题皆为正向题，负向题目需要反向计分，当选择"完全不符合"时计为 5 分、选择"大多不符合"时计为 4 分，依此类推。4 个维度得分之和为总分。分维度总分越高，表示受试者于此分量表之正向态度越强，反之，则表示受试者于此分量表之正向态度越弱。

3. 结果解释

（1）死亡

包括第 3、7、11、15、19 题。该维度的负向态度，包含个体担心生命的终结（结束、毁灭与消灭）；而正向的态度，包含了因时间的有限性而对死亡有所觉察与更珍惜生命。

（2）自由

包括第 2、6、10、14、18、21、23 题。该维度的负向态度，包含个体逃避责任和选择、不愿为自己的生活与改变负起责任，推卸责任；而正向的态度，包含个体愿意面对自己应负的责任、愿为自己的选择和决定承担责任等。

（3）孤独

包括第 4、8、12、16 题。该维度的负向态度，包含面临死亡的孤独、为自己创造未来的孤单害怕，面对分离所产生的焦虑；而正向的态度，包含个体可以坦然地面对死亡孤单的感觉、承受为自己决定时的孤独与了解成长时所需面临个体化的孤独。

（4）无意义

包括第 1、5、9、13、17、20、22 题。该维度的负向态度，包含个体对生命感到未知、迷茫与逃避；而正向的态度，包含个体了解人有追求意义的动机，虽意义本身没有可依循的脉络，唯有借助自身的选择与决定，来创造属于自己的生命意义。

第九章　生涯发展与心理健康规划：人生赢在起点

> 推动你的事业，不要让你的事业来推动你。
> ——富兰克林

◯ 引言

大学四年是职业生涯规划的重要阶段。职业生涯规划的意义在于寻找适合自身发展需要的职业，实现个体与职业的匹配，体现个体价值的最大化。然而目前在大学生中普遍缺乏职业生涯规划意识，即使有规划，也是不明确或太过理想化。对于每一位大学生来说，合理规划自己的职业生涯，对今后的发展有着十分重要的意义。在目前就业形势下，大学生的就业问题也显得日益突出，在具体择业的过程中也容易出现一些认识上的误区。

※ 本章知识点

学习了解职业生涯规划，并结合当今就业形势，针对大学生在职业生涯规划过程中和就业过程中容易产生的心理困惑，提出了应对这些困惑的具体方法。

第一节　认识生涯发展——人生之路自己走

一、生涯与生涯发展

"生涯"（Career）一词是由"职业"（Vacation）一词拓展而来的，生涯在英文中有人生经历、生活道路和职业、专业、事业的含义。人的一生可以分为少年、成年、老年几个阶段。成年阶段无疑是人生最重要的时期，因为这一时期正是从事职业生活的时期，是人生全部生活的主体。因此也可以说，人的生涯发展就是职业生涯的发展。

一个人的生涯发展，首先是选择哪条道路哪种职业发展自己，其次是发展成功与否，最后是满足或成功的程度。影响生涯发展的因素有以下几个方面：

（一）教育背景

教育赋予个人才能和技艺，塑造人的性格，培养人的情操，并且给予个人创造发展所必需的人际环境，使个体具备发展的基本素质和条件。

首先，不同的教育程度决定个体在职业选择时的不同能量。从一般规律看，个体的受教育程度越高，在选择职业或者被选择时，会具有较高的能量，并且其职业生涯的发展越容易接近成功。其次，不同的专业教育影响个体生涯发展的方向。绝大多数人的生涯发展均会受到其所学专业的影响，即使是更换工作或岗位，也往往会与所学专业有一定联系。此外，个体所接受的不同等级的教育、就读的不同学校、接触的不同人群以及不同的教育思想和理念，均会影响其对自己、对社会以及对职业的看法和态度，从而影响其生涯发展。

（二）个人需求与动机

不同的个体因其价值观、人生观等的差异或者在不同的年龄阶段，都会对同样的职业、同样的工作有不同的理解和取向。也即个人的主客观因素，导致其在生涯发展过程中面临选择或调整时，会有不同的心理需求和动机。一般情况而言，人在年轻时意气风发，对自己的期望值都较高，因此对个人发展的目标和成功的标准也较高。到了成年尤其是过了中年，在经历各种社会实践之后，会更容易看到身边对种种生涯发展的制约条件，其成功的目标和抉择的标准就会趋于现实。因此，个人的需求和动机，会影响到个体与职业生涯发展相关的行为，仍然是人生涯发展的重要动力因素。

（三）家庭影响

家庭是一个人生活的重要场所，家庭的影响对个体职业生涯发展的影响也是十分重要的。家庭生活是社会生活的一部分，人的社会化即从家庭开始。在接受正式教育之前，个体的人生观、价值观和世界观绝大多数来自家庭成员潜移默化的影响。与此同时，家庭成员的职业、技能和特长，也影响到个体的行为习惯，并进而从根本上影响其对自身职业的思考和抉择。"子承父业"就很好地说明了家庭对个体生涯发展的巨大影响。

（四）社会环境

社会大环境决定着社会职业、工作岗位的种类和数量，也影响着人们对不同职业的认可程度，进而影响个体对生涯发展道路的选择或者发展方向决策的调整。另外，个体所处的小环境，例如所在社区、工作单位、个人交往圈等，也决定着一个人具体活动的范围和内容，从而影响人的职业生涯发展。

（五）机遇

好的机遇不仅能够给人提供良好的职业环境，而且能够提供充足的发展空间。在许多人眼里，机遇是一种偶然性和随机性出现的事物，"可遇不可求"。但机遇本身总是客观存在的，能否发现和抓住这个机遇则与个体的主观能动性、综合素质等密切相关。即便对于相同的机遇，不同个体表现出来的反应和采取的行动也是不同的。因此有句话这样说："机会总是青睐那些有准备的人。"

二、生涯规划

（一）生涯规划的主要内容

用最通俗的话说，生涯就是"过活"，而怎样过好一辈子，就涉及生涯选择和生涯规划的内容了。生涯规划就是指个人对自己未来发展所做出的主动的、自觉的计划与设计。职业是人生重要的内容，是许多人完整人格的核心，生涯规划的重要部分便是职业生涯规划。

简而言之，生涯规划的主要内容无非是：

第一，从年龄、性格、兴趣、局限、生活方式等方面评估自己，了解自己；

第二，了解工作的世界，包括工作的要求、工作环境、发展机会和发展前景等；

第三，培养抉择能力：综合以上两种因素，选择适合自己的工作；

第四，随着内外环境的变化调整自己的规划，培养个人有面对转变的弹性。

（二）生涯规划的意义

每个有追求的人都会考虑：我打算怎样过我的人生？歌德曾经说过：人生重要的在于确立一个伟大的目标，并有决心使其实现。一个人如果不知道自己要往哪里去，他就哪里也去不了。要实现目标首先得确立目标，生涯规划是人们确立目标和找到实现目标方法的步骤，是减少遗憾、将自己的人生过得成功和有意义的必然要求。与此同时，生涯规划还能对大学生起到内在的激励作用，使大学生产生学习、实践的动力，激发自己不断为实现各阶段目标而进取。因此生涯规划具有特别重要的意义。

第一，职业生涯规划可以发掘自我潜能，增强个人实力。一份行之有效的职业生涯规划将会：①引导你正确认识自身的个性特质、现有与潜在的资源优势，帮助你重新对自己的价值进行定位并使其持续增值；②引导你对自己的综合优势与劣势进行对比分析；③使你树立明确的职业发展目标与职业理想；④引导你评估个人目标与现实之间的差距；⑤引导你前瞻与实际相结合的职业定位，搜索或发现新的或有潜力的职业机会；⑥使你学会如何运用科学的方法采取可行的步骤与措施，不断增强你的职业竞争力，实现自己的职业目标与理想。

第二，职业生涯规划可以增强发展的目的性与计划性，提升成功的机会。生涯发展要有计划、有目的，不可盲目地"撞大运"，很多时候我们的职业生涯受挫就是由于生涯规划没有做好。好的计划是成功的开始，古语讲，凡事"预则立，不预则废"就是这个道理。

第三，职业生涯规划可以提升应对竞争的能力。当今社会处在变革的时代，到处充满着激烈的竞争。物竞天择，适者生存。用人单位非常看重新进员工的职业生涯规划是否与公司的发展一致。有了这些未来的发展规划，才会让用人单位觉得求职者的求职意向是经过深思熟虑的。用人单位才乐意聘请这种目标明确的人。

三、几种较为普遍的生涯发展理论

在当今迅速变化的社会环境中，广大的青年和即将走出校门的学生普遍充满着对职业生涯的困惑：自己能干什么？自己想干什么？自己适合干什么？社会需要什么样的人？怎样才能获得自己喜欢的工作机会？大多数人都在困惑中摸索，属于寻求方向者，但也不乏

迷失方向和他主定向者，可以进行科学地自主定向的人却犹如凤毛麟角。从这个意义上来说，了解生涯规划的相关理论，掌握生涯规划的基本要素和方法，应该成为每个青年人的必修功课。

（一）霍兰德的个性职业匹配理论

霍兰德依据美国文化背景，提出了以下假设：大多数人属于六种人格类型：现实型

（Realistic）；研究型（Investigative）；艺术型（Artistic）；社会型（Social）；企业型（Enterprising）；常规型（Conventional）；有六种环境模式与这六种人格类型相对应；人们寻找的是能够施展他们的技能同时表现他们的态度、价值观和人格的职业；人们的职业行为是由其人格和环境特征的相互作用所决定的。霍兰德指出，当个体的职业兴趣类型与环境类型一致和相容时，个体会产生较多的满意感、较多的工作投入和较少的工作转换，而不相容的则相反。六种人格类型的特点和其适合的工作如下：

1. 现实型（R型）

该类型的人性格特征表现为：坦率、正直、诚实、谦逊，是注重实际的唯物主义者。他们通常具备机械操作能力或一定的体力，适合与机械、工具、动植物等具体事物打交道，相适应的职业主要是熟练的手工工作和技术工作，运用手工工具或机器进行工作。其职业倾向为：机械自动化、飞行员、测量师、电气专家或农场主。

2. 研究型（I型）

该类型的人性格特征表现为：谨慎、严格、严肃、内向、谦虚，独立性强。他们通常喜欢做统计分析，具备从事调查观察评价推理等方面活动的能力，相匹配的职业类型主要是指科学研究和实验工作，研究自然界和人类社会的构成和变化，比较容易成为生物学家、化学家、物理学家、地理学家、人类学家、医学技术人员等等。

3. 艺术型（A型）

属于艺术型的人通常内心活动比较复杂，敏感、无序，善于表达且富有想象力，却相对缺乏实际性，他们具备艺术性的、独创性的表达和直觉能力，不喜欢结构性强的活动，他们富于情绪性，适合于从事艺术创作，其职业倾向为作曲家、音乐家、舞台指导、舞蹈家、演员、作家、室内设计师等艺术类的职业。

4. 社会型（S型）

这种类型的人通常善良、热情、灵活而又耐心，慷慨大度，善于劝说，他们喜欢从事与人打交道的活动，避免过分理性地解决问题，他们通常会从事社会型的职业，通过说服、教育、培训、咨询等方式来帮助人服务人教育人，例如教师、演说家、临床心理师、咨询顾问、护士、宗教工作者等。

5. 企业型（E型）

该类型的人通常乐于冒险，雄心勃勃，具有外向、易冲动、乐观、自信的个性特征，有一定的集权性倾向，具备劝说、管理、监督、组织和领导等能力，并以此来获得政治经济和社会利益。与其相匹配的企业型职业，是指那些劝说指派他人去做事情的各级各类管理者和组织领导者，以及一些影响他人的职业，如商人、运动推广商、电视节目制作、销售、高级管理人员等。

6. 常规型（C型）

常规型又称传统型，属于这一类型的人注重细节，讲求良心和精确性，通常体现出有序、有恒心、有效率、服从安排的个性特征，具备记录和归档能力，适合从事办公室工作和一般事务性工作。其适合的职业包括会计、金融分析师、银行家、秘书、税法专家等。

这六种类型的关系如下图9-1所示：

霍兰德人格六角形模型

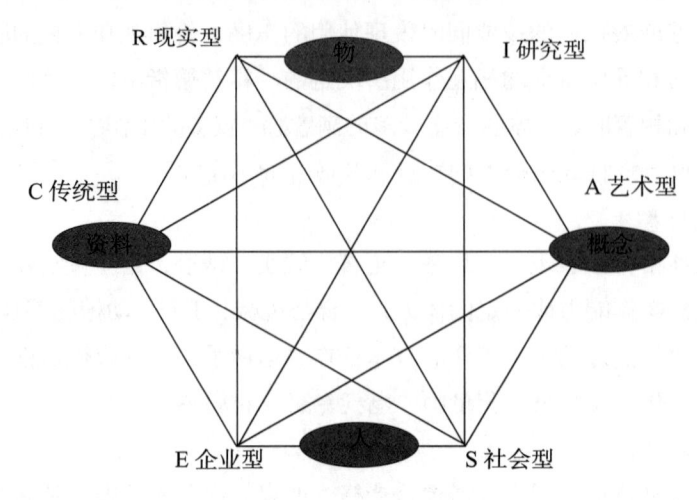

图9-1 霍兰德人格六角形模型

个人可以通过自我测定来发现自己的个性类型并依据个性类型来选择显影的职业。霍兰德编制了自我职业倾向测定量表作为人格类型和职业倾向测定的工具，具有较强的实用性。霍兰德的个性类型分类和测定量表可以作为职业咨询和职业选择的初步依据。该测验量表可以帮助大学生发现和确定自己的职业兴趣和能力特长，从而更好地做出求职择业的决策。如果大学生已经考虑或者选择好了自己的职业，该测验将使得这种考虑或者选择具有理论基础，或展示其他合适的职业；如果大学生至今尚未确定职业方向，该测验将帮助大家根据自己的情况选择一个恰当的职业目标。

（二）舒伯的生涯发展理论

舒伯把职业生涯的发展看成是一个持续渐进的过程，一直伴随个人的一生。其主要理论观点是：

1. 自我概念是舒伯理论中的核心概念

自我概念就是指个人对自己的兴趣、能力、价值观及人格特征等方面的认识。一个人的自我概念在青春期以前就开始形成，至青春期较为明朗，并于成人期由自我概念转化为职业生涯概念。工作与生活满意与否，就在于个人能否在工作和生活中找到展现自我的机会。用舒伯的话说，"职业生涯就是对自我的实践"。

2. 生涯发展阶段

舒伯认为人的职业生涯发展分为五个阶段。

第一个阶段：成长阶段（0~14岁）儿童开始辨认他们周围的事物，并逐渐开始意识到自己的兴趣所在以及和职业相关的一些最基本技能。他们这个阶段发展的任务是：发展自我形象和对工作世界的正确态度，并了解工作的意义。

第二阶段：探索阶段（15~24岁）青少年开始通过个人尝试一些自己感兴趣的职业活动，对自我能力及角色、职业进行探索。职业倾向趋向于某些特定的领域。

第三阶段：建立阶段（25~44岁）个人开始尝试选择适合自己的职业领域。这个阶段发展的任务是个人致力于工作上的稳定，大部分人处于最具创造力的时期。

第四阶段：维持阶段（45~64岁）个人通过不断努力来获得职业生涯的发展和成就，并逐渐能在自己的领域中占有一席之地。这一阶段发展的任务是维持既有成就与地位。

第五阶段：衰退阶段（65岁以上）由于生理及心理机能日益衰退，个人职业角色的分量逐渐减少，开始考虑退休并享受自己的晚年生活。

3. 职业循环发展理论

舒伯在后期提出在一个人一生的职业发展过程中，职业发展的五个阶段：成长阶段、探索阶段、建立阶段、维持阶段、衰退阶段是一个循环再循环的过程。职业发展的五个阶段并不完全和年龄相关，而且各阶段之间并不存在严格的界限，可能有交叉，在人生中的不同时期，都可以经历由这五个阶段构成的一个"小循环"。职业生涯发展是一个循环往复的过程。

4. 生涯彩虹图

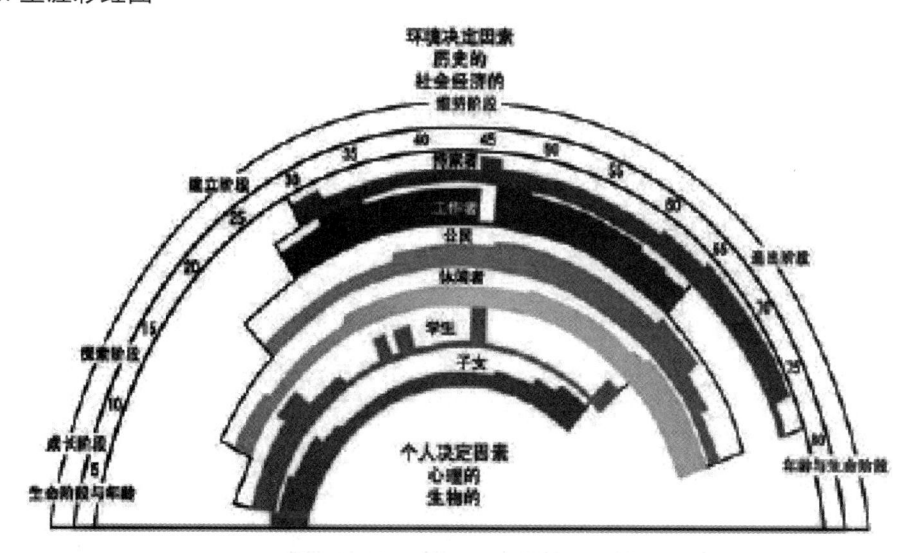

图9-2 一生生涯彩虹图

在图10-2中，横向层面代表的是横跨一生的"生活广度"，即生涯发展的各阶段。在彩虹图的外层标示出了人一生主要阶段和相应的大致的年龄。纵向层面代表的是由一组角色组成的"生活空间"，描绘了生涯发展阶段与角色间的相互影响和发展状况。而个人在不同时期对不同角色的投入和重视程度，则以每一道彩虹深浅不一的颜色来表现。生涯彩虹图直观地展现了个人生命的长度（发展阶段），宽度（角色）和深度（个人对角色投入的程度），展现了生命的意义所在。

（三）格林豪斯的职业生涯发展理论

格林豪斯研究了在人生不同年龄段职业发展的主要任务，并以此将职业生涯划分为5个阶段：职业准备：典型年龄段为0~18岁。查看组织：18~25岁为查看组织阶段。

职业生涯初期：处于此期的典型年龄段为25~40岁。职业生涯中期：40~55岁是职业生涯中期阶段。职业生涯后期：从55岁直至退休为职业生涯的后期。无论是萨帕的发展性理论还是格林豪斯的发展性理论，都强调职业发展的成熟度，即完成各个发展阶段对应的发展任务。在萨帕理论中，大学生正处于生涯发展的探索阶段，并主要集中在过渡和尝试阶段。这一阶段应该完成缩小职业选择范围并找到一份工作来维持生活的任务。格林豪斯理论中，大学生处在进入组织阶段，也以选择一种合适、较为满意的职业为主要任务。发展性理论普遍认为，职业成熟度高的人比职业成熟度低的人更容易获得成功。

（四）生涯决定论

库伦伯茨（Krumboltz）的生涯决定理论认为社会环境和学习经验对职业生涯行为的影响，因此也称为生涯决定社会学论。该理论认为影响生涯选择的因素包括：遗传因子与特殊能力、环境情况与特殊事件、学习经验、工作取向技能。

该理论的重点是行为分析和问题界定。库伦伯茨的决策模式包括七个步骤。这种理论认为，如果满足下列三个条件，人们就会选择某一职业：

（1）求职者坚信能像某行业从业者一样成功地完成任务；

（2）求职者观察到某行业从业者正面强化的价值体系；

（3）重要的亲友强调某一行业的优点，同时也观察到了正面因素。

该理论认为，职业经历中的学习是非常必要的，应该让学生接触各种职业角色，通过接触各种工作环境的培训项目来构建学习经历。它强调为求职者提供学习经历，帮助他们改正错误假设、学习新技能，形成新兴趣，确定有效战略以应对日益变化的工作环境。强调"知己知彼，百战不殆"，了解自己的专业能力，了解环境，了解工作性质，是做好职业选择的根本。

生涯发展理念是对人生如何规划与发展的价值判断和基本看法，体现了生涯发展独特性、终身性、复杂性和发展性的特点。生涯发展理念来源于生涯发展理论及其实践，高于生涯发展理论，以一种价值期望、一种精神力量、一种理性目标的形式存在于人的思想意识形态中。它是人在职业生涯发展中遵循的规则，也是人在生涯发展中的指导思想和行动指南。大学生就业作为生涯发展中一个重要环节，其指导必然要在生涯发展理念下进行，以尊重人、关爱人、发展人的前提，注重开发人的潜能，促进人的全面、和谐发展。

第二节 职业生涯规划——我的生涯我做主

一、大学生职业生涯规划概述

（一）大学生职业生涯规划的含义

大学生职业生涯规划就是指大学生在进行自我剖析，在全面客观地认识主、客观因素与环境的基础上，进行自我定位，设定自己的职业生涯发展目标，选择实现既定目标的职业，制定相应的教育、培训、工作开发计划，并按照一定的时间安排，采取各种积极的行动去达成职业生涯目标的过程。要准确理解这一概念，我们要明白以下几点：

1. 大学生职业生涯规划的前提是全面客观地认识自身和外在环境，大学生职业生涯规划的首要任务是确定个人的职业生涯发展目标。

2. 大学生职业生涯规划是一个连续系统的动态过程，包括理想职业目标的确定、自我评估和环境分析、选择职业生涯路线、制定行动计划以及反馈调整等五个步骤。

3. 大学生职业生涯规划的实现是渐进的，必须遵循一定的时间安排大学生职业生涯规划的最终目的是要实现最初的职业目标。

（二）大学生职业生涯规划的特点

1. 个性化：这是职业生涯的最重要特点。职业生涯规划针对的是个人，不同的学生有不同的特点与个性，自然应当有不同的规划方案，个人是职业生涯规划的主要角色，规划过程中注意充分发挥自己的个性特长，做到因人而异。

2. 指向性：职业生涯规划是通过设计目标，确定实现路径，指引学生个体有计划地、分阶段地实现个体目标。

3. 动态性：职业生涯规划是一个不断反馈、不断调整、不断修订的过程，随着环境的变化和个体的自省，职业发展方向需不断重新定位，实现路径需不断重新调整。

4. 操作性：职业生涯规划是一套解决学生个体能力与职业发展需求之间矛盾的操作方案，确定行动方向、行动时间、操作方法时必须结合学生个体特点，具有可行性和易操作性。

5. 长期性：职业生涯规划不同于就业指导，它关系到一个人一生的发展，具有很强的相关性与连续性，这就要求学生进行生涯规划时必须考虑长远，规划时间维度长一些，这样才能巩固职业生涯规划的成果。

二、职业生涯规划中的心理误区

（一）矛盾心理

大学生在进行职业生涯规划的初期，如何根据自己的专业特长、兴趣爱好选择适合自己的岗位和职业领域是未来能够长期从事该职业并实现自我价值的必要条件。面对众多选择和机会，利益与诱惑，初涉社会的大学生群体亦是充满兴奋与惊喜，然而现实的残酷也为大学生增添了不少困惑。一方面，求职者留恋条件舒适、经济效益高的大城市，同时又抱怨大城市带来的生活高成本。另一方面，求职者追求待遇好收入高的工作，同时又畏惧高收入工作带来的各种压力与挑战。以上两方面的因素带来大学生在职业生涯规划中的矛盾心理，梦想与现实的差距，机遇与挑战并存，无疑都使大学生在取舍、去留的问题上矛盾重重。

（二）依赖心理

学生职业生涯规划是个人通过对自身和环境状况的分析，为了选择合适职业制定相关计划的过程。在这一过程中，无论是对自身情况的评估，还是对未来职业方向的定位，最后付之于行动——完成职业选择、实施具体工作，决定未来职业发展状况的始终是自己。

然而，有些大学生在临近毕业的时候，对个人的职业倾向毫不了解，对外界的职业市场不闻不问将就业的希望寄托在学校或父母身上，始终处于一种观望就业形势的状态。高等学历、名牌学校、热门专业确实能增强个体求职竞争力，但这些并不能成为找到理想工作的充分条件。过分依赖这些有利条件，反而会使其成为成功就业的阻力。此外，父母在很多时候也会成为大学生依赖的对象。父母的意见和选择对一些自我意识发展较差的个人会起到一定的支配作用。这类大学生未完成心理上的"断乳"，对自我的认识和评估主要依赖他人，对事物没有独立的见解，害怕承担自主选择带来的过失与责任，将职业生涯规划的主动权交于父母或他人。这种依赖心理会严重阻碍大学生的职业规划，进而影响将来就业。

（三）攀比心理

大学生在职业生涯规划过程中，就是要通过各种比较选出适合自己的职业。这种比较主要集中在各种因素的综合选择上，如地域选择、待遇选择、职位选择等。这些选择是以个人的性格特点、兴趣爱好以及能力专长为基础，然而不少大学生在这一过程中贪慕虚荣，忽略个人情况与需求，在同学朋友之间比较工作待遇、社会地位、所在城市的经济效益等，产生了盲目的攀比心理。更有甚者将个人的攀比扩大到家庭势力的攀比，追求父母的金钱和权力带给自己职业发展道路上的便利。如此一来，职业生涯规划就失去了应有的价值，大学生求职者也失去了在社会上独立生存、立足的公平机会，并不利于自我价值的实现与职业生涯的长远发展。

（四）自卑心理

大学生在职业生涯规划过程中，客观准确地自我评价是接下来职业选择和发展的基础。虽然顺利完成高校的专业知识学习，但长期的校园生活使得涉世未深的大学生求职者缺少社会工作经验，对自己的评价过于保守，缺乏竞争的勇气，对职业生涯规划缺少应有的自信。在自卑情结的驱使下，求职者通常会找出很多不利因素，比如岗位需求与专业能力不符、职位的未来前景不确定、薪水太低、离家太远等，并极力去避免这些可能情况的发生，害怕失败。他们从未真正考虑自己求职过程中的优势所在与真正需要解决的实际问题是什么，大胆努力地去追求成功。事实上，在职业生涯规划的任一阶段，问题与困难都始终存在，犹豫、彷徨与退却不是解决问题的办法，观望的策略永远也不会将一份心仪的工作带到面前。

（五）从众心理

从众心理是在社会或群体压力下个人放弃自己的选择而采取顺从多数人意见或行为的心理倾向。大学生正处于自我意识快速发展但同时又没有形成稳定的世界观、人生观和价值观的特殊时期。在职业生涯规划过程中，难免参考多数人的选择，依赖别人的评价和建议，忽略自己的个性特点，产生从众心理。大学生职业生涯规划中的从众心理一般表现在以下两个方面：一是在职业选择上从众。二是在就业区域上从众。

三、合理规划自己的职业生涯

科学合理的职业生涯规划是每一个大学生就业的必要工作，也是每一个大学生职业生涯发展过程中的必然要求。我们每一个人都应该知道自己适合做什么，应该做什么，以及怎样实现自己的目标。机会只垂青有准备的人，要想在职业竞争中脱颖而出，大学生就应该尽早着手进行职业生涯规划。

（一）自我评估

1. 对自我的全面了解

（1）剖析自己的个性特征。善于剖析自己的个性特征，这是职业生涯规划的基础。

（2）明确自身的优势。进行职业生涯规划，我们必须要准确地评估自己掌握的知识和技能，测定自己的市场价值。到目前为止，你拥有什么？你希望从工作中得到什么？你在生活中面临什么样的约束？同时也可分析出自己的一些弱点。

（3）发现自己的不足。人无法避免与生俱来的弱点，必须正视，并尽量减少其对自己的影响。譬如，一个独立性强的人会很难与他人默契合作，而一个优柔寡断的人绝对难以担当组织管理者的重任。卡耐基曾说："人性的弱点并不可怕，关键要有正确的认识，认真对待，尽量寻找弥补、克服的方法，使自我趋于完善。"因此要注意安下心来，多跟别人好好聊聊，尤其是与自己熟悉的如父母、同学、朋友等交谈。看看别人眼中的你是什么样子，与你的预想是否一致，找出其中的偏差，这将有助于自我提高。

2. 合理利用职业咨询机构

职业生涯规划和发展是一个复杂的、持续的过程，在这一过程中，单凭个人的经验是很难实现目标的。我们知道，职业生涯发展是一个不可逆转的过程，对于每一个人来说，生命都是有限的，职业选择的每一个步骤都与个人的年龄联系在一起。因此，在这过程中，借助职业咨询，为个体职业生涯规划提供建设性的建议，将起到事半功倍的作用，至少是少走弯路。

（二）职业生涯机会评估

1. 社会分析

当今社会在不断进步，日新月异。作为即将踏入社会的大学生们，应该善于把握社会发展脉搏。这就需要做社会大环境的分析：当前社会、政治、经济发展趋势；社会热点职业门类分布及需求状况；所学专业在社会上的需求形势；自己所选择职业在目前与未来社会中的地位；社会发展对自身发展的影响；自己所选择的单位在未来行业发展中的变化情况，在本行业中的地位、市场占有及发展趋势等。通过对这些社会发展大趋势问题的认识，有助于自我把握职业社会需求，使自己的职业选择紧跟时代脚步。

2. 组织分析

组织是实现个人抱负的舞台，西方关于职业发展有句名言"你选择了一个组织，就是选择了一种生活"。特别是现代组织越来越强调组织文化的建设，对员工的适应生存能力要求越来越高，因而应对自己将寄身其中的组织的各个方面做详细了解。在知己知彼的基础上，只有两者之间拥有较多的共同点，才是个人融入组织的最佳选择。

3. 人际关系分析

个人处于社会庞杂环境中，不可避免地要与各种人打交道，因而分析人际关系状况显得尤为必要。人际关系分析应着眼于以下几个方面：个人职业发展过程中将与哪些人交往；其中哪些人将对自身发展起重要作用；工作中会遇到什么样的上下级、同事及竞争者，对自己会有什么影响，如何相处、对待等等。

（三）职业生涯目标确定

1. 明确职业方向

通过以上自我认识以及社会组织分析，我们要明确自己该选择什么职业方向，即解决"我选择干什么"的问题，这是个人职业生涯规划的核心。职业方向直接决定着一个人的职业发展，职业方向的选择应结合自身实际情况，并遵循职业生涯规划的四项原则：

第一，选择自己所爱的原则：你必须对自己选择的职业是热爱的，从内心自发地认识到要"干一行，爱一行"。只有热爱它，才可能全身心地投入，做出一番成绩。

第二，择己所长的原则：选择自己所擅长的领域，才能发挥自我优势，注意千万别当职业的外行。

第三，择世所需的原则：所选职业只有为社会所需要，才有自我发展的保障。

第四，择己所利的原则：应该本着"利己、利他、利社会"的原则，选择对自己合适、有发展前景的职业。

2. 确定职业目标

职业生涯目标的确定，是个人理想的具体化和可操作化，是指可预想到的、有一定实现可能的最长远目标。许多人在大学时代就已经形成了对未来职业的一种预期，然而他们往往忽视了对个体年龄和发展的考虑，就业目标定位过高，过于理想化。近几年，不少毕业生在职业选择中一直强调大单位、大城市和高收入，甚至为了这些不惜放弃个人的专业特长，不顾个人的性格和职业兴趣。同样，对于那些存有"这山望着那山高"心理的学生，也是职业目标不确定的一种表现。盲目攀高追求与选择不仅影响个人目前的就业，同样会对个体以后的职业发展造成不利的影响。

（四）制定行动计划与措施

在确定了职业生涯目标后，行动便成了关键的环节。这里所指的行动，是指落实目标的具体措施，例如大学四年里你将如何制订计划？如何有效利用大学四年或者更长的时间？如何利用大学各种便利的软件和硬件资源去充实自己，完善自己以适应工作岗位的要求？如何以在工作中的出色表现和成就而不是那一张薄薄的学历证书来证明自己的价值？这些问题的提出以及在实际生活中的回答，将极大地决定着一名大学生的未来。计划与措施可以参照下面的进行：

1. 自我进步的计划

在了解自我之后，就要对症下药，无则加勉有则改之。重要的是对劣势的把握、弥补，做到心中有数。注意分析：①问题产生的原因，是自身素质问题、人际关系问题、还是工作本身的问题？②自我修正的可能性与手段，可通过什么方式、方法，是知识学习、专门业务培训还是改变职业方向？

对于如何完善自我，有这样几种具体可利用的方法：

（1）加强学习。大学生要在竞争中立稳脚跟，必须做到善于学习，主动学习。在学习过程中，针对自身劣势，制定出自我学习的具体内容、方式、时间安排，尽量落于实处便于操作。进入工作岗位后，要善于在实践中学习，主动利用组织开展的相应培训学习和提高。

（2）实践锻炼。在大学期间，主动参与学生活动，接触各色人群，"不耻下问"，对应着锻炼自己能力所欠缺的方面。如果可能的话，不妨多看、多听、多写，把自己的收获体会用文字表达出来，这对你的提高帮助更为直接。参加工作以后，更要主动在实践中锻炼才干，不断总结、不断提高。

2. 职业生涯规划的时限

面对发展迅速的信息社会，仅仅制定一个长远的规划显得不太实际，因而有必要根据自身实际及社会发展趋势，把理想目标分解成若干可操作的小目标，灵活规划自我。一般说来，以 5～10 年左右的时间为一规划段落为宜，这样就会很容易跟随时代需要，灵活易变地调整自我，太长或太短的规划都不利于自身成长。具体可有两方式：一是根据自己的年龄划分目标，如 20～25 岁的职业规划；二是根据职业发展中的职位、职务阶段性变化为划分标准，制定不同时期的努力方向，如 5 年之内向部门经理职位冲刺，10 年内成为主管经理。

3. 自我提升发展计划

根据职业方向选择一个对自己有利的职业和得以实现自我价值的单位，是每个人的良好愿望，也是实现自我的基础，但这一步的迈出要相当慎重。如果我们的预测和计划比较完善，遇到一些挫折和变故就比较容易去应对。

例如，你想在毕业后从事销售工作并想有所作为，你的起步可能是一个公司的业务代表，你可以设定通路计划：从业务代表做起，在此基础上努力，经过数年逐步成为业务主管、销售区域经理、销售经理，最终达到公司经理的理想生涯目标。

（五）职业生涯规划的评估与反馈

职业生涯评估就是在实现职业生涯目标过程中不断地总结经验和教训，并不断进行修正自我认识和调整职业目标。在实施职业生涯规划的过程中，影响职业生涯规划的因素很多，有的变化因素是可以预测的，有的变化因素是难以预测的。因此，我们要在我们需要在职业生涯的每个阶段，不断地对职业生涯规划进行评估，修正职业生涯目标，调整职业生涯策略，这样才能保证职业生涯规划的实用性和时效性。

第三节 择业心理困扰及其调适——要为成功找方法

大学生择业是大学生职业生涯规划中的重要阶段。在择业过程中大学生常常会出现各种矛盾心理及心理误区，这些心理困扰如不能得到及时地疏导宣泄，就可能发展成为影响择业的心理障碍。这种不良的心理障碍一旦形成，就会严重困扰大学生的日常学习、生活及择业。

一、大学生择业心理困扰

（一）焦虑

面对纷繁复杂的社会形势和日趋严峻的就业形势、激烈的社会竞争，面对国家需要、个人意向、有限的供职岗位、多样的工作环境等多元因素组合的职业选择，如何做出正确的抉择，是让每一个涉世不深、社会经验缺乏的大学毕业生们最为困惑、无所适从的难题；或职业期望过高，不切合实际；或希望尽快落实就业单位，急于求成；或幻想无须付出多大的努力就能得到称心如意的工作；或为尚未到来的困难忧心忡忡，而实际生活中往往事与愿违。焦躁、忧虑、烦恼、困惑、恐慌等是这种焦虑心理的典型表现。

（二）沮丧

生活中有成功就会有失败，大学毕业生的心理承受能力和自我调节能力较差，情绪波动性大，情感较为脆弱，缺乏对待挫折的准备。激烈的求职竞争就会使一些受挫的毕业生灰心丧气，特别是看到其他同学先于自己找到满意的工作，而自己迟迟没有落实用人单位，更是愤愤不平，认为社会不公平，就业机会不均等，缺乏战胜困难的勇气，失去继续参加择业竞争的心。

（三）嫉妒

大学生求职择业中的嫉妒心理，就是看到别人某些方面超过了自己，或看到别人某些方面求职条件好，或找到比较理想的工作时，产生羡慕，转而痛苦，又不甘心的心态，并为此产生恼怒别人的情绪，甚至为不让别人超过自己而采取背后拆台等不良手段。嫉妒心理具有很大的危害性，尤其是在越来越多地强调团队合作、各尽其能、各显所长的当今社会。

（四）自卑

某些大学毕业生过低评价自己的能力和意志力，在求职择业过程中就会缺乏自信，做事缩手缩脚、优柔寡断，面试时更是紧张得言行拘谨、词不达意，从而坐失良机；有的因为学历、成绩、能力、性格方面的某些缺陷和不足而丧失了勇气，悲观失望、抑郁孤僻、不思进取，觉得自己各方面都不如他人，不敢参与择业市场的激烈竞争。

（五）自负

有些大学毕业生在择业过程中自我评价太高，择业条件苛刻，形成自负心理。他们往往学习成绩好，工作能力和社交能力较强，或自我评价过高，高估了自己的知识和能力水平。有的大学毕业生好高骛远，自命不凡，眼高手低，给用人单位留下浮躁、不踏实的印象，不受用人单位的欢迎；有的则择业期望值过高，脱离实际，怕艰苦、讲实惠，不愿到基层和艰苦地区等需要人才的地方工作。

（六）依赖

在择业过程中，一些大学毕业生缺乏主动参与意识和竞争意识，信心和勇气不足，在社会为其提供的就业机会面前顾虑重重，不能主动地参与就业市场的竞争，不能向用人单位展示和推销自己，不依靠自身的努力去赢得用人单位青睐，而是寄希望于学校和教师，寄希望于地方毕业生就业主管部门，寄希望于家庭。

（七）从众

大学生正处于人格逐渐完善和成熟的阶段，容易受社会潮流和社会观念的影响，人云亦云，缺乏个人主见，从众心理较为严重。表现在择业过程中，就是忽视所学专业特点，过分追求实惠，盲目选择大城市、大机关工作，追求功利，其实这样做并不一定是最佳选择，只是从众心理影响的结果，他们没有从职业发展、个人前途、国家需要等方面去考虑，缺乏积极进取精神，功利主义、实用主义思想严重，缺乏独立意识。

二、大学生择业心理困扰调适

求职择业本身就是大学生认识和适应社会的一个过程，遇到困难，甚至经过几次挫折才最后成功是正常的，产生许多心理冲突、困惑和不良情绪也是正常的，关键是要学会调节自己的心态，从容、冷静地面对求职择业这一人生重大课题，并做出正确、理智的选择。

（一）正视自我，选择最适合自己的职业

"尺有所短，寸有所长"。每个人都有自己的优点和长处，也都有自己的缺点和短处，问题在于你如何正确地认识自己，善于扬长避短，在关键时刻和重要场合发挥一技之长，获得用人单位的好感和信赖，这既是增强自信心的方法，也是求职择业中不可忽视的技巧。所以大学生对自己应有客观的认识，对自己的所学专业、工作能力、爱好特长、优势劣势有一个完整的把握。在此基础上寻找自己擅长、喜欢的职业，适合你的职业胜过一个好职业。

（二）运用积极的心理防御机制，提高挫折承受力

挫折承受力如何，直接关系到个体是否能经得起挫折打击。挫折承受力较强者，往往挫折反应较轻，受挫折的消极影响少；而挫折承受力较弱者，则容易受挫折的消极影响，甚至意志消沉，一蹶不振。在择业过程中，大学生运用积极的心理防御机制，如升华、认同、补偿、幽默等，可以减轻情绪上的痛苦，提高择业中的挫折承受力，为寻找战胜挫折的办法提供时机。

（三）积极调适自己的职业意向与职业抱负

大学生应学会不断调适自己原有的不切实际的就业取向，使自己的心理定位与择业目标要求相适应，树立长远的职业发展观念，放弃"一次到位"、要求绝对安稳的择业观念。

择业时要看得长远一些，学会规划自己整个人生的职业生涯。在当前获得一个理想的职业的时机还不成熟时，不妨采取"先就业，后择业，再创业"的办法。也就是说可以先选择一个职业，不断提高自己的社会生存能力、增加工作经验，然后再凭借自己的努力，通过正当的职业流动，来逐步实现自我价值。

（四）克服盲从心理，增强自信心

大学生要不断增强自主择业的意识，要充满信心，主动出击，树立"要工作，找市场"的观念，主动了解自己所在学校所学专业的就业形势，将过去的那种被动等待的择业意识转换成积极主动的择业意识。要相信自己的才能，满怀信心地推销自己、展示自我。即使

遇到暂时的失败，也不必自卑失落，要用更为现实的标准审视自我，估价自我，找到自身的定位。只要能正确找出失败的原因，对自己做出客观的分析，择业的信心就不会消磨掉。

（五）先就业再择业，不是盲目就业

在决定自己要选择的行业、职位和公司时，大学生应该先对其有一定了解，在简历制作方面也要有针对性，千万要避免制作成由照片、个人情况和成绩组成的十秒钟简历，这种简历一般招聘方只看不到十秒钟就会扔到一边，而应该注明自己选择什么职位，为什么要选择，自己对于这个职位来说具有什么优势等，让企业感觉你是适合的并对企业绝对重视，很有诚意得到这份工作。

（六）强化社会支持意识，克服封闭性应对

社会支持是一种特定的人际关系，包括师生关系、同学关系、朋友关系、家庭关系、亲戚关系、专业咨询救助等等。在同样的就业挫折情景下，社会支持较多的大学生，受到的挫折伤害小，解决问题的策略多、速度快。社会支持是择业过程中有效增强挫折承受力的有力武器。当然，社会支持不是拉关系，搞不正之风，而是在择业受挫过程中的关怀、爱护、帮助、信任、安全和指导，不能因为现实生活中存在的"不正之风"而因此忽视甚至完全否定社会支持。

三、大学生的求职应聘技巧

（一）求职技巧

1. 求职前的准备

大学生就业是个双向选择的过程，要想找到适合自己的工作，就必须找到用人单位与自己的契合点。为此，就必须考虑以下几个问题：

（1）认识自己，弄清自己想要什么，能干什么。恰当地评估自己是正确择业的前提和基础。大学生择业首先要认识自己，了解自己的能力、爱好、特长，以及性格、气质等情况，全面审视自己，给自己一个恰当的认知和定位，看看自己适合干什么，能干什么，从而确定大致的选择方向和范围。其次，认识自己必须想清楚自己到底想要什么。只有弄清楚了自己的择业标准，才能避免择业时的盲从。另外，择业期望不能太高，要实际一点，客观一些，有时为了满足主要标准，要勇于放弃一些次要条件，这才不失为明智之举。

（2）认识对方，了解用人单位需要什么人，持什么用人标准。在认识自己的基础上，我们还要把目光更多地投向用人单位。一般说来，不同单位有不同的理念和用人标准。择业时，一定要了解用人单位的工作性质、企业实力、管理制度和工资待遇等情况。为此，你必须进行必要的调查了解，收集用人单位的有关资料，最好能通过某种渠道，从该单位内部工作人员那里获取信息。对用人单位的信息掌握越多越有助于有的放矢，择业成功率才会越大。在了解工作单位时，不妨把圈子放大一些，然后进行多角度分析比较，对他们各自的硬件和软件情况，特别是选人标准、用人理念等进行比较，进而确定与自己择业目标接近的单位作为主攻方向。

（3）审时度势，权衡利弊，保持一定的择业弹性。有时大学生择业的主动权并不完全在自己一边。比如，自己想从事的行业竞争激烈，而另一些工作岗位需要大量人才，却又不是自己喜欢的专业。在这种情况下，如果采取硬性标准，不对口的单位一律不予考虑，就会失去就业机会。经验证明，对大学生来说，绝对适合的单位是很难找的，明智者在择业问题上应保持一定弹性，即使不太对口的也应予以考虑。毕竟被动选择并不一定谋不到合适的工作。事实上，大多数人从事的不一定是完全对口的工作，可是当他们一旦干起来后，刻苦钻研反而成了那方面的专家。从另外一个角度看，大学生都有很强的适应性，具有多方面潜能，即使从事的专业不太对口，只要努力适应，终有一天也会成为栋梁之材。

2. 做一份高质量的简历

（1）重视简历的包装。很多用人单位反映，80% 的简历在五秒钟之内甚至根本没有被阅读就被淘汰了，相反地，一份编辑专业、制作精良的简历将叩开您所向往公司的大门。所以大学生一定要重视简历的包装，但包装虽然重要，决定胜负的却是内涵，即你是否真具有单位所需要的才能，这才是应聘成功与否的关键。

（2）有效表达个人信息。如果你正是单位所需要的人，却未取得面试机会，就该检查自己是否在简历中有效表达了个人信息。简历的基本内容是必需的。别看简单，可总有不少人忘记写上自己的联系方式或是性别。以下内容是简历中不可少的内容：个人基本信息、职业目标、教育背景、所受奖励、校园及课外活动、兼职工作经验、培训、实习及专业认证、兴趣特长。编写简历时要注意视觉上的美观和利于阅读，应适当运用编辑技巧，如各种字体、粗体字、斜体字、下划线、段落缩进等，突出要点，避免使用大块的段落文章。另外，简历通常需要中英文各一份。简历前附一封简短求职信，有时会有出奇效果。

（3）简历必须真实可靠。其实单位要想获知应聘者的真实情况并不困难，许多单位都将诚实视为第一重要的品质，一旦单位发现应聘者作假，即使才华再出众也不会被录用。

（二）应聘技巧

1. 应聘前的准备

（1）充分了解应聘公司的情况和应聘职位的职责。在面试之前，对目标公司做一番调查和研究是很必要的，必须要了解公司的现状、发展趋势、在同行业中的地位、主要产品和服务以及主要客户群体等，同时对于应聘职位的主要职责、主要能力要求也要有确切的了解。你应该给面试官这样一个印象：你首先是一个有准备、善于思考、并且对我们公司非常有诚意的人，然后才是最适合应聘职位的候选人。

（2）做好两手准备。面试肯定有成功有失败。面试前的充分准备也许能增加成功的砝码，但是，决定面试成功与否的因素非常多，你不能被用人单位看中也许不是你能力方面的问题，也许你并不适合此岗位。有时候能力并不是企业选人的首要条件，企业挑选员工，不是要最好的，而是要最适合的。因此，大学生去面试前，一定要做好两手准备，即使失败了，也不要灰心丧气，要明白机会还有很多。

2. 面试技巧

（1）准确把握面试官提出问题的重点。要准确把握面试官问题背后所要获得的信息，针对雇主的需求以及你如何能满足这些需求上推销自己。注意的是这些问题必须满足以下条件：首先紧扣工作任务、紧扣职责。切忌海阔天空、漫无边际地回答面试官的问题。其次说话要有条理。把自己的信息编排一下次序，再告诉面试官，这样可以体现你有很强的目的性和逻辑性。

（2）突出自己、很好地展示自己。自信、微笑、大方这些都是必不可少的面试要素。通常一个职位有众多的应聘者，而且有很多都可能是符合这个职位要求和条件的，这时的关键就在于会很好地展示自己，让面试官对你留下很深的印象。如果对你印象不深让你等待的话，那一等待可能就等待得连印象也模糊了。另外，要适当展示过去的成就。既不要说得太过——要永远记住"楼外有楼"，也不要表现得太保守——你自己都不愿展示，怎么叫别人发现你的优势呢。

（3）态度坦诚，心态自然。要和面试官做平等交流，不要给人感觉自己很被动。也不必满脑子地想表现一定要好，否则心态就会有所扭曲。

（4）把握非语言因素，注重细节。声音可略微低沉，语速要适当放慢。可以有适当手势，但不要过多，不然会分散面试官的注意力。在细节方面一定要注重，例如，如果需要你幻灯演示，你却挡在幻灯机前滔滔不绝，岂不有失大雅。

【心灵体验】

我的生命线

1. 活动目的：帮助学生认识职业和工作对人生的意义，使他们了解自我的职业需要和目标，掌握规划职业生涯的技巧，以便积极寻找适合自己的工作，贡献社会，实现自我。

2. 活动时间：20分钟。

3. 活动准备：每人2张A4的纸。

4. 活动步骤：

（1）画一条横线，左端是您生命的开始（出生，0岁），右端是您所期望活到的岁数。

（2）在线条的"过去"一段，写下您曾经经历过的、对您影响最大的三件事情；在线条的"未来"一段，写下您以后最想做的三件事情，或最想达到的三个目标。

（3）上面的"过去"三件事和"未来"的三件事写完后，以6人为一个小组分别讨论和交流所列出的事件。

（4）教师提问：①您现在学的专业是您曾经梦想的吗？②您会找一个与您专业相关的工作吗？③您愿意从事与自己所学专业无关的工作吗？④您会因什么原因而跳槽呢？⑤您可以放弃原来的计划以探索新的职业方向吗？

5. 活动分享：针对同学们的回答大家分组讨论。

【心灵保健】

对毕业生求职的建议

1. 机不可失、早做决断。当前，很多毕业生还在左顾右盼、犹豫不定，有的学生手中有几个选择但迟迟不签约，总希望奇迹在明天出现。岂不知，用人高峰稍纵即逝，在毕业生供给充足、社会需求呈现买方市场的态势下，好的用人单位不可能在一个需求周期内两次或多次到同一个学校去，更不可能苦苦等待你迟来的回复。所以，建议目前有就业意向的同学尽快签约。当然，实在不理想的也不要强人所难。

2. 全面撒网、重点捕鱼。还没有找到工作的毕业生，就业信息是最重要的。一方面，要尽快与学校就业部门联系，取得主渠道的帮助和支持；另一方面，要充分利用"地缘、血缘、学缘"关系，发动老乡、亲友、同学（校友）找信息。在有目标的情况下，要重点"捕鱼"，在没有目标的条件下，可以有选择地全面"撒网"，甚至"有枣没枣打一竿"。

3. 高也成、低也就。大众化教育必然导致大众化就业，高校毕业生已不再是"象牙塔"里的"阳春白雪"，这种转变促使高校毕业生在享受大众化教育成果的同时也肩负着就业阵痛的压力。于是，不就业族、考研族、创业族、打工族、出国族纷纷出现，使得高校毕业生就业越来越多样化、多元化。因此，高校毕业生不仅要能承受"治国平天下"的重任，更要能够忍受"天将降大任于斯人"的痛苦，在激烈的就业竞争中，理想的职业固然重要，但在没有更好选择的前提下，暂时屈就也是权宜之计。

4. 重视求职技巧与实践步骤。如何在竞争中脱颖而出？如何在简历筛选、面试筛选、试用期考察过程中过关斩将？这是做好职业规划，达成职业目标的最关键，也是可操作性最强的一步。大学生应该提前准备，积极参与实践，总结和探索求职技巧，为毕业求职做好准备。

5. 先就业后择业再创业。在科学技术日新月异的今天，经济社会发展的事实越来越证明，一个人不可能终生从事一种职业。因此，具有高附加值人力资本的高校毕业生没有必要刻意追求一时的"完美"，完全可以先就业，然后在职业发展中选择从事的专业，进而在不断积累中成就自己的事业。在"鱼"和"熊掌"不可兼得的情况下，最好还是先落实个单位，然后再根据情况伺机而动。当然，一个重要的前提是，必须处理好与已签单位的关系，并能够承受违约引发的责任。

❀【本章小结】

1. 一个人的生涯发展是指选择哪条道路哪种职业发展自己，发展成功与否，满足或成功的程度。影响生涯发展的因素：教育背景、个人需求与动机、家庭影响、社会环境和机遇。

2. 霍兰德六种人格类型：现实型、研究型、艺术型、社会型、企业型和常规型。

3. 大学生职业生涯规划就是指大学生在进行自我剖析，在全面客观地认识主、客观因素与环境的基础上，进行自我定位，设定自己的职业生涯发展目标，选择实现既定目标的职业，制定相应的教育、培训、工作开发计划，并按照一定的时间安排，采取各种积极的行动去达成职业生涯目标的过程。

4. 大学生职业生涯规划的特点：个性化、指向性、动态性、操作性和长期性。

5. 大学生职业生涯规划的步骤：自我评估、职业生涯机会评估、职业生涯目标确立、制定行动计划与措施、职业生涯规划的评估与反馈。

6. 大学生择业的心理困扰：焦虑、沮丧、嫉妒、自卑、自负、依赖和从众。

7. 大学生择业心理困扰调适：正视自我，选择最适合自己的职业；运用积极的心理防御机制，提高挫折承受力；积极调适自己的职业意向与职业抱负；克服盲从心理，增强自信心；先就业再择业，不是盲目就业；强化社会支持意识，克服封闭性应对。

8. 大学生求职前的准备：认识自己，弄清自己想要什么，能干什么；认识对方，了解用人单位需要什么人，持什么用人标准；审时度势，权衡利弊，保持一定的择业弹性。

9. 做一份高质量简历包括：重视简历的包装、有效表达个人信息和简历必须真实可靠。

10. 面试技巧有：准确把握面试官突出问题的重点；突出自己、很好地展示自己；态度坦诚，心态自然；把握非语言因素，注意细节。

【自我小测验】

心理测验须知：

1. 本测验适用对象为 16 岁以上人群。

2. 本测验仅用于个体择业心理倾向的评定，不能用于心理问题的诊断。具体心理问题的诊断请遵从心理咨询师的评估。

择业心理倾向测试

指导语：下列题目共有二组 20 道题，根据你的实际情况，做出"是"或"否"的选择。

第一组测题：

序号	题目	选项	
1	就我的性格来说，我喜欢同年轻人在一起	是	否
2	我心目中的伴侣应具有独到见解和思想	是	否
3	对于别人求助我的事情，总乐意帮助解答	是	否
4	我做事情重速度和数量，而缺乏精细	是	否
5	我喜欢新鲜这个概念，例如新环境、新朋友等	是	否
6	我讨厌寂寞，希望与大家在一起	是	否
7	我读书的时候就喜欢语文课	是	否
8	我喜欢改变某些生活惯例	是	否
9	我不喜欢那些零散、琐碎的事情	是	否

第二组测题：

序号	题目	选项	
1	我读书的时候很喜爱数学课	是	否
2	看过电影、戏剧后，喜欢独自深思	是	否

3	我书写整齐清楚，很少写错别字	是	否
4	我不喜欢读长篇小说，喜欢读议论文、小品文或散文	是	否
5	业余时间，我喜欢做智力测验、智力游戏	是	否
6	墙上的画挂歪了，我会设法扶正它	是	否
7	我经常好摆弄一些电子、机械物品	是	否
8	我做事情时总希望精益求精	是	否
9	我对服装设计有研究	是	否
10	我能控制经济开支，一般不借他人的钱	是	否

测验说明：

选择"是"记1分，"否"不记分，各题得分相加，分别计算两组得分。假设第一组得分为A分数，第二组得分为B分数。

A>B：你的思想活跃，善于与人交往。你喜欢把自己的想法让别人去实现，或者与大家共同去实现。适宜你的职业是记者、演员、推销员、采购员、服务员、人事干部、宣传机构的工作人员等。

B>A：你具有耐心、谨慎、肯钻研的品质，是个精深的人。适宜于选择编辑、律师、医生、技术人员、工程师、会计师、科学工作等职业。

A≈B：你具备AB两类型人的长处，不仅能独立思考，也能处理好人际关系。供你选择的职业包括教师、护士、秘书、美容师、各类管理人员（如科长、厂长、经理等）。

第十章　解开"心"问题：导航健康路

> 忽略健康的人，就是等于在与自己的生命开玩笑。
>
> ——陶行知

⊃ 引言

随着时代的发展，各种压力的增加，每个人都会面临各种各样的挑战。尤其是对于大学生来说，是人生发展的关键时期，也是身心走向成熟的阶段。如果心理问题得不到有效解决，会影响生活学习。心理咨询对大学生的成长成才非常重要，那么，究竟什么是心理咨询呢？

※ 本章知识点

了解心理咨询的概念、原则，以及大学生心理咨询的具体内容，对于常见的心理咨询和治疗流派有明确的认识。学会辨别常见精神障碍疾病，以促进大学生身心健康快乐成长。

第一节　心理咨询——对自己负责

当我们迫切需要找一个人倾诉心中的烦恼、不快时，举目四望，前思后想，竟找不到一个合适的对象。人们的困惑、忧虑、恐惧、孤独、压抑、失望、悲伤等负性的情绪迫切需要交流，需要倾诉，需要安抚，需要宣泄，需要辅导。心理咨询与心理治疗是保持和维护心理健康、预防和矫治心理异常的重要途径。特别当心理压力过大，心理冲突激烈，自我调节无法奏效时，接受心理咨询和心理治疗是最好的选择。心理咨询就是人们打开心扉的钥匙。

一、心理咨询的概念

心理咨询在英文中被称为 Counseling，从字面上看，是洽商与顾问指导的意思；或者称为 Psychological Counseling，即在心理方面给予咨询对象帮助、劝告、教导的过程。这是一个涵盖面非常广的概念，涉及职业指导、教育咨询、心理健康咨询、婚姻家庭咨询等各个方面。

各种咨询的形式虽不同，但都具有某些共同的特征：①咨询体现着咨询者对来访者进行帮助的人际关系。②咨询是一系列心理活动的过程。③咨询属于一个特殊的服务领域。

美国心理学家卡尔纳（Carna）对咨询的定义是："咨询是一种专门向他人提供帮助与寻求这种帮助的人们之间的关系。在这种关系中，助人者的手段及其所创造的气氛使人们逐步学会以更加积极的方法对待自己和他人。"

泰勒（L.E.Tyler）曾指出："咨询是一种从心理上进行帮助的活动，它集中于自我同一感的成长及按照个人意愿进行选择和做出行动的问题。"

帕特森（G.H.Patterson）认为："咨询是一种人际关系，在这种关系中咨询人员提供一定的心理气氛或条件，使咨询对象发生变化，做出选择，解决自我的问题，并且形成一个有责任感的独立个性，从而成为更好的人和更好的社会成员。"

我国学者钱铭怡认为："咨询是通过人际关系，应用心理学方法，帮助来访者自强自立的过程。"心理咨询主要是由被咨询者给来访者以心理健康的指导与帮助。帮助来访者缓解心理痛苦，解决心理上的困扰和痛苦，并鼓舞来访者树立信心，在学习工作生活中建立良好的行为习惯，消除行为的异常。心理咨询力图使个人将不愉快的经历当作自我成长的良机，它竭力使人们积极地看待个人所经受的挫折与磨难，从危机中看到生机，从困难中看到希望。

心理咨询有个体咨询和团体咨询，个体心理咨询指心理咨询师与个别来访者之间的相互作用，就咨询对象的心理方面存在的问题提供帮助，启发和指导咨询对象消除不良心理因素，产生认识、情感和态度上的变化，使之达到恢复心理平衡、增强心理素质、提高适应能力、增进身心健康的目的。团体心理咨询指由一位咨询员对数位来访者进行的咨询。团体心理咨询的目的主要是利用由众人形成的社会情境和团体成员的互动、互知、互信增进咨询效果。团体咨询的优越性在于咨询团体作为一个微型的社会，为那些在现实生活中受到挫折、压抑的成员提供了一个宽松的环境，在这个理解和支持的氛围中，参与者愿意尝试各种选择性的行为，探索自己与其他人相处的方式，学习有效的社会技巧。

在了解心理咨询时，要特别注意把握好以下几个方面的问题。

（一）心理咨询和心理治疗的区别

1. 心理咨询的对象主要是正常人、正在恢复或已康复的病人。心理治疗的对象主要是有心理障碍的人。

2. 心理咨询着重处理的是正常人遇到的各种问题，诸如日常生活中的人际关系问题、职业选择问题、教育问题、婚姻家庭问题等。心理治疗的适应范围主要是某些神经症、性变态、心理障碍、行为障碍、身心疾病、康复中的精神病人等。

3. 心理咨询用时较短，一般咨询1次到几次即可。心理治疗较费时间，由几次到几十次不等，甚至更多，需经年累月方可完成。

4. 心理咨询在意识层次上进行，更重视教育性、支持性、指导性，着重找出已存在于求助者自身的某些内在因素，并使之得到发展，或在现存条件的分析基础上，提供改进意见。心理治疗主要在无意识领域中进行，且具有对峙性，重点在于重建病人的人格。

（二）心理咨询不等同于心理安慰

当一个人在心理上遇到难以排解的痛苦时，他可以找个亲朋好友诉苦一番或痛哭一场，可以得到许多关心的话，也可以得到不少的精神安慰。一般来说，安慰具有情绪宣泄和暂时恢复心理平衡的功能。但是，心理咨询的过程并非一般人理解的劝导人或开导人，也非少数人理解的仅仅是处理心理障碍。心理咨询过程实际上是"人格重构"的过程，它所追求的目标是帮助你实现"心灵再度成长"的任务。一般人在相互安慰时，总是会劝说对方尽快尽早地忘却其不快的经历，"过去的事情就让它过去吧"，这大概是人们平时相互劝慰时的共同准则。但心理咨询人员不会这样简单地劝说来访者忘却过去，而是竭力使人积极地看待个人所经历的挫折和磨难，将不愉快的经历当作自己成长的良机。与一般安慰不同的另一点是，心理咨询要避免使来访者依赖他人，要促进其独立性和自立性。

总之，心理咨询是咨询者运用心理学的理论与方法，通过特殊的人际关系，帮助来访者解决心理问题、提高适应能力、促进人格发展的过程。

二、心理咨询的原则

在心理咨询过程中，为了有效地帮助来访者排忧解难，必须遵循一定的规则，即心理咨询的原则。心理咨询的原则，是指心理咨询师在工作中必须遵守的基本要求。它是心理咨询工作者在长期的咨询实践中不断认识并逐步积累的经验。比起心理咨询过程中各项具体的要求来讲，它更具有概括性，也更具有指导性。

（一）来访者自愿原则

所谓来访者自愿原则是指心理咨询是以来访者愿意使自己有所改变为前提的，咨询人员不能以任何形式强迫来访者接受或维持心理咨询。有人将这一原则称为"来者不拒，去者不追"，还有人将这一原则通俗地概括为"咨询人员不主动"原则。

来访者自愿原则既是由咨询的自助目标所决定的，也是由咨询的人际互动性质所决定的。既然咨询的根本目标是帮助来访者自助。那么，自助的前提必定是来访者能意识到自己的困惑或问题，有自我改变的意愿和动机，并积极主动地寻求咨询人员的帮助。

因此，既然是自愿前来，也可以自愿离去。所以无论是在咨访关系确立的时候，还是咨询过程之中，以及咨访关系的打破、中止或结束，都不应该存在任何意义上的强制。

（二）保密性原则

保密性原则，是心理咨询中最为重要的原则，它既是咨访双方确立相互信任的咨询关系的前提，也是咨询活动顺利开展的基础。保密性原则是指心理咨询人员有责任对来访者的谈话内容予以保密，来访者的名誉和隐私应受到道义上的维护和法律上的保护，在没有征得来访者同意的前提下，不得将在咨询场合中来访者的言行随意泄露给任何人或机关。在公开案例研究或发表有关文章必须使用特定来访者的有关个人资料时，必须充分保护来访者的利益和隐私，使其不至于被他人对号入座。保密性原则是鼓励来访者畅所欲言的心理基础，同时也是对来访者人格及隐私权的最大尊重。

但是，保密原则也并不是绝对的，对于某些问题，咨询人员可以不保密。根据美国心理学家联合会的条例，以下几种情况属于例外：确信一名未成年人是性虐待或其他虐待行为的受害者；来访者有自杀倾向，或经由一项测验显示来访者有高度危险时；当来访者有强烈伤害他人的倾向时；当法庭要求提供个案资料时。

（三）尊重、接纳和理解的原则

主动上门进行咨询的人，是意识到自己在心理上存在某种问题和困扰，企图通过专业人士的咨询而得到帮助的人。他们对心理咨询人员抱有很大的希望，同时也可能存在某些担忧和顾虑，担心心理咨询人员不能以诚相待，不能理解他们的苦衷。因此，心理咨询人员要热情诚恳地接待来访者，向他们讲明心理咨询的基本精神和原则，鼓励他们消除顾虑、畅所欲言。同时，来咨询的人大多有焦虑、忧郁、消沉等不良情绪，他们对自己的问题感到痛苦和无助，对通过咨询能否得到改变也信心不足。因此，心理咨询人员还必须给予他们必要的心理支持，如热情而自然的态度，对来访者的关心、理解和支持等。

（四）限定时间和感情的原则

心理咨询必须遵守一定的时间限制。咨询时间一般规定为每次 50 分钟左右（初次受理时咨询时间可以适当延长），原则上不能随意延长咨询时间或间隔。

首先，由于事先对咨询时间予以限定，可以让来访者有一定的安定感，使来访者能够充分珍惜并有效利用这一时间。其次，咨询次数一般为一周一次或两次比较普遍，可以使来访者在间隔期充分回味咨询时的体验，并将其作为自身走向成长的刺激剂。最后，可以促使来访者进行现实原则的学习。要让来访者知道，咨询师也有自己的生活，除自己以外，还有其他人要找咨询师咨询。自己不是想怎样就能怎样的，因为世界上并不是也不能仅为自己。这样的一些体验学习的意义，就促使来访者从咨询中的快乐原则转移到现实原则而得以成长。

（五）价值中立原则

价值中立原则是指在咨询过程中，心理咨询人员要尊重来访者的价值准则，不要以自己的价值观为准则，对来访者的行为准则任意进行价值判断。

价值中立原则既是由咨询的性质所决定的，也是目前心理咨询时尤其要注意的。咨询人员在咨询工作中，要尊重来访者，置来访者于平等的地位，而不能利用专家或助人者身份所带来的优越感去强迫来访者服从自己，要暂时放下自己的价值观体系，尤其是遇到来访者的价值观与自己的价值观相冲突的，认真倾听、了解来访者的态度、观点。在准确了解的基础上，予以接纳和理解，然后再进行分析、比较，引导来访者自己去判断是与非，最终做出自己的选择，咨询人员不能代替来访者做选择。

（六）发展性原则

心理咨询实质上是一种教育的、发展的咨询。在心理咨询的过程中，咨询人员要以发展变化的观点看待来访者的问题，不仅要在问题的分析和本质的把握中善于用发展的眼光做动态考察，而且在对问题的解决和咨询结果的预测上也要具有发展的观点。不轻易将来访者的问题归为某种心理障碍或某种疾病，要知道寻求心理帮助者绝大多数只是在适应、情绪、交往、学习、自我等方面存在暂时性的困难，应当相信他们能在咨询人员的帮助下发挥出自己的心智潜能，并最终战胜自己。

（七）重大决定延期的原则

在心理咨询期间，由于来访者情绪过于不稳和动摇，原则上应规劝其不要轻易做出诸如退学、休学等重大决定。在咨询结束后，来访者的情绪得以稳定、心情得以整理之后再做出决定，往往不容易后悔或反悔的比率较小。

（八）转介原则

转介原则是指心理咨询人员在心理咨询过程中，发现自己能力有限或是某些未来因素阻碍自己对来访者的帮助时，心理咨询人员应在征求来访者同意的基础上，主动将来访者介绍给其他适合的心理咨询人员或心理治疗机构。

三、心理咨询的作用

事实上，每个人在不同阶段、不同层面，在遇到不同的事件时，都存在或多或少或轻或重的心理问题。当你感到心情郁闷、焦虑、兴趣下降等不适或异常表现时，不妨果断、大方地走进心理咨询室，就像得了感冒去看内科医生一样自然。今后，定期和不定期的心理咨询会被越来越多人接受，甚至会被人们当成一种时尚，因为，心理咨询可以为你提供多方面的支持和帮助。

首先，心理咨询与治疗可以帮助大学生从不同的角度看待自己和社会，用新的方式去体验和表达他们的思想情感，并产生出全新的思维方式。对于心理行为属于正常范围的大学生，咨询所提供的新经验可以使他们排除成长道路上的障碍，更好地发挥个人的才干；对于那些有心理障碍的大学生，心理治疗可以帮助他们改变不适应社会的思维和行为方式，学会新的适应环境的方式。

其次，心理咨询的实践表明，高校心理咨询对于加强高校学生心理健康具有积极影响。这不仅表现在大学生通过心理咨询可以解决心理思想和行为问题，减少和避免了不良行为和心理障碍的发生发展，同时也表现在心理咨询师的助人态度对于德育工作者的影响上。由于心理咨询十分强调对咨询对象的关注、尊重、信任、理解和温暖等，并将这种态度视为建立咨询关系和决定咨询效果的前提条件。因而，师生之间通过心理咨询的技术营造了良好的氛围。

再次，心理咨询可以教会大学生管理自己的情绪，拥有稳定的情绪；帮助大学生学会正确认识自我和周围的世界，拥有完善的认知体系，避免因为错误归因导致的种种失败；帮助大学生恢复爱的能力，学会幸福地工作、幸福地生活、幸福地去爱；使大学生拥有健全的人格，摆脱自卑、自恋、自闭的不良心态，从而更好地投入到学习、工作和生活中去。

最为重要的是，心理咨询与治疗中的科学内容、方法和技术也为大学生提供了一种新视觉、新方法。实践证明，心理咨询对维护心理健康的作用是非常明显的，对人的发展具有良好的促进作用。

四、心理咨询的技术

心理咨询是一个过程，这一过程通常要求心理咨询师要注意掌握以下几个方法。

（一）共情

共情是指体验别人内心世界的能力，是咨询师借助求助者的言行，深入对方内心去体验他的感情、思维。共情也叫同感、同理心等。共情，被人本主义心理咨询师认为是影响咨询进程和效果的最关键的因素。

（二）关注

关注是心理咨询的首要条件之一。它要求心理咨询师在心理咨询过程中全神贯注地聆听当事人讲话，认真观察其细微的情绪与本能的变化，并做出积极的回应。它还要求心理咨询师运用其言语与体语来表现对当事人主述内容的关注与理解。

（三）倾听

倾听是关注的关键，也是心理咨询的核心，学会倾听是心理咨询的先决条件。心理咨询条件下的倾听不同于一般社交谈话中的聆听，它要求心理咨询师认真地听对方讲话，了解其内心体验，清楚其思维方式。倾听是主动的、积极的活动，它使人学会用心去听人讲话。

（四）沉默

心理咨询既是听与说的艺术，也是沉默的艺术。沉默可以是尊重与接纳的表示，也可以是自我反省的需要。由此，沉默的意义在于给当事人提供充分的时间与空间来反省，思考其个人成长的过程。

（五）宣泄

宣泄指当事人将淤积已久的情绪烦恼与精神苦恼倾吐给心理咨询师的过程，它是一种发泄痛苦的方式，可给当事人带来极大的精神解脱，使人感到由衷的舒畅。它可使当事人摆脱其恶劣心境，寻找其症结，并强化其战胜困难的信心与勇气。在心理咨询中宣泄是使当事人自我认识与自我发展的重要手段。它需要心理咨询师以共情、贯注、倾听、沉默等手段来促进、强化当事人的情绪宣泄过程，以增进心理咨询师对当事人的同感及后者对前者的信任，并建立起有效的情感。

心理咨询技术是心理咨询师与当事人沟通并帮助后者自我成长的常用手段，它们是心理咨询区别于一般社交谈话与生活咨询的主要指标。

五、学校心理咨询

（一）学校心理咨询的对象

学校心理咨询对象一般有三种：

第一，所有正常的在校学生，当他们在学习、生活、发展、择业等方面遇到问题时，便可找学校心理咨询人员寻求帮助。

第二，心理偏离正常的学生，他们在认知、情感、意志行为等方面有不同程度的障碍或存在一定心理问题。

第三，学校的教师、行政人员和学生家长，学校心理咨询为他们提供心理学的知识和指导，从而帮助他们明确学生的身心特点。

（二）学校心理咨询的内容

学校心理咨询有发展性咨询和健康性咨询。前者是对个人成长发展方面的咨询，偏重心理保健、情绪调节、潜能开发，即对来访者在环境适应、人际交往、专业学习、情感恋爱、就业等方面遇到的问题提供帮助，帮助来访者更好地认识自己、发展自己，提高社会适应能力和生活质量。后者是对个人健康方面的咨询，偏重心理健康，即对有一定程度的失眠多梦、烦躁易怒、心情压抑、疲倦散漫、情绪低落、焦虑不安、内心困扰等亚健康和心理障碍的咨询。

（三）如何确定需要心理咨询

心理问题是日常生活中经常会遇到的。每个人在成长的不同阶段及生活、工作的不同方面，都有可能会遇到这样或那样的问题。心理咨询主要是面对正常人的工作，它帮助你更好地认识自我、发挥潜能、适应社会。生活中所有的人都可以接受心理咨询的帮助，不论其问题的大小与严重程度。就在校学生而言：

当你的工作、生活、情感压力过大，例如失恋、同学相处不良、朋友失信等，使你觉得有点胸闷难受、心区疼痛（但到医院检查又查不出身体问题）、焦虑不安、容易发火、心情忧郁、失眠，那你需要心理咨询。不管什么原因，如果你觉得自己被某种不良心情压抑超过两周时间，并且这一情况还在持续，那时候你就需要接受心理咨询。

当你对于某些特定的物体和行为，例如与人交往困难、怕猫狗，或者当你面对一些社会场景，例如广场、商场，或者没有特定对象场景的情况下，你都觉得焦虑不安，甚至呼吸困难，心跳加速，那你或许需要接受心理咨询。

第二节 心理亚健康——走出人生风雨

现实生活中，当一些大学生的需求得不到充分满足的时候，他们就会遇到各种各样的心理挫折，引起大大小小的心理冲突。当挫折与冲突超出心理承受能力时，就很容易造成心理失衡，导致心理困惑、心理异常。从临床心理学的角度出发，心理正常包括心理健康和心理不健康，心理不健康继续向下分，可分为一般心理问题、严重心理问题和部分可疑神经症。心理不正常包含有变态人格，确诊的神经症和其他各类精神障碍。

一、一般心理问题

一般心理问题是由现实因素激发、持续时间较短、情绪反应能在理智控制之下，不严重破坏社会功能、情绪反应尚未泛化的心理不健康状况。一般心理问题是指近期发生而又不太可能持久的不良情绪，诸如厌烦、后悔懊丧、自责等。一般来说，心理问题的影响不会泛化而只是局限在事件本身；其反应强度不甚强烈，并没有严重影响思维逻辑性，如焦虑问题、人际关系问题、社会适应问题等。其实，心理问题对大学生来说，就如同感冒一样，人人都会遇到。出现心理问题后要综合考虑，针对性解决。在生活中必须学会人际沟通与心理保健，逐渐恢复健康的心理常态。

一般心理问题的特点主要有如下几点：

1. 由于现实生活、工作压力、处事失误等因素而产生内心冲突，冲突是常形的，并因此而体验到不良情绪（如厌烦、后悔、悔丧、自责等）。

2. 不良情绪不间断地持续一个月，或不良情绪间断地持续两个月仍不能自行化解。

3. 不良情绪反应仍在相当程度的理智控制下，始终能保持行为不失常态，基本维持正常生活、学习、社会交往，但效率有所下降。

4. 自始至终，不良情绪的激发因素仅仅局限于最初事件；即使是与最初事件有联系的其他事件，也不引起此类不良情绪。

一般心理问题在大学生中较为常见，症状相对较轻，有的可以随时间自行缓解，或者通过自我心理调节，比如找他人聊天倾诉，运动锻炼身体，转移注意力等方法得以解决。如果个体长时间处于一般心理问题，得不到有效解决的话，需要寻求高校心理咨询师或心理老师的帮助，尽快解决心理问题。

二、严重心理问题

严重心理问题是由相对强烈的现实因素激发，初始情绪反应强烈、持续时间长久、内容充分泛化的心理不健康状态，诸如社交恐惧、有的会抑郁，甚至有的还会遇到挫折而轻生等等。大学生出现严重心理问题后，一般需要进行心理咨询，通过咨询，学会采用健康的心理防御机制抗挫减压，以拥有乐观积极的心态，增加抵御挫折的承受力。

严重心理问题的特点主要有如下几点：

1. 引起严重心理问题的原因，是较为强烈的、对个体威胁较大的现实刺激。不同原因引起的心理障碍，求助者分别体验着不同的痛苦情绪（如悔恨、冤屈、失落、恼怒、悲哀等）。

2. 从产生痛苦情绪开始，痛苦情绪间断或不间断地持续在两个月以上，半年以下。

3. 遭受的刺激强度越大，反应越强烈。多数情况下，会短暂地失去理性控制；在后来的持续时间里，痛苦可以逐渐减弱，但是，单纯地依靠"自然发展"或"非专业性的干预"，却难以解脱；对生活、工作和社会交往有一定程度的影响。

4. 痛苦情绪不但能被最初的刺激引起，而且与最初刺激相类似、相关联的刺激，也可以引起此类痛苦，即反应对象被泛化。

严重心理问题在大学生中出现概率相对较少，但是严重心理问题对个体的影响程度较大，一般个体难以随时间自行缓解，需要寻求高校心理咨询师，心理老师或去专业医院的心理咨询门诊预约心理医生的帮助，解决心理上的问题。

三、神经症性心理问题

神经症性的心理问题即可疑神经症，是心理不健康状态的又一种表现形式，它已接近神经衰弱或神经症，或者它本身就是神经衰弱或神经症的早期阶段。其症状与神经症类似，有明显的内心冲突并且冲突本身没有现实意义或道德色彩，但是病程、严重程度等都未达到神经症的诊断标准。这类心理问题如不及时进行咨询和治疗，很可能发展为神经症。

神经症性心理问题对当事人影响深远，在人群中存在广泛，但是因为其外在表现具有很大的隐藏性，常被视为"无病呻吟"，因为所述说的多为琐碎小事和内心体验，心理健康的常人无法理解他们的想法和内心痛苦。目前对此类问题的研究也多集中在医学心理治疗领域，心理咨询师对此的接触和研究相对较少，所以较难识别。

神经症性心理问题的人群会刻意地保持低调，应对世界和他人的方式被动消极，霍妮（Horney）所倡导的人生而具有建设性力量的主张在他们身上似乎得不到体现，因为他们的全部精力都在关注自己的内心体验，努力去获取安全感，而非应对周围环境，进而提升自己的应对能力。

神经症性心理问题的持续时间较长，对个体影响严重，一般个体难以随时间自行缓解，个体需要尽快寻求专业心理咨询师，或精神卫生医院心理医生的帮助，以解决神经症性心理问题。

第三节　精神障碍——辨识异常心理

随着社会现代化进程的加快，人们面临的各种竞争和压力也越来越大。大学生受到焦虑、抑郁等心理问题的困扰。专家认为，学习压力、父母离异、家庭危机、生活困难、情感烦恼等种种因素容易导致大学生出现心理问题。如果他们无法向人倾诉，得不到及时的心理帮助或治疗，很容易形成精神障碍，影响大学生的健康成长。因此，了解精神障碍的种类、表现、预防及治疗的方法，是大学生构建健康心理不可缺少的。

一、精神分裂症

精神分裂症是由一组症状群所组成的临床综合征，它是多因素的疾病。尽管目前对其病因的认识尚不很明确，但个体心理的易感素质和外部社会环境的不良因素对疾病的发生发展的作用已被大家所共识。无论是易感素质还是外部不良因素都可能通过内在生物学因素共同作用而导致疾病的发生，不同患者其发病的因素可能以某一方面较为重要。

（一）感知觉障碍

精神分裂症可出现多种感知觉障碍，最突出的感知觉障碍是幻觉，包括幻听、幻视、幻嗅、幻味及幻触等，而幻听最为常见。

（二）思维障碍

思维障碍是精神分裂症的核心症状，主要包括思维形式障碍和思维内容障碍。思维形式障碍是以思维联想过程障碍为主要表现的，包括思维联想活动过程（量、速度及形式）、思维联想连贯性及逻辑性等方面的障碍。妄想是最常见、最重要的思维内容障碍。

（三）情感障碍

情感淡漠及情感反应不协调是精神分裂症患者最常见的情感症状，此外，不协调性兴奋、易激惹、抑郁及焦虑等情感症状也较常见。

（四）意志和行为障碍

多数患者的意志减退甚至缺乏，表现为活动减少、离群独处，行为被动，缺乏应有的积极性和主动性，对工作和学习兴趣减退，不关心前途，对将来没有明确打算，某些患者可能有一些计划和打算，但很少执行。

（五）认知功能障碍

在精神分裂症患者中认知缺陷的发生率高，约85%患者出现认知功能障碍，如信息处理和选择性注意、工作记忆、短时记忆和学习、执行功能等认知缺陷。认知缺陷症状与其他精神病性症状之间存在一定相关性，如思维形式障碍明显患者的认知缺陷症状更明显，阴性症状明显患者的认知缺陷症状更明显，认知缺陷可能与某些阳性症状的产生有关等。

精神分裂症是一种重性心理障碍，对患者本人及身边人的危害较大，而药物是治疗精神分裂症的主要方法。药物可以在患者发病时减少病症，当病症好转后，仍需继续服药预防复发或防止病情恶化。

二、抑郁症

抑郁症又称抑郁障碍，以显著而持久的心境低落为主要临床特征，是心境障碍的主要类型。临床可见心境低落与其处境不相称，情绪的消沉可以从闷闷不乐到悲痛欲绝，自卑抑郁，甚至悲观厌世，可有自杀企图或行为；甚至发生木僵；部分病例有明显的焦虑和运动性激越；严重者可出现幻觉、妄想等精神病性症状。每次发作持续至少2周、长者甚至数年。

抑郁发作的主要表现：

（一）心境低落

主要表现为显著而持久的情感低落，抑郁悲观。轻者闷闷不乐、无愉快感、兴趣减退，重者痛不欲生、悲观绝望、度日如年、生不如死。典型患者的抑郁心境有晨重夜轻的节律变化。在心境低落的基础上，患者会出现自我评价降低，产生无用感、无望感、无助感和无价值感，常伴有自责自罪，严重者出现罪恶妄想和疑病妄想，部分患者可出现幻觉。

（二）思维迟缓

患者思维联想速度缓慢，反应迟钝，思路闭塞，自觉"脑子好像是生了锈的机器"，"脑子像涂了一层糨糊一样"。

（三）意志活动减退

患者意志活动呈显著持久的抑制。临床表现行为缓慢，生活被动、懒散，不想做事，不愿和周围人接触交往，常独坐一旁，或整日卧床，闭门独居、疏远亲友、回避社交。严重时连吃、喝等生理需要和个人卫生都不顾。

（四）认知功能损害

研究认为抑郁症患者存在认知功能损害。主要表现为近事记忆力下降、注意力障碍、反应时间延长、警觉性增高、抽象思维能力差、学习困难、语言流畅性差、空间知觉、眼手协调及思维灵活性等能力减退。

（五）躯体症状

主要有睡眠障碍、乏力、食欲减退、体重下降、便秘、身体任何部位的疼痛、性欲减退、阳痿、闭经等。躯体不适的体诉可涉及各脏器，如恶心、呕吐、心慌、胸闷、出汗等。自主神经功能失调的症状也较常见。

抑郁症严重危害大学生身心健康和生命安全的心理障碍，患抑郁症后，患者有强烈的自责和绝望心态，对死亡的认知改变，有的甚至会有自杀的行为。

三、躁狂症

躁狂症以情感高涨或易激惹为主要临床相，伴随精力旺盛、言语增多、活动增多，严重时伴有幻觉、妄想、紧张症状等精神病性症状。躁狂发作时间需持续一周以上，一般呈发作性病程，每次发作后进入精神状态正常的间歇缓解期，大多数病人有反复发作倾向。

躁狂症的主要表现：

（一）核心症状

异乎寻常的心情高兴，轻松愉快，无忧无虑，笑容满面，兴高采烈，没有难事（情感高涨），有人表现为一点小事或稍不随意就大发脾气（易激惹），在严重的易激惹情况下可能出现冲动行为。

（二）思维联想加快

言语增多，一句接一句，出口成章，滔滔不绝，内容丰富，患者自身感到脑子变得非常灵敏、聪明、反应迅速。自我感觉良好，夸大自己的能力、财力、地位，认为自己有本事，可以做大事、挣大钱。

（三）患者意志活动增强

好交往，好管闲事，要干大事，要做许多事，不停忙碌（意志行为增强）。精力旺盛，睡眠需要减少，不知疲倦。做事有头无尾，易被周围发生的事吸引而转移注意力（随境转移），对结局过于乐观、行为草率、不顾后果。好花钱，追求享乐，随意挥霍。

（四）情感高涨或易激惹

情感高涨是躁狂状态特征性表现，伴随思维奔逸、意志行为增强。表现为协调性精神运动性兴奋，即情绪、内心体验、意志行为之间协调一致，并与周围环境相协调。严重时可表现出不协调症状，言语凌乱、行为紊乱，幻觉、妄想等精神病性症状。

对躁狂症的治疗，首先早期识别，早期治疗，足量足疗程治疗，全程治疗。其次，采取综合治疗，包括药物治疗，物理治疗，心理社会干预和危机干预，以改善治疗依从性。长期治疗，躁狂发作复发率很高，需要树立长期治疗的理念；患者和家属共同参与治疗，需要家庭给予患者支持、帮助。

四、双相情感障碍

双相情感障碍，指既有躁狂发作又有抑郁发作的一类疾病。双相障碍的临床表现按照发作特点可以分为抑郁发作、躁狂发作或混合发作。

混合发作指躁狂症状和抑郁症状在一次发作中同时出现，临床上较为少见。通常是在躁狂与抑郁快速转相时发生。

心理治疗和社会支持系统对预防本病复发也有非常重要的作用，应尽可能解除或减轻患者过重的心理负担和压力，帮助患者解决生活和工作中的实际困难及问题，提高患者应对能力，并积极为其创造良好的环境，以防复发。

五、神经症

神经症旧称神经官能症，是非器质性的脑神经机能轻度失调的心理疾病。患者有强烈的心理冲突，并感到精神痛苦，力图摆脱却又无能为力。神经症是大学生常见的一类精神疾病，主要包括：

（一）神经衰弱

神经衰弱是神经症中最常见的疾病，在大学生中的发病率相对高，严重影响大学生的精力，危害较大。其症状分为兴奋型，抑制型，兴奋—抑制型。兴奋型的症状是以兴奋为主，经常失眠。抑制型则以皮层抑制状态为主，终日昏昏欲睡，多眠而又不能解乏。兴奋-抑制型则两种症状共同具备。

（二）焦虑症

经常无端地感到心烦意乱、惶惶不安、甚至产生恐惧感。它不是由具体事物引起的某种焦虑情绪。焦虑症找不到引起焦虑的具体对象和理由。随着焦虑情绪的产生，患者常常伴有心悸、恶心、手脚发冷等症状。患者的注意力不能集中，几乎不能进行正常的活动。

（三）强迫症

强迫症是以明知不必要，但又无法摆脱，反复呈现的观念、情绪或行为为临床特征的一种心理障碍。强迫症往往包括两类症状：强迫思维和强迫行为。强迫思维，比如有的患者出门后总是不放心门是否关好；有的患者寄出信之后常担心地址是否写错。患者明知这些想法毫无意义，但又非想不可，因此焦虑不安，非常痛苦。

（四）恐惧症

恐惧症是指对某些事物或特殊情境产生十分强烈的恐惧感，这种恐惧感与引起恐惧的情境通常极不相称，患者自己也明知自己的恐惧不切实际，但仍不能自我控制，常见的恐惧症有社交恐怖、广场恐怖、对视恐怖等。"社交恐怖"是大学生常见的恐惧症。

（五）疑病症

疑病症主要临床特点是过分关注自己的健康或身体某一部分的完整性和功能，或者精神状态的改变，通常同时伴有焦虑和抑郁，但无其他精神病性症状，也无器质性病变存在。一般继发于某些躯体疾病如感染或者精神因素之后，或者受到谣言和不正确的卫生宣传的影响，以及对医学常识产生误解。

（六）抑郁性神经症

抑郁性神经症是以持续的轻、中度情绪低落为突出表现的神经症。常伴有焦虑、躯体不适感和睡眠障碍，表现为悲伤、孤独感和自我贬低等。患者病前常具有抑郁人格特征，常在遭受心理刺激，如生病、考核不过关或失恋等后发病。

（七）网络成瘾症

网络成瘾症亦作上网成瘾症、网瘾、网络依存症、过度上网症或病态电脑使用等各种名称，泛指过度地使用网络所导致的一种慢性或周期性的着迷状态，并产生难以抗拒的再度使用的欲望。

六、人格障碍

人格障碍是指明显偏离正常且根深蒂固的行为方式，具有适应不良的性质，其人格在内容或整个人格方面异常，由于这个原因，患者遭受痛苦或使他人遭受痛苦，或给个人或社会带来不良影响。

人格障碍可能是精神疾病发生的易感因素之一。在临床上可见某种类型的人格障碍与某种精神疾病关系较为密切，如精神分裂症患者很多在病前就有分裂性人格的表现，偏执性人格容易发展成为偏执性精神障碍。人格障碍也可影响精神疾病对治疗的反应。常见的人格障碍类型有偏执型人格障碍、分裂型人格障碍、强迫型人格障碍、反社会性人格障碍、依赖型人格障碍、回避型人格障碍等。

（一）偏执型人格障碍

偏执型人格障碍又叫妄想型人格，以猜疑和偏执为特点，其行为特点是刻板固执、敏感多疑、过分警觉、心胸狭窄、好嫉妒、拒绝接受批评，自我评价很高，在学习中言过其实，自以为是，缺乏幽默感，与人相处经常处于戒备和紧张之中，寻找自己怀疑的证据，善于把失败和责任归于他人，与朋友、家人、同学很难相处，别人对他只好敬而远之。

（二）分裂型人格障碍

分裂型人格障碍主要表现为退缩、孤僻、冷淡、孤独、超然，不能享受人生的种种乐趣，过分害羞、胆怯、情感淡漠，对赞扬和批评都无所谓，不介入日常事务，生活被动，对人际关系采取不介入态度，甚至对家人缺乏感情，常独来独往，过着孤寂生活，也没有朋友，人际关系很差。

（三）强迫型人格障碍

强迫型人格障碍的特点是过分追求完美和秩序性，自控能力强。他们必须按照规则把事情做到极致，以高标准要求自己，做事过分追求细节、规则、安排、次序和日程，过分拘泥于条条框框，并且事后反复检查，以致活动的主要方面被忽视。给人以刻板、固执、僵化的感觉，缺乏灵活性和变通性。

（四）反社会性人格障碍

反社会型人格障碍主要表现为行为的冲动型、攻击性，以行为不符合社会规范为特征，社会适应不良，起源于童年期的行为障碍，比如逃学、反复撒谎、偷窃、破坏他人财物。成年后自我控制不良，情感肤浅冷酷，具有爆发性，行为具有冲动性、攻击性、破坏性，缺乏责任感，缺乏良知和羞耻心，自私自利，对挫折耐受力差，经常发生反社会的言行。

（五）依赖型人格障碍

依赖型人格障碍多见于女性，主要表现为缺乏自信和独立性，认为自己能力低下，要求别人替自己做大部分决定，要求他人对其生活的主要方面负责任，顺从和依附他人，情愿把自己置于从属地位，委曲求全，缺少生活乐趣。

（六）回避型人格障碍

回避型人格障碍又称逃避型人格障碍，表现为行为退缩，心理自卑、敏感、羞涩，面对挑战多采取回避态度或无能力应对。这类性格的人很容易因他人的批评而受到伤害，很少与人交往，不敢发表自己的见解，夸大潜在的困难和危险。

（七）自恋型人格障碍

自恋型人格障碍主要表现为对自我价值感的夸大。自相矛盾的是，在这种自大之下，自恋者往往长期体验着一种脆弱的低自尊。这种性格的人稍不如意，就又体会到自我无价值感。他们幻想自己很有成就，自己拥有权力、聪明和美貌，遇到比他们更成功的人就产生强烈嫉妒心。

七、常见的精神障碍识别

从表面上看，理解心理障碍似乎十分简单。可是，实际上要准确掌握心理障碍的标准却非常困难。心理学家们对此也是众说纷纭，莫衷一是。目前比较流行的看法主要有主观体验标准、社会规范标准、心理测量标准和统计常模标准。

（一）常见区分标准

1. 主观体验标准

主观体验标准是指根据自己的主观经验或体验来判断自己或他人的心理活动是否发生障碍。这里的主观经验和体验既包括存在心理障碍者，也包括咨询人员。咨询人员可以根据自己长期心理咨询和心理治疗的经验来判断来访者是否有心理障碍，也可以根据来访者的主诉体验来判断其是否有心理障碍。在一般情况下，心理障碍会引起个体的不适反应，使其感受到心烦、紧张、不安、苦恼，甚至痛苦的体验。

2. 社会规范标准

社会规范标准是根据个人的心理和行为是否符合一定的社会行为准则、道德规范、价值观念，民族传统和风俗习惯来判断一个人是否有心理障碍。心理障碍者往往缺乏良好的社会适应能力，人际关系不和谐，与周围的社会文化环境格格不入，因此以通行的社会行为准则为标准来确定心理障碍，应该是极具可操作性的。

3. 心理测量标准

心理测量标准是指主张以心理测量的客观数据为标准来确定心理障碍。心理测量运用心理学家通过科学手段编制出来的心理测验量表来诊断心理问题。常用的心理测验量表有自陈测验和投射测验两大类，明尼苏达多相人格调查表（MMPI）、卡特尔16因素测验（16PF）、贝克抑郁问卷等都是世界上比较著名的测验量表。

4. 统计常模标准

统计常模的立足点是认为人的心理表现在人群中是呈常态分布的,即通常所说的两头小、中间大。目前绝大多数心理学家都主张以此为标准来判断心理障碍。但问题是不少心理现象的两大极端表现中,常常有一个极端是优秀的表现,比如智力常态分布的一个极端就是智力优秀的表现,绝不是智力障碍的表现。

以上判断标准都有其不足之处,最好结合多种方法联合判断,以免误诊。

(二)识别方法

心理障碍的早期表现症状并不明显,往往不易被亲人或同事发现,以致耽误患者的治疗,给病人带来不利的后果。"有病早医"是治疗疾病的一条基本原则。早期识别心理障碍,可以从以下几个方面来观察。

1. 生活规律改变

如以前很讲究个人卫生、注意清洁的人,突然间变得不知更换衣褥,不愿理发洗澡,甚至满面污垢,物品随手乱放,工作拖拉,劳动纪律松懈,经常旷工、迟到;或原来生活节约的人变得挥霍无度。

2. 脾气改变

脾气改变是许多心理障碍早期症状之一。如原先热情合群的人变得沉默寡言,孤僻不合群,待亲友冷淡,甚至避而不见,与父母、妻子和孩子不谈家事,很少关心家人的生活和工作;或原来很有礼貌的人变得出言不逊,对人无礼。

3. 情绪变化

当一个人的情绪突然有较大改变时,就要留意其最近是否有什么重要事情发生,以便及时干预。

4. 记忆力下降

表现为丢三落四,工作效率降低,这种情况如发生在中、青年身上,应引起高度重视。

5. 家庭突发事件

大学生生活阅历短,当他们面临一些突发的生活事件时会出现无助、无措、无望的心理反应,尽管在当时并未出现一些异常反应,但"危机"却一直隐性地干扰着学生的生活。

【心灵体验】

自画像

1. 活动目的:通过画"自画像",让学生进一步认识自己,展示一个"内心的我";通过交流,让学生读懂你、我、他,促进彼此的理解。

2. 活动时间:20 分钟。

3. 活动材料:每人一张 A4 纸,一支彩笔。

4. 活动步骤:

(1)发给每位学生一张 A4 纸,一支彩笔。

(2)在 8~10 分钟内,每人在白纸上画一幅"自画像"。

（3）小组内交流"自画像"的含义，同组成员可以提出疑问。

（4）注意事项：教师可以暗示大家，"自画像"可以是形象的肖像画，也可以是抽象的比喻画；可以是一色笔画成，也可以是多色笔画成。有的学生因为自己的绘画技能差而感到为难，教师应提醒大家本活动不是绘画比赛，只要求大家画的内容、形式等形象地反应对自我的认识。

5. 活动分享：10 分钟后，每个人都完成了自我的画像，粗略地看下，会发现画的内容非常丰富，表现形式也是新颖别致。分享每个人绘画的特点、意义等。总之，每个人都通过"自画像"的形式向他人展示一个自己心目中的"我"。这可能是一个"公开的我"，也可能是一个"隐藏的我"，每一幅画都包含着一个秘密，一段经历。

【心灵保健】

抑郁症的心理干预方法

据统计抑郁症已经位居中国疾病负担的第二位。更严峻的是，大约有 80% 的抑郁症患者存在复发的可能。抑郁症可发生于各年龄阶段，已成为当今社会严重危害人们身体健康、生活质量和社会职业功能的精神心理生理疾病。在心理学领域，主要的心理治疗方法有支持性心理治疗、人际关系心理疗法、家庭疗法，这些心理治疗方法主要强调社会支持系统的重要性。此外，心理治疗的方法还包括行为疗法、认知疗法，它们通过改变患者的外在行为变化与不良认知，从而对病情进行改善。

1. 支持性心理治疗

又称一般性心理治疗，是一种以倾听、支持、鼓励、疏导等为主要技术的一种治疗手段。在对抑郁症患者进行心理干预时，可采取实施以下策略：

（1）耐心倾听，通过倾听使患者了解到有人理解他的痛苦，进而建立良好的社会支持系统。

（2）解释指导，倾听之后对患者身体与心理的痛苦进行科学解释，对其负性的认知，在理解其痛苦的基础上进行纠正。

（3）引导其疏泄，鼓励患者对负性情绪进行宣泄，以减轻痛苦或烦恼。

（4）保证作用，使患者了解抑郁症只是一种常见的心理疾病，发病很普遍，对于康复应充满信心。

（5）鼓励自助，让来访者对生活充满渴望，鼓励患者在日常运用良性方法主动调节自己。

（6）要对效果予以阶段性评估，及时评估病情，改变心理干预方案。支持性心理治疗每次需 15~50 分钟。

2. 家庭治疗

家庭治疗是以增加积极活动、尽可能地降低负性活动为最终目的的心理干预手段。对于抑郁症患者是非常实用的。在家庭中，不良的活动，如封闭在屋里不与他人说话、摔门等，均会导致不良的人际交往。而这正是导致抑郁的重要因素之一，所以家庭治疗的核心是认清不良的人际交往模式，和家庭共同努力，改善抑郁症患者不良状态。具体的家庭干预包括以下几个方面：

（1）人本主义方法，鼓励来访者真诚表达，统一内部的情感与外在行为的和谐一致性。这个方法的本质是帮助家庭成员真诚沟通感情，在家庭中提供温馨氛围。

（2）结构式家庭疗法，意在构建良好的家庭结构，保持抑郁症患者和其家庭成员之间的良好关系。

（3）基本的家庭治疗干预，通过监督家庭成员间的交流质量与沟通礼节，观察自己的交流方式是否紊乱，然后采取干预使其家庭交流模式发生明显的改变。

3. 行为疗法

行为疗法主要是指降低引起负性心理的行为。其治疗手段意在增加来访者行为后的积极反馈，让来访者学会如何改变和矫正不恰当的行为。

主要治疗方法如下：

（1）自控疗法：①自我监察和评估。记录每天生活的时间、地点、自我感受，进行评估整合。②自我强化。提高和维持做有积极意义的活动，所取得进步与成就给予积极反馈。

（2）社交技巧和自信心训练社交技巧训练，通过系统训练改善抑郁症病人的人际交往缺乏的状况，帮助病人用社会认可的方式来表达思想和感情。

（3）系统脱敏法又称交互抑制，是一种以渐进方式解除抑郁症患者不良状态的技术。通过肌肉放松训练、建立恐怖或焦虑的等级层次、分级脱敏练习三步骤实施，使抑郁症患者逐步适应与好转。

4. 认知疗法

意在矫正来访者的错误的认知、不良的信念与负性的心理状态的一种心理治疗手段，对抑郁症者提高自己对现实的认识能力，改变对自我与外界的否定的态度，以及改善主观上的抑郁情绪方面有较为显著的疗效。

认知疗法主要从以下几个方面进行心理干预：

（1）来访者在与他人进行交往并产生情感时则伴随着认知的出现。而干预的目的即帮助来访者识别这种思想加工的过程和信念，并积极重建新的信念。

（2）当无意识思维模式干预此时的活动时，咨询师应该教会来访者思想停滞技术。尤其当来访者因无助、失败感等产生抑郁情绪时，应及时打断这种消极的循环。

（3）交流行为方面的训练。例如眼神接触、面部表情、语气可以改变其他人对抑郁患者的反应。

❀【本章小结】

1. 心理咨询是咨询者运用心理学的理论与方法，通过特殊的人际关系，帮助来访者解决心理问题、提高适应能力、促进人格发展的过程。

2. 心理咨询的原则：来访者自愿原则，保密性原则，尊重、接纳和理解的原则，限定时间和感情的原则，价值中立原则，发展性原则，重大决定延期的原则，转介原则。

3. 常见心理咨询与治疗的流派：精神分析理论及其应用，行为主义理论及其应用，人本主义理论及其应用，认知疗法。

4. 一般心理问题是指近期发生而不太可能持久的不良情绪，诸如厌烦、后悔懊丧、自责等，一般来说，心理问题的影响不会泛化而只是局限在事件本身；其反应强度不甚强烈，并没有严重影响思维逻辑性，如焦虑问题、人际关系问题、社会适应问题等。

5. 严重心理问题是由相对强烈的现实因素激发，初始情绪反应强烈、持续时间长久、内容充分泛化的心理不健康状态，诸如社交恐惧、有的会抑郁，甚至有的还会遇到挫折而轻生等等。

6. 神经症性的心理问题即可疑神经症，是心理不健康状态的又一种表现形式，它已接近神经衰弱或神经症，或者它本身就是神经衰弱或神经症的早期阶段。

7. 精神分裂症常见临床症状：感知觉障碍、思维障碍、情感障碍、意志和行为障碍、认知功能障碍。

8. 抑郁症的主要表现：心境低落，思维迟缓，意志活动减退，认知功能损害，躯体症状。

9. 躁狂症的主要表现：情感高涨或易激惹，思维联想加快，意志活动增强。

10. 双相情感障碍指既有躁狂发作又有抑郁发作的一类疾病。病因未明，生物、心理与社会环境诸多方面因素参与其发病过程。

11. 神经症主要包括：神经衰弱、焦虑症、强迫症、恐惧症、疑病症、抑郁性神经症、网络成瘾症等。

12. 常见的人格障碍类型：偏执型人格障碍、分裂型人格障碍、强迫型人格障碍、反社会型人格障碍、依赖型人格障碍、回避型人格障碍等。

【自我小测验】

心理测验须知：

1. 本测验适用对象为 16 岁以上人群。

2. 本测验仅用于个体自我抑郁情绪的评定，不能用于心理问题的诊断。具体心理问题的诊断请遵从心理咨询师的评估。

抑郁自评量表

指导语：下面有 20 条题目，请仔细阅读每一条，每一条文字后有四个格，分别表示：1 代表没有或很少时间（过去一周内，出现这类情况的日子不超过一天）；2 代表小部分时间（过去一周内，有 1~2 天有过这类情况）；3 代表相当多时间（过去一周内，3~4 天有过这类情况）；4 代表绝大部分或全部时间（过去一周内，有 5~7 天有过这类情况）。根据你最近一个星期的实际情况在适当的选项上打勾。

序号	题目	没有或很少时间	少部分时间	相当多时间	绝大部分时间
1	我觉得闷闷不乐，情绪低沉	1	2	3	4
2	*我觉得一天中早晨最好	1	2	3	4
3	一阵阵哭出来或觉得想哭	1	2	3	4

续 表

4	我晚上睡眠不好	1	2	3	4
5	*我吃得跟平常一样多	1	2	3	4
6	*我与异性密切接触时和以往一样感到愉快	1	2	3	4
7	我发觉我的体重在下降	1	2	3	4
8	我有便秘的苦恼	1	2	3	4
9	心跳比平常快	1	2	3	4
10	我无缘无故地感到疲乏	1	2	3	4
11	*我的头脑和平常一样清楚	1	2	3	4
12	*我觉得经常做的事情并没有困难	1	2	3	4
13	我觉得不安而平静不下来	1	2	3	4
14	*我对未来抱有希望	1	2	3	4
15	我比平常容易生气激动	1	2	3	4
16	*我觉得做出决定是容易的	1	2	3	4
17	*我觉得自己是个有用的人，有人需要我	1	2	3	4
18	*我的生活过得很有意思	1	2	3	4
19	我认为如果我死了，别人会生活得更好	1	2	3	4
20	*平常感兴趣的事我仍然感兴趣	1	2	3	4

（注：带*题目为反向评分题）

测验说明：抑郁自评量表（Self-rating depression scale，SDS），是含有20个项目，分为4级评分的自评量表，原型是 W.K.Zung 编制的抑郁量表（1965）。其特点是使用简便，并能相当直观地反映抑郁患者的主观感受及其在治疗中的变化。主要适用于具有抑郁症状的成年人，包括门诊及住院患者。

测验记分，若为正向评分题，依次评为1、2、3、4分；反向评分题则评为4、3、2、1。待评定结束后，把20个项目中的各项分数相加，即得总粗分（X），然后将总粗分乘以1.25以后取整数部分，就得标准分（Y）。按照中国常模结果，SDS 标准分的分界值为53分，其中53~62分为轻度抑郁，63~72分为中度抑郁，73分以上为重度抑郁。

第十一章　网络双刃剑：理性是关键

> 网络生存能力将是未来社会衡量适应能力的一个重要方面。
> ——马云

○ 引言

随着网络技术的快速发展，网络已经融入社会生活的方方面面，人们学习、沟通、交友、娱乐、购物等都已经离不开网络，上网已经成为大学生生活中至关重要的内容。同时，互联网的开放性、交互性以及丰富的内容，不仅可以帮助大学生完成学习需要，而且成了大学生重要的娱乐方式，因此，合理使用网络对当代大学生成长具有非常重大的意义。

※ 本章知识点

旨在帮助同学们更好地认识网络，运用好网络这个工具，保持良好的上网习惯，促进大学生在互联网时代积极向上地成长。

第一节　认识网络——以"网"为马

网络作为人类历史上里程碑式的发明，正在深刻而广泛地影响人类的行为方式。无处不在的网络，也在潜移默化中影响着人类的心理状态。当代大学生作为"网络原住民"（互联网是其生活中不可或缺的一部分），更是将网络融入学习、生活的方方面面，能否有效地利用网络，将成为在这个时代获得成功的重要条件。

一、网络的发展

汉语中，"网络"一词最早用于电学。《现代汉语词典》（1993年版）做出这样的解释："在电的系统中，由若干元件组成的用来使电信号按一定要求传输的电路或这种电路的部分，叫网络。"人们常用的互联网泛指网络。互联网最早始于1969年的美国，美军将阿帕网首先用于军事连接，后其将美国西南部的加利福尼亚大学洛杉矶分校、斯坦福大学研究学院、加利福尼亚大学和犹他州大学的四台主要的计算机连接起来。历经数十年的发展，1991年，欧洲粒子物理研究所的科学家提姆·伯纳斯·李开发出了万维网（World Wide Web）并推出了极其简单的浏览器，互联网开始向社会大众普及。

而中国互联网的发展历经坎坷，1994年的4月20日，中国通过一条64K的国际专线，全功能接入国际互联网，从此中国才被国际上正式承认为真正拥有全功能互联网的国家，中国互联网时代从此开启。经历了二十多年的发展，互联网早已从少数科学家手中走向广大群众。人们通过廉价的方式方便地获取自己所需要的信息，中国网民开始成几何级数增长，上网从前卫变成了一种真正的需求。根据中国互联网信息中心（CNNIC）发布的第44次《中国互联网发展状况统计报告》显示，截至2019年6月，我国网民规模达8.54亿，其中，手机网民规模达8.47亿，网民人均每周上网时长为27.9小时。在所有网民中，学生占比最高，为26.0%，可见互联网正时刻影响着人们的未来。

二、网络的特征

网络具有开放性、全球性、丰富性、不确定性、平等性等特征。

（一）开放性

网络的本质是计算机之间的互联互通，以便能够做到信息共享。另外，计算机之间互联互通的程度越充分，共享信息越多，开放性越高，互联网所起的作用就越大。

（二）全球性

网络拓展了人类的认识和实践空间，老死不相往来、终生难以相见的人们顷刻间变成了近在咫尺的网友。庞大的地球在不知不觉中变成了"地球村"，人人都可以进入这个"地球村"，成为这里的一员；人人都可以在网络上使用最新的软件和资料库，不同的观念和行为的冲突、碰撞、融合变得直接和现实；网络化还把异质的宗教信仰、价值观、风俗习惯、生活方式呈现在人们的面前，经过频繁和自主的选择，不同国家、不同民族、不同生活方式的人们通过学习、交往、借鉴，达成共识、沟通和理解。

（三）丰富性

随着计算机网络的产生和发展，几乎所有原先以传统介质为载体的信息都在日益"数字化"，并被上传到网络上得以广泛传播，因其巨大的信息容量，现代人类每天从网络上获取的资源可能是古人一辈子都无法触及的。

（四）不确定性

网络世界是一个开放多元的世界，其跨越了时空的地理界限，使发生在人与人之间的网络交往易变、混沌，网络世界中的人际关系也因此充满了不确定。不仅如此，在网络社会这个崭新的信息世界，主体的行为往往是在"虚拟实在"的情形上进行的。

（五）平等性

作为一个自发的信息网络，其没有所有者，不从属于任何人、任何机构，甚至任何国家。网上的信息不为某一个人独有，而是平等地属于每一个网民。互联网的这种特点，使网民的意识和思维进一步走向平等和双向沟通，思维方式更加多样化，从而也更加具有个性和创造性。

（六）个性化

互联网是世界上最大的计算机网络的集合，其将世界上的计算机、网络互联在一起，既互通信息、共享资源，又相互独立、各自分散管理，没有人比其他人享有更多的特权，权力、阶级、阶层甚至地理位置、国家、民族在网络中都失去了意义，每个网民都有可能成为中心，人与人之间趋于平等，不再受等级制度的控制，个体的个性意识逐渐增强。

三、网络空间的心理体验

网络空间同现实世界不同，其突破了时间和空间限制，并拓展了人们交往的方式。在这里，真实世界和虚拟世界之间的边界变得模糊。对使用者的心理也产生着巨大的影响。

（一）有限的感官体验

尽管当前通过网络，可以进行文字、语音、视频的交流，但人们还是不能同对方进行身体上的交流——没有握手、拥抱或亲吻。过度的网络使用，易形成网络化的思维和行为模式，一旦迁移到现实生活中，就可能难以适应。

（二）身份的机动性和匿名

仅通过敲击键盘在网络中进行文字交流，而没有面对面的接触，人们可以对自己的身份进行多种选择。身份的隐匿使人们容易脱离道德的束缚，发生攻击他人的行为。同时，也使人们更愿意在网络上开诚布公地讨论一些现实生活中不会提及的个人问题。

（三）地位平等

人们在网络中的地位是平等的，其与现实世界中的身份、财产、种族或性别无关。有人称其为"网络民主"。尽管人们在真实世界中的生活对其在网络中的表现有一些影响，但这种民主理想仍有一定的真实性。网络中决定人们对他人影响的是交流技巧、坚定与否和思想的质量，而非现实中的权力、地位。

（四）超越空间

在网络中，地理距离对交流对象的选择毫无影响。人们完全可以凭借共同的兴趣和信念寻找交流伙伴。有些人在网络中组成以助人为宗旨的团体。

（五）高效多样的人际关系

网络为人们提供了建立多种人际关系的机会。大量的用户和高效的筛选工具，即使人们可以更广泛地选择网友。人们对特定网友的选择正如人们选择朋友、伴侣和敌人一样，是出自潜意识的动机。在网上，人们快速地建立关系，快速地悄然作别，在不断寻找的过程中，最终往往找到的是与自己类似的人。

（六）永久记录

网络上有句名言"互联网是有记忆的"。多数网上活动，包括微博、电子邮件和聊天记录，都可以在电脑中保存为文件。通过这些文件，人们可以重新体验交往的细节。人们会惊奇地发现，在不同的时间重温相同的经历可以使人感到不一样的情感体验。

（七）黑洞体验

不管电脑多么精密和复杂，其总会出现死机的情况。面对这种情况时人们所表现出的不安和愤怒在一定程度上解释了人类与电脑和网络的关系——人类对其的依赖以及对其进行控制的需要。我们把人类在电脑和网络对人们的指令毫无反应时所经历的焦虑和烦躁称作黑洞体验。

第二节 网络心理健康——成就心中梦想

当前，网络已成为大学生日常生活中不可分割的一部分。然而，不容忽视的是，互联网与其他高新科技一样，是一把双刃剑，它带来的并非都是幸福、享乐和希望，其也给人们带来了忧愁、痛苦和危机。特别是处于青年时期的大学生，由于他们的心理倾向不定型，认识能力有待提高，世界观、价值观尚在形成中，分辨是非能力较差，易陷入网络的虚拟世界，诱发心理问题的可能性更大。因此，正确认识网络对大学生心理的冲击和影响，迎接和回应网络时代的挑战，是当代大学生心理健康教育的重要内容和任务。

一、大学生网络心理分析

当前，大学生普遍对网络存在以下心理。

（一）猎奇心理

猎奇是青年大学生的个性特点。网络资源的丰富、内容的刺激更催化了大学生的猎奇心理。网络上超乎想象的丰富信息资源是其他媒体所不具备的。互联网作为最大的广域网，把不计其数的局域网连接起来，成为全球最大的图书馆和信息数据库，内容涉及社会生活的方方面面。政治、经济、文化、科学、教育、艺术、生活无所不在，大大开阔了大学生的视野，为大学生带来了全新的生活体验。网络信息集图、文、声、像于一体，对人的感官造成了多方面的强烈刺激，足以跨越时空的界限，实现人们在现实生活中无法实现的梦想。大学生正处在精力旺盛、求知欲强、想象力丰富的人生最佳阶段，网络丰富的信息资源足以满足他们的猎奇心理。

（二）减压心理

随着社会竞争的日益激烈，社会对人才质量的要求越来越高。许多大学生在这种情况下承受着巨大的心理压力，造成了大学生的学业负担相对较轻而心理压力相对较重的现象。面对求学与就业中的竞争、冲突、矛盾和挫折，大学生对社会环境以及校园生活中的诸多不完善的方面大为不满。网络的隐匿性、开放性、便捷性和互动性等特点，给大学生适时地转移、倾诉和宣泄自己的不良情绪提供了机会和场所。通过这一方式，大学生可以宣泄被压抑的不良情绪，来获得一定的心理治疗效果，这如同人们喜欢唱卡拉OK、听摇滚乐、喜爱足球一样，是因为他们可以通过尽情的呼喊、喧闹来发泄心中的郁闷。

（三）娱乐心理

网络具有传播速度快捷、彻底打破地域、拉近传播者与受众之间距离的优势。网络传播中，网络受众可以主动接受所需要的信息，改变了传统媒体中受众的被动性；网络受众可以随心所欲地点击所需要的信息，可以参与媒体的传播活动，或与媒体传播者交流沟通，成为媒体的一部分。在网上玩游戏、聊天、听音乐、看在线电影、读娱乐性文章是大学生网上娱乐的重要方式。网络传媒的这些特征和功能正好和大学生具有的好奇、浪漫、喜欢惊险刺激，对新事物、新知识接纳较快的心理特征相匹配，故网络成了他们业余休闲的重要方式。

（四）价值心理

社会心理学认为，为了使自己的人生具有价值，获得明确的自我价值感，大学生既需要了解别人，也需要通过别人来了解自己，需要爱与被爱，需要归属和依赖，需要有机会显示自己的优越，展示自己的专长。所有这些，都使大学生需要与别人进行交往，需要同别人建立并保持一定的人际关系。大学生的思想比较活跃、渴望友谊和同学之间的相互理解和支持。随着年龄的增长，生活空间的扩展，社会阅历的不断增加，大学生的交往愿望也就越来越强烈。网络这个虚拟的世界为当代大学生满足自己的价值感提供了便利条件。不论天涯海角，在互联网上人们可以跨越时空，彼此相识。原本陌生的人可以相见，发展友谊甚至产生爱情，在互联网上形成一种理性而又持久的亲密朋友关系。当自我价值得到确立时，在主观上就会产生一种自信、自尊和自我稳定的感受。相反，如果他们的自我价值得不到确立，就会缺乏自信、自尊和自我稳定感。

（五）情感表达心理

通过上网寻求人与人之间的以互相关心、互相理解和互相尊重为要素的广义的人类之爱，是一种潜藏在大学生内心深处的极为深刻的上网动机。大学生在网络中结识朋友，以获得现实生活中无法得到的情感交流、尊重和满足感。网络提供了一个开放、自由的场所，他们在这里通过聊天、创建个人网页、论坛交流互动等大胆地表达自己的情感。

二、网络对大学生心理健康的影响

网络是一把"双刃剑"，在改变大学生的生活、交往、学习和发展方式的同时，也带来了一些问题。网络既可以很方便、很自由地满足大学生的求知、娱乐、消遣等多方面的需求，也会使人沉迷于这一虚拟世界不能自拔，如沉溺于游戏、聊天、色情、网恋中，会对其身心、学业等造成不利影响。

（一）积极影响

1. 有助于培养人际交往能力

网络交往通过全方位、多层次的信息传递为大学生提供了更方便且范围更大的社会交往机会，使大学生的社会性得到空前的延伸和发展，在一定意义上讲，网络会给大学生心理健康带来积极的影响。在传统交往方式下，个体的人际交往常常陷于实际生活的狭小生活圈子，但在网络社会中，网络的开放性、大众性、虚拟性、直接性等多种特点容易使网上交往打破身份、地位、财产等社会因素的限制，为人际交往提供便利。通过网络，人们可以直接地交往，而免去了彼此的客套、试探、戒备和情感道义责任。同时，由于网络交往所具有的间接性和虚拟性特点，使网络人际交往比较容易突破年龄、性别、地位、身份、外貌等传统人际交往影响因素的限制，为大学生提供了虚拟性的更为广阔的网络交往空间。

2. 有助于胜任现实的社会角色

人际交往中，交往者要扮演不同的社会角色，交往环境和交往关系不同，交往角色也会发生变化。交往者所扮演的往往是复合角色。网络为大学生提供了角色实践的"练兵场"。网络创造的"虚拟环境"使大学生能够在其中不断进行角色学习，理解角色的行为规范，体会角色的需求和情感，了解角色间的冲突，并借助网络群体成员间的互动，体验自己的角色扮演情况，进而把握自己在现实社会中各种角色的尺度。

3. 有助于激发大学生的创造性思维

在网络中，由于大量使用的超文本阅读方式是以网状形式来构筑和处理信息的，这是一种跳跃式的、非线性的思维方式。从非线性的角度出发思考问题，那么在处理一个复杂的事物时就必须考虑其与周围事物的种种联系，并透过这种网状的联系来寻找解决问题的方法。这种思维方式改变了传统线性思维所固有的较狭隘、死板的弊端，有利于培养大学生的发散性思维，拓展大学生的思路，帮助大学生正确地看待周围的人和事，树立科学的人生观和世界观。

4. 有助于提高个体心理健康水平

个体心理健康水平存在差异。低层次的心理健康指的是没有心理疾病症状，高层次的心理健康是指人的潜能得到充分发挥或自我实现。因此，即便是正常的人也要不断提高自己的心理健康水平。目前，互联网上普及心理健康知识、提供专业心理援助的心理健康网站比较多。尽管这些知识的侧重点有所不同，但他们都自觉担负起了普及心理健康知识、提供专业心理援助的责任，这在一定程度上对大学生的心理健康辅导起到了积极的作用。

（二）消极影响

网络对大学生心理的冲击，容易造成他们情感自我和角色自我的迷失，影响其心理健康，并诱发出种种心理障碍。

1. 人际交往障碍

社会学知识告诉我们，人际交往的互动是青年时期完成个体社会化的基本环节。人的行为在社会交往中要受社会道德规范的制约，而在网上他们不必遵守现实社会中人际关系和角色扮演的规则，没有必须履行的角色义务，这种匿名效应使他们在网上与陌生人交往幽默、浪漫，而在现实生活中却不善言辞、沉默寡言。因此，长期的网上聊天会逐渐失去自我，改变个性而引发在现实生活中的社交障碍。

2. 网络情感问题

情感交往是大学生网上交往的一个重要方面。大学生正处于情感体验的高峰时期，向往异性、渴望情感是正常的。但在实际生活中，他们的情感表露或多或少受到限制，总要面对周围人与人之间的情感氛围。从网上看，大学生的情感需求主要有两个方面：一是寻求异性朋友或对象；二是为了情感满足和心理愉悦。但由于网恋是借助网络媒体、依靠文字进行的，缺乏重要的感性基础性环节，因此，网恋的成功率极低，大部分是"见光死"，从而会给大学生造成较大的感情或心理伤害，对大学生的心理健康产生负面影响。

3. 网络人格失真

在现实生活中，每个人都扮演着不同的社会角色，而在网络人际交往中人的真实姓名、性别、年龄、身份等多种信息被掩盖，并且在网络中的角色缺乏责任感，渐渐会失去对周围现实的感受力和积极的参与意识,从而导致出现孤僻、冷漠、欺诈心理。他们混淆了网上角色与现实生活中的角色,忘记了自己的社会责任和社会地位,在网络和现实生活情景中交替出现不同的性格特征,人格缺乏相应的完整性、和谐性,从而导致部分大学生出现偏执型人格、多重人格冲突等问题,使其具有脱离现实、退缩孤僻、沉溺于幻想的行为特点。他们不愿与人进行面对面的交流和互动,只愿意在网上发泄自己的不良情绪,这使他们在现实世界中的孤独感日益严重。

三、大学生网络心理健康标准

网络心理健康除应具有心理健康的一般标准外,还需要在网络环境下,人的基本心理活动过程的内容完整、协调一致,即认识、情感、意志、行为、人格完整和协调,具体包括以下几个方面。

(一)具有正确的网络心理健康意识和观念

网络是把"双刃剑",一方面给大学生的学习、生活和工作带来前所未有的便利,另一方面又使他们遇到更多的困惑,给他们的身心健康带来损害。因此,具有正确的网络心理健康意识和观念,成为大学生保持网络心理健康的重要标准。

正确的网络心理健康意识或观念至少应包括以下四个方面:一是了解网络是把"双刃剑",对网络既不依赖,也不谈"网"色变。二是具有正确的上网目的,合理安排时间,注意上网的安全,具有健康、良好的网络使用习惯。三是对网络信息有辨认真伪的能力,并能正确对待和处理网络与现实生活的关系。网络世界中的信息像汹涌的波浪迎面而来,让人目不暇接,真伪难辨。心理健康的大学生应该能运用现有的知识,理智地辨认真假信息,并能够有勇气及时改正自己不正确的认知和行为。四是了解各种良好的网络道德和网络法治观念,遵守《青少年网络文明公约》,善于利用网络学习,诚信友好交流,维护网络安全,充分发挥网络对大学生生活和学习的促进作用。

(二)保持网上网下人格的和谐统一

人格是一个人所表现的稳定的精神面貌,具有一定倾向性的心理特征。人格结构是多层次、多侧面的,是由复杂的心理特征结合构成的整体。人格主要包括代表个性心理特征的能力、气质、性格和代表个性倾向性的动机、兴趣、理想、价值观等内容。个性完整统一,内在协调,并有正确恰当的自我意识,是大学生心理健康的主要标志之一。由于网络环境的身份虚拟性、想象性、多样性、随意性等特点,容易影响个性的整体性、独特性和稳定性,导致双重人格或多重人格的困扰,从而影响大学生的心理健康。网络双重人格指个体在网络中和现实中分别具有彼此独立、相对完整的人格,二者在情感、态度、知觉和行为等方面都有所不同,有时甚至是处在对立面的,是严重的心理障碍,是心理不健康的典型表现。因此,心理健康的人必须有正确恰当的自我意识,能保持网上网下人格的和谐统一,同时,在虚拟性与现实性之间能够做到以现实性为主。

（三）网上网下均能保持良好的情绪情感

情绪是衡量心理健康与否的一个显著标志。心理健康的大学生积极的情绪远多于消极的情绪，主导心境是愉悦、乐观和平静的，能正确而恰如其分地表达情绪。情感是人与社会需要相联系的高级的社会性情感。心理健康的大学生有较强烈的社会责任感和集体荣誉感，并能珍惜友谊，探索和追求真理，欣赏并向往美好事物，他们在学习、工作和生活中积极创造美。一个心理健康的大学生，一方面表现为能遵守网络道德，恰当运用网络调节情绪、宣泄情绪，因为网络具有调节情绪的功能；另一方面则表现为不论是在网上（虚拟社会）还是在网下（现实社会），大学生积极的情绪总是远多于消极的情绪，主导心境是愉悦、乐观和平静的，且能正确而恰如其分地表达情绪。

（四）不因网络的使用而影响大学生正常的生活学习与工作

意志健全与行为协调也是心理健康的主要标志。意志健全主要表现在意志品质上。心理健康的大学生意志的自觉性、果断性、坚持性和自制性都可以获得协调的发展。大学生学习、生活的目的明确，能根据现实的需要调整行动的目标，为实现目标而自觉地约束自己，抑制自己不合理的欲望，抵制各种外部诱惑。行为协调主要表现在行动的计划性、一贯性与统一性以及言谈的逻辑性等方面。心理健康的大学生能有效地进行自我教育和自我管理，控制自己使用网络的时间，在不影响自己正常生活、学习、工作的情况下使用网络。大学生能认清网络与现实生活的关系，不逃避现实生活，不将网络当作唯一的精神寄托，尤其是在现实生活中受挫后。大学生不只依靠网络缓解压力或焦虑，能主动寻求现实社会中的支持，从而勇敢地面对现实生活。

（五）网上网下均能够与周围环境保持良好的互动

社会适应良好、言行符合社会规范和良好的人际关系是心理健康的又一标志。在网络环境下，人长时间与机器打交道，人所面对的是机器背后的虚拟世界，容易脱离现实社会中人与人之间面对面的直接交流和沟通，弱化现实社会中的人际交往能力。而现实社会中的人际交往不畅，上网的人会感到孤独、寂寞、焦虑、冷漠，从而影响其心理健康。因此网络心理健康要求人们处理好人机之间的关系，在现实社会中保持人际关系协调发展。

四、大学生健康网络心理培养

（一）正确看待和积极面对网络文化

大学生走进网络社会是不可避免的选择，要正确认识网络，用辩证的观点看待网络文化，既不漠然置之、无所作为，也不视其为洪水猛兽、惊慌失措，而是提高对网络的选择力和鉴别能力，如正确认识网络人际关系的自主性、平等性、肤浅性和易碎性，加强对网络和网络社会的人文思考，倡导、传播和积极建设先进的网络文化。

（二）树立切合实际的奋斗目标

每个大学生都有自己的梦想，但若只有梦想而没有目标，梦想就会成为空想。人有目标才有动力，才会成功。不少大学生沉溺网络，在网络里寻找刺激，都是因为没有明确的奋斗目标。特别是新生，一经大学录取，其心情突然放松，犹如强弩之末，顿然失去自主冲动，这种后无动力、前无目标的情况，导致很多大一新生缺乏奋斗目标，得过且过，学习提不起兴趣，在网络中找寄托。一个学期下来，大部分功课不及格，于是他们心灰意冷、对学习失去信心，个别学生干脆破罐子破摔，一头扎进网络，事事都不关心。因此，大学生要摆脱网瘾，必须根据自己的实际情况确定切实可行的目标，通过合理安排自己的生活、学习和娱乐来促进其和谐健康地发展。

（三）培养健康向上的网络情感

网络情感是人们对信息网络的一种内心体验、感受和由此产生的情绪反应。大学生热衷网聊、网恋等，有的专家认为这是当今社会情感淡薄造成的。我国在高校扩招后，学生班级人数增多了，一是教师与学生的直接接触减少，师生关系淡薄；二是地域文化差异，学生交往的矛盾多了；三是学生离家远了，与父母、亲人的沟通少了。这些都容易造成学生情感发展的淡薄，将情感转向虚拟的网络世界。因此，大学生要以谨慎的态度对待虚拟的情缘，培养个人优良的人格特质，如坦诚正直、大公无私、胸襟宽广、雍容大度、宽容礼让、怡养性情、遇事不惊等，把握人际交往的技巧，建立良好的同学关系、师生关系、朋友关系、亲人关系，促进网络交往与现实交往的整合，把网上的行为现实化，把现实生活网络化，预防情感异化。

（四）积极预防网络成瘾

许多的网络心理问题都或多或少与网络成瘾有关，因此，积极开展网络成瘾的预防与自我干预是大学生网络心理问题调适的重要方法之一。例如，了解自己的上网习惯和上网诱因，改变原有的上网习惯，建立良好的上网模式；具体限制上网时间，注意上网时间的适当与适度；明确上网任务的先后，按时离开网络；借助外部力量，制作上网警示卡，或请他人及时监督和提醒；重新找回现实中的快乐，培养多方面兴趣，参与同学或学校的集体活动，让自己的大学生活丰富多彩，从而减少上网寻求情感满足的需要。

（五）加强网络法治意识

大学生要自觉抵制网络垃圾的侵蚀，做一个"不抛垃圾、不搞侵权、不看黄毒、不做黑客"的遵纪守法的文明网民，自觉遵守并维护网络秩序。共同参与到学校的优化校园文化环境的建设中来，营造多层次的校园文化，建设以思想、文化、娱乐、体育、学术科技等为基本内容的校园文化，形成良好的整体氛围，以此来净化大学生的心灵，陶冶大学生的情操，提升大学生的精神品位，巩固其民族优秀文化的底蕴，增强其自身的抵御能力，使其不受网络环境中消极内容的左右。

第三节 常见网络心理问题及调适——理性对待不沉迷

大学生由于阅历浅，社会经验不足，意志薄弱，承受挫折、辨别、适应以及自我控制的能力都不强，对自己又缺乏正确而全面的认识，所以容易受到社会上各种思潮的冲击。大学生正处于青春发育后期，心理发育还未完全成熟，在遇到心理冲突和困惑时，网络便成为他们的主要交流工具之一。但在这种环境中的关系多是虚幻的,在网络中得到的安慰也只是暂时的,当离开这种环境后,被安慰、被关心的感觉瞬间消失,导致大学生心理冲突和困惑加重,长期发展必然产生心理问题甚至疾病。下面是几种常见的网络不良行为及调适方法。

一、大学生网络成瘾及其调适

"网络成瘾"即"互联网成瘾综合征",英文简称 IAD,是一种现代新型的心理疾病。国外有学者将其定义为:强迫性过度使用网络和剥夺上网行为之后出现的焦躁和情绪行为。最早提出"网络成瘾"概念的是美国心理医生依凡·金伯格,这一提法迅速引起了美国临床心理学家的广泛关注。网络成瘾的患者通常会没有理由、无节制地花费大量时间和精力在互联网上持续聊天、浏览网页和玩游戏,以致影响其生活质量、降低其工作效率、损害其身体健康,并在生活中出现心理障碍、人格障碍。

(一)网络成瘾的主要特征

1. 突显性

互联网使用占据了使用者的思维与行为活动的中心;网络成瘾者的思维、情感和行为都被上网这一活动所控制,上网成为其主要活动,在无法上网时会体验到强烈的渴望。

2. 耐受性

互联网用户为了获得满足感,不断地增加上网时间与投入程度。成瘾者必须逐渐增加上网时间和投入程度,才能获得以前曾有的满足感,就像吸毒者必须逐次增加毒品摄入量一样。

3. 戒断症状

停止使用互联网会产生不良的生理反应与负面情绪,在意外或被迫不能上网的情况下,成瘾者会产生烦躁不安等情绪体验和全身颤抖等生理反应。

4. 冲突性

互联网使用与日常的活动或人际交往发生冲突;网络成瘾行为会导致成瘾者与周围环境的冲突,如家庭关系、朋友关系和工作关系的消退和恶化等;与成瘾者其他活动的冲突,如学习、工作、社会活动和其他爱好等;成瘾者内心对成瘾行为的矛盾心态,既意识到过度上网的危害又不愿舍弃上网带来的各种精神满足。

5. 复发性

在经过一段时间的控制和戒除之后,成瘾行为会反复发作,并且表现出更为强烈的倾向。

6. 心境改变

使用互联网来改变消极的心境。上网成为成瘾者应付环境和追求某种主观体验的一种策略,通过网络活动可以产生激烈、兴奋和紧张等情绪体验,也可以获得一些安宁、逃避甚至是麻木的效果。

7. 渴求程度

相较普通用户，网络成瘾者希望上网时间更长，其无法克制自己上网的欲望，甚至可能因为阻止其上网产生攻击他人或者自残的行为。

（二）网络成瘾的诊断标准

根据北京军区总医院制定的《网络成瘾临床诊断标准》可知，网络成瘾的具体诊断标准如下。

1. 症状标准

长期反复使用网络，使用网络的目的不是学习和工作或不利于自己的学习和工作，符合如下症状：

第一，对网络的使用有强烈的渴望或冲动感。

第二，减少或停止上网时会出现周身不适、烦躁、易激惹、注意力不集中、睡眠障碍等戒断反应，上述戒断反应可通过使用其他类似的电子媒介（如电视、掌上游戏机等）来缓解。

第三，下述五条至少符合一条：①为达到满足感而不断增加使用网络的时间和投入的程度；②使用网络的开始、结束及持续时间难以控制，经多次努力后均未成功；③固执地使用网络而不顾其明显的危害性后果，即使知道网络使用的危害也难以停止；④因使用网络而减少或放弃了其他兴趣、娱乐或社交活动；⑤将使用网络作为一种逃避问题或缓解不良情绪的途径。

2. 严重程度标准

日常生活和社会功能受损（如社交、学习或工作能力方面）。

3. 病程标准

平均每日连续使用网络时间达到或超过8小时且符合症状标准已达到或超过3个月。

（三）大学生网络成瘾的原因

第一，网络自身强大吸引力的影响。被称为"第四媒体"的网络以其大信息量、交互性、平等性、虚拟性、匿名性、安全性对大学生形成了强大的吸引力，并构成了他们生存的"第二空间"。与传统媒体不同，在网络媒体面前，大学生不仅是读者，而且是演员，可以通过角色扮演的方式融入网络之中，网络互动可以满足大学生的心理需要和社会需要，并产生愉快的体验，这就容易使大学生混淆虚拟世界与现实生活的区别，导致他们对网络不同程度的依赖。

第二，大学生身心发展特点和独生子女成长方式影响着处于青年中期的大学生。伴随着生理的成熟，大学生虽自我意识开始增强，但还缺乏稳定的自我控制能力，人际交往的需要强烈，渴望被人理解，但心理上又具有一定的闭锁性。另外，我国大学生中独生子女比重极大，因为缺乏与兄弟姐妹年龄略有级差的同辈的交流，他们在现实生活中往往不会处理人际关系。他们大多在优裕的物质生活环境中成长，父母对他们过分溺爱，对他们的期望极高，希望按家长的意志去培养他们，结果给独生子女造成了很大的心理压力。这些因素都容易使大学生到网络中寻找可依靠的群体，迷恋网上的互动生活。

第三，高校宽松的生活环境促进了网络的使用。大学生既有较多的自由支配时间，较多的供自己支配的金钱，又可摆脱父母对自己的监控，加之学生之间又有从众心理和攀比心理。大学生在遭遇情感危机、学习危机、就业危机时，往往把网络作为宣泄情绪、逃避现实的工具。

第四，社会因素的影响。当今社会信息技术高速发展，各类游戏、软件、社交平台多如牛毛，这为大学生求学提供了便利，但也为大学生网络成瘾提供了诱因。社会中的享乐主义、拜金主义、个人主义等在网上泛滥，这些因素很容易让大学生在眼花缭乱的虚拟世界中迷失方向。

（四）大学生网络成瘾的危害

第一，腐蚀灵魂。色情和暴力对人们的心理冲击是非常大的。一些暴力游戏，色情电影、音频、图片及文字，非法论坛等消极信息在各种网页中随处可见，这些不健康的内容，造成部分青年大学生过分放纵，法律以及道德观念淡薄，人生观、价值观扭曲，继而迷失方向。美国的调查资料显示，由于媒体大肆渲染色情和暴力场面，致使美国社会暴力犯罪案件不断，使人们的安全感和道德意识大大降低。我国的案例也说明，一些大学生因长期迷恋网上的枪战游戏、杀人游戏，在现实世界中，他们具有很强的攻击性，给社会带来许多潜在危险。还有一些大学生，因为经常浏览黄色网站，或沉陷于网聊网恋和网婚之中，发展到现实中破坏别人家庭，或约会，或偷吃禁果，伦理道德丧失，甚至演出一幕幕遗患无穷的悲剧。

第二，荒废学业。大学生本是以学知识为主，然而不少大学生迷上游戏和聊天后，便整天想着电脑里的事，不能集中精力听课，不能按时完成作业，或者干脆不上课，不做作业，只对网络"e网情深"，理所当然他的学习成绩下滑，学业无法顺利完成。曾经有位大学生花费大量金钱和时间在游戏上，结果期末考试时，4门功课加起来总分还不到100分。近年来，媒体报道的大学生因上网成瘾而导致学习成绩下降、退学，甚至犯罪等恶性事件屡见不鲜。

第三，激化矛盾。有的网迷把网络当成现实世界，在网上谈情说爱，有的因此争风吃醋，继而引发一些打架斗殴或被骗上当等事端。我们从新闻媒体上经常可以看到一些因网恋而被骗、被杀的事例。有的大学生为了能上网娱乐消费，不惜用掉自己的学费、生活费，到处借钱，导致其出现"经济危机"。为了能上网，他们丧失了人格和自尊，欺骗父母，充当不光彩的"三只手"，甚至不惜铤而走险，参与抢劫与斗殴活动。同学之间也弄得人心惶惶，有的大学生甚至因此走上违纪违法的道路。

第四，疏远情感。网络对青年大学生的人际交往产生了巨大影响。网络突破了交往的时空限制，据中国互联网信息中心的一份调查显示，青年大学生上网聊天和网络游戏占据了上网的绝大多数时间。大学生网络使用时间越长，他们在现实中与人打交道的机会就会越少，"人—机—人"的交流取代了"人—人"面对面的交往，人际情感是需要人与人的社会交往来维持的。网上交流时，人们的音容笑貌以数字化方式在屏幕上传播，缺乏现实情感的真实体验，必然导致个体对现实情感的疏远，亲朋好友的感情联系淡化。如果大学生长时间与电脑打交道，便减少了其与外界人际接触的机会，这样便会对网络产生无形的眷恋和过多的依赖。"网上是社交高手，网下是孤家寡人""人机热，人际冷"。这样也就造成了人际情感的逐渐萎缩，从而也使人际信任产生危机。

第五，影响健康。有研究证明，长时间上网会使大脑中一种叫多巴胺的化学物质水平升高，这种类似于肾上腺素的物质短时间内会使人高度兴奋但接下来便会使人颓废、消沉。有一份调查资料显示：长时间无节制地上网会导致青光眼、肺病变、中枢神经失调，会使人情绪低落、睡眠障碍、生物钟紊乱、食欲下降、体重减轻、精力不足、自我评价降低、思维迟缓、不愿意参加社会活动、不愿与人交往、性格孤僻，最终导致神经衰弱，导致其患上严重的精神疾病。

（五）大学生网络成瘾的预防与戒除

信息时代网络的发展，给人们带来了前所未有的便利和享受，它以其无所不包的信息源，使整个世界变得似乎都可以触摸，把人们带入一个丰富的信息海洋。然而，就在我们尽情享受网络的同时，也有一些人尤其是青少年上网成瘾，为自己和社会带来了负面影响和危害。

怎样预防和戒除网瘾呢？下面介绍几种网络成瘾的调试方法。

1. 正视危害

沉迷上网，尤其是沉迷黄色网站，危害极大。沉迷上网会使人迷失于虚拟世界中，自我封闭，与现实世界产生隔阂，严重影响学习，甚至中断学业。久而久之，这种现象还会影响正常认知、情感和心理定位，导致人格的偏离，甚至发生意想不到的可怕后果。有的大学生因上网成瘾，神情恍惚，人格扭曲，无心读书，中途辍学；有的大学生无钱上网，拦路抢劫，偷窃财物，导致违法犯罪；还有的大学生连续几天不停歇地玩网络游戏，不思食寝，过度疲劳，最终导致猝死。即使上网没有成瘾的人，即使每天12个小时坐在电脑面前，也可能会影响自己的健康。

2. 请人监督

戒除"网瘾"，寻求别人的支持和帮助非常必要，最好的办法是找到一个人帮助你解决这个问题。这种支持可来自同学、老师、朋友和家庭，可先向他们讲明自己控制上网的计划，请他们监督；当"网瘾"出现时，请他们及时提示，帮助克服。平时的活动，要多与学习成绩好的同学在一起，与他们一起上课、一起自习、一起交流，在他们的带动和帮助下，有助于你淡化网瘾，把精力集中到学习上。当你取得一点小成功时，如已经按计划实行一周，不妨对自己进行奖励或暗示，学会为自己加油。

3. 科学安排

预防或戒除网瘾，很重要的一点是能够科学合理安排上网时间和内容，尤其要为自己约法三章：一是控制上网时间。每次上网的时间一般不超过2小时，且连续操作1小时后应休息15分钟。尤其是夜晚上网时间不能过长，要按时睡觉。二是限制上网内容。每次上网前，一定先明确上网的任务和目标，把要完成的具体任务和内容列在纸上，按需点击，不迷恋网上游戏，坚决不浏览黄色网站。三是准时下网。上网之前，根据任务量限定上网时间，时间一到，马上下网，不找任何借口，不纵容自己。

4. 预防为主

对每个人来说，一旦患上网络成瘾症，要戒除会很困难，因此，预防是治疗网络成瘾的良方。一是提前打好"疫苗"。社会、学校和家长都要通过各种宣传途径，使大学生在看到上网好处的同时，也看到可能带来的危害；采取各种有效的方法，坚决杜绝上黄色网站，控制少玩或不玩网络游戏。二是丰富日常生活。平时积极参加社会、学校等方面举办的各种有益活动，注意培养自己良好的兴趣、爱好；多与家长、老师和同学交往沟通，以获得心灵上的慰藉与成长。三是及时遏制上网有瘾的苗头。当你出现上网有瘾的苗头时，立即采取有效措施，及时控制自我，决不宽容自己，以防止网络成瘾症产生。

5. 以新代旧

在戒除某种习惯时，这种习惯仍有很大的诱惑力，这是正常的心理现象。有心理学家把这种情况比喻为冲浪者所面对的阵阵波浪。这种诱惑的波浪，虽然会出现，但在3~10分钟内就会自行消退。在波浪来时，可事前考虑如何运用"冲浪技巧"。在戒掉"网瘾"的一段时间内，个人的情感需要并未结束。此时，需要用一种新行为、新习惯来替代老习惯所产生的满足感。对上网成瘾或者是正在戒网瘾的大学生，要注意培养新的爱好和习惯，要多参加一些自己喜欢的活动，多做一些自己感兴趣的事情，用自己的新行为和新习惯来代替上网习惯，冲破网瘾诱惑的阵阵波浪。

6. 寻求帮助

当自己无法解决网络成瘾问题时，你一定要积极主动地寻求专业人员的帮助。一是可以找心理咨询师进行个体咨询，心理咨询老师会帮助你走出网络成瘾的困惑。二是可以参加团体心理训练，这是戒除网瘾的一种很有效的方法。团体训练是多种咨询理论的综合利用，通过丰富多彩的群体互动活动，对你产生感染、促进和推动作用，帮助你改变认知，改变心态，获得心理上的提升，同时，学会制定自我管理的行为契约，根据目标行为的完成与否进行正强化或负强化。这种相互监督的契约是对个体各自上网态度与行为的承诺，由于这一承诺是在群体中做出的，那么遵守承诺的动机与压力就会大很多，因此，参加团体心理训练对预防或戒除网瘾会有显著的效果。

二、大学生网络心理障碍及其调适

（一）网络心理障碍的概念

简单地说，网络心理障碍是因上网过度引起的心理疾病。网络心理障碍包含三方面的内容：一是上网者的心理或行为偏离了社会公认的规范或适宜的行为方式，表现在心理或行为上的失常或反常、失调或无序；二是上网者的社会价值观与现实社会价值观错位；三是上网者适应环境能力缺失，社会适应能力低下。具体而言，大学生上网过度可能引发的网络心理障碍主要有以下几种情况。

1. 认知过程障碍

上网大学生的认知过程障碍主要有感知觉障碍、注意障碍、记忆障碍和思维障碍。感知觉障碍主要是指幻觉,这种幻觉是由于长时间玩网上游戏、聊天等而产生的虚幻的知觉。实际上这是大脑皮层感受区异常兴奋所引起的,与感觉器官无关。

注意障碍主要是指注意品质的异常,它可表现在注意的强度、广度、稳定性和持久性等方面。如长时间沉醉在虚拟世界,对网上图片、游戏、图像等过分注意所表现出的不应有的过高的警觉性,即所谓的注意增强。而注意强度减弱、注意广度缩小和稳定性下降称为注意减退。注意涣散、注意迟钝、注意力难以集中也都是注意障碍的表现。

记忆障碍是指记忆力减退。上网过度的大学生,长期不学习专业知识,大脑的记忆力得不到充分锻炼,会出现明显的记忆力减退现象。

思维障碍是指思维僵化,自学能力和语言表达能力差。表现为听课、读书抓不住要领和重点,不会举一反三、触类旁通,不善于归纳和总结等。

迷恋网络的大学生,长期处于疲劳状态,违背了人的生理规律,不注意科学用脑,没有科学地掌握记忆规律,逻辑思维能力得不到锻炼,因此,容易产生认知过程障碍。

2. 情感过程障碍

网络引发的情感过程障碍主要包括病理性优势心境和情感反应障碍。病理性优势心境是指某种病态心境笼罩着整个人的精神状态。上网大学生在游戏中获胜时所表现的一段时间异常持续性的情绪高亢,称病理性愉快心境;而其因游戏长时间不能过关所表现出的异常持续性心境不佳,称为病理性情绪低落。

大学生在网络中的交往主要是人机对话或以计算机为中介的交流。大学生终日与电脑终端打交道,而缺乏有感情的人际交往,这容易使他们趋向孤立、自私、冷漠和非社会化,对现实生活中他人的幸福和社会发展漠不关心。大学阶段是大学生人际交往能力和人际关系形成的重要时期,由于网络交往与传统的具有亲和感的人际交往大不相同,往往难以形成真实可信和安全的人际关系,大学生在网络交往中一旦受骗上当就容易对现实产生怀疑、悲观和敌视的态度。当前,不少大学生上网的大部分时间花在玩网络游戏上,而网上游戏不少是以战争、暴力、凶杀等为主要内容,这使痴迷网络游戏的大学生易形成冷漠、无情和自私的性格,由于上网时间过多导致学习成绩下滑,迟到旷课严重,从而担心家长责备,害怕学校处分,就容易产生焦虑、苦闷和压抑的情绪,从而对其学业、生活产生极其不良的影响。

3. 意志行为障碍

上网大学生的意志行为障碍主要包括意志增强、意志减退和意志缺乏。

意志增强表现为大学生在长时间网络游戏后,不顾疲劳,继续用各种方法攻战,企图取胜过关的病态意志。

意志减退是指终日沉醉于虚拟世界的上网大学生,经常在上课和做作业时情绪低落,对听课、做作业不感兴趣,以致意志消沉,对学习产生厌恶感,并逐步失去信心。

意志缺乏是指大学生对除上网以外的任何活动都缺乏活力,对工作、学习无自觉性,个人生活极端懒散，性格孤僻。

4. 网络人格障碍

人格障碍一般是指在没有认知过程或智力障碍的情况下，人格显著偏离正常。人格障碍突出表现为在特定的文化背景中，具有某种根深蒂固的不良的行为模式。这些行为模式相对稳定，对行为及心理功能的多个重要环节有影响，以致对环境适应不良，并常常伴有主观的苦恼或精神痛苦以及社会功能和行为方面的问题。网络人格障碍主要有反社会型人格障碍和依赖型人格障碍。

反社会型人格障碍是以行为不符合现实社会规范为主要特点的人格障碍。互联网上不同国家之间的文化传统、思想道德观念和生活方式大不相同，网络的主要特点是具有共享性、匿名性、自由性和开放性。大学阶段正是青年学生形成世界观和人生观的关键时期，因此，网上不健康的东西就十分容易侵蚀青年大学生固有的道德观、价值观和文化观，从而毒害青年大学生，使其陷入泥潭而不能自拔，导致他们的行为与现实社会规范相背离。例如，对他人的感受漠不关心，缺乏同情心；忽视社会道德规范、行为准则和义务，对自己的行为不负责任，常因微小的刺激引发攻击、冲动或暴力行为；无内疚感，不能从挫折中吸取教训，知错不改；不能与他人维持长久关系，好责怪别人，强词夺理，或为自己的粗暴行为进行辩解。

依赖型人格障碍是指长期上网的大学生，把计算机网络看成万能之源。上网大学生将自己的需要依附网络，过分顺从他人的意志；要求并容忍他人安排自己的生活；当网上的亲密关系终结、找不到自己需要的资源时，则有无助和被毁灭的体验，有一种通过将责任推卸给他人来对付逆境的倾向。

（二）大学生网络心理障碍的成因

大学生网络心理障碍的形成，除了与环境因素有关，主要是其自身导致的。

1. 生理变化的影响

长时间上网会使大脑中的化学物质多巴胺水平升高，这种化学物质会令上网大学生呈现短时间的高度兴奋，沉溺网络的虚拟世界中而不能自拔，但之后的颓废感和沮丧感却更为严重，时间一长，就会给其带来一系列复杂的生理和生物化学变化。例如，有一名大学三年级男生，连续几天待在寝室，除了吃饭和睡觉，都在打游戏。由于长时间过度上网，该生形容憔悴，情绪低落，并常伴有莫名其妙的言行，而出现了生理和心理方面的异常。

2. 心理准备的错位

网络社会既是一个有序的社会，也是一个无序的社会。就硬环境而言，网络社会具有有序性；但对软环境以及诸多网络行为而言，却具有极大的无序性。这种矛盾的后果导致了信息时代人类的焦虑与不安。大学生渴望独立思考，却又常常对网络虚假信息深信不疑，本想获得新知识，却又不能对错位的东西进行甄别和判断，这是导致大学生网络心理障碍的根本原因。

3. 人际交往的剥夺

网络是用于个人或群体沟通的平台，很多大学生网民利用各种社交软件，同远在异地的亲朋好友加强联系，但是由于上网时间过多，参加社会活动和日常人际交往的时间被剥夺，引起了其社会行为退缩，导致其心理健康水平下降。

4. 信息不足的错觉

网络资源的巨大，使身处其中的大学生产生自己信息不足的错觉，从而越来越拼命地陷入其中，最终把自己折腾得疲惫不堪。有的上网大学生甚至因为恐惧信息的丧失而失眠，从而严重地损害了其身心健康。

（三）大学生网络心理障碍的调适

1. 加强马克思主义哲学、辩证唯物主义的学习，树立正确的世界观、人生观、价值观，学会分析问题和解决问题的科学方法，明辨真假，分清是非，增强抵御网络环境负面影响的能力。

2. 把自己的注意力从消极上网转移到积极的大学生活中来。当不良的想法出现时，可以采取转移注意力的方法，激活新的兴奋点，使不良想法逐渐消失。

3. 养成良好的上网习惯。从网上汲取知识是大学生活的重要组成部分，是适应现代社会进步和发展的必然要求。上网不是坏事，关键是要把上网聊天、游戏的时间用来从网上汲取丰富的知识营养。根据学习要求和生活规律来规定自己的上网时间，养成有计划、有目的的上网习惯，化消极因素为积极因素。

【心灵体验】

"网络伴我健康成长"团体心理辅导

1. 活动目的：对网络依赖的学生群体进行干预，使之恢复正常的生活节律，建立学习与生活目标，提高自我管理能力，健康地使用网络，避免其陷入更深的网络依赖或网络成瘾中。

2. 活动时间：30~45分钟。

3. 活动准备：大尺寸白纸和小纸条。

4. 活动过程：

（1）利用成员的相互介绍和成员共同参与度高的游戏活动转移他们对网络依赖的过度关注，放松心情，缓解来访者的心理紧张和焦虑情绪，初步拉起一道心理安全网。

（2）将成员分为几组，带领大家思考两个问题：分别为A网络给我带来过哪些快乐？以及B网络给我带来过哪些烦恼？以上几个问题（做成纸条），小组抽住哪个问题就讨论哪个问题，并将讨论结果写在白纸上。

（3）介绍网络成瘾的标准，让成员进行对照，观察是否有苗头。

（4）探索两个问题：①我什么情况下会想要上网或者玩手机？②我上网曾经做过哪些事情？将这两个问题写在纸条上，由前面的学生讨论并写在白纸上，派一名代表上台分享交流。

（5）引导成员分析自己的上网行为，并建立健康上网目标。

5.活动分享：成员将对上述问题的思考以及自己的健康上网目标在团体中宣读出来。

【心灵保健】

如何戒除手机成瘾

手机成瘾在现代社会中是一个十分严重且普遍的问题，随着智能手机的日益普及，我们可以看到这样的现象：无论是学龄前的孩子还是退休后的中老年人都能轻松地玩转手机。

很多人在享受着来自手机的便利方便同时，却也因此深受到手机的"控制"，被手机控制了自己的正常生活。

无论是在大街上、地铁内、餐馆中，人们似乎总是在拿着手机，成了一个个"低头族"。即使是在与朋友一起谈话、吃饭的过程中，也总要抓着手机动不动地"刷一刷"——这其实就是手机成瘾的"症状"！

很多人24小时手机不离手，即使睡觉也要握着手机，也把它放在自己的枕头边。一旦手机没电或是没有信号就会变得异常焦虑，甚至儿童也总是围坐在一起，一有时间就拿出手机开始玩手机游戏……

面对这一普遍的社会现象，我们应该如何解决手机成瘾问题呢？

首先，一定要充分意识到手机成瘾对人际交往的危害性。

手机成瘾对人际交往的各个方面都会带来危害，我们对此一定要有高度的认识，不能被一个小小的手机搅得方寸大乱，被其控制生活，控制人际交往，甚至控制我们的身体健康。

长期深陷于手机的世界当中，会有损正常与他人进行交流交往的能力。而手机不仅会影响人的视力，而且许多年轻人一玩起手机来就经常没日没夜，会导致其内分泌失调、免疫力下降。

其次，我们需要增加一些实质性的人际交往。

例如，我们可以通过多交一些朋友，与他人进行广泛的情感交流。

只有在这样的情况下，才能够真正地做到把手机"甩掉"。多与真正的朋友面对面地谈话，朋友之间的感情交流远胜过通过手机和网络交流所带来的效果。一句温暖的话语绝对比冷冰冰的文字要好许多。

最后，我们要提高自己的社会化程度。

也就是说我们应该树立远大的人生目标，要明白我们才是手机的主人，不能让手机反过来控制了我们。

我们要意识到在这个社会中还有很多需要我们的地方，去帮助更多的人以全面地展现自己的社会价值。

具体来说，我们应该要学会调控自己的意志力，希望以下这一些小诀窍可以帮助到各位：

1.我们可以借用一个橡皮筋，当忍不住想要拿出手机的时候可以用橡皮筋弹一下自己，感受到疼痛刺激后自然而然就会放弃玩手机的念头。

2. 故意选择几天将手机放在家中，通过脱离手机后的放松状态，缓解人对玩手机的渴望状态。

3. 训练自己增加新的兴趣爱好，例如，打篮球、爬山、跑步一类的体育锻炼。各种各样新的兴趣爱好可以让人们放下手机，戒除手机瘾。

如果手机已经严重影响到我们正常的学习和生活，对手机的痴迷成瘾也就变成严重的心理问题。

我们一定要及时解决这些心理问题，要回归属于自己的正常生活。

【本章小结】

1. 网络具有开放性、全球性、丰富性、不确定性、平等性和个性化。

2. 大学生面对网络的心理主要有：猎奇心理、减压心理、娱乐心理、价值心理和情感表达心理。

3. 网络对大学生心理健康的积极作用有：有助于培养人际交往的能力、有助于胜任现实的社会角色、有助于激发大学生的创造性思维，以及有助于提高个体心理健康水平。

4. 网络对大学生心理健康的消极影响有：可能会诱发人际交往障碍、网络情感问题和网络人格失真等心理障碍。

5. 大学生网络心理健康的标准包括：具有正确的网络心理健康的意识和观念、保持网上网下人格的和谐统一、网上网下均能保持良好的情绪情感、不因网络的使用而影响正常的生活学习与工作，以及网上网下均能够与周围环境保持良好的互动。

6. 培养大学生健康网络心理需要正确看待和积极面对网络文化、树立切合实际的奋斗目标、培养健康向上的网络情感、积极预防网络成瘾并且加强网络法治意识。

7. 面对网瘾需要正视危害、请人监督、科学安排、预防为主、以新代旧、寻求帮助。

8. 面对网络心理障碍需要树立正确的世界观、人生观、价值观、把自己的注意力从消极上网转移到积极的大学生活中来，以及养成良好的上网习惯。

【自我小测验】

心理测验须知：

1. 本测验适用对象为 16 岁以上人群。

2. 本测验仅用于个体网络成瘾的评定，不能用于心理问题的诊断。具体心理问题的诊断请遵从心理咨询师的评估。

网络成瘾自测量表

指导语：这是一份大学生网络成瘾的诊断量表，一共有 28 个问题，如果下列题项中描述的情形对您来说符合，则填"Y"；若不符合则填"N"。

序号	题目	Y/N
1	我曾尝试让自己花更少的时间在网络上，但无法做到	
2	只要有一段时间没有上网，我就会觉得心里不舒服	
3	由于上网，我和父母、老师及同学的交流、相处时间减少了	
4	我曾不止一次因为上网的关系而睡眠不足 5 个小时	
5	比起以前，我必须花更多的时间上网才能感到满足	
6	只要有一段时间没有上网，我就会觉得自己好像错过了什么	
7	由于上网，我花在以前喜欢的活动的时间减少	
8	我经常上网	
9	我常常因为熬夜上网而导致白天精神不振	
10	我每次下网后，即使是要去做别的事，也会忍不住再次上网看看	
11	我只要有一段时间没有上网，就会情绪低落	
12	由于上网，我与周围其他人的关系不如以前好了，但我仍没有减少上网	
13	我习惯减少睡眠时间，以便能有更多时间上网	
14	从上学期以来，我每周上网的时间比以前增加了许多	
15	我常常不能控制自己上网的行动	
16	我非常喜欢上网	
17	由于上网时间长，我的学习成绩越来越不如以前了	
18	我曾因为上网而没有按时吃饭	
19	每天一有空，我想到的第一件事就是上网	
20	没有网络，我的生活就毫无趣味可言	
21	上网使我的健康状况越来越不如以前了	
22	我觉得自己花在网络上的时间比一般人少	
23	其实我每次都只想上一会儿网，但常常一上网就很久下不来	
24	每次只要一上网，我就有兴奋及满足的感觉	
25	我从来没有上过网	
26	别人曾不止一次对我说，你花了太多时间在网络上	
27	我非常讨厌上网	
28	我曾不止一次因为上网而逃课	

续 表

测试说明：

上述题项，"Y"得 1 分，"N"为 0 分。28 个题项中若有 15 个及以上的题项为肯定回答（即总分大于等于15分），便可大体判定为其对网络的依赖已达成瘾程度。

A. 成瘾症状：包括耐受性和戒断反应两个维度。

1. 耐受性：耐受性的题项有1，5，10，14，19，23。

2. 戒断反应：戒断反应的题项有2，6，11，15，20，24。

B. 网络成瘾相关问题（影响）：包括人际关系与健康、时间管理两个维度。

1. 人际关系与健康：人际关系与健康的题项有3，7，12，17，21。

2. 时间管理：时间管理的题项有4，8，9，13，18，22，26，28。

C. 测谎题：16，25，27。

参考文献

[1] 余国良．大学生心理健康[M]．北京：北京师范大学出版社，2018．

[2] 李国毅．大学生心理健康教育[M]．北京：国家行政学院出版社，2019．

[3] 孙霞，郝明亮，寇延．大学生心理健康教育（师范版）[M]．大连：中国海洋大学出版社，2019．

[4] 胡盛华，杨铖．现代大学生心理健康教程[M]．吉林：吉林大学出版社，2014．

[5] 李梅，黄丽．大学生心理健康十二讲[M]．北京：北京师范大学出版社，2012．

[6] 邓志军．大学生心理健康教育[M]．北京：北京理工大学出版社，2010．

[7] 黄希庭．大学生心理健康[M]．上海：华东师范大学出版社，2004

[8] 叶星，毛淑芳．大学生心理健康指导[M]．北京：高等教育出版社，2017．

[9] 陈娟，龚燕．大学生心理健康：体验与训练[M]．重庆：重庆大学出版社，2017．

[10] 瞿珍．大学生心理健康[M]．上海：华东理工大学出版社，2018．

[11] 马斯洛．马斯洛人本主义哲学[M]．成明编译．北京：九州出版社，2003．

[12] 孙霞，寇延．自助与成长——大学生心理健康教育（师范版）[M]．大连：中国海洋大学出版社，2018．

[13] 阳志平．积极心理学团体活动课操作指南[M]．北京：机械工业出版社，2009．

[14] 冉龙彪．大学生心理健康[M]．北京：人民出版社，2019．

[15] 肖红．高校大学生求职择业心理困扰及其调适[J]．高教高职研究．2007（11）：176-177．

[16] 马晓慧，岑瑞庆，余媚．大学生网恋的心理成因及干预措施[J]．校园心理，2011（6）：414-415．

[17] 尹怀玉．马斯洛需要层次理论对大学生心理健康工作的启示[J]．知识经济，2013（9）：164-164．

[18] 卓然．大学生职业生涯规划中的心理问题及对策分析[J]．德育与心理．2016（29）：69-72．

[19] 陈京明．当代成人大学生自我实现路径探析[J]．中国成人教育，2016（14）：24-26．

[20] 李明．当代大学生自我意识发展的特点及其调控[J]．牡丹江教育学院学报，2015（11）：68-69．

[21] 胡凯．大学生网络心理健康的标准[J]．思想政治教育研究，2012（03）：133-135．

[22] 唐嵩潇．谈抑郁症的心理干预方法[J]．吉林化工学院学报，2017（12）：75-77．

[23] 吴玉伟．大学生健全人格的标准探索[J]．社会心理科学，2012（6）：9-12．

[24] 姚振．新时期大学生心理健康标准整合的探索性研究[J]．高教学刊，2017（5）：

176–177.

[25] 文娟. 高校大学生心理健康现状及对策研究 [J]. 智库时代，2020（05）：114–115.

[26] 何安明，惠秋平. 大学生手机依赖与生活满意度的交叉滞后分析 [J]. 中国临床心理学杂志，2019（6）：1260–1263.

[27] 魏杰. 新时期大学生心理健康标准整合的探索性研究 [D]. 南京：南京大学，2013.

[28] 王飞飞. 大学生情绪管理能力与心理健康的关系研究 [D]. 重庆：西南大学，2006.

[29] 王玉娇. 农村初中生人际关系对心理健康影响的实证研究 [D]. 银川：宁夏大学，2014.

[30] 祖静，封孟君，郝爽，但菲. 手机依赖大学生抑制控制特点及与渴求感的关系 [J]. 中国学校卫生，2020（02）：247–249.

[31] 唐崇潇. 谈抑郁症的心理干预方法 [J]. 吉林化工学院学报，2017（12）：75–77.